DIE PARKETT-REIHE MIT GEGENWARTSKÜNSTLERN / THE PARKETT SERIES WITH CONTEMPORARY ARTISTS

Book Series with contemporary artists in English and German, published three times a year. Each volume is created in collaboration with artists, who contribute an original work specially made for the readers of Parkett. The works are reproduced in the regular edition and available in a limited and signed Special Edition.

Buchreihe mit Gegenwartskünstlern in deutscher und englischer Sprache, erscheint dreimal im Jahr. Jeder Band entsteht mit Künstlern oder Künstlerinnen, die eigens für die Leser von Parkett einen Originalbeitrag gestalten. Diese Werke sind in der gesamten Auflage abgebildet und zusätzlich in einer limitierten und signierten Vorzugsausgabe erhältlich.

PARKETT NR. 54 ENTSTEHT IN COLLABORATION MIT • **RONI HORN, MARIKO MORI, BEAT STREULI** • WILL BE COLLABORATING ON PARKETT NO. 54

JAHRESABONNEMENT (DREI NUMMERN) / ANNUAL SUBSCRIPTION (THREE ISSUES) SFR. 108.– (SCHWEIZ), DM 130,– (BRD), SFR. 118.– (ÜBRIGES EUROPA), US$ 80 (USA AND CANADA ONLY)

Zürichsee Druckereien AG (Stäfa) Satz, Litho, Druck/Copy, Printing, Color Separations

PARKETT-VERLAG AG, ZÜRICH, SEPTEMBER 1998 PRINTED IN SWITZERLAND ISBN 3-907582-03-9 ISSN 0256-0917

HEFTRÜCKEN / SPINE NO. 52-54: SYLVIE FLEURY

(photograph from *Hot Rod Magazine* 2/98 by Terry Pellegrin & Jeff Koch)

Cover, front page & flap / Titel & Klappe: WOLFGANG TILLMANS, DEER HIRSCH, 1995; inside cover page & flap / Klappe innen: ELIZABETH PEYTON, photograph of Piotr on the couch in her studio, 1996; page 1 / Seite 1: ELIZABETH PEYTON: SID VICIOUS ARRESTED, CHELSEA HOTEL, 1998; back cover / hinten: TRACEY MOFFATT, SOMETHING MORE, 5, 1989 & GUAPA (GOOD-LOOKING), 10, 1995.

PARKETT Zürich New York Frankfurt

Bice Curiger Chefredaktorin/Editor-in-Chief; **Jacqueline Burckhardt** Redaktorin/Senior Editor; **Louise Neri** Redaktorin USA/Senior Editor US; **Susanne Schmidt** Textredaktion und Produktion/Editing and Production; **Trix Wetter · Hanna Koller** Graphik/Design; **Catherine Schelbert** Englisches Lektorat/Editorial Assistant for English; **Claudia Meneghini Nevzadi** Korrektur/Proof Reading

Beatrice Fässler Vorzugsausgaben/Special Editions; **Beatrice Aschmann** Buchvertrieb, Inserate/Distribution, Advertising; **Conradin Bernoulli** Abonnemente/Subscriptions; **Linda Pilgrim** Redaktionsassistenz, Vorzugsausgaben und Marketing USA/Assistant Editor, Editions and Marketing US; **Monika Condrea** Abonnemente USA/Subscriptions US; **Karin Klussmann** Volontariat/Traineeship, **Adrian Koerfer** Deutsche Verlagsvertretung/German Representative

Jacqueline Burckhardt – Bice Curiger – Dieter von Graffenried Herausgeber/Parkett Board; **Jacqueline Burckhardt – Bice Curiger – Dieter von Graffenried – Walter Keller – Peter Blum** Gründer/Founders

Dieter von Graffenried Verleger/Publisher

PARKETT-VERLAG AG, QUELLENSTRASSE 27, CH-8005 ZURICH, TEL. 41-1-271 81 40, FAX 41-1-272 43 01
PARKETT, NEW YORK, 155 AV. OF THE AMERICAS, N.Y. 10013, PHONE (212) 673-2660, FAX (212) 271-0704
PARKETT-VERLAG AG, TANNENWALDALLEE 17, D-61348 BAD HOMBURG, FAX 06172-937 444

Anthro/Sozio

1991 liess Bruce Nauman in seiner Videoarbeit ANTHRO/SOCIO zum ersten Mal die markdurchdringende Litanei «Help me, hurt me sociology; feed me, eat me anthropology» durch die Kunsträume hallen. Naumans Hang zum Grundsätzlichen, zum Blick aufs objektivierte Menschsein ist, so scheint es, heute als Voraussetzung in die in andere Richtungen ausscherenden Recherchen vieler junger Künstlerinnen und Künstler aufgenommen worden.

Schon lange nicht mehr haben so viele Menschen die Seiten von Parkett bevölkert. Die Menschendarstellungen in den Bildern der Collaboration-Künstlerinnen und Künstler dieser Ausgabe umfassen oft in einem einzigen Werk das ganze Spektrum zwischen entrückter Künstlichkeit und existenzieller Nacktheit, fiktiver und vitaler Erfahrung.

Der Hirsch auf der Titelseite mag irreführend erscheinen. Doch es sieht aus, als wäre das Tier irgendwie an ein Limit gerückt. Das scheue Wild, Bewohner unserer Wälder, einst in verstaubten Bürgerstuben still, bieder und ganz unexotisch das Freisein verkörpernd, was sucht es am Meeresstrand? Dort, wo ein Exponent aktueller jugendlicher Urbanität ihm schon respektlos naherückt? Es ist eine merkwürdige Begegnung der friedlichen Art – von zwei sich letztlich in einer ähnlich entwurzelten Situation Befindenden.

Ein anderes Bild von Wolfgang Tillmans (S. 94) zeigt drei Jugendliche, deren Köpfe wie zum Totem übereinander geschichtet erscheinen, versunken in einer Stimmung intensiver Konzentration, ein Streichtrio ohne Instrumente, dessen einzige Darbietung das Posieren und Rauchen ist. Tillmans fordert Menschen, Dinge und Situationen durch seine Wahrnehmung und das in ihn gesetzte Vertrauen heraus, Momente ihrer Faktizität zu entheben, sie in ein vieldeutiges Bildprodukt zu überführen. Allein das Wissen um die Macht des photographischen Bildes – seinen Gegenübern ist es bis in jede Faser vertraut.

Es ist die Irrealität der Medienwirklichkeit, welche die Realität als Gesamtes wesentlich mitgestaltet. Diese mittlerweile allgemein bekannte Erkenntnis löst in der Malerei Elizabeth Peytons die Auseinandersetzung mit einem frisch entdeckten emotionalen Spielpotential aus. Das kollektive Traumpersonal ihrer Bilder oszilliert zwischen Abwesenheit und Anwesenheit. Sinnlich ist es auf jeden Fall, allein dank einer lebendig gehaltenen Vorstellungskraft. Ein Akt der süssen Aneignung steckt in dem Rouge auf der Männerhaut. Bei einem der Autoren kam der Wunsch auf, Elizabeth Peytons Bilder zu berühren, während das Irrlichternde, das Nichtfassbare des Dargestellten bei ihm umso deutlicher in den Hintergrund seiner Wahrnehmung trat.

Wie verhält sich «anthro» zu «sozio» und umgekehrt? Tracey Moffatts Menschen durchleben psychologisch geladene Situationen, denen etwas Primäres anhaftet. Ihre Gestalten erscheinen allein gelassen oder losgelöst, auf jeden Fall am Rande der Zivilisation. Als wäre dies allein der Ort um tief ins Gedächtnis der Menschheit einzudringen, als wäre Zivilisation ein grosser Sterilisationsprozess des Sich-nicht-erinnern-dürfens.

Wieder ist eine Ausgabe vollbracht und mit einer Mischung aus Schreck und Genugtuung betrachten wir David Shrigleys Zeichnung auf der letzten Seite seines INSERTS…

Anthro/Socio

Bruce Nauman's bloodcurdling litany, "Help me, hurt me sociology; feed me, eat me anthropology," echoed through the halls of art in his video ANTHRO/SOCIO for the first time in 1991. Nauman's quest for basics, his objectivization of the human condition has today become the prerequisite for investigations pursued by many young artists lashing out in other directions.

It has been a long time since so many people populated the pages of Parkett. Their representation in the work of the collaboration artists in this issue covers the entire spectrum from ecstatic artificiality to existential exposure, from fictional in(ter)vention to vital experience —often in one and the same œuvre.

The deer on the cover may seem misleading but it looks as if the animal has somehow reached a threshold. This timid creature, inhabitant of our forests, which once graced untold musty parlors as an unassuming, upstanding, entirely unexotic embodiment of freedom—what is it doing at the seaside, where an exponent of current youthful urbanity is already disrespectfully encroaching upon its territory? Is this a curious encounter of the peaceful kind inspired by the shared rootlessness of ultimately kindred souls?

Another picture by Wolfgang Tillmans (page 94) shows three youths, their heads stacked as if on a totem pole. They are immersed in a mood of intense concentration, a string trio without instruments, whose performance consists solely of posing and smoking. Through his singular perception and the confidence he inspires, Tillmans challenges people, things and situations to divest moments of their facticity and transform them into ambiguous pictorial products. The power of the photographic image suffuses his subjects to the very core of their being.

It is the irreality of mediated life that contributes substantially to the design of reality as a whole. This now familiar insight lends momentum to the confrontation in the newly discovered emotional potential of Elizabeth Peyton's painting. The collective dream cast of characters in her pictures oscillates between absence and presence. But they are sensual regardless, if only because of their vital imaginative thrust. An act of sweet appropriation quickens the rouge on male skin. One of our authors expressed the wish to touch Peyton's paintings, while the wayward impalpability of her representations retreats all the more into the background of his perception.

What is the relationship of "anthro" to "socio"? Tracey Moffatt's people act out psychologically charged situations of elemental implications. They appear to be abandoned or detached, and always precariously balanced on the edge of civilization. As if this alone were the place to penetrate the depths of human memory, as if civilization were a grand process that sterilizes what must not be remembered.

Another issue has been completed and we look upon David Shrigley's drawing on the last page of the INSERT with a mixture of dismay and satisfaction…

Bice Curiger

Supermarket History

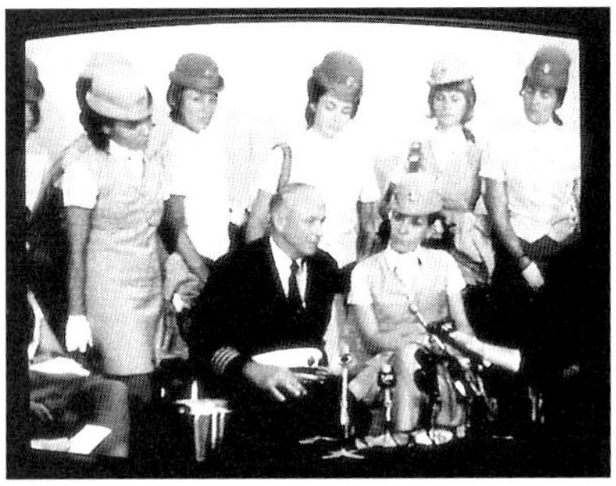

The history of hijacking and the history of the news media coalesce in *Dial H-I-S-T-O-R-Y*, a sixty-eight-minute film written and directed by Johan Grimonprez; he examines the history of hijackers and anonymous bombs as they explode the private space of the home through the TV cathode, the waking sentinel. *Dial H-I-S-T-O-R-Y* contends that the violence staged in TV news is constructed narrative, a narrative which both masks and mimics the tactics of capitalism and the violent intrusion of the media into our consciousness. The musical score by David Shea adds another layer to the film's complex structure of fast edits and accumulated images. Seductive and humorous, it offers a catalogue of favorite cartoon- and TV-series soundtracks; then inadvertently, it opens onto another dimension of violence and loss—violence as inevitability. The fast rhythm evokes the anxiety and premillennial tension of which we are constantly reminded: How we get on with our lives is pixillated in news flashes via ubiquitous electronic surveillance systems, TV monitors, and their agents which bite into the real and the imaginary at once, narrating and confirming the fears of every law-abiding citizen.

Dial H-I-S-T-O-R-Y harnesses the forces of seduction, desire, and violence and their resulting emptiness. Images of a floating, exploding house recur in the film as counterpoints to the loss of discourse, the masquerade of politics, and the constant spectacle of our lives on and off screen.

CATHERINE BERNARD: Paul Virilio once said, "To invent the ship is to invent the shipwreck, the train, the derailment, and so on." In *Dial H-I-S-T-O-R-Y*, the opening line—"Shouldn't death be a swan dive, graceful, whitewinged, and smooth, leaving the surface undisturbed?"—also seems to relate speed and death, history and speed.

JOHAN GRIMONPREZ: I'd like to quote Nixon from *Dial H-I-S-T-O-R-Y*, who, while speaking to an audience of scientists, paraphrased Virilio. He said something like: "If it wouldn't have been for science, there would be no airplane, and if there was no airplane there wouldn't have been any hijackings, so we could make the argument that it would be better not to have science at all." True, every technology invents its own catastrophe. TV technology has reinvented a way to look at the world and to think about death. That is, in fact, what the film is about. It analyzes how the media participates in the construction of reality. We could say that with the reinventing of reality, a culture of catastrophe is

JOHAN GRIMONPREZ
interviewed by
CATHERINE BERNARD

also being invented, and with it a new way to look at death. The acceleration of history is also related to technology: The film shows both how TV news has been historically presented, and how it has been accelerated by the new technological means of recording reality. The film ends with the camcorder revolution: honeymooners who inadvertently taped a hijacked, crashing plane, and were immediately invited onto CNN to host Larry King's talk show. It reveals how the distance between spectator and history has entirely dissolved. The spectator has become the hero; now the "Best of Home-video" programs even urge us to send in our own little catastrophes.

CB: The title refers to the multiple choice of automated voice-mail systems. How is the relation of hijacking to history presented in your film?

JG: It is true, history conflates with hijacking. The plane is a metaphor for history. It is transgressive, always on the move between several countries,

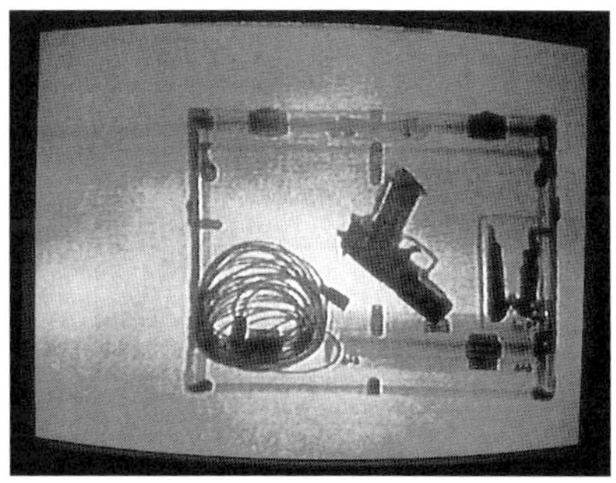

between several homes. Nowadays, home is a nomadic place. The Palestinians didn't have a country so the airplane became for them a sort of house. At the end of the sixties and seventies, the political implication of home became very clear. Leila Khaled stated in an interview that because there was no Palestinian territory, war had to be fought in a plane; the plane is claimed as home, in a state of nowhere. Hence,

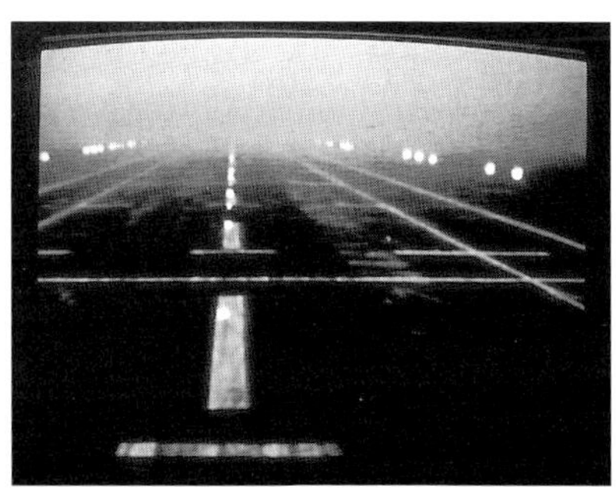

the recurring image of the flying house, appropriated from *The Wizard of Oz*. The twister that carries Dorothy's house over the rainbow into the land of Oz parallels the hijacking of a plane across a violent border towards a political utopia.

Dial H-I-S-T-O-R-Y is like supermarket history: There is so much available and history cannot be understood as singular. It tells of how history is recorded and catalogued, and how these techniques accelerate and accumulate memory, almost as an excess of history. If you punch the word "hijacking" on the Internet, or look for footage on <www.footage.net>, you get so much information that you don't know where to start. You are already lost in push-button history, so you have to zoom in on specific aspects. In focusing on hijacking, I chose one detail which revealed history in another way. Looking at details is much more concrete because history, after all, is the conflation of the personal with the global.

CB: Hijacking takes place between spaces, political and physical. It has the possibility to literally explode historical dialectics: Bombs explode rationality.

CATHERINE BERNARD is a writer, curator, and Assistant Professor of Art history at Long Island University.

So could terrorism represent a moment outside of historical determinism?

JG: History is always on the move, one step ahead. It is not fixed or in place, so hijacking is very much part of history. History is always happening between places, right? It is only afterwards that the structures of power consolidate it into a text, an image, a TV series, a narrative. History is read differently by different people—for example, the Palestinians and the Israelis. Vincent Alexandre, the assistant editor, was doing research at the TV Archives in Cairo and was looking for images from the colonial period tracing Palestinian history, but all of them had been removed by the Israelis, either destroyed or stored somewhere else. So, if Palestinians have been written out of history, then by hijacking they can reinscribe themselves in it.

Abstract statements about terrorism are hard to make. The whole terrorist spectacle has been absorbed by a game of political masquerade: Right is playing on the icon of the Left, government is playing terrorist. It is more perverse than simple dialectics or a destructive bomb: David Yallop was interviewing Carlos, for the book *Carlos the Jackal,* and realized in it that he was not dealing with the real Carlos. There were two or three versions of Carlos or, in the end, maybe Carlos didn't exist at all; maybe he was just an invention of the counterterrorist movement or the power structure in place. Talk about implosion!

CB: As we watch the film, the story of hijacking unfolds as a way of telling the story of the media, how it engineers drama and fiction as forms of control. I am thinking, for example, of the sequence which collages the generic music of Westerns and frontier myths with

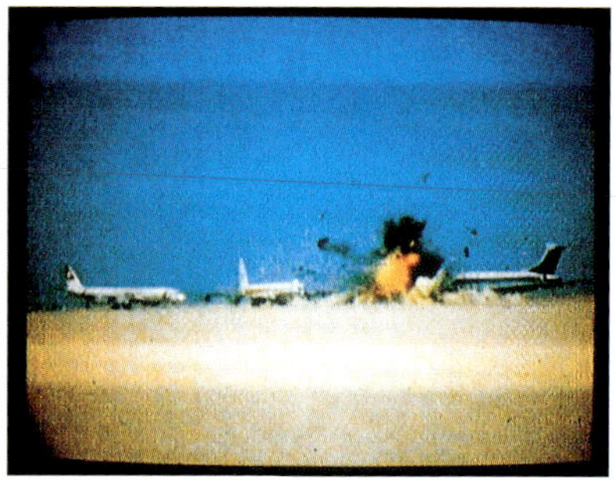

images of a congressman, Reagan, rockets, and missiles.

JG: I traced the history of hijacking from the first passenger flights onwards, and how it has changed through the course of history, but this is just a cover under which to talk about the story of the media and of the representation of hijacking itself. For example, if a hijacked plane explodes midair in Africa it is turned into a thirty-second news byte. If there are a few Americans on board and no death, then there is a narrative, a suspense involved: the suspense of postponed death. A narrative can easily be constructed, so the media take it on. So, it's actually all about narrative and the narrator telling the story, not transparency.

The story of hijacking is inextricably linked to the Cold War, and its playing field largely defined by the ideological divide between communism and capitalism: for instance, Cuba aligned to Russia; the Japanese Red Army and the Palestinian Liberation Front aligned to Mao; Israel aligned to the U.S. "Skyjacking," as it was called, was somehow written into the romantic idea of the revolution during the sixties and seventies. East and West were, more or less, clearly defined and the hijackers had names: Leila Khaled, Ulrike Meinhof, Kozo Okamoto, Rima Tannous Eissa, Mouna Abdel Majid... But towards the eighties the utopian project has imploded; the former dividing lines disappear, hijackers are killed, cynicism is put in place. The media is more and more implicated as a key player; the image of the individual is substituted by a flow of crowds; hijacking is replaced by anonymous suitcase bombs. The image of the hijacker has vanished: TWA flight 800 can be explained as an accident or a missile or an extraterrestrial attack; the Lockerbie bombing got woven into several political rhetorics, each legitimizing a global power game. Since the eighties, the Reagan Administration started to accommodate the terrorist spectacle to veil its own dirty game in El Salvador, Guatemala, and Nicaragua. Terrorism became a superficial game played through the media to hide the big shit underneath. It might be premature to invent subliminal narratives, but the fact that anonymous parcel bombs have replaced hijackers might very well reflect the dynamics of abstract capitalism, the disintegration of the Soviet Union and the U.S. trying to redefine itself in terms of its imaginary Other: no longer James Bond against Russia, but Mickey Mouse versus E.T.

CB: The idea of catastrophe is constantly highlighted in the film through the editing and the musical score. In doing so, is your intention also to deconstruct the language of TV docudramas, news, and talk shows?

JG: I mimic what is going on in the media, rather than deconstructing it. In choosing to do so, I think that criticism is more implicit than explicit. The news has turned into a soap opera, as in the Clinton-Lewinsky affair. A lot of it was inspired indirectly by the Gulf War reportage, which reduced history to a video game, the sights mounted on top of a missile. It catapulted the camera's proximity to destruction right into our living room. As we saw with the O.J. Simpson trial and, more recently, with Princess Diana's death, catchy logos and sound bites are put in place immediately; the news adapts Hollywood's aesthetic codes or styles itself after MTV. Only the applause and laugh tracks are missing.

At one point Hollywood even ran ahead of reality. The invention of a war to divert attention from the president's sexual escapades—as portrayed in the film *Wag the Dog*—preceded the recent Gulf crisis. It made the whole Clinton-Lewinsky affair look like a poor soap-opera adaptation. Saddam Hussein took the story one step further by broadcasting *Wag the Dog* on national cable in Iraq: Hollywood goes global political.

CB: Zapping is a strong syntactical element in the film, done with fast editing and syncopated rhythm. Is this form of collage related to the narrative—the history of media and media techniques?

JG: Zapping could be defined as a new sort of Brechtian rupture: zapping as poetry. It reflects the television vocabulary that was online during the Gulf War: Reporting was all mixed up—baby diapers and politics, ketchup and smart missiles, commercials between images. If one could transpose a videotape of the Gulf War reportage into the Vietnam War period, it would immediately reveal how the news industry has transformed itself into a surrealistic shopping zone. Zapping is a new way of looking at reality. It can't be denied and it's everywhere: Walking through a city, we are bombarded with impressions. It's like Walter Benjamin's "walk through the city," but in fast-forward mode. Soon we will mistake hard reality for a commercial break.

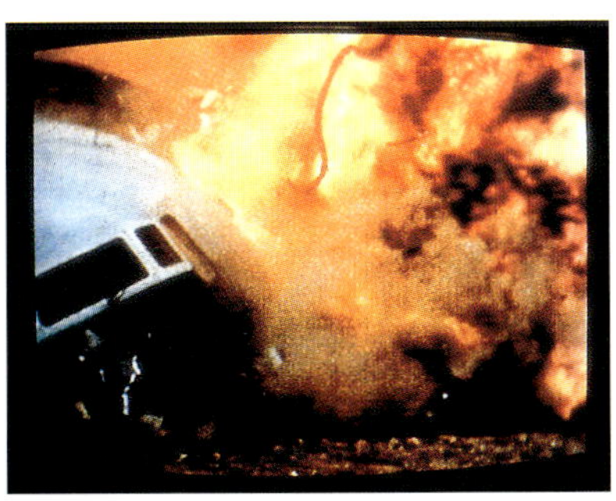

CB: The way you juxtapose the images—color and black-and-white, accelerated and slow motion, circular motion, fast-paced editing—creates a poetics of space in which they sometimes barely touch and sometimes permeate each other. Is the idea of flux between spaces and narratives one of your concerns?

JG: The juxtaposition shows how memory works: Domestic banality coexists with TV; intimate, domestic stuff is also part of history. Like I remember exactly where I was and what I was doing when the Gulf War started: drinking a cup of coffee over a household quarrel. It was like watching *Star Trek* in pajamas as a kid in the seventies. Both worlds are colliding all the time. This is what history is all about. The hijackers in the film are also mostly portrayed in a banal manner: Rima Eissa washing her face behind bars; Kozo Okamoto falling asleep in the courtroom; Minichiello smoking a cigarette; the Shiite hijackers drinking Pepsi; Leila Khaled in close-up after her face-lift.

CB: The idea of a fluid structure is also enhanced by the use of precisely dated and identified sequences, organized not necessarily chronologically but in strata. This would seem to refer to the dynamics of desire in the way we apprehend reality. Can it be read also as a critique of linear history and of the rationalization of sociopolitical space?

JG: There is a specific structure in the tape—the story of hijacking—but the way I approached it was empirical. I was dealing with something which was outside myself, but very much part of my memory. While I was researching and collecting images, exploring the relationships between camera and event, I would find connections in a non-chronological way. The film starts with the first live hijacking to be broadcast on Japanese TV, and goes on to depict a sort of voyeurism of voyeurism. The image of the camera pervades the film and, indirectly, it becomes an account of how reality is mediated.

But initially I wanted to make a tape about people saying good-bye in airports, to trace how that has changed in just thirty years. It was to be something more autobiographical, a recollection of memories in relation to my little daughter, who was at that time living on the other side of the ocean; reunions always happened in airports. Marc Augé has called the airport a "non-space," where everything is in flux, the whole world transforming into one big airport. The film reflects this loss of home, conflating desire and politics, public history and personal memory.

Dial H-I-S-T-O-R-Y is about the transgression of borders and state, arguing against the old dichotomies of fiction and reality, fiction film and documentary. Whereas traditional documentaries are tied to epistemological limitations to describe reality, *Dial H-I-S-T-O-R-Y* plays with the presupposed notions of structure and chronology. For that reason I choose to depict a double narrative that sets the television timeline against the backdrop of a story. In the classical documentary, chronology and structure are logical and a specific vocabulary is used to describe reality, whereas in my film, the chronology of hijacking is underscored by a fictionalized storyline based on a novel by Don DeLillo, which plays with how these notions collide. The film also tries to trace intimate politics to point to historical alternatives.

Reality is always coconstructed; it is not only the news, the political forces beyond us, but it is also inside us, part of our desire. I criticize certain notions or structures of the state, but I feel that I am also implicated in them. On an emotional level, one feels several things at the same time: revulsion and desire, seduction and repulsion; the disco beat of "Do The Hustle" accompanies the final sequence of planes crash landing, urging on the ultimate disaster.

CB: In the political arena, women are represented in the media in a few distinct ways: the passive *faire-valoir* figure, who enhances humanitarian causes and other charities through her presence; the threatening figure with an appropriate nickname, like Margaret Thatcher's "Iron Lady"; the spokesperson. In the history of terrorism, women are almost absent: The media have all but obliterated their role. One of the reasons for this disappearance is that they actually were not accorded any important role besides that of companion: Obviously war is seen as a man's affair. I would like to suggest a parallel here with the emphasis placed in the official history of terrorism on whatever served the Cold War cause (Cuba, Israel/Palestine, Libya/Eastern block), where Third World countries were featured only when it directly affected the principal power structures.

Can you comment about such frame presences which translate into visual lacunae?

JG: History is definitely selective. While researching at ABC News, I realized that there were so many images of hijackings! I knew that in choosing some, I was eliminating lots of others. Walter Benjamin said something like, "History is written by the guys who went to war,"... right? You realize how much is never written down, recorded, or even taped. It also has to do with power and money: CNN can afford to send news crews everywhere. So history is always related to power, to the narrator who tells the story.

In the film I make fun of Dr. David Hubbard, the American psychiatrist who specializes in hijackers. He focused on the Freudian principle, trying to analyze the plane as a big Freudian machine: pilot, stewardess, and hijacker caught in an oedipal triangle, and so on; so skyjacking—the "flight of fantasy," as he calls it—is reduced to a mere sexual impulse. But then where does that leave Leila Khaled, the Palestinian hijacker? She could embody the phallic woman. It was pretty smart on the part of the Palestinians to introduce Leila Khaled: seduction as part of guerrilla strategy. For her second hijacking, she went even further, undergoing a face-lift and dressing herself up as a tourist.

CB: The film's narration consists of excerpts of Don DeLillo's novels, *Mao II* and *White Noise,* which establish a relation between hijacking, terrorism, and writing. Are they really even comparable?

JG: In *Mao II,* a relation is spun between the terrorists and the novelist. It questions the status of the artist versus the status of the TV image. What is the role of the artist today? "Novelists and terrorists play a zero-sum game, what terrorists gain, novelists lose," says Don DeLillo in *Mao II.* The book contends that the terrorist has taken the writer's role in society, because he is able to play the media. In *White Noise,* catastrophe is a member of the family. TV stages the clash between the little world of domestic bliss and the bigger political picture that surrounds it.

CB: The text also affirms the precedence of media drama in plotting the narrative of the contemporary world while the fiction writer is assigned the role of dinosaur. How do you see your own situation as an artist making films? Is any definite place possible?

JG: Yes, the reason why I chose the writer-versus-terrorist narrative is to speak about the artist versus the media. The situation is, in a sense, also contradictory: The film declares the death of the novel, but at the same time is based on a novel. It presupposes the necessity of writing while it proclaims the impact of the suicidal die-hard. "Get killed, and maybe they will notice you," runs a line in the film. Thus the game played out between terrorist and novelist becomes an autobiographical story, a metaphor for the role of the filmmaker within a media-saturated world. Nobody can deny television; as a filmmaker, it certainly cannot be denied. This dilemma is very much part of my life. The world is full of meanings, an abundance of meanings, all scrambling for attention. On TV, imagery becomes more and more extreme and the accumulation of images more rapid. The TV set has swallowed the world. Reality has lost credibility: Even when confronted with real death one feels detached, as if the violin strings are missing in the crucial scene.

A lot of sixties and seventies films and videos about countermovements situated themselves in a dialectical process against TV or in the avant-garde. Nowadays the situation is much more inclusive, like contemporary criticism. The dream of the global village to invent "counter-TV" has already materialized, but in an inverted sense: the sitcom. *Dial H-I-S-T-O-R-Y* situates itself precisely in this sort of everyday schizophrenia in which shock and catharsis happen at the same time: It is inclusive and critical at the same time. It is about both seduction and the displacement of desire. Commercials can become a metaphor for very intimate things.

CB: During the seventies, hijacking and terrorism played an important role in the construct of a sociocultural imaginary in Europe. Fear, bomb scares, and "terrorist chic" went hand in hand, especially among intellectuals. Is this aspect interesting to you?

JG: "Terrorist chic" captures very well the failure of what happened with the romanticized ideas of revolution in the narratives of the sixties and seventies. Consumerism has absorbed the revolutionary impulse. The utopian project has imploded, and in the end there is not one projected dream or idea left. When we look at images now, we realize how much everything has been absorbed by the seduction principle. When, back in the seventies, Baader and Meinhof went off to training camps in Palestine, it was very much like Duchamp's urinal. The urinal shocked because it was displaced inside the boundaries of a bourgeois world. Recently someone peed in Duchamp's urinal at an exhibition: Back to start.

"Terrorism" has become an empty term, just like "democracy," a fig leaf to disguise whatever ideology lies underneath. Just as the Wizard of Oz turns out to be a big fake! Terrorism is such a vast concept that it has to be contextualized, geographically and historically. If it happens in a country in South America, it is totally different from what happened in the seventies in Europe or what is going on with recent extreme-right bombings in the United States. Ideologies also have to be localized; you can't generalize unless you're speaking from Hollywood. The end of *Dial H-I-S-T-O-R-Y*, set in St. Petersburg in 1994, portrays a Russian terrorist, a bullet in his stomach, a microphone pushed in his face, dying on camera. No longer capable of answering why he took hostages, he dies on the set with TV's full complicity. Final declaration: silence. The media is left alone with itself.

CB: More recent hijackings and terrorist actions have turned into bloodbaths (Lockerbie, Marseilles), and the state has also adopted guerilla tactics. Could this be a form of victory, or the complete absorption of terrorist dynamics within the state? Take the Unabomber story: Danger and disaster become ubiquitous yet impossible to locate. Perhaps it also points to technological warfare as a last frontier?

JG: Maybe the state wants precisely to claim terrorism's ubiquity, to further entrench its police control. Didn't we use to wave good-bye to our loved ones from the observation deck, watching the takeoff? Now our bon voyage ritual involves security gates, X-rays, surveillance, lasting-lipstick billboards, a little bit of shopping. The intimate body has become totally controlled.

Terrorism and hijackings were followed by countermeasures. Every time a terrorist would invent something, the state adopted a strategy of mimicry. It has gotten to be an extreme situation. All the recording security systems in today's airports are a result of seventies hijackings. Paradoxically, there is so much security in place now but bombs pose a bigger threat than hijackers. Take Lockerbie, for example. 270 people died and we're left with a suitcase bomb: no terrorist anymore. The terrorist is absent. It's a total masquerade of the structures of state.

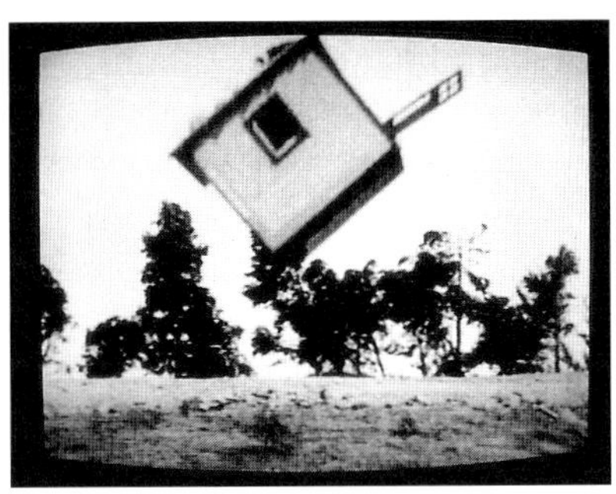

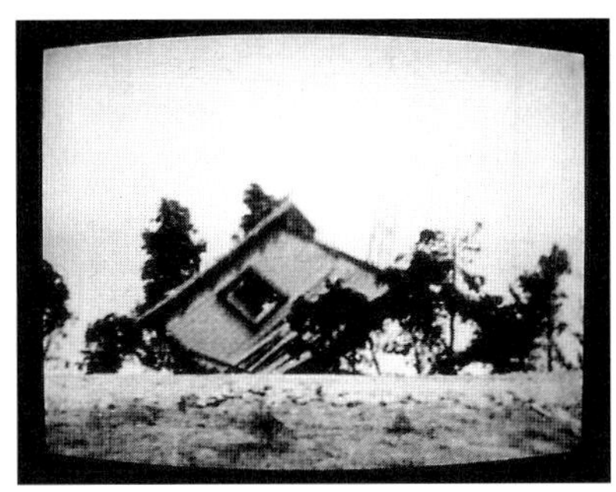

All still photographs are taken from "Dial H-I-S-T-O-R-Y," 1997, written, directed and edited by JOHAN GRIMONPREZ, Belgium / France, 68 min. color & b/w video, excerpts from "Mao II" and "White Noise" by Don DeLillo, music and sample collage by David Shea, produced by Kunstencentrum STUC – Het Atelier & Centre Georges Pompidou – New Media Department.

(PHOTOGRAPHY: RONY VISSERS, COURTESY OF INCIDENT VZW, BRUSSELS)

Geschichte aus dem Supermarkt

In *Dial H-I-S-T-O-R-Y*, einem achtundsechzigminütigen Film, wird die Geschichte der Flugzeugentführung mit der Geschichte der Nachrichtenmedien verbunden; Drehbuch und Regie stammen von Johan Grimonprez. Er untersucht die Geschichte von Entführern und anonymen Bomben, wie sie über die allzeit bereitstehende Fernsehkathode den privaten und häuslichen Raum zum Einsturz bringen. *Dial H-I-S-T-O-R-Y* behauptet, dass die in den TV-Nachrichten gezeigte Gewalt die Struktur einer Erzählung habe und eine Geschichte erzähle, die die Taktik des Kapitalismus und das gewaltsame Eindringen der Medien in unser Bewusstsein sowohl verschleiert wie nachahmt. Die Musik von David Shea fügt der komplexen Filmstruktur mit ihren schnellen Schnitten und geballten Bildfolgen eine weitere Ebene hinzu. Auf ebenso verführerische wie humorvolle Weise offeriert sie einen ganzen Katalog von Lieblings-Soundtracks aus Zeichentrick- und Fernsehserien. Dann, ganz plötzlich, eröffnet sie eine neue Dimension von Gewalt und Verlust: Gewalt als Unausweichlichkeit. Der schnelle Rhythmus beschwört jene Unruhe und Spannung vor der Jahrtausendwende, an die wir permanent erinnert werden: Unser tägliches Leben wird verzerrt aufgezeichnet durch die allgegenwärtigen Überwachungssysteme, Monitoren und ihre Betreiber, die in Realität und Phantasie gleichermassen eindringen und damit die Ängste eines jeden braven Bürgers widerspiegeln, aber auch schüren.

Dial H-I-S-T-O-R-Y mobilisiert die Kräfte der Verführung, des Begehrens, der Gewalt und der daraus resultierenden Leere. Bilder eines durch die Luft fliegenden, zerberstenden Hauses erscheinen in diesem Film als Kontrapunkt zum Verlust des Diskurses, zum Maskenspiel der Politik und zum permanenten Schauspiel unseres Lebens auf und neben dem Bildschirm.

CATHERINE BERNARD: Paul Virilio meinte einmal, die Erfindung des Schiffes sei zugleich auch die Erfindung des Schiffbruchs, die der Bahn, jene der Zugsentgleisung und so weiter. In *Dial H-I-S-T-O-R-Y* lautet der erste Satz: «Sollte der Tod nicht wie das Ins-Wasser-Eintauchen nach dem perfekten Sprung sein, graziös, weiss aufblitzend und sanft, ohne die Oberfläche aufzurühren?» Und auch er bringt Geschwindigkeit und Tod, Geschichte und Geschwindigkeit miteinander in Beziehung.

JOHAN GRIMONPREZ: Darauf würde ich gern mit Nixon in *Dial H-I-S-T-O-R-Y* antworten, der vor einer Versammlung von Wissenschaftlern Virilio paraphrasierte. Er sagte in etwa: «Ohne Wissenschaft gäbe es keine Flugzeuge und ohne Flugzeuge gäbe es keine Flugzeugentführungen. Man könnte also behaupten, es wäre besser, es gäbe überhaupt keine Wissenschaft.» Tatsächlich bringt jede Technologie auch ihre eigenen Katastrophen mit sich. Die Fernsehtechnologie hat wiederum eine neue Art, die Welt und den Tod zu betrachten, eröffnet. Und genau davon handelt dieser Film. Er analysiert, inwieweit die Medien an der Konstruktion von Wirklichkeit beteiligt sind. Man könnte sagen, dass mit der Neuerfindung der Realität eine Kultur der Katastrophe geboren wurde und damit eine neue Sicht auf den Tod. Auch die Beschleunigung der Geschichte ist mit der Technologie verknüpft. Der Film zeigt einerseits, wie die Fernsehnachrichten bisher präsentiert wurden, und andrer-

JOHAN GRIMONPREZ

im Gespräch mit

CATHERINE BERNARD

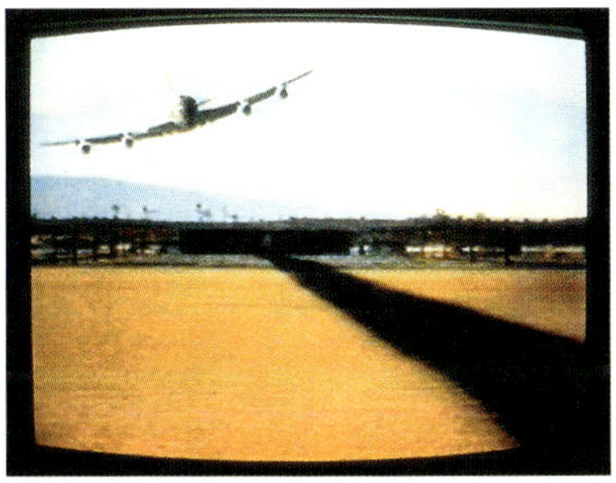

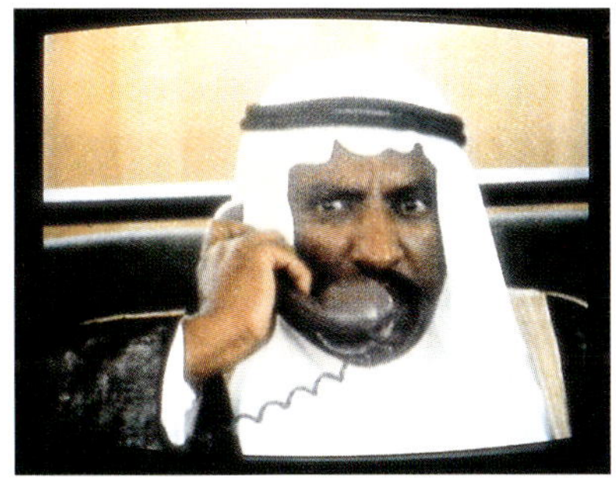

seits, wie sie durch die neuen technologischen Mittel zur Aufzeichnung der Realität beschleunigt wurden. Der Film endet mit der Camcorder-Revolution: einem Pärchen, das in den Flitterwochen durch Zufall den Absturz eines entführten Flugzeugs filmte, worauf es sofort von CNN in Larry Kings Talkshow eingeladen wurde. Das zeigt, dass der Abstand zwischen Zuschauer und Geschichte sich in nichts aufgelöst hat. Der Zuschauer ist zum Helden geworden; und die «Best of Homevideo»-Programme ermuntern uns unsere eigenen kleinen Katastrophen einzuschicken.

CB: Der Titel des Films bezieht sich auf die Multiple-Choice-Technik automatischer Voice-mail-Systeme. Wie stellt sich der Bezug von Flugzeugentführung und Geschichte in deinem Film dar?

JG: Tatsächlich verschmelzen beide miteinander. Das Flugzeug ist eine Metapher für die Geschichte. Es überfliegt Grenzen, ist immer unterwegs zwischen verschiedenen Ländern, verschiedenen Heimatgegenden. Heimat ist heutzutage ein nomadischer Ort. Die Palästinenser hatten kein eigenes Land, also wurde das Flugzeug gewissermassen ihr Zuhause. Ende der 60er und 70er Jahre traten die politischen Implikationen von Heimat sehr klar zutage. In einem Interview sagte Leila Khaled, dass der Krieg im Flugzeug ausgetragen werden musste, weil es kein palästinensisches Territorium zum Kriegführen gab. Im Niemandsland wird das Flugzeug zur Heimat erklärt. Daher rührt das immer wieder auftauchende Bild vom fliegenden Haus, es ist aus *The Wizard of Oz* übernommen. Der Wirbelsturm, der Dorothys Haus über den Regenbogen in das Land Oz befördert, entspricht der Entführung eines Flugzeugs über eine nur gewaltsam zu überwindende Grenze in ein politisches Utopia.

Dial H-I-S-T-O-R-Y ist wie Geschichte aus dem Supermarkt: Die Auswahl ist riesig, und Geschichte kann nicht länger als etwas Einzigartiges betrachtet werden. Der Film erzählt, wie Geschichte aufgezeichnet und katalogisiert wird und wie diese Techniken die Erinnerung beschleunigen und vermehren und beinah ein Übermass an Geschichte erzeugen. Wenn man im Internet das Wort «hijacking» eingibt oder unter www.footage.net nachschaut, bekommt man so viele Informationen, dass man nicht weiss, wo anfangen. Man verliert sich in der auf Knopfdruck abrufbaren Geschichte, deshalb muss man sich auf bestimmte Aspekte konzentrieren. Als ich mich auf das Thema Flugzeugentführung beschränkte, suchte ich ein Detail aus, das Geschichte auf ungewohnte Weise sichtbar macht. Das Betrachten einzelner Details liefert viel konkretere Ergebnisse, weil Geschichte letztlich nichts anderes ist als die Verschmelzung des Persönlichen mit dem Globalen.

CB: Die Flugzeugentführung ist – politisch und physisch – ein Phänomen des Zwischenraums. Sie kann die geschicht-

---

CATHERINE BERNARD ist Autorin, Ausstellungsmacherin und Assistenzprofessorin für Kunstgeschichte an der Long Island University, New York.

liche Dialektik buchstäblich in die Luft jagen: Bomben sprengen die Rationalität. Steht Terrorismus demnach ausserhalb jeder historischen Determiniertheit?
JG: Geschichte ist immer in Bewegung, einen Schritt weiter. Sie ist nicht auf einen Ort fixiert, also ist die Flugzeugentführung durchaus ein Teil von ihr. Geschichte ereignet sich immer zwischen verschiedenen Orten, nicht? Erst nachträglich gerinnt sie innerhalb der herrschenden Strukturen zu einem Text, Bild, einer Fernsehserie oder einem Roman. Geschichte wird von verschiedenen Völkern verschieden interpretiert, etwa von Israelis und Palästinensern. Der Redaktionsassistent Vincent Alexandre durchforschte die Kairoer Fernseharchive nach Bildern zur Geschichte Palästinas in der Kolonialzeit. Aber die Israelis hatten sie allesamt entfernt, entweder zerstört oder andernorts gelagert. Wenn die Palästinenser so aus der Geschichte gelöscht wurden, können sie sich durch Flugzeugentführungen wieder in sie einschreiben.

Über Terrorismus lässt sich schwerlich auf abstrakte Weise reden. Das ganze Terroristen-Spektakel mündete in eine politische Maskerade: Die Rechte spielt mit den Symbolen der Linken und die Regierung mimt den Terroristen. Das ist perverser als einfache Dialektik oder die zerstörerische Bombe: Für sein Buch *Die Verschwörung der Lügner: Die Jagd nach Carlos, dem Schakal* interviewte David Yallop Carlos und musste feststellen, dass er den falschen Carlos erwischt hatte. Es gab zwei oder drei Varianten von Carlos oder vielleicht existierte Carlos überhaupt nicht. Vielleicht war er eine blosse Erfindung der Antiterrorismus-Bewegung oder der jeweiligen herrschenden Mächte. Reden wir von der Implosion!
CB: Beim Betrachten des Films entpuppt sich die Geschichte der Flugzeugentführung als eine Geschichte der Medien, in der erzählt wird, wie diese Theater, Geschichten und Spielfilme als Kontrollinstrumente einsetzen. Ich denke da etwa an die Sequenz, in der typische Melodien aus Western- und Siedler-Epen mit Bildern von Kongressabgeordneten, von Reagan, Raketen und Marschflugkörpern zusammenmontiert sind.
JG: Ich habe die Geschichte der Flugzeugentführung bis zu den ersten Passagierflügen zurückverfolgt und untersucht, wie sich dieses Phänomen im Laufe der Geschichte verändert hat. Aber das war nur der Aufhänger, um die Geschichte der Medien selbst und insbesondere die Darstellung von Flugzeugentführungen zur Sprache zu bringen. Wenn beispielsweise ein entführtes Flugzeug über Afrika explodiert, dann wird daraus eine 30-Sekunden-Nachricht. Wenn ein paar Amerikaner an Bord sind und es keine Toten gegeben hat, dann kommt eine Geschichte, kommt Spannung dazu: die Spannung des aufgeschobenen Todes. Eine Geschichte lässt sich leicht so konstruieren, dass die Medien sie übernehmen. Also geht es eigentlich immer nur um die Geschichte und den Menschen, der sie erzählt, aber keineswegs um Transparenz.

Die Geschichte der Flugzeugentführung ist eng mit dem Kalten Krieg verknüpft und ihr Spielraum weitgehend durch die ideologische Aufteilung zwischen Kommunismus und Kapitalismus vorgegeben: So steht Kuba an der Seite Russlands, die Rote Armee der Japaner und die PLO an der Seite Maos, Israel auf der Seite der Vereinigten Staaten. Das sogenannte «Skyjacking» gehörte irgendwie zur romantischen Revolutionsidee der 60er und 70er Jahre. Ost und West waren mehr oder weniger klar definiert und die Entführer hatten Namen: Leila Khaled, Ulrike Meinhof, Kozo Okamoto, Rima Tannous Eissa, Mouna Abdel Majid ... Aber als die 80er Jahre näher rückten, implodierte das utopische Projekt gewissermassen; die alten Trennungslinien verschwinden, die Entführer werden getötet, Zynismus macht sich breit. Die Medien spielen immer stärker eine Schlüsselrolle, statt des Individuums werden wogende Massen gezeigt; an die Stelle der Flugzeugentführung tritt die anonyme Gepäckbombe. Das Bild des Entführers ist verschwunden. Das «Flug TWA 800»-Ereignis lässt sich als Unfall, Raketenabschuss oder Angriff von Ausserirdischen erklären. Die Bombe von Lockerbie wurde Bestandteil verschiedener politischer Erklärungsversuche, die alle der Rechtfertigung des globalen Machtspiels dienten. Seit den 80er Jahren machte sich die Reagan-Admi-

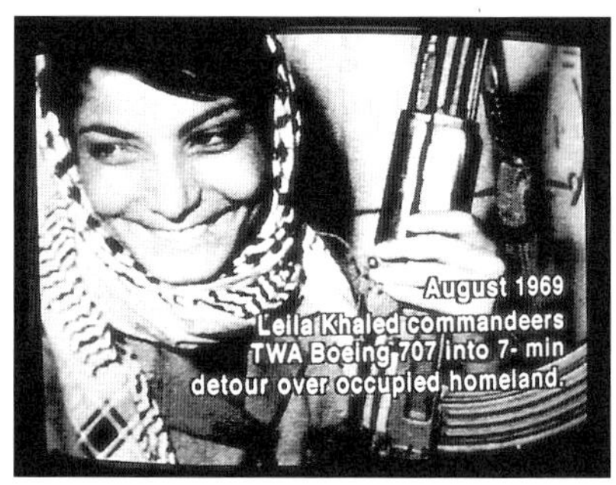

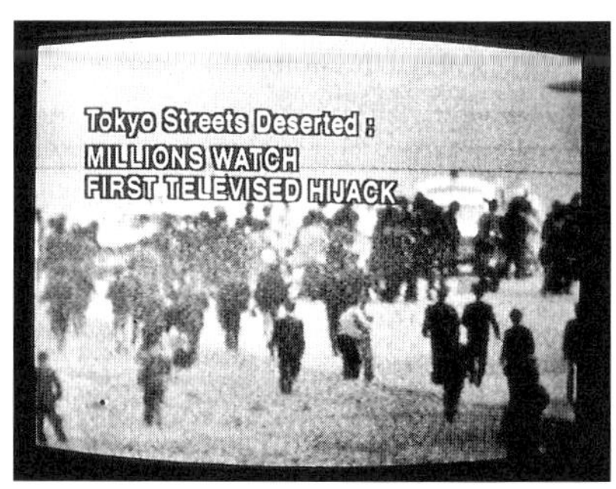

nistration das Terrorismus-Spektakel zunutze, um ihr eigenes schmutziges Geschäft in El Salvador, Guatemala und Nicaragua zu verschleiern. Terrorismus wurde zu einem oberflächlichen Spiel, das mit Hilfe der Medien gespielt wurde um den dahinter steckenden, eigentlichen Dreck zu verbergen. Es mag verfrüht sein, darin bereits eine verborgene Struktur erkennen zu wollen, aber die Tatsache, dass an die Stelle der Flugzeugentführung anonyme Paketbomben getreten sind, könnte die Entwicklung des abstrakten Kapitalismus widerspiegeln, das Scheitern des Versuchs der USA und der Sowjetunion, sich selbst mit Hilfe des imaginären Anderen neu zu definieren: Nicht James Bond tritt mehr gegen Russland an, sondern Mickymaus gegen E.T.

CB: Im Film verweisen Schnitt und Musik immer wieder auf die Katastrophe. Ging es dabei um eine Dekonstruktion der Sprache von Dokumentarspielen, Nachrichten und Talkshows?

JG: Ich ahme eher nach, was in den Medien geschieht, als dass ich etwas dekonstruiere. Auf diese Weise wird die Kritik mehr implizit als explizit. Die Nachrichten sind zur Seifenoper verkommen, wie etwa in der Clinton-Lewinsky-Affäre. Indirekt geht das zum grossen Teil auf die Berichterstattung im Golfkrieg zurück, wo Geschichte auf die Dimension eines Videospiels reduziert wurde und die Kamera praktisch auf dem Rücken der Rakete mitflog. Der Blick auf die Zerstörung aus nächster Nähe wurde so direkt in unsere Wohnzimmer katapultiert. Wie beim O.-J.-Simpson-Prozess und später beim Tod von Prinzessin Diana wurden sofort einprägsame Logos und Erkennungsmelodien eingeblendet. Ungeniert übernehmen die Nachrichten die ästhetischen Codes und Stilmerkmale von Hollywood und MTV. Es fehlt nur noch der Applaus und das eingespielte Gelächter. In einem Punkt war Hollywood sogar schneller als die Realität. Die Erfindung eines Krieges, um von den sexuellen Eskapaden des Präsidenten abzulenken – im Film *Wag the Dog* –, fand unmittelbar vor der jüngsten Golfkrise statt. Das liess die ganze Clinton-Lewinsky-Affäre wie die schlechte Adaption einer Seifenoper aussehen. Saddam Hussein führte die Geschichte noch einen Schritt weiter, indem er *Wag the Dog* im nationalen irakischen Kabelfernsehen ausstrahlen liess: Hollywood macht Weltpolitik.

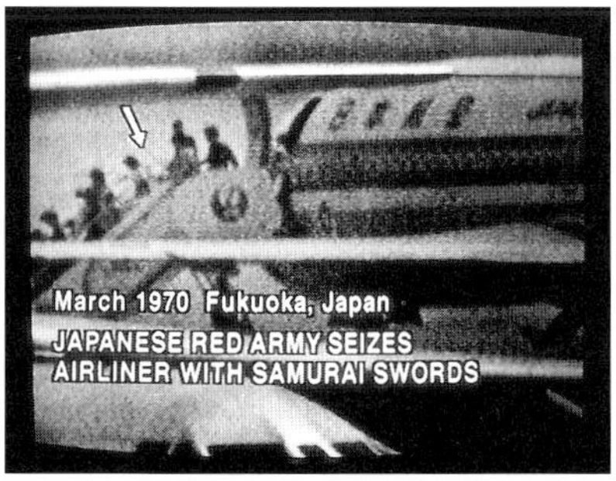

CB: Zapping, angedeutet durch schnelle Schnitte und Rhythmuswechsel, ist ein starkes syntaktisches Element dieses Films. Hat diese Form der Collage etwas mit dem Inhalt des Films, der Geschichte der Medien und medialen Techniken zu tun?

JG: Zapping könnte man als eine neue Form Brechtscher Verfremdung verstehen: Zapping als Dichtung. Darin spiegelt sich das Fernsehvokabular während des Golfkriegs wider. Die Reportagebilder wurden laufend von Werbung unterbrochen: Babywindeln und Politik, Ketchup und raffinierte Marschflugkörper. Könnte man eine Videoreportage aus dem Golfkrieg in die Zeit des Vietnamkriegs zurückversetzen, würde sofort sichtbar, wie sehr die Nachrichtenindustrie sich in eine surrealistische Einkaufszone verwandelt hat. Zapping ist eine neue Art der Wahrnehmung von Wirklichkeit, unleugbar und allgegenwärtig: Wenn wir durch die Stadt gehen, werden wir mit Eindrücken nur so bombardiert. Es ist wie Walter Benjamins «Spaziergang durch die Stadt», aber im schnellen Vorlauf. Nicht mehr lange und wir verwechseln die harte Wirklichkeit mit einer Werbepause.

CB: So wie du die Bilder nebeneinander stellst – Farbe und Schwarzweiss, Vorlauftempo und Zeitlupe, Filmschleifen und schnelle Schnittfolgen –, entsteht eine Poetik des Raums, in der sich die Bilder manchmal kaum berühren und dann wieder gegenseitig durchdringen. Ist dieser Fluss zwischen Räumen und Geschichten ein wichtiger Punkt für dich?

JG: Das Nebeneinander zeigt, wie unser Gedächtnis funktioniert: Häusliche Banalität und Fernsehen existieren nebeneinander; auch Intimes und Häusliches sind ein Teil der Geschichte. So erinnere ich mich genau, wo ich gerade war und was ich tat, als der Golfkrieg ausbrach: Nach einem Streit zuhause trank ich eine Tasse Kaffee. Es war wie *Star Trek* gucken im Pyjama, damals als Kind in den 70er Jahren. Die beiden Welten treffen permanent aufeinander. Genau davon handelt die Geschichte. Die Flugzeugentführer im Film sind auch meist in recht banaler Weise dargestellt: Rima Eissa wäscht sich hinter Gittern das Gesicht; Kozo Okamoto schläft im Gericht ein; Minichiello raucht eine Zigarette; die schiitischen Entführer trinken Pepsi; Leila Khaled in Grossaufnahme nach ihrem Facelifting.

CB: Die fliessende Struktur wird noch unterstrichen durch präzis datierte und gekennzeichnete Sequenzen, die nicht unbedingt chronologisch angeordnet sind, sondern in Schichten. Das scheint mit dem wachsenden Begehren, mit dem wir Wirklichkeit wahrnehmen, zusammenzuhängen. Kann man es auch als Kritik an einem linearen Geschichtsverständnis und der Durchrationalisierung des gesellschaftspolitischen Raumes verstehen?

JG: Der Film hat schon eine bestimmte Struktur – die Geschichte der Flugzeugentführung –, aber ich habe mich dem Thema empirisch genähert. Ich hatte es mit etwas ausserhalb meiner selbst zu tun, was aber sehr wohl auch Teil meiner eigenen Erinnerung war. Während ich Bilder suchte und sammelte und mich dabei bemühte, die Beziehung zwischen der Kamera und dem Ereignis zu verstehen, stiess ich auf Zusammenhänge ausserhalb der chronologischen Ordnung. Der Film beginnt mit der ersten Live-Entführung im japanischen Fernsehen und zeigt danach eine Art Voyeurismus des Voyeurismus. Das Bild der Kamera selbst zieht sich durch den ganzen Film und zeigt damit indirekt, wie Wirklichkeit vermittelt wird. Ursprünglich wollte ich einen Film über Abschiedsszenen an Flughäfen drehen, um festzuhalten, wie sehr sich das in nur dreissig Jahren verändert hat. Das wäre eher autobiographisch geworden, eine Sammlung von Erinnerungen an meine kleine Tochter, die damals auf der anderen Seite des Atlantiks wohnte, so dass unser Wiedersehen sich immer an Flughäfen abspielte. Marc Augé hat den Flughafen als einen «Nicht-Raum» bezeichnet, wo alles im Fluss ist, wobei die ganze Welt sich in einen einzigen grossen Flughafen verwandelt. Diesen Verlust von Heimat reflektiert der Film, indem er Begehren und Politik, öffentliche Geschichte und persönliche Erinnerung miteinander verbindet.

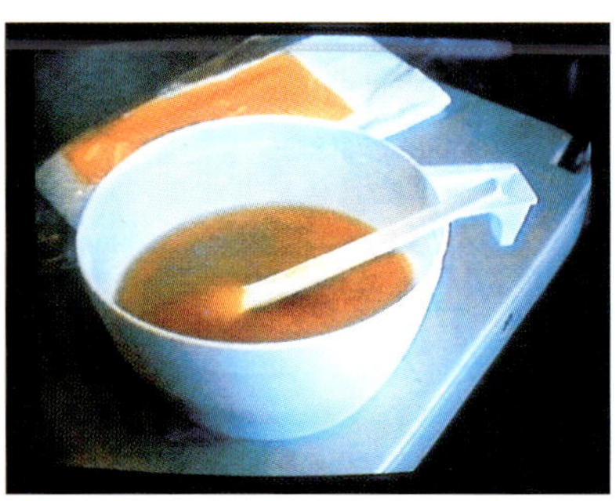

Dial H-I-S-T-O-R-Y handelt von der Überschreitung von Grenzen und Zuständen und wendet sich gegen die alte Unterteilung in Phantasie und Wirklichkeit, Spiel- und Dokumentarfilm. Während der traditionelle Dokumentarfilm an die erkenntnistheoretischen Gesetze der Beschreibung von Wirklichkeit gebunden ist, spielt *Dial H-I-S-T-O-R-Y* mit den festen Begriffen von Struktur und Chronologie. Deshalb habe ich mich für eine doppelschichtige Erzählstruktur entschieden, die den zeitlichen Ablauf des Fernsehens gegen den Hintergrund einer Geschichte setzt. Im klassischen Dokumentarfilm gibt es eine logische Abfolge und Ordnung und für die Beschreibung der Realität wird ein spezifisches Vokabular verwendet. In meinem Film hingegen wird die Chronologie der Flugzeugentführung durch eine fiktive Geschichte untermalt, die auf einem Roman von Don DeLillo basiert, der genau damit spielt, wie diese Begriffe aufeinander prallen. Ausserdem versucht der Film, politische Hintergründe auszuleuchten um historische Alternativen aufzuzeigen.

Wirklichkeit wird immer von mehreren konstruiert. Sie setzt sich nicht nur aus Nachrichten und politischen Kräften ausserhalb unserer selbst zusammen, sondern steckt auch in uns selbst, in unseren Bedürfnissen. Ich kritisiere bestimmte Staatsideen oder -strukturen, aber ich stelle fest, dass auch ich in sie verstrickt bin. Emotional nimmt man mehrere Dinge gleichzeitig wahr, Ekel und Begehren, Verführung und Widerwillen; im Film begleitet der Disco-Rhythmus von «Do The Hustle» die Schlussszene mit den Flugzeug-Bruchlandungen und drängt auf die endgültige Katastrophe hin.

CB: Im politischen Bereich treten Frauen in den Medien nur in wenigen, ganz bestimmten Rollen in Erscheinung: als passive Galionsfigur, die humanitäre Angelegenheiten und andere wohltätige Zwecke allein durch ihre Anwesenheit fördert; als bedrohliche Figur mit entsprechendem Spitznamen, wie etwa Margaret Thatcher, die «Iron Lady», oder als Sprecherin. In der Geschichte des Terrorismus kommen die Frauen kaum vor: Die Medien haben sie beinah völlig totgeschwiegen. Ein Grund mag darin liegen, dass ihnen tatsächlich ausser als Mitstreiterin keine wichtige Rolle zugestanden wurde. Krieg gilt offensichtlich als Männerdomäne. Ich sehe da – vor allem in der Emphase, die mit der offiziellen Terrorismus-Geschichte und allem, was dem Kalten Krieg diente (Kuba, Israel/Palästina, Libyen/Ostblock), einhergeht – eine Parallele: Drittweltländer kamen nur dann vor, wenn grundlegende Machtstrukturen unmittelbar berührt waren. Können Sie etwas darüber sagen, wie sich solch ausgeblendete Realitäten in visuellen Leerstellen niederschlagen?

JG: Geschichte ist eindeutig selektiv. Als ich bei ABC News die Archive durchforschte, stellte ich fest, dass es zahllose Bilder von Flugzeugentführungen gab! Und ich wusste, dass ich durch die Auswahl einiger weniger viele andere ausschloss. Walter Benjamin hat sinngemäss gesagt, dass die Geschichte von den Männern geschrieben wird, die Krieg führen... stimmt's? Da wird einem plötzlich deutlich, dass vieles weder beschrieben noch erwähnt oder gar aufgezeichnet wurde. Auch das ist eine Frage der Macht und des Geldes. CNN kann es sich leisten, seine Reporter überallhin zu schicken. Das heisst, Geschichte hängt immer mit Macht zusammen und mit dem, der die Geschichte erzählt. Im Film mache ich mich über Dr. David Hubbard lustig, den amerikanischen Psychiater, der sich auf Flugzeugentführer spezialisiert hat. Er arbeitet nach dem Freudschen Prinzip und analysiert das Flugzeug als grosse Freudsche Maschine: Pilot, Stewardess und Entführer gefangen in einem ödipalen Dreieck usw. Die Flugzeugentführung – er nennt es «Phantasieflug» – wird also auf den blossen sexuellen Impuls reduziert. Aber wo bleibt bei dieser Theorie Leila Khaled, die palästinensische Flugzeugentführerin? Sie könnte die phallische Frau verkörpern. Es war eine gute Idee von den Palästinensern, Leila Khaled ins Spiel zu bringen: Verführung als Teil der Guerillastrategie. Für ihre zweite Flugzeugentführung ging sie sogar noch einen Schritt weiter, indem sie sich einem Facelifting unterzog und sich als Touristin verkleidete.

CB: Die Erzählung des Films basiert auf Auszügen aus Don DeLillos Romanen *Mao II* und *White Noise*, wodurch eine Verbindung zwischen Flugzeugentführung, Terrorismus und Schriftstellerei hergestellt wird. Kann man sie wirklich miteinander vergleichen?

JG: In *Mao II* wird eine Verbindung zwischen den Terroristen und dem Romanautor hergestellt. Der Status des Künstlers wird gegenüber dem Status des Fernsehbildes in Frage gestellt. Worin besteht heute die Rolle des Künstlers? «Romanautoren und Terroristen spielen ein Nullsummenspiel; was die Terroristen gewinnen, verlieren die Romanautoren», sagt Don DeLillo. Der Roman stellt die These auf, dass der Terrorist die Rolle des Schriftstellers in der Gesellschaft übernommen hat, weil er die Medien für seine Zwecke einzusetzen vermag. In *White Noise* ist die Katastrophe ein Familienmitglied. Das Fernsehen inszeniert die Kollision zwischen der kleinen Welt der häuslichen Freuden und dem politischen Umfeld.

CB: Der Text anerkennt auch die Vorherrschaft der medialen Inszenierung in der Darstellung der zeitgenössischen Welt, während dem Schriftsteller lediglich die Rolle des Dinosauriers zusteht. Wie siehst du deine Situation als filmender Künstler? Kannst du überhaupt noch einen klaren Standort einnehmen?

JG: Ja, ich habe die Schriftsteller-contra-Terrorist-Geschichte gewählt, um über Künstler contra Medien zu sprechen. In gewissem Sinn ist die Situation auch widersprüchlich. Einerseits erklärt der Film den Tod des Romans und andererseits basiert er selbst auf einem solchen. Der Film geht von der Notwendigkeit des Schreibens aus und proklamiert zugleich die Wirkung dieser selbstmörderischen Dickköpfigkeit. «Lass dich umbringen, dann nehmen sie vielleicht Notiz von dir», heisst eine Zeile in dem Film. So wird aus dem Spiel zwischen Terrorist und Schriftsteller eine autobiographische Geschichte, eine Metapher für die Rolle des Filmemachers in einer mediengesättigten Welt. Niemand kann das Fernsehen verleugnen, am allerwenigsten der Filmemacher. Dieses Dilemma ist ein wichtiger Teil meines Lebens. Die

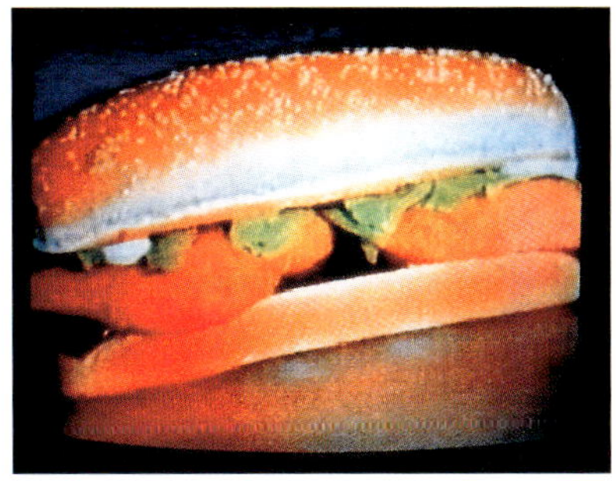

Welt ist voller Bedeutungen, es herrscht geradezu ein Überfluss an Bedeutungen, die alle Aufmerksamkeit heischen. Im Fernsehen werden die Bilder immer extremer und ihre Anzahl wächst schneller und schneller. Der Fernsehapparat hat die Welt geschluckt und die Wirklichkeit ihre Glaubwürdigkeit verloren. Selbst gegenüber dem realen Tod fühlt man sich wie losgelöst, als fehlten dem Instrument in der entscheidenden Szene die Saiten. In den 60er und 70er Jahren stellten sich viele Filme und Videos über Gegenbewegungen in einem dialektischen Prozess gegen das Fernsehen oder waren in der Avantgarde angesiedelt. Heute ist die Situation viel umfassender wie beispielsweise auch die zeitgenössische Kritik. Der Traum vom «Gegen-Fernsehen» im Global Village ist schon fast wahr geworden, allerdings im umgekehrten Sinn, nämlich als Sitcom. *Dial H-I-S-T-O-R-Y* bewegt sich genau innerhalb der alltäglichen Schizophrenie, in der Schock und Katharsis gleichzeitig stattfinden: Vereinnahmend und kritisch zugleich geht es um Verführung und die Verlagerung von Wünschen. Werbesendungen können zur Metapher für sehr intime Dinge werden.

CB: Während der 70er Jahre haben Flugzeugentführung und Terrorismus für die Konstruktion der soziokulturellen Bilderwelt in Europa eine wichtige Rolle gespielt. Angst, Bombendrohungen und «terroristischer Schick» gingen Hand in Hand, vor allem bei den Intellektuellen. Interessiert dich dieser Aspekt?

JG: Der Begriff «terroristischer Schick» trifft genau, was mit den romantischen Revolutionsideen in den Darstellungen der Ereignisse der 60er und 70er Jahre passierte. Revolutionäre Impulse wurden vom Konsumdenken absorbiert. Das utopische Projekt implodierte und von den Träumen und Ideen blieb nichts übrig. Wenn wir uns heute die Bilder ansehen, dann stellen wir fest, wie sehr alles dem Prinzip der Verführung unterliegt. Als Baader und Meinhof in den 70er Jahren in die Trainingslager der Palästinenser reisten, war das von ähnlicher Wirkung wie Duchamps Urinoir. Letzteres wirkte schockierend, weil es eine Verschiebung innerhalb der Grenzen der bürgerlichen Welt darstellte. Neulich hat jemand in einer Ausstellung in Duchamps Urinoir gepinkelt: Zurück zu den Anfängen!

«Terrorismus» ist zur Worthülse geworden, genau wie «Demokratie», ein Feigenblatt, das die darunter liegende Ideologie verhüllt. Und genauso entpuppt sich der *Wizard of Oz* als fauler Zauber. Terrorismus ist ein derart vager Begriff, dass man ihn immer im geographischen und historischen Zusammenhang sehen muss. In einem südafrikanischen Land ist er beispielsweise etwas ganz anderes als das, was sich in den 70er Jahren in Europa abgespielt hat, oder auch als die Bomben der extremen Rechten, die neuerdings in den Vereinigten Staaten explodieren. Ideologien müssen lokalisiert werden; man kann sie nicht verallgemeinern, es sei denn aus der Hollywood-Perspektive. Der Schluss von *Dial H-I-S-T-O-R-Y* wurde 1994 in St. Petersburg gedreht und zeigt einen russischen Terroristen mit einer Kugel im Bauch und einem Mikrophon im Gesicht, der vor laufender Kamera stirbt. Die Frage, warum er Geiseln genommen hat, kann er nicht mehr beantworten; er stirbt auf dem Set und das Fernsehen spielt den Komplizen. Schlusserklärung: Stille. Das Medium bleibt sich selbst überlassen.

CB: Flugzeugentführungen und terroristische Aktionen jüngeren Datums haben mit einem Blutbad geendet (Lockerbie, Marseille) und auch der Staat wendet nun Guerillataktiken an. Könnte man das als eine Art Sieg betrachten oder als vollständige Übernahme der terroristischen Dynamik durch den Staat? Nehmen wir zum Beispiel den Unabomber: Gefahr und Zerstörung sind allgegenwärtig, lassen sich aber trotzdem nicht lokalisieren. Deutet das vielleicht auch auf die technologische Kriegführung als letzte Grenze hin?

JG: Vielleicht will der Staat gerade deswegen den Terrorismus als allgegenwärtig darstellen um die polizeiliche Kontrolle weiter ausbauen zu können. Haben wir uns früher nicht von unseren Lieben verabschiedet, indem wir von der Besucherterrasse aus den Start des Flugzeugs beobachteten und hinterher winkten? Heute sind unsere Abschiedsrituale begleitet von Sicherheitskontrollen, Durchleuchtung und Überwachung, von Lippenstiftwerbung und ein bisschen Shopping. Die Intimität des Körpers ist vollständiger Kontrolle ausgesetzt.

Terrorismus und Flugzeugentführung zogen Gegenmassnahmen nach sich. Sobald ein Terrorist etwas erfunden hatte, entwickelte der Staat eine Nachahmungs-Strategie. Daraus hat sich eine extreme Situation entwickelt. All die Überwachungssysteme auf den heutigen Flughäfen sind eine Folge der Flugzeugentführungen der 70er Jahre. Paradoxerweise gibt es heute zwar jede Menge Sicherheitsmassnahmen, aber Bomben stellen eine grössere Bedrohung dar als Entführer. Nehmen Sie beispielsweise Lockerbie. 270 Menschen starben durch eine Bombe im Gepäck: kein Terrorist weit und breit. Der Terrorist ist abwesend. Es ist eine einzige Maskerade staatlicher Strukturen.

(Übersetzung: Nansen)

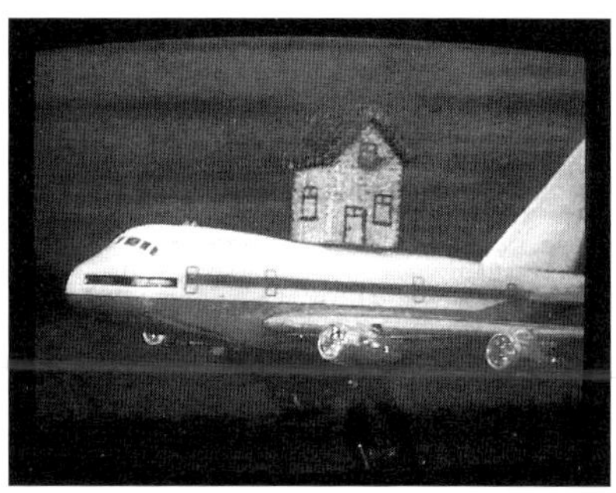

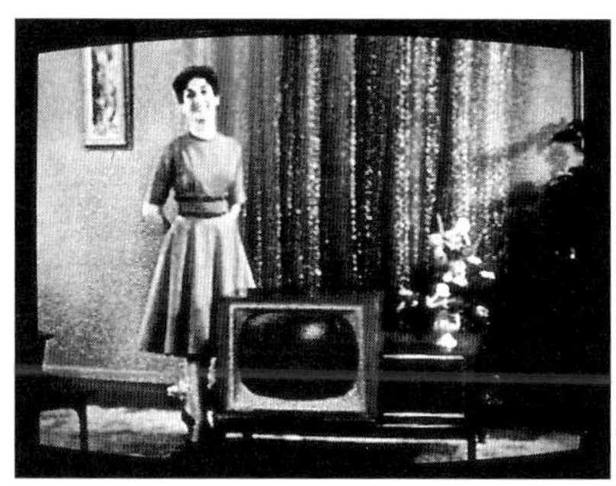

Alle Videostills stammen aus «Dial H-I-S-T-O-R-Y», 1997, von JOHAN GRIMONPREZ (Drehbuch, Regie und Schnitt), Belgien / Frankreich, 68 Min. Farb- und Schwarzweiss-Video, Ausschnitte aus «Mao II» und «White Noise» von Don DeLillo; Musik und Ton: David Shea; Produktion: Kunstencentrum STUC – Het Atelier & Centre Georges Pompidou – Abt. für Neue Medien.

(PHOTOS: RONY VISSERS, COURTESY OF INCIDENT VZW, BRÜSSEL)

Tracey Moffatt, born 1960 in Brisbane, Australia, lives and works in Sydney / geboren 1960 in Brisbane, Australien, lebt und arbeitet in Sydney.

Elizabeth Peyton, born 1965 in Danbury, Connecticut, USA, lives and works in New York City / geboren 1965 in Danbury, Connecticut, USA, lebt und arbeitet in New York.

Wolfgang Tillmans, geboren 1968 in Remscheid, Deutschland, lebt und arbeitet in London / born 1968 in Remscheid, Germany, lives and works in London.

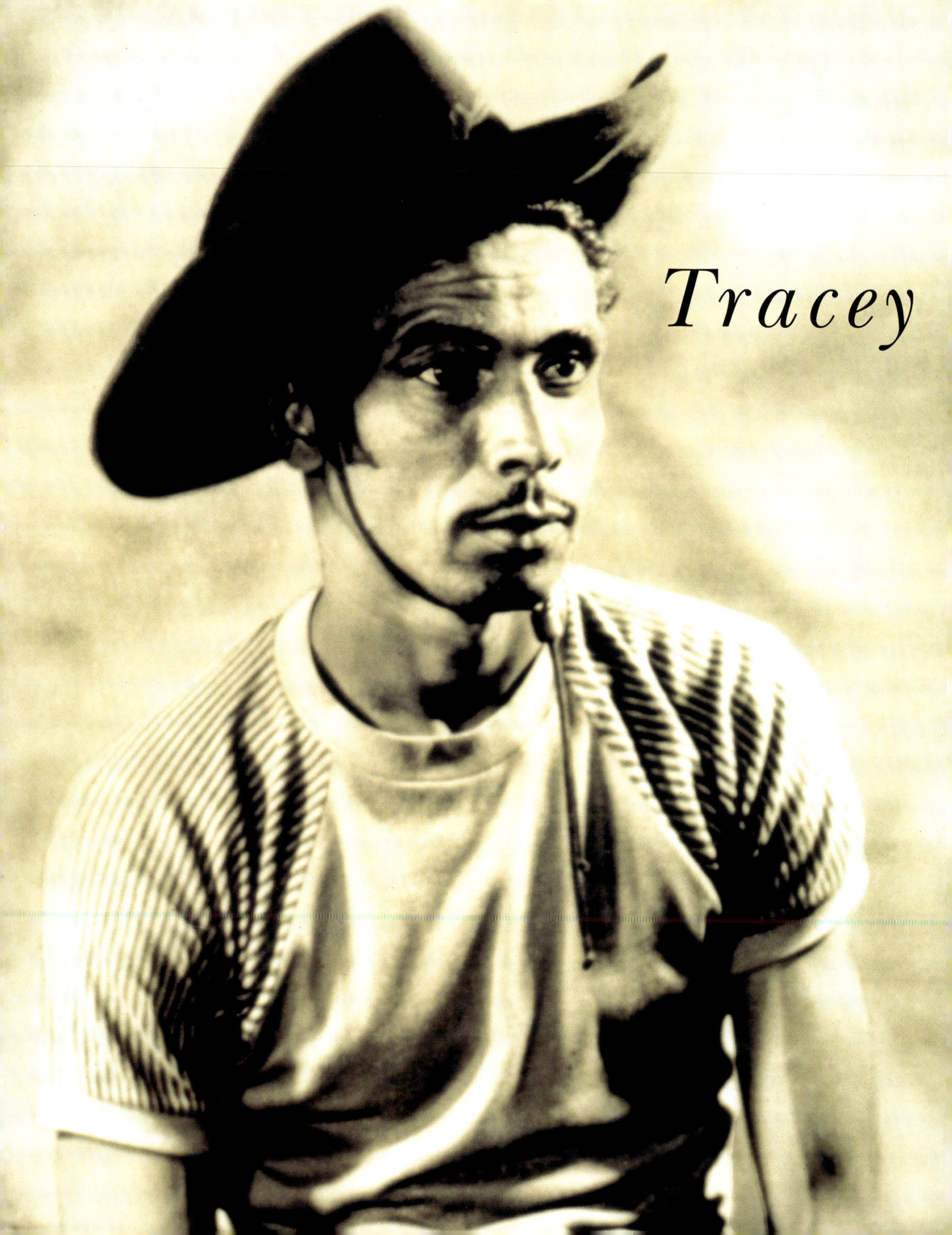

Tracey

ADRIAN MARTIN

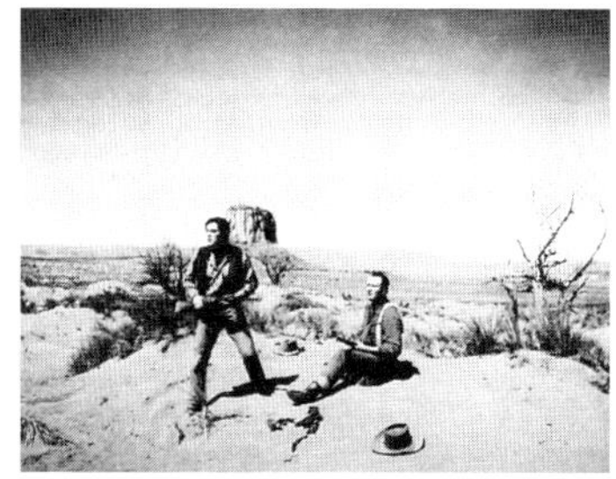

THE SEARCHERS, 1956, film still.
(WARNER BROS. PICTURES)

Moffatt's Australia (A Reconnaissance)

Tracey Moffatt's Australia is a strange place. A haunted, fugitive, ephemeral place. She likes to plonk tatty little emblems of a fragile civilisation—a shack, a hotel, a toilet—right in the middle of a vast, dry, forbidding, windswept wilderness. Or else in the middle of a wet, swampy sludge perpetually sliding into nothingness. This is something of a tradition in the canon of Australian art, which is full of dwindling, solitary figures perched precariously against a mighty, natural world: a drover's wife, a country pub, a shearer at work. Once there might have been the hope or dream of heroism to uplift such edge-of-the-world tableaux; but, looking back now to the dawn of our modern era, it seems like civilisation never really stood much of a chance against these primordial pockets of entropy and indifference.

Many Moffatt works might be called, like that jaunty French movie of recent times, *Western*: Caught between garden and wilderness, between the innocence of a pioneering journey outwards and the traces of a lingering, filthy genocide that scorches the earth at the end of a sorry history, her art collects the snapshots of an eternally recurring melodrama of land, settlement, and violence. Homesteads that are always uncanny, disturbed, traumatic; imposing landscapes that indomitably reflect the internal memory of some unspeakable crime.

For those, both outside and inside Australia, who automatically fixate on Moffatt's Aboriginal heritage, her work might only seem to have one locus of content: the dispossession of an indigenous people, land rights, the politics of race. In this rather exclusive light, her work becomes Australian in a narrow sense: It witnesses an authentic, oppressed, resistant identity, linked to all those other "others" who struggle to survive in postcolonial cultures. And such political reality—transmuted into the vivid, metaphoric snapshots of her highly expressionistic art—is definitely part of the power of this work in several media (primarily photography, film, and video).

TRACEY MOFFATT, BEAUTY (IN CREAM), 1994, color photograph, 40 x 30" / SCHÖNHEIT (IN CREME), Farbphotographie, 101,6 x 76,2 cm.

ADRIAN MARTIN is the film critic for the Australian newspaper *The Age* and the ABC TV program Express. His publications include *Once Upon a Time in America* (BFI, 1998) and *Phantasms* (Penguin, 1994).

But why then does one keep hearing, almost like a brazen, nagging taunt, the echoes of Old and New Hollywood playing all around Moffatt's imagery? Westerns like *The Searchers* (1956) and *Ulzana's Raid* (1972), with their fading cowboys and savage natives. Technicolour films of dancing and loving gone horribly wrong, like Michael Powell's Hollywood-style British classic *The Red Shoes* (1948). Camp spectaculars of fabric, pose, and interior design signed by Vincente Minnelli or Douglas Sirk. Lurid, sweaty melodramas devoted to pumped-up teenagers thrashing around in their dreary hamlets, small towns, and suburbs, drinking and smoking and burning around in hastily patched-up hot rods. Images of glamour gone to seed, of women withering on the vine, of belles breaking from brutal, suffocating masculine arms and racing to the swamps, like Bette Davis in *Beyond the Forest* (1949) or Jennifer Jones in *Ruby Gentry* (1952).

Saturating every inch of the heightened pictorial space in Moffatt's images, we see a sensibility attuned to a kind of ordinary, everyday madness: boredom, desperation, free-floating aggro, kinky curiosity. An all-pervasive neurosis converted, as if alchemically, into an all-perverse flair for queeny drama. Moffatt's characters are, more often than not, thrill-seekers on a bender: donning wigs and smearing lipstick, hitching up a stocking, going for broke, rolling around in the dirt and dust and filth, and finally wasted, conked out. They do what they must do for the sake of survival, and desire. But there isn't always a clear or even edifying politics to that theatre of self and other, sometimes there's only agitation—a tearing, unquenchable restlessness, coupled with a dim longing for something better. Utopia—the hoped-for world of "something more" which suffuses her imagery—is also a strange place in the art of Tracey Moffatt.

Is this Australia we're looking at, in the scattered fragments of these overheated scenarios, in the high artifice of these variously glitzy, seedy panoramas? Sure it is. A busy, multiple image of a nation refracted through all manner of outlandish, ghostly doubles. Australia as dreamt or fantasized by a kid growing up watching all those old Hollywood movies. Australia as viewed, not always kindly, by outsiders, in films like Canadian Ted Kotcheff's *Wake in Fright* (1971) and Englishman Nicolas Roeg's *Walkabout* (1971), both expressly admired by Moffatt. Australia as gussied up in country 'n' western songs, and then deformed by a gothic, horrific imagining in tasteless B-movies or underground comic books.

Moffatt does not approach these various versions of Australia as fakes to be corrected or rejected. Nor simply as kitsch to be derided or indulged. Rather, she dares to see in these parallel worlds the outlines of a hidden Australia, or a possible Australia, or an inverted Australia. Always, the real and the imaginary mingle, dance together, and give birth to monsters. This is an Australia—in fine postmodern style—glued together from so much international flotsam and jetsam, as well as its own tenacious traditions of life and thought; a nation that improvises its nature and negotiates its survival, constantly, from every available fragment of individual experience, collective fantasy and communal friction. This helps to explain why the worlds that Moffatt pictures are simultaneously shockingly specific (to Australians) and nonspecific, inhabiting some shared, global dreamland, able to travel. Moffatt herself has travelled, and the work she has done in places other than her homeland connects her more directly to the mainline of an internationalist popular culture, and extends her themes of identity—personal and social—forged in the heat and action of interpersonal conflict. Her 1995 photographic series GUAPA ("good-looking") takes its cue, shamelessly, from the lurid seventies B-movie starring Raquel Welch, *Kansas City Bomber:* Women of different races hurl themselves, and each other, around a roller-derby rink. Moffatt's playful identification with the "bad girl" stereotypes of pop culture emerges here and also in her 1993 music video clip *The Messenger* for the band INXS, which mimics the mass media's worst castrating nightmare of militant "black power" lady-terrorists in frizzy Afro wigs.

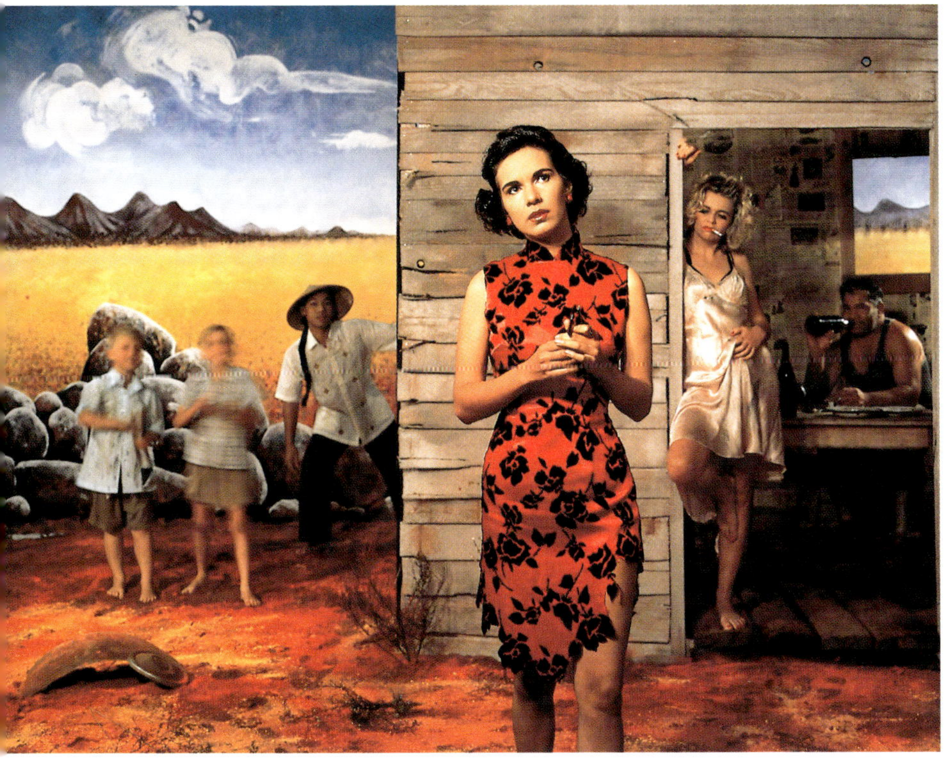

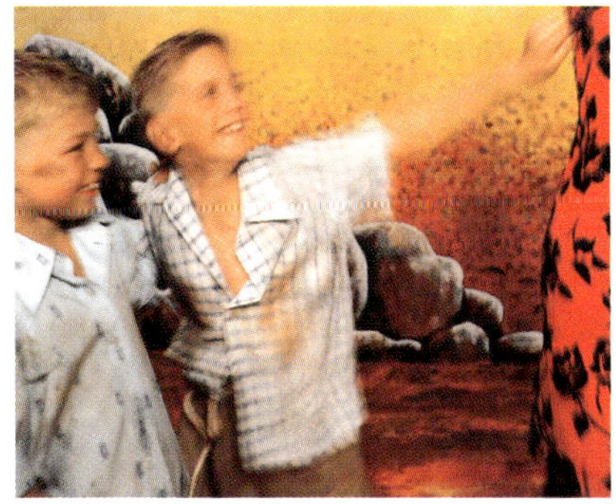

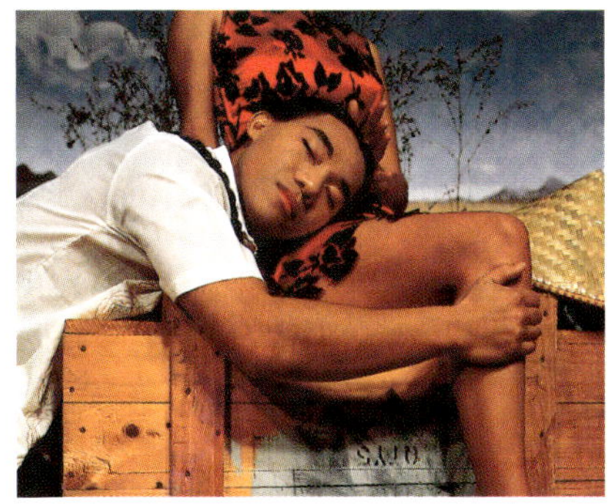

TRACEY MOFFATT, SOMETHING MORE, 1989,
cibachromes, series of 9 images, 28 x $41\frac{1}{2}$" each /
ETWAS MEHR, Serie von 9 Bildern, je 71,1 x 105,4 cm.

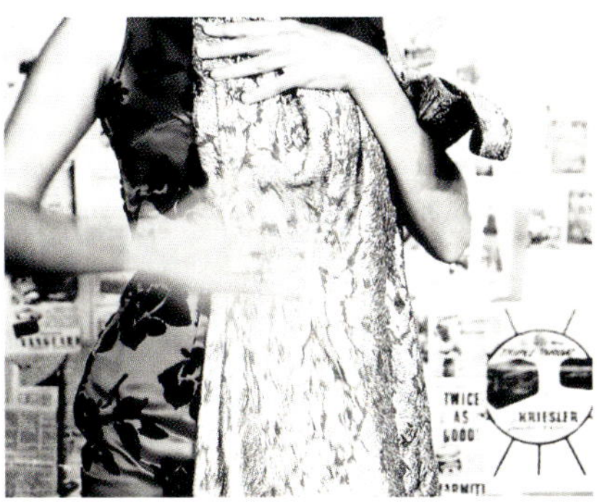

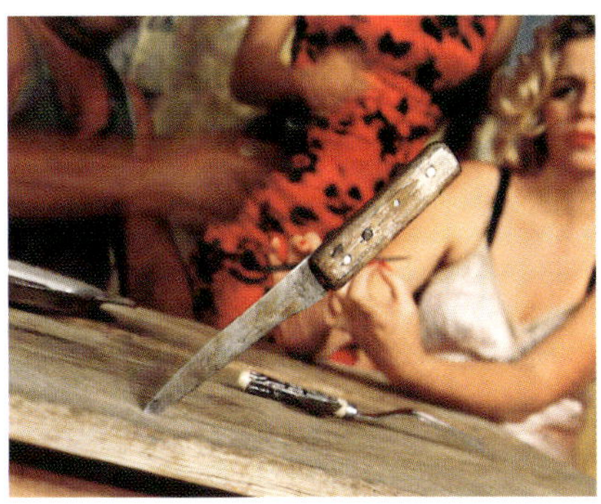

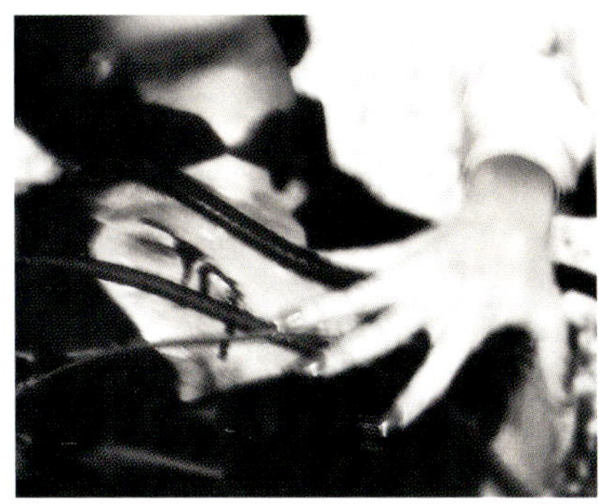

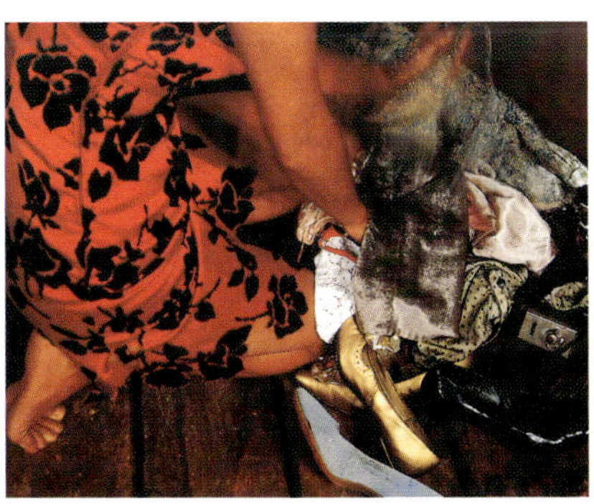

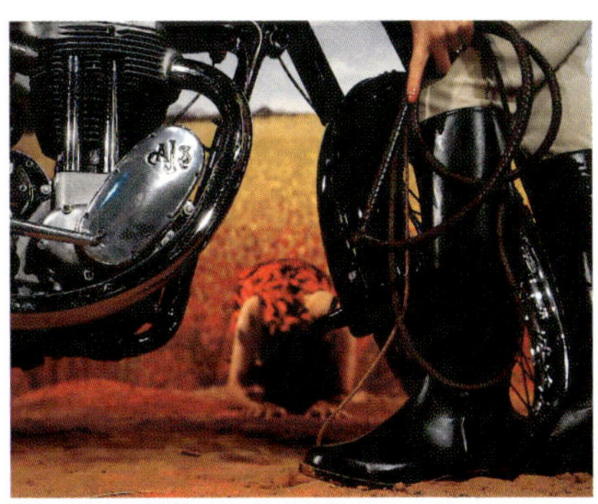

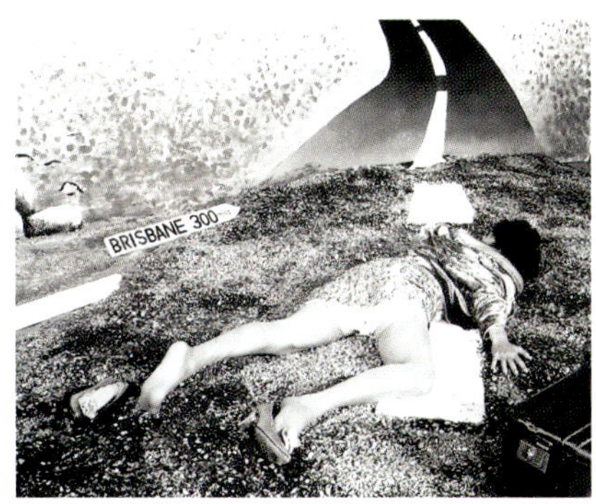

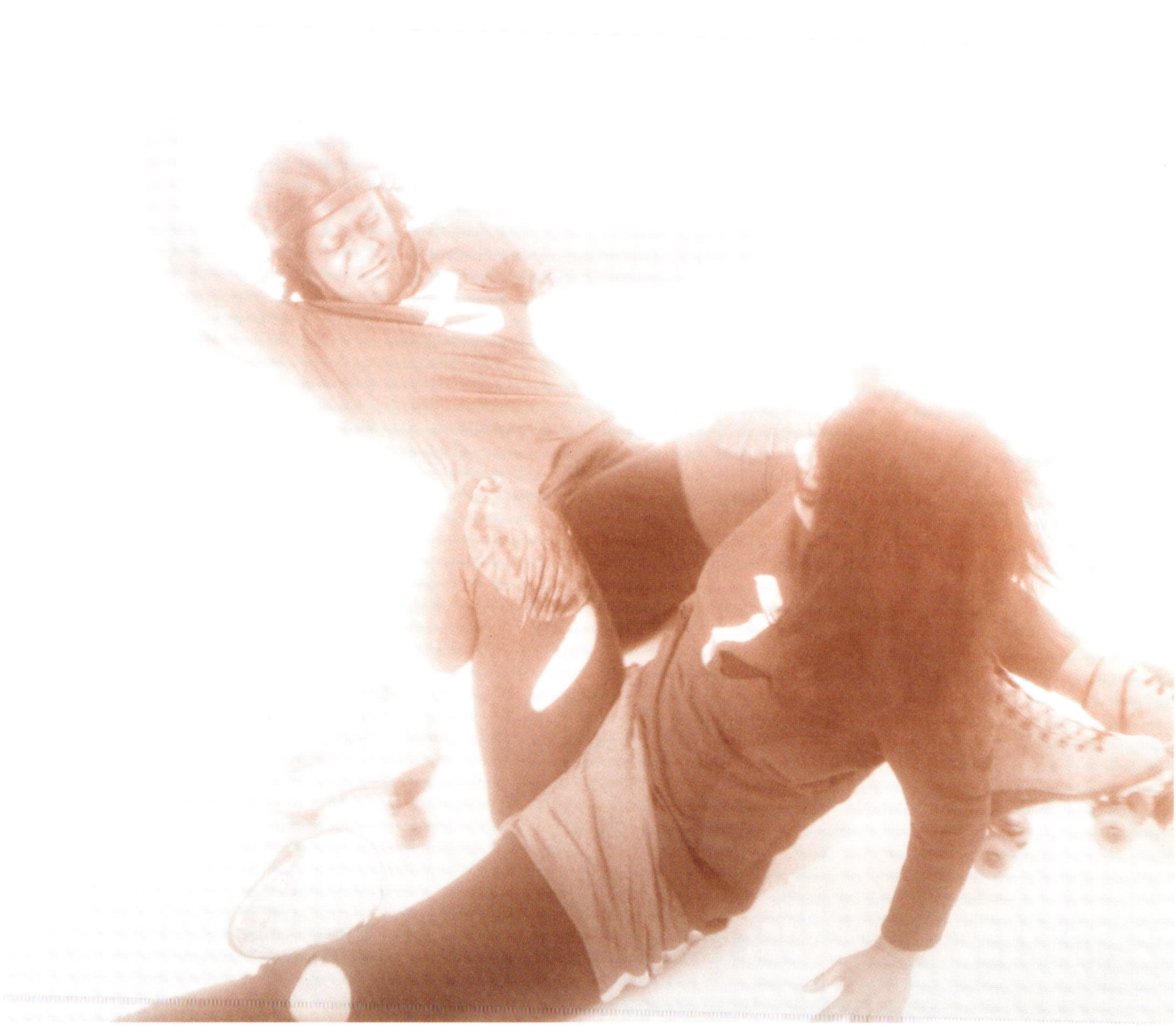

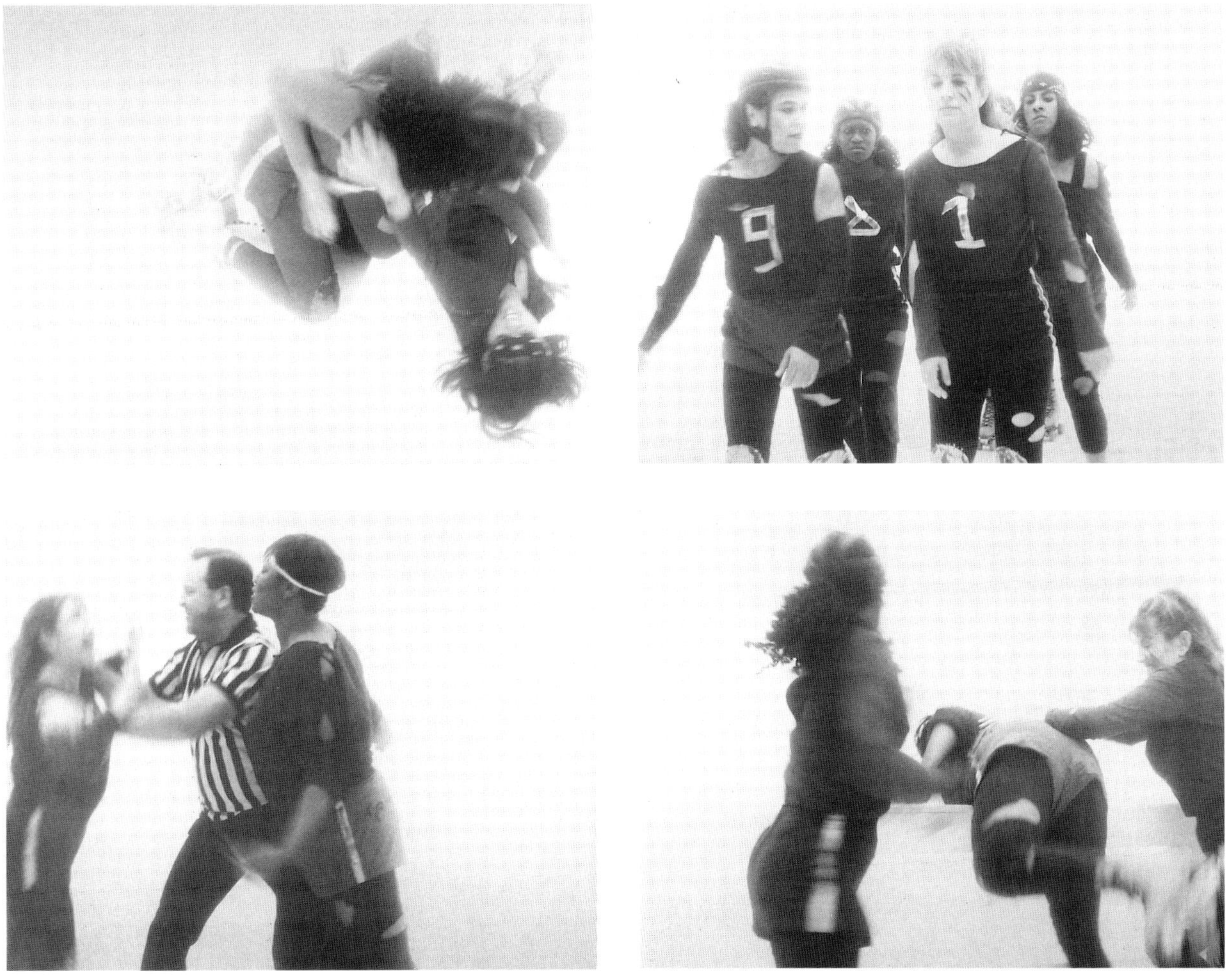

TRACEY MOFFATT, GUAPA (GOOD-LOOKING), 1995, color photographs, series of 10 images, 30 x 40" each / GUAPA (GUT AUSSEHEND), Serie von 10 Farbphotographien, je 76,2 x 101,6 cm.

Moffatt's sharp, subversive sense of humour, and her ability to abstract the specificity of a particular place and culture, return to the fore in her 1997 video project HEAVEN. This is a piece (as per the credits) "lovingly compiled" by the artist rather than strictly shot by her. The tape collects views (under Moffatt's strict instruction) of a peculiar ritual of Australian beach culture: male surfers changing out of their swimming togs, out in the open, underneath a fragilely suspended towel. The images of these random hunks start in shaky long shot, straining the capacity of a zoom lens—mocking the prurient conventions of tabloid TV's "reality" shows. Eventually, the candid-camera photographer appears to get bolder, closer, and more flagrantly voyeuristic; finally, a hand lunges out from behind the lens to rip a towel from bronzed loins.

Although HEAVEN is a simple piece, even a fairly artless assemblage at first glance, it reveals Moffatt's skill as a conceptualist. If we assume—as the gleeful tone of the credits suggests—that the collective "gaze" behind the camera and the entire piece is female, then the tape becomes an intriguing exposé of the cultural economy of male "beefcake." The masculine exhibitionism on trial here is an intriguing mix of candour and discretion, pride and shyness, control and vulnerability. Moffatt layers several sorts of external cultural reference onto the images. Tribal drums and chants on the soundtrack evoke the proud warrior myths so lamely recycled by the New Age Men's Movement. And like the female vanities of classical paintings, these male figures simultaneously hide and show themselves both teasing and forbidding "the look." Put under too much pressure and scrutiny by a hungry, grasping female gaze, this masculine system of self-imaging wobbles nervously and goes to pieces: Some of the guys whip out their members for a fleeting instant, others get aggro or flee.

There is a curious mixture of lightness and gravity in Moffatt's work, of the comic and the gothic. She grounds the mad play of cultural imagery in a political, racial, weighty reality; but she also lets it loose, sends it all flying "up in the sky" with her liberating emphasis on physical energy, anarchic laughter, pop savvy, and frank glamour. In her early, stylish portraits of black dancers and the antics of the giggling, streetwise operators in her short film NICE COLOURED GIRLS (1987), Moffatt stakes out this uncomfortable, delightful terrain. Two high benchmarks of her career appear on the cusp of the decades: the stunning colour photographic series, SOMETHING MORE (1989) and the remarkable, experimental short film, NIGHT CRIES: A RURAL TRAGEDY (1989).

In these works, Moffatt approaches the passions of melodrama coolly, through tableaux vivants and high artifice. We get not stories but pieces of stories—painfully broken pieces, testifying to manifold kinds of lacerations upon personal, sexual, racial, and national identity. Moffatt always takes off from some cultural pretext: B-movie sagas of girls slumming down the low, dirty road to death (SOMETHING MORE); Charles Chauvel's *Jedda*, a bizarre attempt to give white Australia an Aboriginal love story in the 1950s in Jedda (the basis of NIGHT CRIES); or the photo-with-text layouts that once characterised *Life* magazine, which provide the format for the chilling fragments of numerous children's biographies in the 1994 photographic series SCARRED FOR LIFE. Although, in such cases, Moffatt's skill as a pop pasticheur seems inexhaustible, it is not the forensic accuracy of quotation that her art dwells on. Rather, particular cultural "auras"—thick with mood, memory, atmosphere, association—become a steely conduit for the channelling of intense emotions of anger and desire.

Another possible way to formulate Moffatt's deepest, animating subject is to say that her work dramatizes, in many different ways, the primal violence of socialisation—the invariably traumatic way in which each individual must be "inserted" into an ever-widening set of social, institutional frames: family, school, community, nation. This is the entry into the "symbolic" realm of psychoanalysis—the whole social fabric of preordained and sanctioned positions, identities, stereotypes, ways of behaving and appearing. And this rite of passage is for her characters as for each of us never a total success—indeed, it is often a botched job. Hence all the intense markers of slippage and—all the drop-outs who fail to live up to their role, or the mad types who overinvest themselves in an identity offered by the fictions and images of pop culture, who work and play too hard at being someone, anyone. The poise and tension of Moffatt's art come from this clash of the symbolic—with its dreary duties and destinies—with its inseparable double, the imaginary, with its psychoses and double binds. Even when the landscape or the cultural citations are unmistakably Australian, this drama of socialisation is universal.

Moffatt's most recent photographic series UP IN THE SKY is in the top level of her work, alongside SOMETHING MORE and NIGHT CRIES. At first these images—some grouped in sequences of two, three, or four, like selected frames from a film scene—seem to evoke a fragmentary narrative. Again in the tradition of Mandingo-style movie melodrama, a transgressive commingling of black and white bodies appears to lie at the heart of this mysterious saga: One superbly expressionistic image shows a man, blacked out to the point of near invisibility, standing next to and staring at a woman whose whiteness, by contrast, is dazzlingly accentuated; around this doomed pair, a blurred crowd of local townsfolk looks elsewhere. Other images show a baby in a run-down room, a group of nuns who come to take this child away, and a menacing posse of citizens chasing the sinful white woman.

By evoking such a story in frozen stills, Moffatt brings out the ambiguities, the half-gestures, the unreadable looks and undecided postures that sabotage any attempt at a linear, literal synopsis of UP IN THE SKY. A man strides away from a woman sitting listlessly in a dinky swimming pool; it could be an ordinary, banal moment or, on the contrary, a decisive snapshot of a relation ship in crisis. When the nuns hold the baby aloft against a cloudless sky further bleached out to nothingness, a key motif of the series, it could be a picture of brutal captivity or one of innocent jubilation.

Yet what takes this series an invigorating step beyond the post-Cindy Sherman tradition of the artfully staged, open-ended "film still" is that narrative per se is not its main or sole concern. Taken as a whole, these superbly composed and treated photographs aim to evoke an entire microcosmic world of moods, characters, sites, fragmentary incidents, and apparitions. It is a little like an elaborate film set or location, with everyone costumed and in place before the screenplay has been fully devised. And so we wander through this stage of a world, and the movie memories and associations come flooding back again: fierce car wreckers who look like refugees from the *Mad Max* trilogy; spooky images of orgiastic abandon and catatonic trances in a night lit only by the moon or a fire, as in David Lynch's films; daggy old people and kids in their flannel pyjamas out in the street, recalling the odd mixture of the Wild West ethos and everyday Aussie wiles in John Heyer's modest masterpiece *The Back of Beyond* (1954).

Shot in the outback, UP IN THE SKY carries, alongside all its props, artifice and staged melodrama, a certain, unmistakable charge of "neorealism." It evokes (another layer of movie memory) the Italian films of the 1940s that first bore this label, with their run-down, real locations and nonprofessional actors. In fact, Moffatt's deepest debt is to a provocative film which arose in the veritable ashes of the neorealist movement, Pier Paolo Pasolini's *Accattone* (1961). Pasolini was a florid, modernist complicator of the socially conscious neorealist ethic: His proletarian subjects (pimps, prostitutes, labourers, the poor) were presented almost angelically, as sacred, romanticised phantoms from some simpler time and society. Pasolini's testament was less an attempt at staged documentary than a transcription of longing.

When Moffatt appropriates a key image from *Accattone*—of two men fighting in the dirt—it is hard not to hear the music that Pasolini placed, in flagrant paradox and contradiction, over his scene: a sublime, orchestral blast of Bach. Moffatt translates the image-and-sound ambiguities of this spectacle into purely visual terms; again, we cannot be sure whether these men are fighting to the death or engaging in some eternal, amorous dance. But what Moffatt takes from Pasolini she also gives back. It is impossible for me now to watch the slums of Rome, as filmed by Pasolini, without thinking that they look exactly like some godforsaken town in the Australian outback.

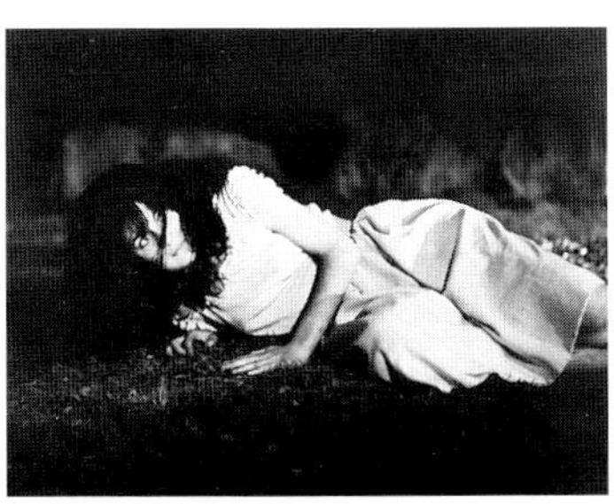

PIER PAOLO PASOLINI, ACCATTONE, 1961, film still.

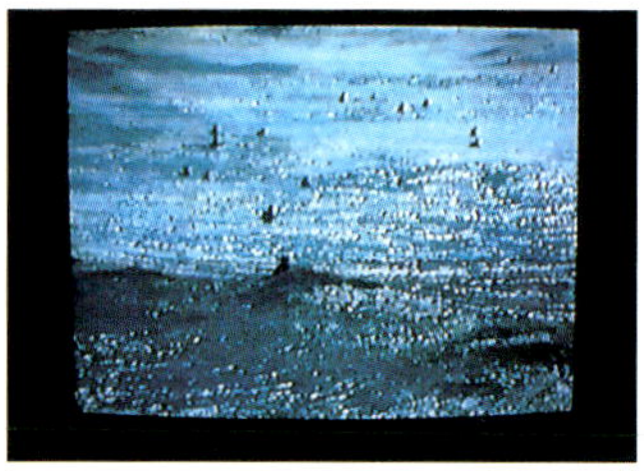

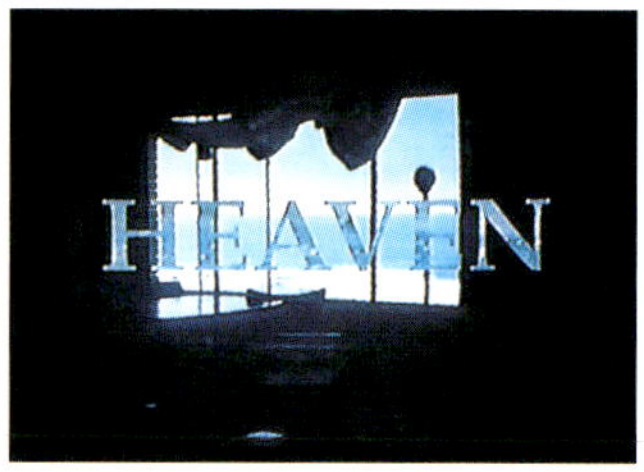

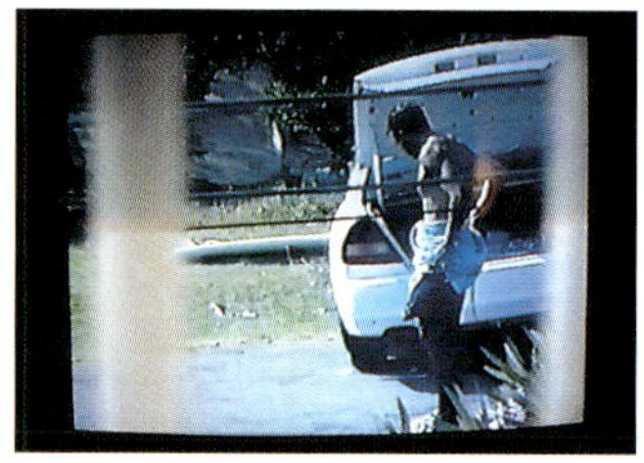

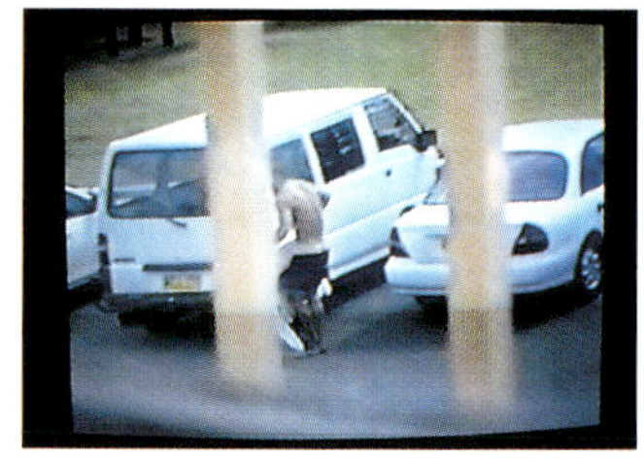

ADRIAN MARTIN

Tracey Moffatts Australien (Eine Annäherung)

Tracey Moffatts Australien ist ein seltsamer Ort. Ein geisterhaft-umtriebiger, ja ephemerer Ort. Mit Vorliebe platziert die Künstlerin schäbige kleine Zeichen einer fragilen Zivilisation – eine Hütte, ein Hotel, eine Toilette – mitten in der öden, verdorrten, unwirtlichen, windgepeitschten Wildnis. Oder aber mitten in einem feuchten, matschigen Sumpf, unentwegt ins Nichts abgleitend. Das gehört gewissermassen zum traditionellen Kanon der australischen Kunst, in der es nur so wimmelt von höchst gefährdeten, einsamen, hinfälligen Figuren angesichts einer übermächtigen Natur: die Frau eines Viehtreibers, eine Dorfkneipe, ein Schafscherer bei der Arbeit. Irgendwann einmal mag vielleicht die Hoffnung oder der Traum vom Heldentum solchen Hinterwäldler-Szenarien etwas Erhabenes verliehen haben. Aber schauen wir jetzt auf den Beginn der Moderne zurück, so scheint es, als hätte die Zivilisation nie wirklich eine Chance gehabt gegen dieses Urgestein aus Entropie und Indifferenz.

Viele Arbeiten Moffatts könnte man – ähnlich dem jüngst unter eben diesem Titel gezeigten munteren französischen Film – mit *Western* überschreiben: Gefangen zwischen Garten und Wildnis, zwischen der Unschuld einer Erkundungsreise und den Spuren eines allmählichen, grauenhaften Genozids, der am Ende einer traurigen Geschichte die Erde versengt, versammelt ihre Kunst Momentaufnahmen eines ewig wiederkehrenden Melodrams um Land, Besiedlung und Gewalt. Behausungen, die immer etwas Unheimliches, Verstörtes, Schreckliches an sich haben; eindrückliche Landschaften, die unerbittlich das Gedächtnis an ein unaussprechliches Verbrechen bewahren und reflektieren.

ADRIAN MARTIN ist Filmkritiker der australischen Zeitung *The Age* und des ABC TV-Programm Express. Unter anderem veröffentlichte er *Once Upon a Time in America* (BFI, 1998) und *Phantasms* (Penguin, 1994).

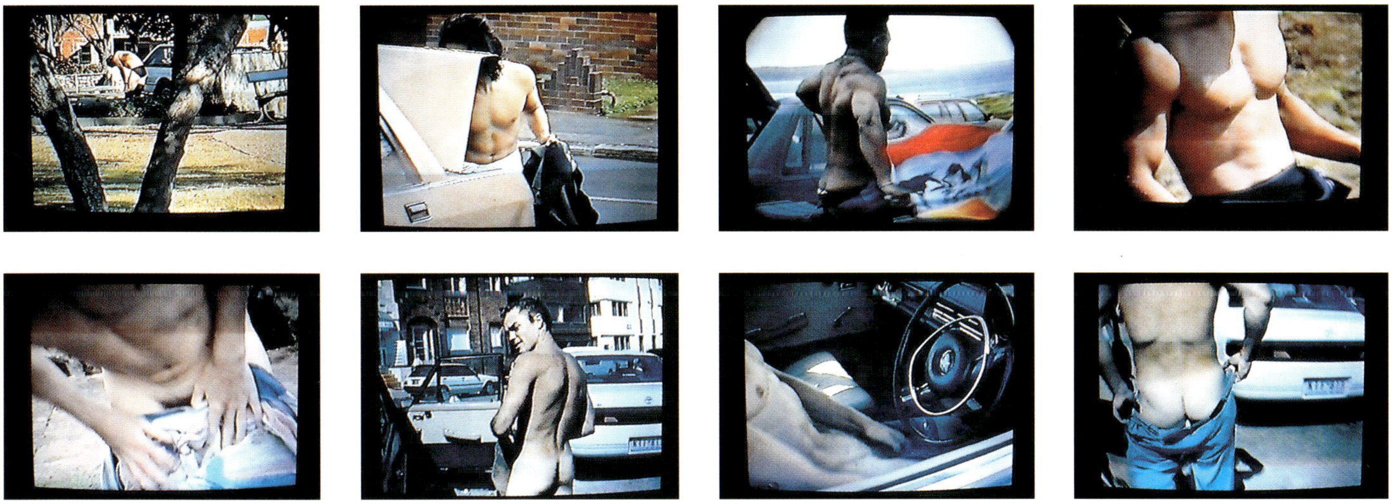

TRACEY MOFFATT, HEAVEN, 1997, video stills / HIMMEL.

Wer sein Augenmerk nur auf Moffatts Aboriginal-Erbe richtet, dem mag ihre Arbeit auf ein Thema fixiert erscheinen: die Vertreibung der Eingeborenen, Bodenrecht und Rassenpolitik. In diesem einseitigen Licht betrachtet, ist ihr Werk australisch im engeren Sinn. Es ist Zeuge einer authentischen, unterdrückten und Widerstand leistenden Identität, verbunden mit all jenen «Anderen», die ebenfalls in postkolonialen Strukturen ums Überleben kämpfen. Und sicherlich macht diese politische Realität, eingefangen in den kraftvollen, metaphorischen Momentaufnahmen ihrer hochexpressiven Kunst, einen grossen Teil der Wirkung dieses multimedialen Werkes aus (hauptsächlich Photographie, Film und Video).

Warum aber ist dann in Moffatts Bilderwelt – fast wie zänkisch meckernder Spott – allenthalben ein Echo aus dem alten oder neuen Hollywood zu vernehmen? Aus Western wie *The Searchers* (1956) und *Ulzana's Raid* (1972) mit ihren blassen Cowboys und wilden Ureinwohnern; aus so furchtbar misslungenen, ganz im Hollywoodstil gedrehten Technicolorfilmen über Liebe und Tanz wie Michael Powells britischem Klassiker *The Red Shoes* (Die roten Schuhe, 1948); aus den überbordenden und betulichen Materialschlachten eines Vincente Minelli oder Douglas Sirk; aus schwülstig düsteren Melodramen zwischen wichtigtuerischen Teenagern, die sich in ihren trübseligen kleinen Weilern, Städten und Vororten herumprügeln und in ihren notdürftig zusammengeflickten heissen Öfen rauchend und saufend die Gegend unsicher machen; aus Bildern verblassten Glanzes von vertrocknenden alten Jungfern, Schönheiten, die unter dem brutalen Zugriff der Männer zerbrechen und auf den Abgrund zusteuern, wie Bette Davis in *Beyond the Forest* (1949) oder Jennifer Jones in *Ruby Gentry* (1952)?

Jeder Zentimeter ihrer intensiven Bildräume ist bei Moffatt von einer Sensibilität erfüllt, die auf eine alltägliche, gewöhnliche Verrücktheit eingestimmt ist: auf Langeweile, Verzweiflung, undefinierbare Aggressivität und krankhafte Neugier. Die totale Neurose, die sich auf schon fast alchemistische Weise in die total perverse Vorliebe fürs schwüle Drama verkehrt hat. Oft sind Moffatts Figuren Durchgeknallte auf dem Trip: Sie setzen Perücken auf und verschmieren Lippenstift, ziehen einen Strumpf hoch, setzen alles aufs Spiel, wälzen sich in Dreck und Staub, bis sie schliesslich ausgelaugt ins Gras beissen. Um des Überlebens und der Begierde willen tun sie, was sie tun müssen. Doch in diesem Theater des Selbst und des Anderen gibt es nicht immer eine klare, geschweige denn erbauliche Handlung. Manchmal wird einfach nur agiert, in unstillbar verzehrender Unruhe, gepaart mit der vagen Sehnsucht nach etwas Besserem. Auch Utopia, die ersehnte Welt des «Etwas mehr», die all ihre Bilder durchdringt, ist bei Tracey Moffatt ein seltsamer Ort.

Ist es wirklich Australien, was da in den einzelnen Fragmenten solch überhitzter Szenarien zu sehen ist, im Hochartifiziellen dieser schillernd-schäbigen Panoramen? Aber sicher. Das lebendige, vielschichtige Abbild einer Nation, gebrochen in allen Fassetten absonderlich geisterhafter Ebenbildlichkeit. Das Australien der Träume und Phantasien eines Kindes, das mit den alten Hollywoodstreifen aufgewachsen ist. Australien aus der nicht immer wohlgesonnenen Sicht von Aussenseitern, wie im Film *Wake in Fright* (1971) des Kanadiers Ted Kotcheff oder in Nicolas Roegs *Walkabout* (1971), die Moffatt beide ausdrücklich bewundert. Jenes Australien, von dem Country- und Westernsongs einst schwärmten, dessen Bild dann aber in den entsetzlichen Schauerphantasien geschmackloser B-Movies oder Underground-Comics übel verzerrt wurde.

Moffatt tut nicht so, als seien das falsche Darstellungen, die es allesamt zu korrigieren oder zu verwerfen gälte. Auch nicht, als handle es sich dabei um Kitsch, den man genüsslich zitiert oder durch den Kakao zieht. Vielmehr hat sie den Mut, in diesen parallelen Welten die Konturen eines verborgenen, möglichen oder verkehrten Australien zu sehen. Immer wieder vermischen sich Realität und Phantasie, tanzen miteinander und bringen Monster hervor. Dies ist ein Australien, das sich – in bestem postmodernem Stil – aus jeder Menge internationalem Treibgut zusammensetzt, aber auch aus seinen eigenen hartnäckigen Lebens- und Denktraditionen; eine Nation, die ihre Natur improvisiert und ihr Überleben immer wieder jedem nur greifbaren Fragment individueller Erfahrung, kollektiver Phantasie und den Reibungen in der Gemeinschaft abringt. Dies mag erklären, warum die von Moffatt dargestellten Welten zugleich so schockierend typisch (australisch) und untypisch sind; sie sind in einem gemeinsamen, globalen Traumland angesiedelt und können jederzeit an einem andern Ort auftauchen. Moffatt selbst ist weit gereist. Die Arbeiten, die ausserhalb ihrer Heimat entstanden sind, stellen die Künstlerin in unmittelbaren Zusammenhang mit dem Hauptstrom einer internationalistischen Volkskultur und haben ihre – in der Hitze des zwischenmenschlichen Konflikts gereifte – Auseinandersetzung mit der persönlichen und gesellschaftlichen Identität erweitert. Ihre Photoserie GUAPA (Gut aussehend) übernimmt ungeniert die Stimmung aus dem gespenstischen B-Movie *Kansas City Bomber* mit Raquel Welch: Frauen verschiedener Rasse stürzen sich (und einander) ins Getümmel einer Rollschuhbahn. Moffatts Identifikation mit den *Bad Girl*-Stereotypen der Popkultur taucht hier und in ihrem Videoclip *The Messenger* für die Band INXS zum ersten Mal auf. *The Messenger* (1993) macht sich über den schlimmsten, von den Massenmedien verbreiteten Kastrations-Alptraum lustig: militante *Black Power*-Terroristinnen in krausen Afro-Perücken.

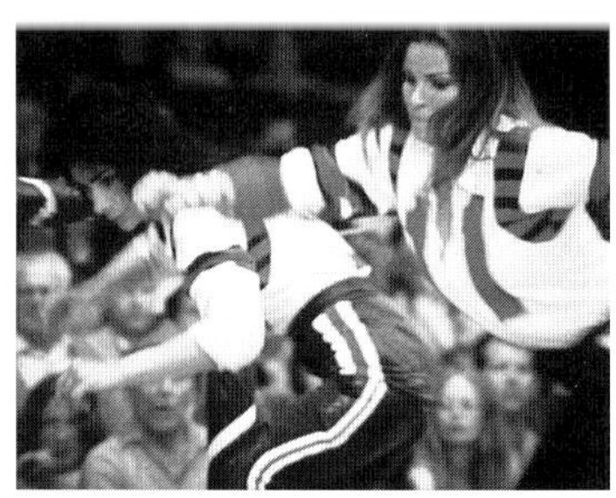

KANSAS CITY BOMBER, 1972, film still.

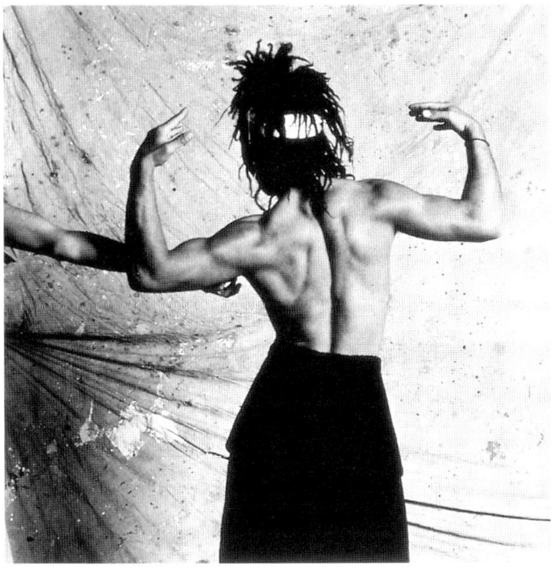
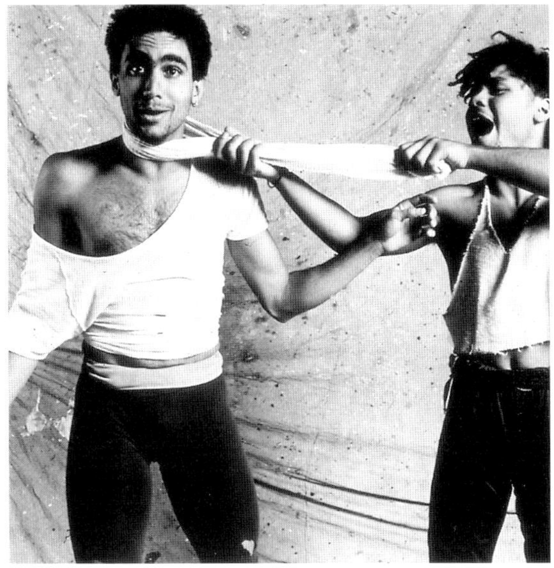

TRACEY MOFFATT, SOME LADS, 1986, black-and-white photographs, series of 5 images, 24 x 20" each (paper size) / KERLE, Schwarzweissphotographien, Serie von 5 Bildern, je 61 x 50,8 cm (Papierformat).

Moffatts ebenso scharfer wie subversiver Humor und ihre Fähigkeit, die Besonderheiten eines bestimmten Ortes, einer bestimmten Kultur hervorzukehren, treten 1997 im Videoprojekt HEAVEN (Himmel) erneut in Erscheinung. Dieses Video wurde weniger «gedreht», als vielmehr von der Künstlerin (wie es im Abspann heisst) «liebevoll zusammengetragen». Es ist eine Sammlung von Aufnahmen, die unter Moffatts strenger Regie entstanden sind und ein besonderes australisches Strandritual zeigen: männliche Surfer beim Ausziehen ihrer Schwimmkluft unter einem notdürftig umgehängten Handtuch. Die Aufnahmen dieser x-beliebigen Mannsbilder beginnen mit wackligen, langen Einstellungen, die dem Zoom-Objektiv das Letzte abverlangen, und machen sich damit lustig über die anzüglichen Konventionen des *Reality-TV.* Allmählich scheint die Person mit der versteckten Kamera sich ein Herz zu fassen, sie rückt näher und gebärdet sich offen voyeuristisch, bis schliesslich eine Hand hinter dem Objektiv hervorlangt und das Handtuch von den gebräunten Lenden reisst.

Auch wenn HEAVEN ein einfaches Werk ist, ja auf den ersten Blick sogar eine eher kunstlose Assemblage zu sein scheint, so verrät es doch Moffatts konzeptualistische Fähigkeiten. Wenn man davon ausgeht, dass der kollektive «Blick» hinter der Kamera und die gesamte Arbeit weiblich sind, was zumindest der heitere Ton des Abspanns nahe legt, dann wird der Film zu einer faszinierenden Darstellung der kulturellen Ökonomie männlicher Eitelkeit. Der vorgeführte männliche Exhibitionismus ist eine eindrucksvolle Mischung aus Offenheit und Scham, Stolz und Scheu, Kontrolle und Verletzlichkeit. Moffatt flicht in diese Bilder verschiedene Arten anderweitiger kultureller Referenzen mit ein. Im Soundtrack erinnern Stammestrommeln und -gesänge an die stolzen Kriegermythen, die von der New-Age-Männerbewegung etwas halbherzig wieder aufgegriffen wurden. Und wie die weiblichen Akte in der klassischen Malerei verbergen und zeigen diese männlichen Figuren sich gleichermassen, indem sie «den Blick» zugleich anziehen und sich ihm entziehen. Unter dem Druck des prüfenden, gierig zupackenden weiblichen Blicks gerät dieses männliche System der Selbstdarstellung jedoch ins Wanken und fällt schliesslich in sich zusammen:

Telecam Guys, 1977

Later, her sister said, *'the Telecam guys told me I was far more more attractive and vivacious'.*

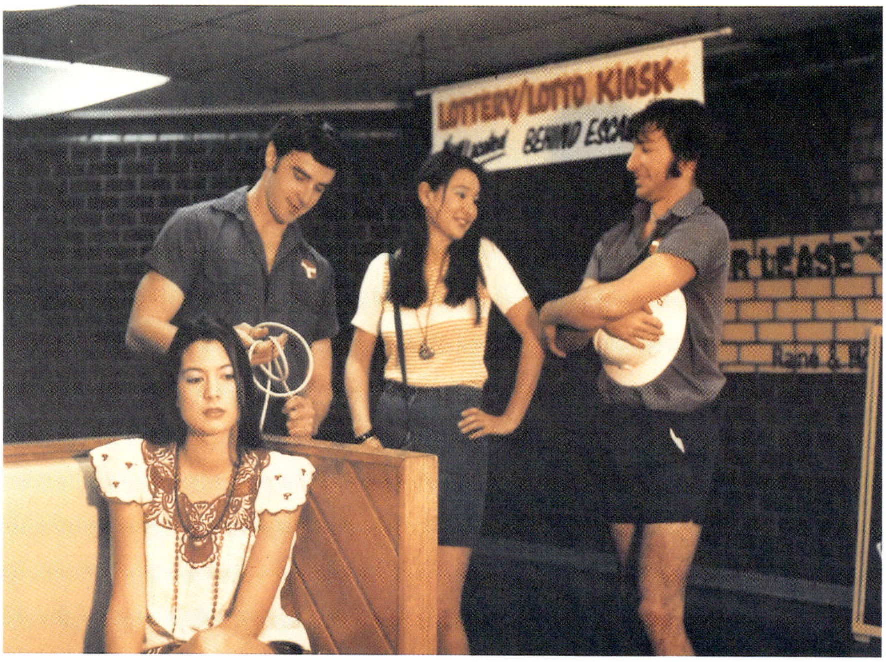

Tracey Moffatt

TRACEY MOFFATT, TELECAM GUYS, 1977, from the series SCARRED FOR LIFE, 1994, 9 offset lithographs, 31¼ x 23½" each / aus der Serie FÜRS LEBEN GEZEICHNET, 9 Offsetlithographien, je 79,4 x 59,7 cm Gegenüberliegende Seite / right-hand page: 6 images of the same series / 6 Bilder derselben Serie.

Manche Männer zerren ihr Glied für einen flüchtigen Augenblick hervor, andere reagieren aggressiv oder ergreifen die Flucht.

Es ist eine kuriose Mischung aus Leichtigkeit und Schwere, aus Komik und Horror, der wir in Moffatts Werk begegnen. Ihrem verrückten Spiel mit kulturellen Bildwelten liegt eine politisch und rassisch bedrückende Wirklichkeit zugrunde. Aber sie kann auch loslassen und mit ihrer befreienden Lust an physischer Energie, anarchischem Gelächter, Geistesblitzen und freimütiger Grandezza alles «in den Himmel» schiessen. Mit ihren frühen modischen Porträts von schwarzen Tänzerinnen und den schrägen Posen der kichernden, gewitzten Protagonisten in ihrem Kurzfilm NICE COLOURED GIRLS (Nette farbige Mädchen, 1987) sondiert Moffatt dieses unsichere, aber lustvolle Terrain. Zwei Höhepunkte ihrer Karriere ereignen sich jeweils um die Jahrzehntwende: die verblüffende Farbphotoserie SOMETHING MORE (Etwas mehr, 1989) und der bemerkenswerte experimentelle Kurzfilm NIGHT CRIES: A RURAL TRAGEDY (Nachtschreie: Eine Tragödie auf dem Land, 1989).

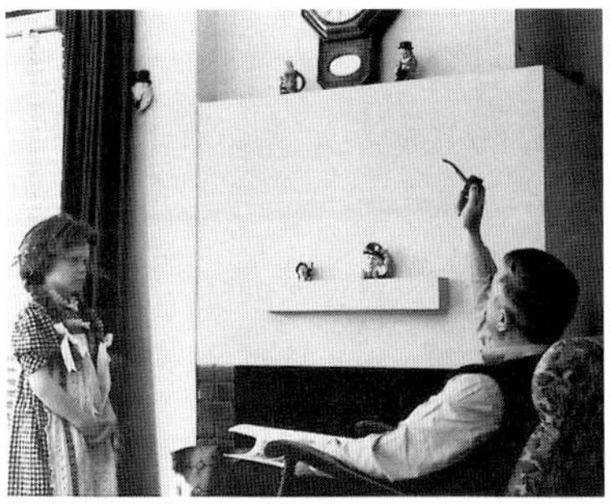

Tracey Moffatt

The Wizard of Oz, 1956
He was playing Dorothy in the school's production of the *Wizard of Oz*.
His father got angry at him for getting dressed too early.

Birth Certificate, 1962 During the fight, her mother threw her birth certificate at her.
This is how she found out her real father's name.

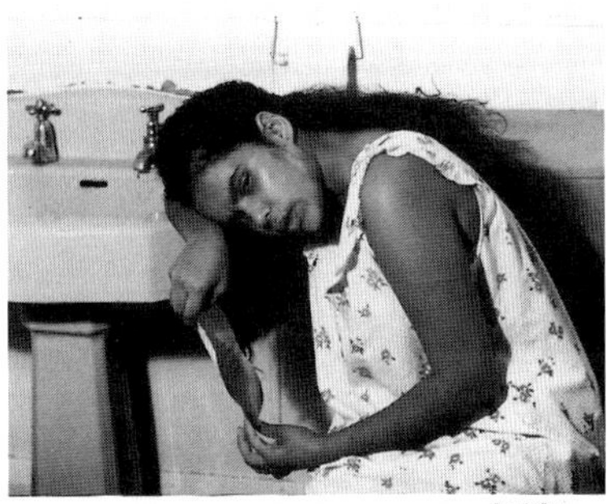

Tracey Moffatt

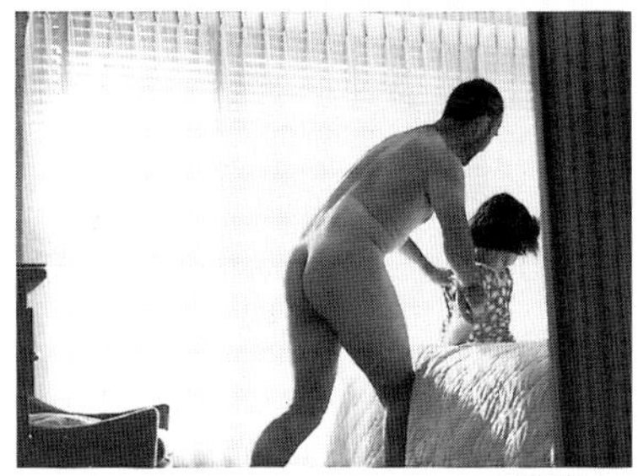

Tracey Moffatt

Heart Attack, 1970 She glimpsed her father belting the girl from down the street.
That day he died of a heart attack.

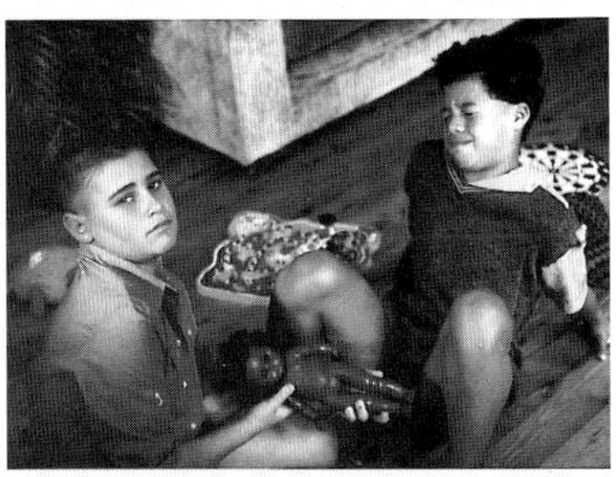

Tracey Moffatt

Doll Birth, 1972 His mother caught him giving birth to a doll.
He was banned from playing with the boy next door again.

Mother's Day, 1975 On Mother's Day, as the family watched,
she copped a backhander from her mother.

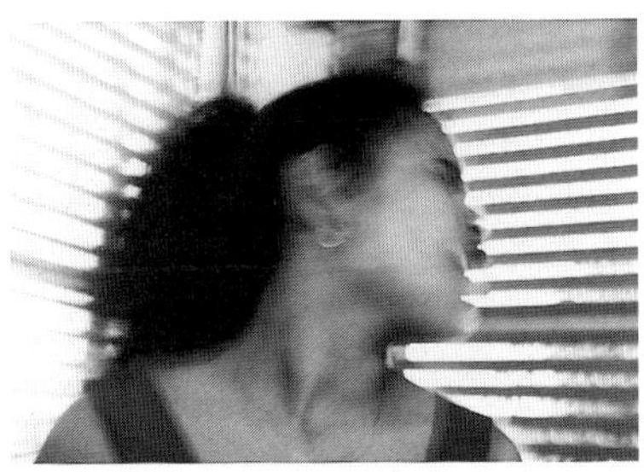

Tracey Moffatt

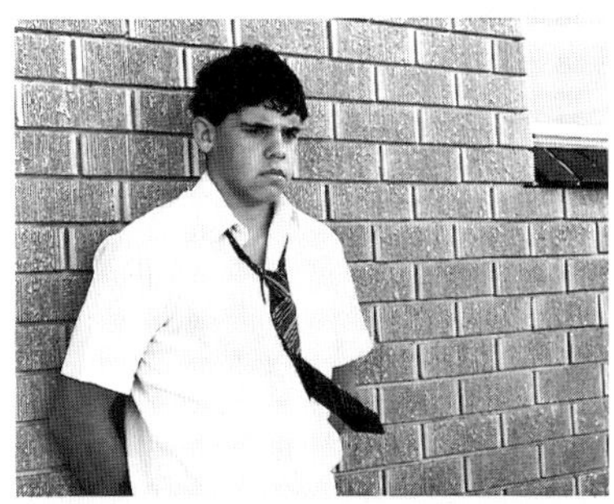

Tracey Moffatt

Job Hunt, 1976
After three weeks he still couldn't find a job.
His mother said to him, *'maybe you're not good enough'*.

In malerischen Szenen und mit raffinierten künstlerischen Mitteln nähert Moffatt sich hier den Leidenschaften des Melodrams mit kühlem Kopf. Was wir sehen, sind keine Geschichten, sondern Bruchstücke von Geschichten, schmerzlich zerborstene Teile, in denen die vielfachen Verletzungen der individuellen, sexuellen, rassischen und nationalen Identität zum Vorschein kommen. Dabei geht Moffatt immer von einer bestimmten kulturellen Vorlage aus: B-Movie-Geschichten von Mädchen, die auf ihrer schiefen Bahn unaufhaltsam einem elenden Tod entgegenschlittern (SOMETHING MORE); Charles Chauvels *Jedda*, einem bizarren Versuch, im weissen Australien der 50er Jahre in Jedda eine Liebesgeschichte unter Aborigines anzusiedeln (NIGHT CRIES); oder den aus Photos und Text bestehenden Layouts, die einst typisch für die Reportagen in *Life* waren und als Formatvorlage für SCARRED FOR LIFE (Fürs Leben gezeichnet, 1994) dienten, eine Photoserie mit erschreckenden Fragmenten aus zahlreichen Kinderbiographien. Doch auch wenn in solchen Fällen Moffatts Fähigkeiten als Imitatorin der Popkultur unerschöpflich scheinen, so ist es doch nicht das forensisch akkurate Zitat, aus dem ihre Arbeit lebt. Vielmehr werden bestimmte – mit Stimmungen, Erinnerungen, Atmosphäre und Assoziationen aufgeladene – kulturelle «Auren» zum kühlen Gefäss, in dem intensive Gefühle des Zorns und Begehrens aufgefangen werden.

Moffatts zutiefst bewegendes Thema liesse sich auch als variantenreiche Inszenierung der ursprünglichen Gewalt der Sozialisation verstehen, jener unausweichlichen Traumatisierung, die jedes Individuum erlebt, wenn es sich in immer neue gesellschaftliche und institutionelle Rahmenbedingungen «einpassen» muss: Familie, Schule, Gemeinde, Staat. Dies ist der Eintritt ins sogenannte «symbolische» Reich der Psychoanalyse – das gesamte soziale Gefüge vorgegebener und abgesegneter Positionen, Identitäten, Stereotypen, Verhaltens- und Selbstdarstellungsmuster. Dieser Aufnahmeritus ist für ihre Figuren wie für uns alle nie ein Erfolg auf der ganzen Linie; im Gegenteil, oftmals ist es ein Fehlschlag. Daher rühren all die unübersehbaren Zeichen des Scheiterns – all die «Asozialen», denen es nicht gelingt, die gesellschaftlichen Anforderungen zu erfüllen, oder die Verrückten, die alles daran setzen, eine Identität zu erlangen, die ihnen in den Fiktionen und Bildern der Popkultur angeboten wird, die übertrieben darauf hinarbeiten oder spielen, jemand zu sein, irgendjemand. Die Brisanz von Moffatts Kunst rührt aus dieser unvermeidlichen Kollision des Symbolischen (samt seiner öden Pflicht- und Schicksalsgebundenheit) mit dem Imaginären und seinen Psychosen und Double-bind-Strukturen. Auch wenn Landschaft und Kultur unverkennbar australisch sind, so ist doch das Drama der Sozialisation ein universelles.

Moffatts jüngste Photoserie UP IN THE SKY (Hoch am Himmel/In den Himmel hinauf) gehört, zusammen mit SOMETHING MORE und NIGHT CRIES, zu ihren besten Arbeiten. Auf den ersten Blick scheinen diese Bilder (von denen einige wie ausgewählte Filmstills in Zweier-, Dreier- oder Vierersequenzen gruppiert sind) eine Geschichte in Fragmenten zu erzählen. Auch hier scheint der geheimnisvollen Geschichte in der Tradition des melodramatischen Films im Mandingo-Stil die verbotene Vermischung von weissen und schwarzen Körpern zugrunde zu liegen: Ein wunderbar expressionistisches Bild zeigt einen Mann, fast bis zur Unsichtbarkeit abgedunkelt, der neben einer im Kontrast dazu blendend weissen, deutlich zu sehenden Frau steht und sie anstarrt. Um dieses zum Scheitern verurteilte Paar herum sieht man unscharf eine Gruppe von Ortsansässigen stehen und in eine andere Richtung schauen. Andere Bilder zeigen ein Baby in einem verwahrlosten Zimmer, eine Gruppe von Nonnen, die kommen um das Kind zu holen, und ein drohender Haufen von Nachbarn, die der weissen Missetäterin nachjagen.

Indem Moffatt diese Geschichten in eingefrorenen Stills erzählt, macht sie das Zweideutige, die auf halbem Weg erstarrten Gesten, die unlesbaren Blicke und unschlüssigen Posen sichtbar, die in UP IN THE SKY jeden Versuch einer eindeutigen, linearen Deutung zunichte machen. Ein Mann entfernt sich von einer Frau, die teilnahmslos in einem kleinen Swimmingpool sitzt. Es könnte sich um einen ganz gewöhnlichen, banalen Augenblick handeln, oder aber um die entscheidende Momentaufnahme einer Beziehungskrise. Wenn die Nonnen das Baby in einen wolkenlosen, ja bis zum Nichts verblichenen Himmel halten – ein Schlüsselmotiv der Serie –, so kann das ebenso ein Bild brutaler Vereinnahmung wie unschuldigen Jubels sein.

Doch was diese Serie meilenweit über die Post-Cindy Sherman-Tradition des kunstvoll inszenierten «Filmstills» mit offenem Ausgang emporhebt, ist die Tatsache, dass es nicht hauptsächlich oder ausschliesslich um das Erzählen einer Geschichte geht. Insgesamt betrachtet beschwören diese exzellent komponierten und arrangierten Photographien einen ganzen Mikrokosmos von Stimmungen, Charakteren, Orten, fragmentarischen Ereignissen und Erscheinungen. Es ist ein bisschen wie ein ausgeklügeltes Filmsetting oder ein Drehort, wo alle schon kostümiert an ihren Plätzen stehen, bevor überhaupt die Handlung feststeht. So wandern wir über diese in der Welt angesiedelte Bühne und die Filmerinnerungen und -assoziationen strömen wieder auf uns ein: grimmige Schrotthändler, die wie Flüchtlinge aus der *Mad Max*-Trilogie wirken; gespenstische Bilder von orgastischer Hingabe und katatonischer Trance in einer Nacht, die wie in einem Film von David Lynch nur vom Mond oder einem Feuer erhellt wird; ärmliche Alte und Kids, die in ihren Flanell-Pyjamas auf der Strasse herumhängen und an jene seltsame Mischung aus Wildwest-Ethos und gängigen Aussie-Tricks in John Heyers bescheidenem Meisterwerk *The Back of Beyond* (1954) erinnern.

UP IN THE SKY wurde im abgelegenen australischen Busch aufgenommen und hat bei allen Requisiten, Kunstgriffen und aller inszenierten Melodramatik doch unverkennbare neorealistische Züge. Es ruft (eine weitere Schicht in unserem Filmgedächtnis) auch jene italienischen Filme aus den 40er Jahren in Erinnerung, die mit ihren tristen, realen Drehorten und Laiendarstellern als erste dieses Etikett erhielten. In der Tat fühlt Moffatt sich einem Film ganz besonders verpflichtet: Pier Paolo Pasolinis *Accatone* (1961), einem provokanten Film, der sich buchstäblich wie Phönix aus der Asche der neorealistischen Bewegung erhob. Pasolini war ein blumig modernistischer Komplikator der gesellschaftsbewussten Ethik des Neorealismus. Seine proletarischen Figuren (Zuhälter, Prostituierte, Arbeiter, Arme) hat er fast engelhaft dargestellt wie heiligmässige, romantisierte Phantome aus einer einfacheren Zeit und Gesellschaft. Pasolinis Vermächtnis war weniger der Versuch eines inszenierten Dokumentarfilms als vielmehr die Darstellung einer Sehnsucht.

Wenn Moffatt eine Schlüsselszene aus *Accattone* – zwei im Dreck kämpfende Männer – in ihr Werk einbezieht, so fällt es schwer, die Musik nicht zu hören, mit der Pasolini in beissender Paradoxie und Widersprüchlichkeit seine Szene unterlegte: ein grandioser Orchesterschwall von Bach. Moffatt überträgt den Zwiespalt dieser Ton-Bild-Kombination ganz auf die visuelle Ebene: Abermals lässt sich nicht klar erkennen, ob diese Männer bis aufs Blut miteinander kämpfen oder ob sie in einem ewigen Liebestanz miteinander ringen. Aber so viel Moffatt von Pasolini nimmt, gibt sie ihm auch zurück. Denn ich kann die Slums von Rom, die Pasolini in seinem Film gezeigt hat, nun nicht mehr betrachten, ohne zu denken, dass es da genau wie in irgendeinem gottverlassenen Ort im australischen Busch aussieht.

(Übersetzung: Nansen)

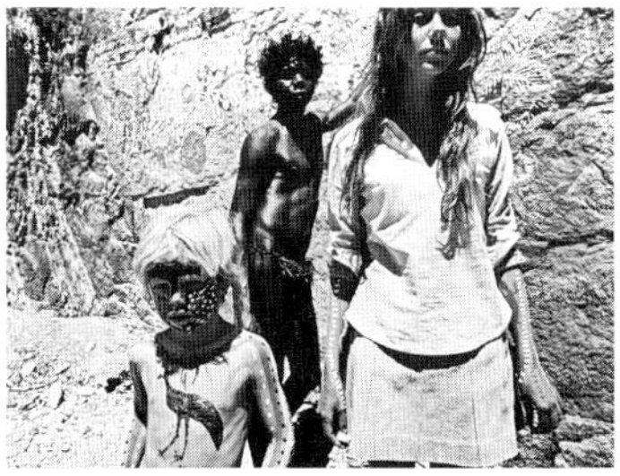

NICOLAS ROEG, WALKABOUT, 1971, film still. (20TH CENTURY FOX)

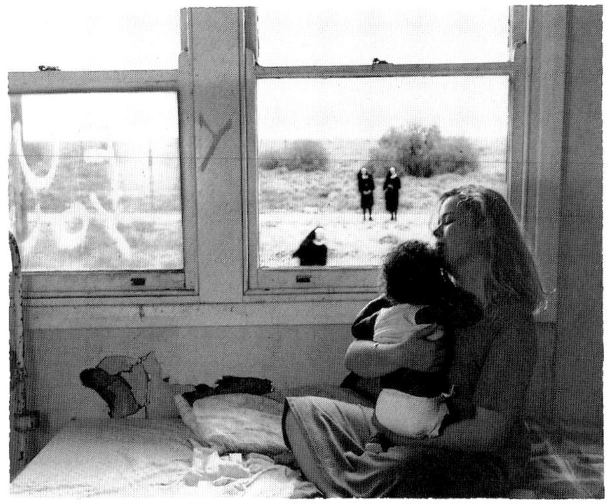

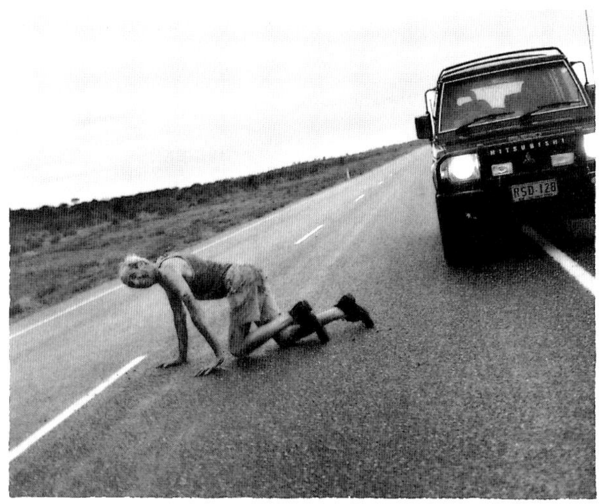

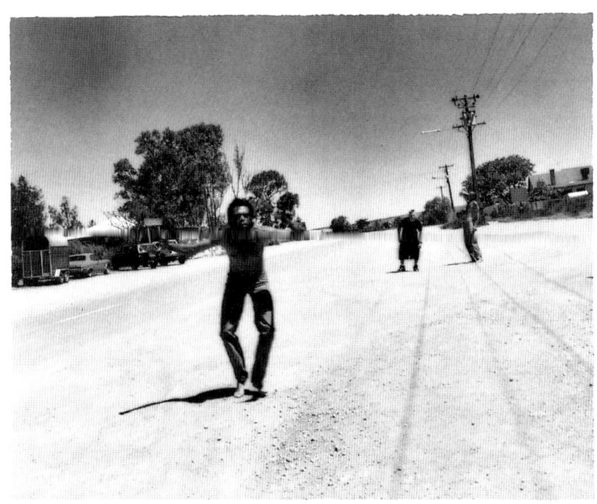

TRACEY MOFFATT, UP IN THE SKY, 1997, 1–3, series of 25 offset lithographs, $28\frac{1}{2}$ x 40" each /
HOCH AM HIMMEL, 1–3, Serie von 25 Offsetlithographien, je 72,4 x 101,6 cm.

EWA LAJER-BURCHARTH

A Stranger Within

What haunts are not the dead,

but the gaps left within us by the secrets of others.

Nicolas Abraham[1)]

Like a strip of film wrapped around the gallery walls, a series of photographic tableaux unravel in front of you as you stroll about. The serial arrangement of the photographs suggests a narrative format, but if there is a story here, it is being told in flashes, through arrested, surreptitious moments of vision.

In a dilapidated room, a black baby held in a white woman's arms peeks out of the window at the world beyond its home of misery. Outside, hovering in the arid vastness of the desert and of their desires, three solicitous nuns stare back at the baby, undaunted by the terse message of the graffiti shouting at them from the window pane: "Fuck you!"

Down on all fours, a shabbily dressed man crosses a highway in front of a parked jeep, its headlights catching his wispy hair in a halo of sainthood or madness. Traversing the road back and forth, he turns his head to look at you and laughs tauntingly. He might be a village fool or a character from a movie—Fellini's mad relative in *Amarcord* comes to mind, sitting high up on a tree and shouting to the great embarrassment of his family gathered below: "Voglio una donna! Voglio una donna!" ("I want a woman!")

On a sun-drenched dirt road a dark-skinned man wearing nothing but a pair of old jeans, advances tiptoeing towards you, a knife in his hand, as if in an invitation to a dance of death. His lean and tense, erotically charged body casts a scar of a shadow on the ground. Behind him, two rough types loom about, ready to bear witness or maybe join in the confrontation—the air is thick with heat and nothing to do. Car tracks visible on the road seem like rails on which the whole scene threatens to slide forward and crash against you.

Perched triumphantly on a squished ruin of a car, a woman warrior wielding a huge hammer looms high over the horizon of dryness spreading around. To her left, another desert amazon bends down to tie a car wreck with a steel rope. In the next image, the camera moves to a stylized close-up of her muscled limbs—one is reminded of the unself-consciously erotic views of the heroines of labor in soc-realist photography—catching also her two female companions wrestling with the scraps of steel in the background.

As you move along, the characters you have encountered so far begin to reappear in new situations: The nuns get hold of the baby; the desert amazons move on to another task—the removal of an ani-

EWA LAJER-BURCHARTH teaches modern art and critical theory at Harvard University and is the author of *Necklines: Jacques-Louis David After the Terror* (Forthcoming Yale University Press).

mal carcass from the tree; the "madman" reappears in front of the white mother's shack to pose for an unlikely family snapshot; the dark-skinned man gets into a fight with some white guy, etcetera. Yet no story line, no closure or conclusion can be discerned. Some scenes do appear in a closely progressing sequence, but others are separated by huge jumps in the narrative. The different colors in which the photographs have been printed—livid blue, sepia, black and white—enhance your sense of discontinuity. And your own movement from image to image, from one gallery space to another, makes the lacunae in the story a matter of bodily experience. It is as if you were caught in a spatial web of some long epic poem, from which sections have been cut out by an invisible editor.

UP IN THE SKY (1997) is a travelogue from the artist's journey to the social and geographical margins, a visual document of the rugged world of misfits, drifters, and tough types that could be almost anywhere. It is in Australia. You will not fail to notice that Moffatt's vision subtly re-genders this mythically male territory, populating it with female characters and featuring a mother and child (the white woman with her colored baby from the first photograph in the series) as the main protagonists—if this sprawling but coreless photographic epic could be said to have any. Most striking about Moffatt's project, though, is the strangeness of her images—the poetic density of these ostensibly documentary photographs—as well as the way in which they relate to one another, implying narrative continuity and refusing it at the same time. What is her story "about"? What exactly does it "document"?

Moffatt told an interviewer: "Some of the images are in fact what I saw and photographed, but most are staged up, set up. I like that people can't tell which is which. I like that there is an 'in-betweenness' about them."[2] Oscillating, indeed, between a document and a fantasy, these photographs do not only feature odd characters and bizarre situations but, more disconcertingly, seem inscribed from within by a kind of (ir)reality. Shot from conspicuously odd angles, with the peculiarly mobile camera that plunges back and forth, as if on rails, or dangles from above, as if suspended on a crane, they situate the figures in a dynamic and disorienting, pluridirectional space. Such is the case of the four photographs in which two men locked in a fight tumble on the ground that seems rushing away from underneath them, setting their bodies afloat. In other cases, it is as if different layers of vision were stretched and pulled in opposite directions, the visual field thus internally destabilized, as in the photograph of two black girls standing in a field of grass, figures in a geometry of disconnection, one throwing out a hoop to be received by no one—playing a game of *fort* without a *da*[3]—another, far away in the background, leaning against a massive wedge of concrete bathed in light.

But there is also the in-betweenness about the photographs as a series, punctuated by the holes in the story, as if the strings of the narrative have snapped, leaving on the gallery walls only the fragmented relics of (ir)reality. Their syncopated rhythm charts a visual territory of destabilized relations, a topography of estrangement.

Aesthetic estrangement is, of course, an established critical strategy of the 20th-century avant-gardes—enough to think of the Brechtian imperative of "distanciation" or of the exploration of the transgressive potential of the uncanny in Surrealist photography. Moffatt's debt to Pasolini's *Accattone* (1961), a vision of a small-time pimp and his entourage at once ennobled and rendered strange by the majestic cadences of J.S. Bach against which it was set, has been noted. One may reach further back in time, to the Manet of the ABSINTHE DRINKER and the OLD MUSICIAN, these disjunct depictions of social marginals in Second Empire Paris with which both Moffatt's subject matter and her representational strategies have some affinity. Her arrested photographic visions of the margins have the condensed and unintegrated quality of Manet's early paintings, just as Manet may be said to have mimicked the artifice of studio photography to secure the pictorial strangeness of his vision. What, though, is the purpose and meaning of strangeness in UP IN THE SKY?

Moffatt's earlier work, NIGHT CRIES: A RURAL TRAGEDY (1989), screened this year at Dia Center for the Arts as part of a larger one-person survey, throws some light on the effect of estrangement in her current project. This visually striking and emotionally

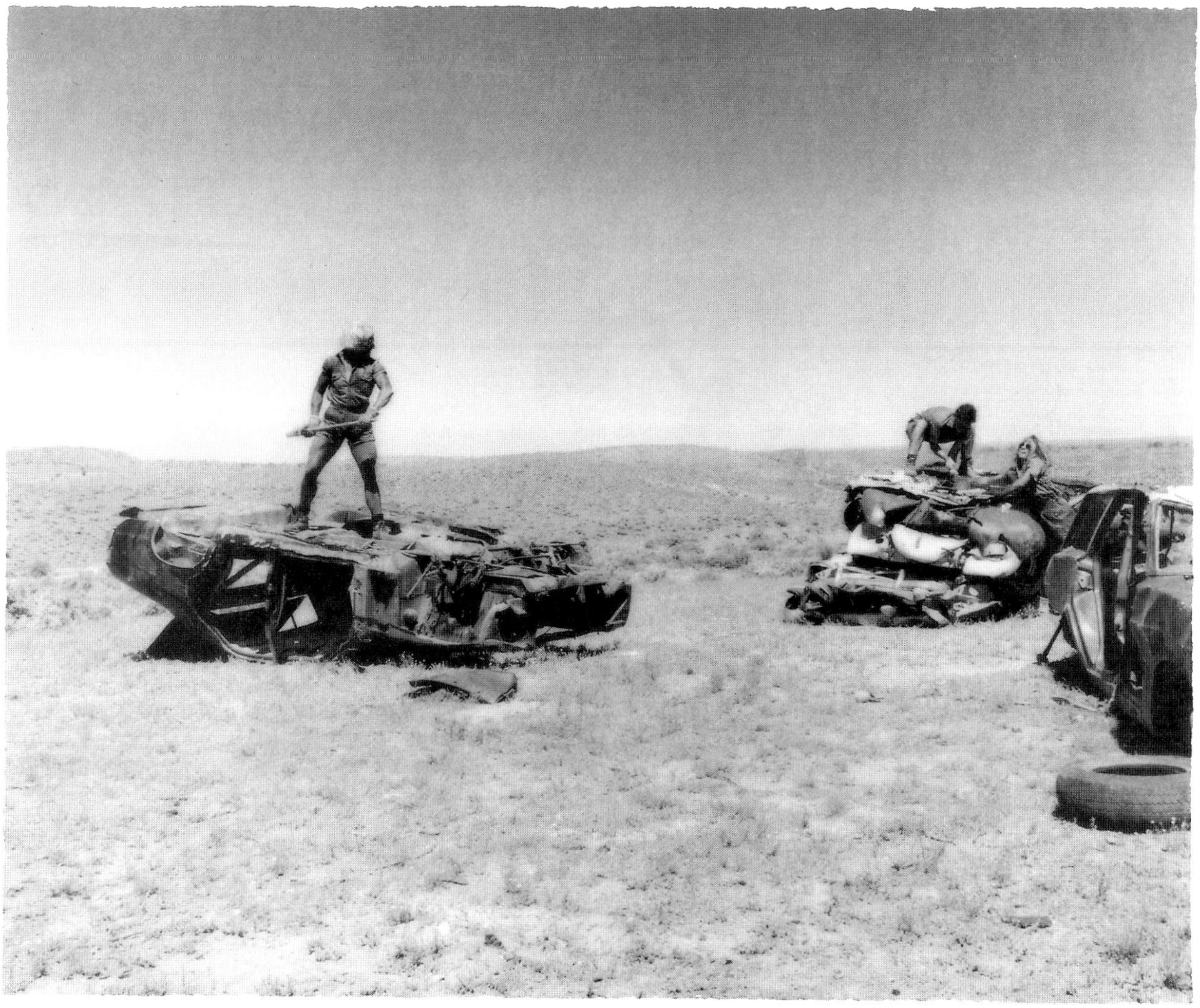

TRACEY MOFFATT, UP IN THE SKY, 1997, 5, series of 25 offset lithographs, 28½ x 40" each /
HOCH AM HIMMEL, 5, Serie von 25 Offsetlithographien, je 72,4 x 101,6 cm.

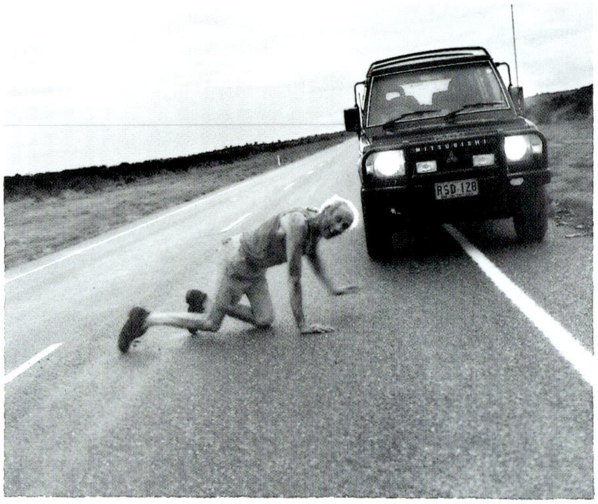
RSD 128
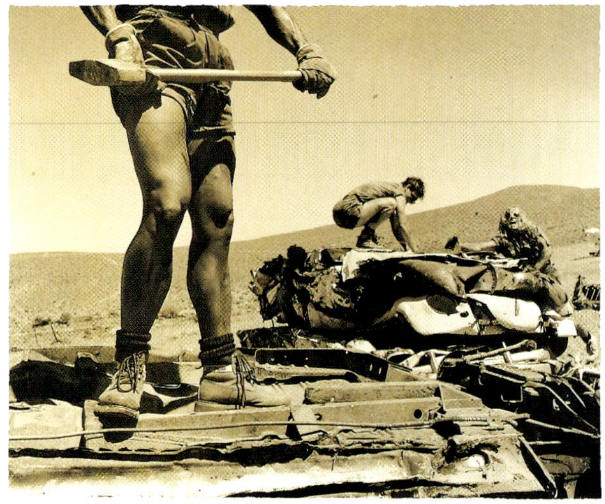
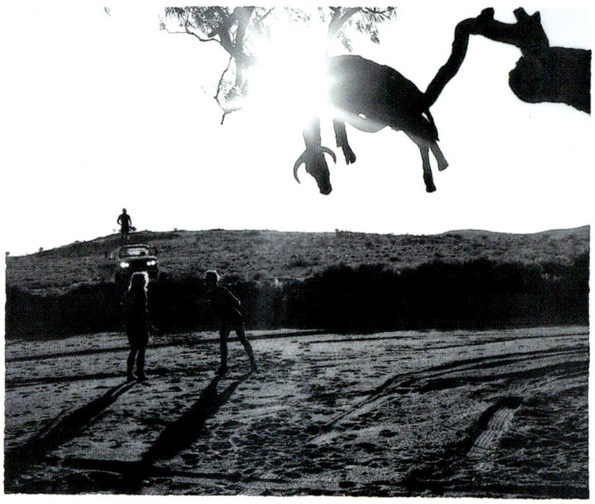
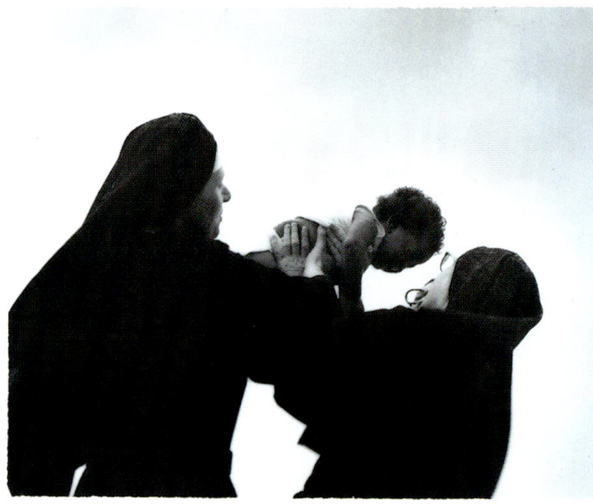
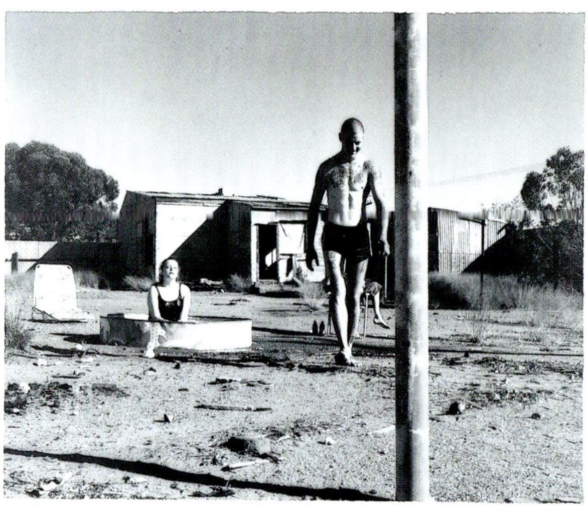
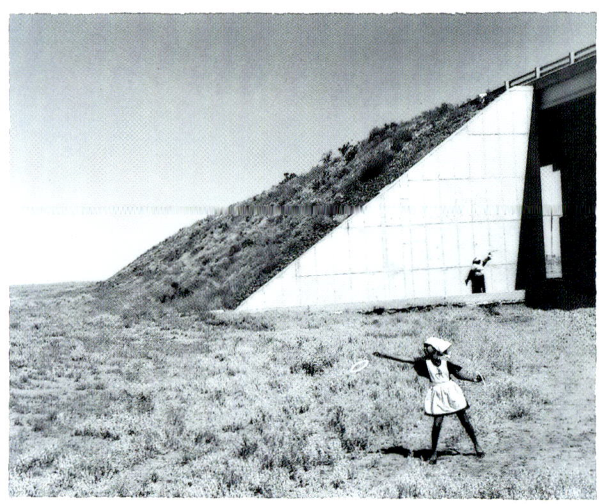

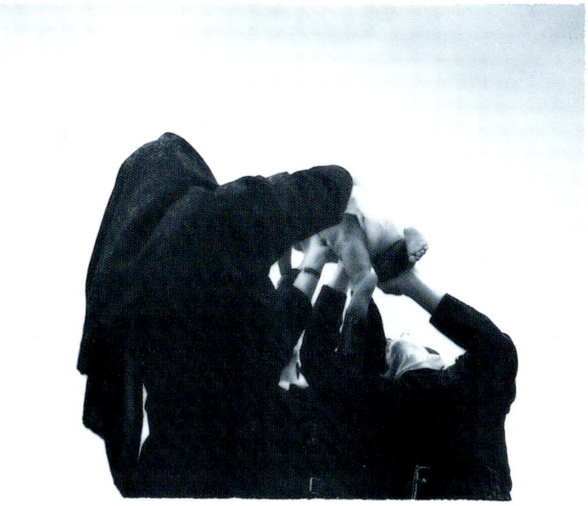
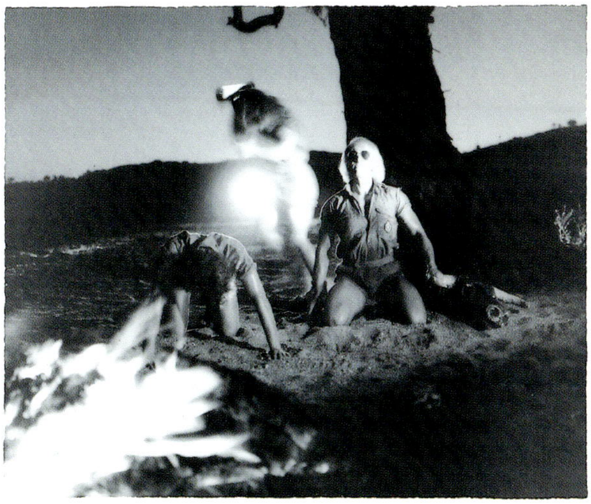
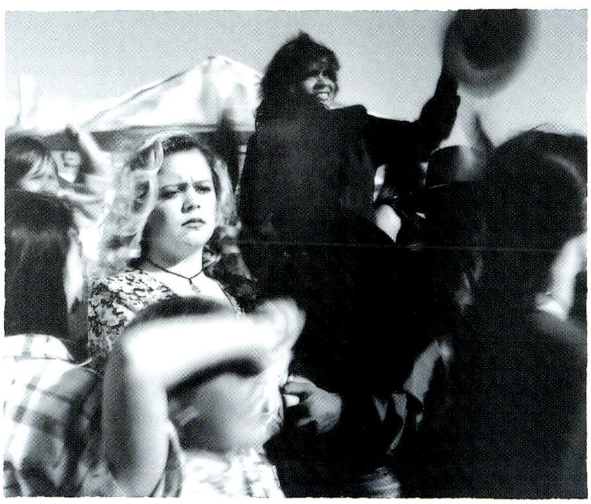

TRACEY MOFFATT, UP IN THE SKY, 1997, 4 & 6–13, series of 25 offset lithographs, 28½ x 40" each / HOCH AM HIMMEL, 4 & 6–13, Serie von 25 Offsetlithographien, je 72,4 x 101,6 cm.

intense film that brought the artist some notoriety speaks, in both its theme and structure, of a fraught relation between a daughter and her mother. Shuttling back and forth in time and space, Moffatt tells a story of Rosie, a middle-aged woman disgruntedly taking care of her old, disabled and dying mother. The scenes of Rosie's travails of filial love and duty are interspersed with her memories from childhood, when it was her mother who cared for her. The daughter-mother scenes are framed and intercut by the footage of Jimmy Little, the popular Aboriginal entertainer in the 1950s and an icon of cultural assimilation.

Through its shifting and discontinuous formal structure, the film articulates the emotional tensions underwriting the daughter's relation to her mother, her needy shuttlings between the poles of attachment and separation, love and hate. It circles around two seminal moments of the daughter's reaction to loss—the little Rosie momentarily abandoned by her mother on the beach, under the darkening skies and the ocean swelling with a storm; and the adult Rosie's mourning her dead mother on a train platform in the desert. Yet the film's unusual, highly stylized, and theatrical visuality—its surreal tableaux, at once elegant and brutal, shot in lush, saturated colors, with minimal attributes and maximum of formal expression—produces a haunting effect that seems to exceed the depicted situation. There is something else, you have a sense, that weights upon the film, some burden on the daughter's chest that cannot be explained by her impatience and boredom with attending to the dysfunctional and shrinking body of her mother, not even by her desperate grief after the mother's death. The visual poetic of artifice and dissociation conveys the psychic reality of the daughter-mother relation as always already underwritten by an alienation from within, a haunting by a kind of loss that cannot be articulated yet makes itself felt.

This effect of haunting may be grasped through the psychoanalytic concept of the phantom. Nicolas Abraham formulated the notion of the phantom to account for the gaps in psyche that are due not to the subject's own psychic history but to the history of others in the subject's family. Phantom is an unconscious formation produced by the unspeakable secrets the subject inherits, usually from the parents. They are unspeakable for good reason, having to do with something shameful or embarrassing that has to be concealed. And they are haunting because this concealed knowledge is not the haunted person's own and thus remains unintegrated within this person's psychic realm. Phantom "works like a ventriloquist, like a stranger within the subject's own mental topography."[4] Self becomes phantomized precisely because part of it remains wrapped in silence, invisible, unrepresentable to the subject.

It is as the filmic structure of gaps and elisions that the phantom may be seen to manifest itself in NIGHT CRIES. The interruptions in the flow of the narrative, the mechanical repetition of certain sequences, the disjunct structure of the pictures, the dissociation of sound and image—these formal qualities may be seen as the effect of a "secret" that cannot be shown but that nevertheless puts pressure on representation. What could this secret be, what kind of absence could exert subformal pressure? Its nature is hinted at most eloquently by the sequence of Jimmy Little singing "Love Me Tender" with his voice muted out: an image of loss that points to another and situates it culturally—the loss of the voice of love as a cost of cultural assimilation. This sequence may be seen to refer to Little's own loss, disavowed, to be sure—he seems quite happy singing other people's songs, as if oblivious to the self-alienation such mimicry produces from his own culture. But insofar as, structurally, his image functions as a gap within the film, a moment of interruption inserted in the scene of the little Rosie's abandonment on the beach, it is also her loss—not just the immediate one, of the white (foster) mother who has momentarily disappeared from the girl's sight, but of her lost love which has to remain invisible: the dark-skinned girl's Aboriginal mother.

It is the mother that is missing from Moffatt's picture that haunts this film, exerting pressure that registers on the level of form—precisely in its visual rhetoric of estrangement that sets an unbridgeable distance between things, between the black girl and her white mother, between the present and the past, between the sound and the image. She is the stranger haunting the psychic universe of the daughter that this film visualizes so suggestively as an imaginary realm marked by elisions and discontinuities. But if the original mother can only appear as a phantom, it is not because she was lost but rather because the way in which it happened made her loss unrepresentable.

The Aboriginal mother remains invisible (for Rosie and for us) for reasons in which the little girl's individual history (and, we may add, the artist's own biography) and historical factors intersect: It has to do with the Australian policy of cultural assimilation that was in effect from the 1930s to the mid-1960s. This policy took Aboriginal children from their original parents and placed them in the homes of the foster parents, effecting social assimilation at the cost of not only social and cultural but also psychic alienation. To remove a child from the original habitat and place him or her with foster parents of a different—dominant—culture is to transform the original parent into a ghost, something that remains unintegrated into the new cultural universe of the child. It is to create a situation in which the child's own past becomes an unintegrated entity within his or her psychic realm, leaving the child with a sense of loss that cannot be assimilated.

It is of this at once cultural and psychic, individual and collective, dimension of loss that NIGHT CRIES speaks so eloquently. If Rosie's Aboriginal mother is not simply an absence but a ghost that returns to haunt this film, it is as the silence of the (non)place to which the Australian policy of assimilation relegated Aborigines and their culture: not a ghost of someone dead, but a hole wrought in the daughter's psyche by the physical and cultural disappearing of someone loved. In that sense, the film speaks not of the secret of others (as Abraham would have it), but of others—the cultural other—as an intrapsychic secret, as the concealed knowledge generated by specific historical circumstances, a presence relegated to the individual and cultural unconscious

UP IN THE SKY shares a secret with NIGHT CRIES: its disjunctive filmic structure, its narrativity of elisions, its situations, its flights of poetic fancy, all these aspects may be taken as symptoms of a kind of haunting.[5] The technique of preflashing Moffatt uses often brings the contours of her figures oddly out of focus, making them look haloed or ghosted. One of

TRACEY MOFFATT, UP IN THE SKY, 1997, 14, series of 25 offset lithographs, 28½ x 40" each / HOCH AM HIMMEL, 14, Serie von 25 Offsetlithographien, je 72,4 x 101,6 cm.

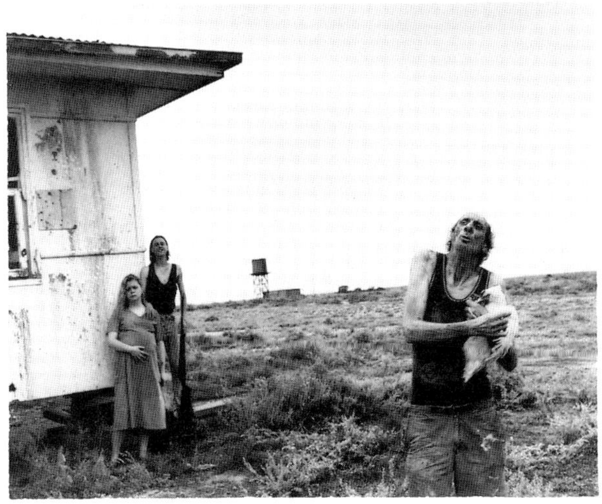

the photographs is, in fact, quite explicitly ghostly. In it, a village community standing in their nightgowns and pajamas appears as a collective specter that haunts the street, or, alternately, as if they themselves were haunted by some invisible revenants. But what this photograph also most clearly conveys is the status of the artist herself as a kind of ghost revisiting this rural community—who else is it but a photographer that they eye with suspicion as she takes her shot? To be sure, Moffatt has identified herself with a stranger before—notably in her noir photo-take SOMETHING MORE (1989) featuring her as an enigmatic "Chinese" woman. But here she activates this position, defining the stranger not as a role performed by her character but as a formation within the very structure of her vision. Throughout this whole photographic series, it is, then, the position of a phantom that Moffatt self-consciously assumes in relation to her subjects and their territory to produce an album of (self)estrangement, a mnemonic geography of dissimilation.

Dissimilation: the act of making, or a process of becoming, dissimilar. In a narrower linguistic sense, a development of dissimilarity between two identical sounds, also a loss or dropping of one of two such sounds, as in the way one pronounces the word "governor" skipping the "er." UP IN THE SKY may be seen as a document of dissimilation: Moffatt's mode of generating her own idiosyncratic, reclamatory vision of Australia, a vision of the familiar—and familial—terrain which is not one. This is a matter of a formal process of condensation and (ir)ruption of the picture, of dropping some visual "syllables," of composing images in a way that leaves you with a sense of something missing from them, in sum, of producing a phantomized account of the real. But such operations also phantomize the very paradigm of the documentary vision, othering the ethnographic gaze as a mode of cultural production of the other, confusing the structure of the exoticizing look. If, then, UP IN THE SKY is produced from a position of a stranger within—the artist as an alien viewer in her own territory—it is distinct from that of a traditional ethnographer. Moffatt's vision is a "theater for no one,"[6] offering images that refuse to produce knowledge of the "other" or to situate anyone in a position of knowing—no consistent gaze is implied by their diverse compositional structures and visual styles based on very different sources. Rather, UP IN THE SKY reclaims that otherness that NIGHT CRIES articulated as unspeakable for a poetic, continuously unsettling re-articulation.

But dissimilation as a strategy operates also on another psychocultural register, at once collective and individual, in this series. A dis-assimilation, it may be understood as an undoing, through the image, of a dysfunctional sociocultural integration. What the series makes clear is that, for Moffatt, this project is inseparable from the process of distinguishing oneself as a daughter-mother relation in particular, referring to the fact that the girl's, unlike the boy's, development of her own distinct self involves the difficult task of separating from her mother while at the same time identifying with her. What the series conveys is the extent to which such process is complicated by the specific sociocultural arrangements.

UP IN THE SKY is, then, a dissimilating saga of a marginal community in which race figures in unpredictable configurations. It is defamiliarizing: a view of a community that escapes the familial metaphors with their triangulating grip of the Oedipal. More often than not, the father appears here only as a phantom—for example, the ghostly presence embracing the pregnant woman. The dark baby featured prominently in the series is imagined instead predominantly in relation to women: its white mother, the three nuns, the desert amazons. Two shots of the baby are hung flanking the image of the women toiling at the car wrecks, one pulling a chain with some strain, as if in the hard labor of separation in which feminine identity is always caught. These images suggest the status of a series as a vision not inspired by as much as wrested from the mother. (And the artist's strategy of estrangement is thus a strategy of detachment from the mother and from the motherland of Australia.)

Finally, what the artist dissimilates is her own identity. To install oneself as a "stranger within" is not only to shun the othering gaze of an outsider but also to refuse being situated as a privileged insider who can spin a politically and culturally "correct" tale of Australia, to recoil from being pigeonholed as an "ethnic artist." Moffatt is rather a strange insider, a ventriloquist telling us a story of Australia that we would not necessarily expect (or that may not even be identified as "Australian").

It is also from a position of a "stranger within" that Moffatt produced for Dia Center for the Arts her new project HEAVEN (1997), a wickedly funny videotape in which the artist pursues male surfers, these virile icons of Australianness, camera in hand, trying to steal a peek at their private parts as they change. In the course of her pursuit, Moffatt's camera playfully violates the gendered hierarchies of vision, shamelessly reclaiming the male body as a scopic object of feminine lust. GUAPA (Good-looking, 1995) also engages with the sexed structure of looking, though in a different key—brutal and elegiac at the same time. In this series of photographs, the roller-derby divas tumble about in violent skirmishes with one another, their faces scratched, their tights torn. Framed by the male catcall of its title, the series may be construed as an aggressive reconfiguration of the woman's body that effectively removes it from the voyeuristic grip of the putative gazing man. Yet, the formal staging of these women's violent mutual engagements—their bodies entangled as if they were floating in the non-gravitational space of battle scenes on Roman sarcophagi or early Renaissance paintings—points also in another, interfeminine direction. What we are given to see is not, as it may seem at first, a battle of some latter-day amazons, but rather a slow-motion sequence of an ultrasound dream, the product of an intrauterine imagination. Abstracted and stylized, the violence between these women seems to echo some other, more archaic, violence of the earliest processes of bodily and psychic self-differentiation. While their efforts to engage and disentangle from one another restage these earlier fetal choreographies, the pink mists of nostalgia for the no-longer-performed women's sport seems to fuse with a recollection of the amniotic comforts of the womb, this quasi-mythic site of the first mother/daughter pleasures and conflicts.

Thus, GUAPA proposes to rethink the relation between women through the paradigm of the imaginary womb as a space of aggressive dissimilation, suggesting violence as a necessary aspect in the process of feminine—and, it seems, also artistic—self-definition. Yet as the last photograph in the cycle suggests, at the end of the battle, instead of the sweetness of victory there is loss. And it is the visual splendor and poetic density that Moffatt's vision brings to loss that draws one to her work. It haunts.

1) "Notes on the Phantom," in: Nicolas Abraham and Maria Torok, *The Shell and the Kernel*, vol. I (Chicago & London: Chicago University Press, 1994), p. 171.
2) Gerald Matt, "Tracey Moffatt, Interview," in: *Tracey Moffatt*, exhibition catalogue, Kunsthalle Wien, 1998, p. 17.
3) I am referring to Freud's story of the "fort-da" as a game through which a child tries to represent and thus control the loss of the mother.
4) Abraham, p. 173.
5) Abraham suggested that, precisely because of its gratuitousness in relation to the subject, the phantom-formation "creates the impression of surrealistic flights of fancy...," p. 173.
6) Expression used by the artist in conversation with the author.

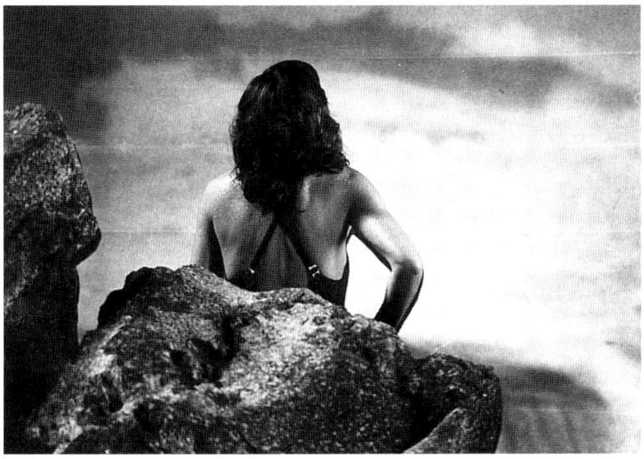
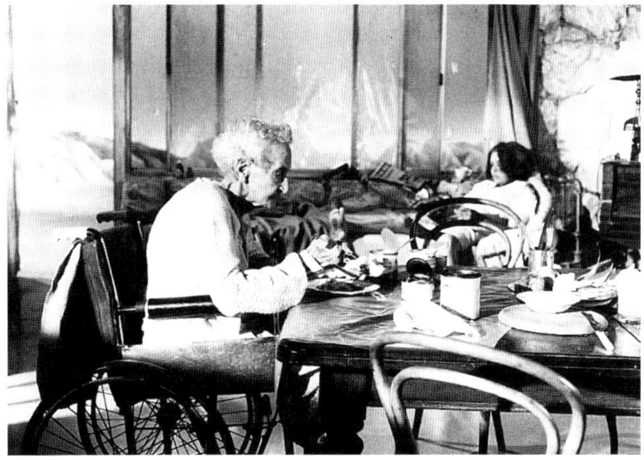
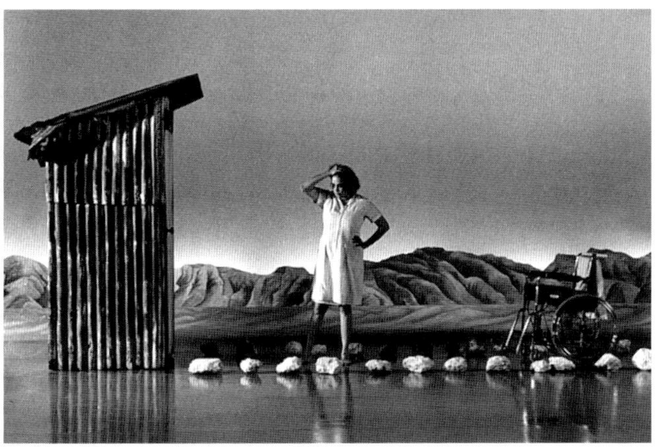
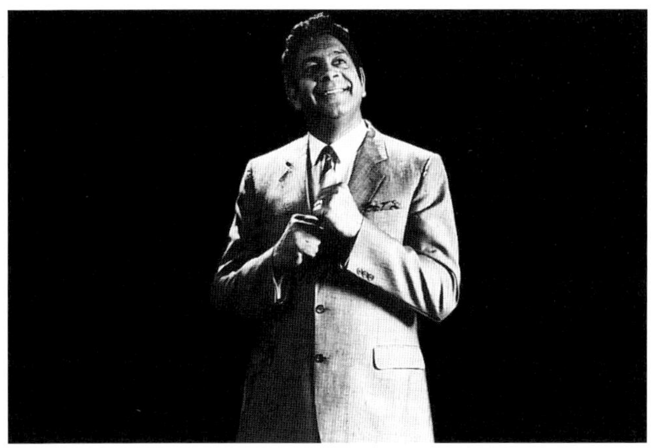

TRACEY MOFFATT, NIGHT CRIES: A RURAL TRAGEDY, 1989, film stills / NACHTSCHREIE: EINE TRAGÖDIE AUF DEM LAND.

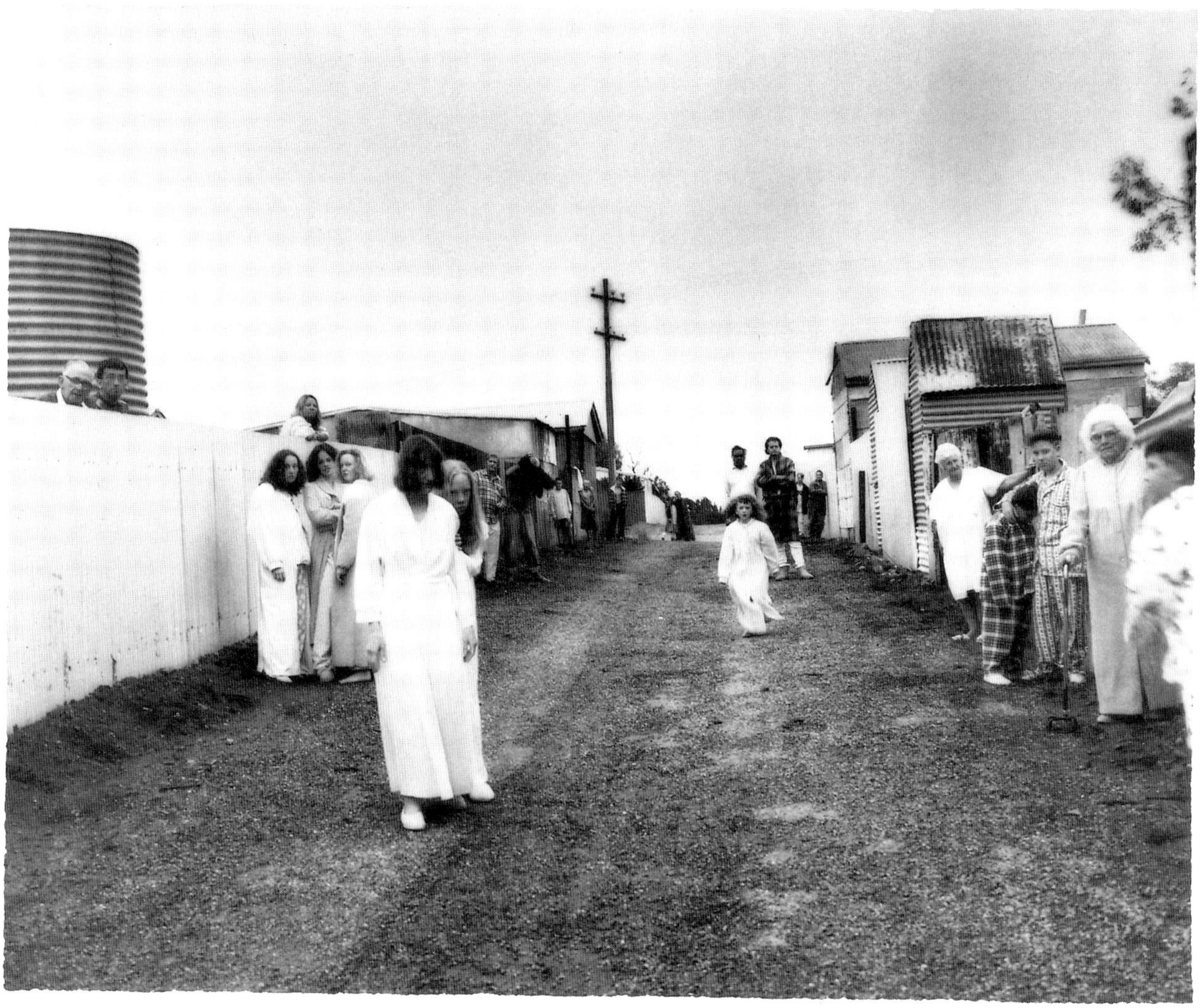

TRACEY MOFFATT, UP IN THE SKY, 1997, 15, / HOCH AM HIMMEL, 15.

EWA LAJER-BURCHARTH

Eine Fremde im Innern

Was uns heimsucht,

sind nicht die Toten, sondern die Lücken,

welche die Geheimnisse anderer in uns hinterlassen.

Nicolas Abraham[1)]

Wie ein Filmstreifen, der sich den Wänden entlangschlängelt, entfaltet sich beim Rundgang durch die Galerie vor unseren Augen eine Serie von Photographien. Die fortlaufende Anordnung der Bilder lässt auf eine Erzählstruktur schliessen, aber wenn hier überhaupt von einer Geschichte die Rede sein kann, so wird sie in kurz aufblitzenden Episoden, in verstohlen festgehaltenen Momenten des Sehens erzählt.

In einem schäbigen Zimmer guckt ein schwarzes Baby auf dem Arm einer weissen Frau durch das Fenster auf die Welt ausserhalb seines armseligen Zuhause. Draussen in der trockenen Einöde der Wüste und ihres Begehrens erwidern drei besorgte Nonnen den Blick des Babys, völlig unbeeindruckt von der mehr als deutlichen Botschaft des Graffito, das ihnen vom Fenster her entgegenschreit: «Fuck you!»

Auf allen vieren überquert ein ärmlich gekleideter Mann eine Landstrasse, direkt vor einem geparkten Jeep, dessen Scheinwerfer sein dünnes Haar wie den Strahlenkranz eines Heiligen oder Verrückten aufleuchten lassen. Während er über die Strasse und wieder zurück kriecht, dreht er den Kopf und schaut uns spöttisch lachend an. Er könnte ein Dorftrottel sein oder aus einem Film entsprungen – man fühlt sich an den verrückten Verwandten aus Fellinis *Amarcord* erinnert, der auf einen Baum geklettert ist und zur grossen Verlegenheit seiner darunter versammelten Familie laut schreit: «Voglio una donna! Voglio una donna!» (Ich will eine Frau!)

Auf einer sonnenüberfluteten Naturstrasse bewegt sich ein dunkelhäutiger Mann auf Zehenspitzen und nur mit einem Paar alter Jeans bekleidet auf uns zu, in der Hand ein Messer, als wollte er zu einem Totentanz auffordern. Sein magerer, straffer, erotisch wirkender Körper wirft einen Schattenfleck auf den Boden. Hinter ihm sind zwei rauhe Typen zu sehen, potentielle Augenzeugen oder gar Teilnehmer des Streites. Die Luft ist von bleierner Hitze und Lange-

EWA LAJER-BURCHARTH ist Professorin für moderne Kunst und Kritiktheorie an der Harvard Universität. Ihr Buch *Necklines: Jacques-Louis David After the Terror* wird demnächst bei Yale University Press erscheinen.

weile erfüllt. Reifenspuren auf der Strasse muten an wie Schienen, auf denen die ganze Szene vorwärts zu gleiten und gegen uns zu krachen droht.

Auf einem zerquetschten Autowrack, hoch über dem Horizont und der ausgetrockneten Umgebung, thront stolz eine weibliche Kriegerin mit einem riesigen Hammer. Links von ihr bückt sich eine weitere Wüstenamazone und zurrt ein Stahlseil an einem zweiten Autowrack fest. Auf dem nächsten Bild zeigt die Kamera eine stilisierte Nahaufnahme ihrer muskulösen Glieder (man fühlt sich an die unverhohlen erotischen Darstellungen der Heldinnen der Arbeit im sozialistischen Realismus erinnert), wobei man im Hintergrund zugleich ihre beiden sich mit Stahlschrott abmühenden Gefährtinnen erkennt.

Geht man weiter, tauchen die Gestalten, die man bisher kennengelernt hat, in neuen Situationen auf: Die Nonnen kriegen das Baby zu fassen; die Wüstenamazonen wenden sich einer neuen Aufgabe zu (der Entfernung eines Tierkadavers aus einem Baum); der «Irre» erscheint vor der Behausung der weissen Mutter, wo er für ein unglaubwürdiges Familienphoto posiert; der dunkelhäutige Mann prügelt sich mit einem Weissen und so fort. Es ist jedoch kein Handlungsfaden, kein Abschluss oder Ende erkennbar. Einige Szenen erscheinen in fortlaufender thematischer Reihenfolge, während bei anderen der Erzählfluss durch grosse Sprünge unterbrochen wird. Die unterschiedlichen Farben, in denen die Photographien gedruckt sind – Graublau, Sepia, Schwarzweiss –, verstärken das Gefühl der Diskontinuität. Und unsere eigene Bewegung, das Schreiten von Bild zu Bild, von einem Galerieraum zum anderen, lässt das Lückenhafte der Erzählung zu einer körperlichen Erfahrung werden. Es ist, als wäre man im räumlichen Netz eines langen, epischen Gedichts gefangen, aus dem ein unsichtbarer Lektor ganze Abschnitte weggestrichen hat.

UP IN THE SKY (Hoch am Himmel/In den Himmel hinauf, 1997) berichtet von der Reise der Künstlerin in die sozialen und geographischen Randgebiete und dokumentiert in Bildern die rauhe Welt der Aussenseiter, Sonderlinge und knallharten Typen, die man fast überall ansiedeln könnte. Es ist Australien. Und es ist unschwer erkennbar, dass Moffatt dieses von Männlichkeitsmythen besetzte Territorium auf

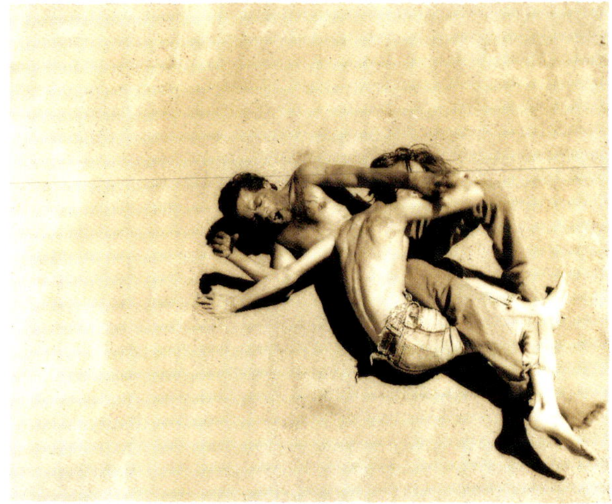

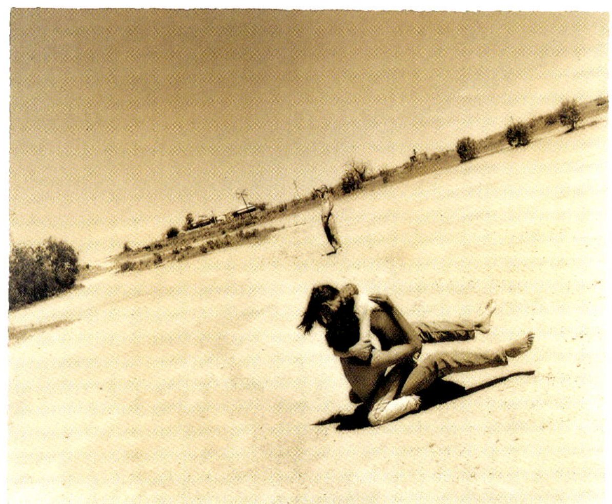

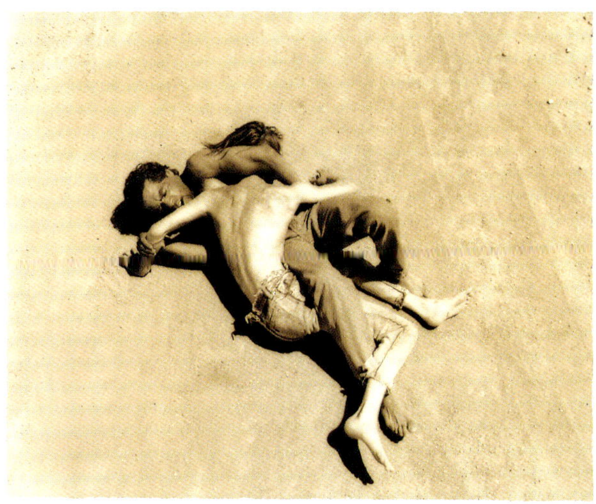

TRACEY MOFFATT, UP IN THE SKY, 1997, 16–18, series of 25 offset lithographs, 28½ x 40" each /
HOCH AM HIMMEL, 16–18, Serie von 25 Offsetlithographien, je 72,4 x 101,6 cm.

subtile Weise re-feminisiert, indem sie es mit weiblichen Gestalten bevölkert und eine Mutter mit Kind (die weisse Frau und das farbige Baby auf dem ersten Bild der Serie) zur zentralen Protagonistin macht – falls man bei diesem wild wuchernden, photographischen Epos ohne eigentlichen Kern überhaupt von so etwas sprechen kann. Am auffallendsten ist jedoch die Fremdartigkeit von Moffatts Bildern – die poetische Dichte dieser sich dokumentarisch gebenden Aufnahmen – sowie die Art, wie sie zusammenhängen, eine kontinuierliche Handlung nahe legend und zugleich verweigernd. Worum geht es in dieser Geschichte? Was genau wird eigentlich «dokumentiert»?

Moffatt erklärte in einem Interview: «Zum Teil sind es tatsächlich Dinge, die ich gesehen und photographiert habe, aber die meisten sind gestellt, inszeniert. Mir gefällt, dass man die einen nicht von den anderen unterscheiden kann; ich mag diese ‹Unentschiedenheit›.»[2] Tatsächlich oszillieren diese Photographien zwischen Dokumentation und Phantasie. Sie zeigen nicht bloss seltsame Gestalten und bizarre Situationen, sondern, was irritierender ist, sie scheinen von einer Art inneren (Un-)Wirklichkeit durchdrungen zu sein. Aus auffallend merkwürdigen Blickwinkeln aufgenommen – die seltsam mobile Kamera scheint wie auf Schienen hin und her zu flitzen oder aber wie an einem Kran aufgehängt von oben herunterzubaumeln –, tasten diese Bilder sich in einen dynamischen und verwirrenden, mehrdimensionalen Raum vor. Das trifft auf die vier Photographien zu, in denen zwei miteinander ringende Männer zu Fall kommen und weiterkämpfen, während der Boden unter ihnen wegzufliessen und ihre Körper mitzureissen scheint. Dann wiederum ist es so, als würden verschiedene visuelle Schichten gedehnt und in entgegengesetzte Richtungen gezerrt, wodurch das Blickfeld innerlich destabilisiert wird. So etwa im Bild der beiden schwarzen Mädchen auf der Wiese, von denen die eine einen Wurfring ins Leere wirft – eine Art «Fort-da»-Spiel ohne «da»[3] –, während die andere weit im Hintergrund an einen wuchtigen, sonnenbeschienenen Betonkeil gelehnt dasteht: zwei Figuren in einer Geometrie der Beziehungslosigkeit.

Aber auch die Photos als Serie haben etwas von dieser «Unentschiedenheit», die durch die Lücken in der Handlung hervortritt. Es ist, als wären die Erzählstränge gerissen und hätten an den Wänden der Galerie lediglich fragmentarische Überbleibsel der (Ir-)Realität zurückgelassen. Ihr synkopischer Rhythmus macht eine Landschaft von aus den Fugen geratenen Beziehungen sichtbar, eine Topographie der Entfremdung.

Die ästhetische Entfremdung ist natürlich eine etablierte kritische Strategie der Avantgarden des 20. Jahrhunderts – denken wir bloss an den Brechtschen Imperativ der «Verfremdung» oder an die Erkundung des Transgressionspotentials des Unheimlichen in der surrealistischen Photographie. Es ist bekannt, dass Moffatt Anleihen bei Pasolinis Film *Accattone* (1961) machte, dem Porträt eines kleinen Zuhälters und seines Milieus, das von den getragenen Kadenzen von Johann Sebastian Bach untermalt und dadurch zugleich veredelt und verfremdet wird. Man könnte noch weiter zurückgehen, zu Manets ABSINTHTRINKERIN und DER ALTE MUSIKANT, zwei voneinander unabhängigen Darstellungen gesellschaftlicher Aussenseiter im Paris des Second Empire, zu denen sowohl Moffatts Themen als auch ihre Darstellungstechniken eine gewisse Affinität aufweisen. Ihre photographischen Porträts des Randständigen besitzen die Dichte und Unangepasstheit von Manets Frühwerken. Man könnte sagen, Manet habe die Künstlichkeit der Atelierphotographie nachgeahmt um die bildliche Fremdartigkeit seiner Darstellungen zu erreichen. Was aber ist Sinn und Zweck der Fremdartigkeit in UP IN THE SKY?

Moffatts älteres Werk NIGHT CRIES: A RURAL TRAGEDY (Nachtschreie: eine Tragödie auf dem Land, 1989), das dieses Jahr im Rahmen eines grösseren Querschnitts im Dia Center for the Arts gezeigt wurde, wirft etwas Licht auf den Verfremdungseffekt in ihrem aktuellen Projekt. Dieser visuell verblüffende Film von grosser emotionaler Intensität, welcher der Künstlerin zu einiger Beachtung verholfen hat, spricht, sowohl was den Inhalt als auch was die Struktur angeht, von einer gespannten Beziehung zwischen einer Tochter und ihrer Mutter. Hin und her pendelnd in Raum und Zeit, erzählt Moffatt die Geschichte von Rosie, einer Frau mittleren Alters, die sich lustlos um ihre alte invalide, im Sterben liegende Mutter kümmert. Die Szenen, die Rosie beim

Verrichten der von töchterlicher Liebe und Pflichterfüllung zeugenden Arbeiten zeigen, wechseln sich ab mit Erinnerungen an ihre Kindheit, als ihre Mutter noch für sie sorgte. Umrahmt und unterbrochen werden die Tochter-Mutter-Szenen von Filmmaterial über Jimmy Little, einem populären Aboriginal-Entertainer der 50er Jahre und zugleich ein Paradebeispiel für kulturelle Assimilation.

Durch seine sprunghafte, diskontinuierliche formale Struktur bringt der Film die emotionalen Spannungen in der Beziehung der Tochter zur Mutter zum Ausdruck, ihr bedürftiges Hinundhergerissensein zwischen Zuneigung und Distanz, zwischen Liebe und Hass. Er kreist um zwei wichtige Momente, die aufzeigen, wie die Tochter auf einen Verlust reagiert – die kleine Rosie, die von ihrer Mutter einen Moment lang am Strand allein gelassen wird, während der Himmel sich verfinstert und ein aufziehendes Unwetter das Meer aufwühlt; und die erwachsene Rosie, die auf einem Bahnsteig mitten in der Wüste um ihre tote Mutter trauert. Doch die ungewöhnliche, stark stilisierte und theatralische Qualität des Films – seine surrealen Einstellungen, elegant und brutal zugleich, in üppigen, satten Farben, mit einem Minimum an Attributen und einem Maximum an formalem Ausdruck gedreht – erzielt eine eindringliche Wirkung, die über die unmittelbar dargestellten Situationen hinausgeht. Da ist noch etwas Zusätzliches, ein Gefühl, das auf dem Film lastet, eine Bürde auf der Seele der Tochter, die nicht mit der Ungeduld und Langeweile erklärt werden kann, die sie beim Pflegen des kranken, welken Körpers ihrer Mutter empfindet, ja nicht einmal mit ihrer verzweifelten Trauer nach deren Tod. Die visuelle Poesie von Künstlichkeit und Distanzierung offenbart die psychische Realität der Tochter-Mutter-Beziehung, die schon immer von einer inneren Entfremdung geprägt war, der Heimsuchung durch einen Verlust, der nicht in Worte gefasst werden kann, aber dennoch spürbar ist.

Dieser Heimsuchung könnte man vielleicht über den psychoanalytischen Begriff des Phantoms auf die Spur kommen. Nicolas Abraham formulierte diesen Begriff um die Lücken in der Psyche zu erklären, die nicht auf die eigene psychische Geschichte einer Person zurückzuführen sind, sondern auf die Geschichte von Familienangehörigen. Das Phantom ist ein unbewusstes Gebilde, das durch die unaussprechlichen Geheimnisse entsteht, die einer Person – gewöhnlich von den Eltern – vererbt werden. Sie sind aus gutem Grund unaussprechlich, da sie mit etwas Schändlichem oder Peinlichem zu tun haben, das verheimlicht werden muss. Und sie werden zur Heimsuchung, weil das verheimlichte Wissen nicht das der betroffenen Person ist und deshalb von ihr nicht psychisch integriert werden kann. Das Phantom «funktioniert wie ein Bauchredner, wie ein Fremder innerhalb der seelischen Topographie der Person».[4] Das Ich wird eben deshalb phantomhaft, weil ein Teil von ihm in Schweigen gehüllt bleibt, unsichtbar und nicht darstellbar.

In NIGHT CRIES scheint sich das Phantom in der von Lücken und Auslassungen geprägten Filmstruktur zu manifestieren. Die Unterbrechungen im Erzählfluss, die mechanische Wiederholung bestimmter Sequenzen, die unzusammenhängende Struktur der Bilder, die Trennung von Ton und Bild – all die-

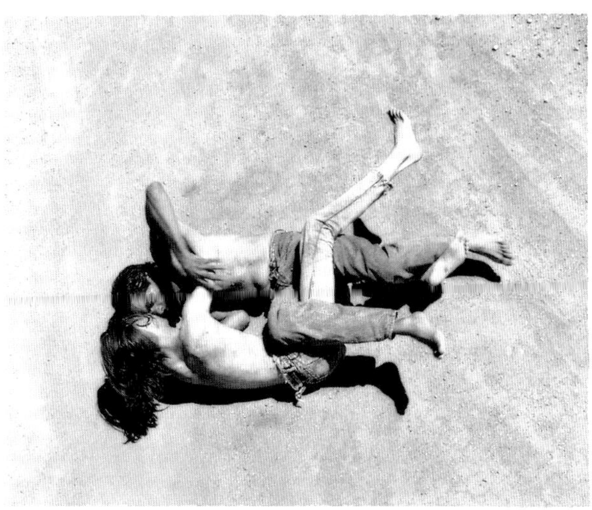

TRACEY MOFFATT, UP IN THE SKY, 1997, 19 / HOCH AM HIMMEL, 19.

se formalen Merkmale können als Folge eines «Geheimnisses» angesehen werden, das nicht gelüftet werden darf, aber dennoch zur Darstellung drängt. Worin könnte das Geheimnis bestehen, welche Art der Abwesenheit könnte den subformalen Druck ausüben? Den eloquentesten Hinweis liefert die Sequenz, in der Jimmy Little mit gedämpfter Stimme «Love me tender» singt: das Bild eines Verlustes, das auf einen anderen hinweist und ihn kulturell situiert – den Verlust der Stimme der Liebe als Preis für die kulturelle Assimilation. Man könnte diese Sequenz als Verweis auf Littles eigenen Verlust ansehen, den er natürlich nicht als solchen anerkennen dürfte, scheint er doch ganz zufrieden damit, die Lieder fremder Leute zu singen, so als sei er sich gar nicht bewusst, dass dieses In-eine-fremde-Haut-Schlüpfen die Entfremdung von der eigenen Kultur zur Folge hat. Doch insofern als sein Bild selbst als struktureller Einschnitt innerhalb des Films funktioniert, als Unterbrechung der Szene, in der die kleine Rosie am Strand allein gelassen wird, ist es auch ihr Verlust – nicht bloss der unmittelbare Verlust, das Weggehen der weissen Pflegemutter, die für einen Moment aus dem Blickfeld des kleinen Mädchens verschwunden ist, sondern die verlorene Liebe, die unsichtbar bleiben muss: die leibliche Mutter des dunkelhäutigen Mädchens.

Es ist die auf Moffatts Bild fehlende Mutter, die in diesem Film herumspukt und einen Druck ausübt, der sich auf formaler Ebene zeigt – in der visuellen Rhetorik der Entfremdung, die eine unüberbrückbare Kluft zwischen den Dingen schafft: zwischen dem schwarzen Mädchen und seiner weissen Mutter, zwischen Gegenwart und Vergangenheit, zwischen Ton und Bild. Sie ist die Fremde, die im psychischen Universum ihrer Tochter herumspukt, das dieser Film so hintergründig als imaginäres Reich voller Auslassungen und Brüche darstellt. Wenn aber die leibliche Mutter bloss als Phantom in Erscheinung treten kann, so liegt das nicht daran, dass sie verloren ging, sondern vielmehr daran, dass die Art, wie das vor sich ging, es unmöglich machte, ihren Verlust darzustellen.

Die Aborigines-Mutter bleibt (für Rosie und für uns) unsichtbar, aus Gründen, die sowohl in der persönlichen Geschichte des kleinen Mädchens (und, könnte man hinzufügen, in der Biographie der Künstlerin selbst) als auch in historischen Faktoren liegen. Es geht dabei um die Assimilationspolitik, die in Australien seit den 30er Jahren bis Mitte der 60er Jahre wirksam war. Im Rahmen dieser Politik wurden viele Aborigines-Kinder ihren leiblichen Eltern weggenommen und bei Pflegeeltern untergebracht. Dabei wurde die soziale Assimilation auf Kosten einer nicht nur sozialen und kulturellen, sondern auch psychischen Entfremdung betrieben. Reisst man ein Kind aus seiner ursprünglichen Umgebung heraus und bringt es bei Pflegeeltern unter, die einer anderen (dominanten) Kultur angehören, macht man die leiblichen Eltern zu Gespenstern, zu etwas Unintegriertem, das ausserhalb des neuen kulturellen Universums des Kindes bleibt. Es wird eine Situation geschaffen, in der die Vergangenheit des Kindes zu einer nicht integrierten Lücke in seiner Psyche wird, die ein Verlustgefühl hinterlässt, das nicht verarbeitet werden kann.

Von dieser zugleich kulturellen und psychischen, individuellen und kollektiven Dimension des Verlustes spricht NIGHT CRIES sehr eloquent. Wenn Rosies Aborigines-Mutter nicht einfach etwas Abwesendes, sondern ein Gespenst ist, das in diesem Film herumspukt, so tut es dies in Gestalt der Stille des Nirgendwo, in das die australische Assimilationspolitik die Aborigines und ihre Kultur verbannte: Es ist nicht der Geist eines Toten, sondern ein Loch in der Seele der Tochter, das durch das physische und kulturelle Verschwinden einer geliebten Person entstanden ist. In diesem Sinne spricht der Film nicht von den Geheimnissen anderer (wie Abraham es ausdrücken würde), sondern vom Anderen – dem kulturell Anderen – als innerseelischem Geheimnis, als dem verheimlichten Wissen, das durch spezifische historische Umstände entstand, einem Phänomen, das ins individuelle und kulturelle Unbewusste verbannt wurde.

UP IN THE SKY teilt ein Geheimnis mit NIGHT CRIES: Die disjunktive Filmstruktur, die von Auslassungen geprägte Erzähltechnik, die Situationen, die poetischen Höhenflüge – all diese Aspekte können als Symptome einer Heimsuchung angesehen werden.[5] Die Technik des Vorausblitzens, die Moffatt anwendet, lässt die Konturen ihrer Gestalten oft seltsam unscharf erscheinen, als trügen sie einen Heiligenschein oder hätten etwas Geisterhaftes an sich. Eine der Photographien wirkt ganz eindeutig wie ein Spuk: Die Mitglieder einer Dorfgemeinschaft in Nachthemden und Schlafanzügen erscheinen als kollektives Gespenst, das in den Strassen spukt, oder aber sie werden selbst von irgendwelchen unsichtbaren Dämonen heimgesucht. Was bei diesem Bild jedoch ebenfalls klar zum Ausdruck kommt, ist die Rolle der Künstlerin selbst, die als eine Art Gespenst in die ländliche Gemeinde zurückkehrt – und von den Dorfbewohnern argwöhnisch gemustert wird. Natürlich hat sich Moffatt bereits früher mit Fremden identifiziert – so etwa in ihrer rabenschwarzen Photoserie SOMETHING MORE (Etwas mehr, 1989), wo sie als rätselhafte «Chinesin» auftritt. Hier aber aktiviert sie diesen Part, indem sie die Fremde nicht als eine von einer Figur gespielte Rolle definiert, sondern als Gestalt, die zur inneren Struktur ihrer Sichtweise gehört. In der ganzen Photoserie nimmt Moffatt denn auch im Verhältnis zu den abgebildeten Personen und deren Umgebung die Position eines Phantoms ein und erschafft so ein Album der (Selbst-)Entfremdung, eine erinnerungsschwere Geographie der Dissimilation.

Dissimilation: das Beseitigen oder Verlieren der Ähnlichkeit. In einem engeren linguistischen Sinn: die Änderung des einen von zwei gleichen oder ähnlichen Lauten in einem Wort oder das Verschwinden oder Unterdrücken des einen, wie etwa das Weglassen des «er» bei der Aussprache des Wortes «governor». UP IN THE SKY kann als Dokument der Dissimilation angesehen werden: Moffatts Art, ihre ureigene, auf Rückeroberung abzielende Vision von Australien zu entwickeln, die Vision einer vertrauten – und familiären – Landschaft, die nicht einheitlich ist. Es handelt sich hier um einen formalen Prozess der Kondensation und der (Unter-)Brechung von Bildern, des Weglassens gewisser visueller «Silben», des Komponierens von Bildern auf eine Art, die fühlen lässt, dass etwas fehlt, kurz gesagt: der Produktion eines Phantomberichts über die Wirklichkeit. Doch dieses Vorgehen verändert auch das Paradigma der dokumentarischen Betrachtungsweise selbst, indem es den ethnographischen Blick als Mittel der kulturellen Erzeugung des «Anderen» sich selbst entfremdet und die Struktur des exotisieren-

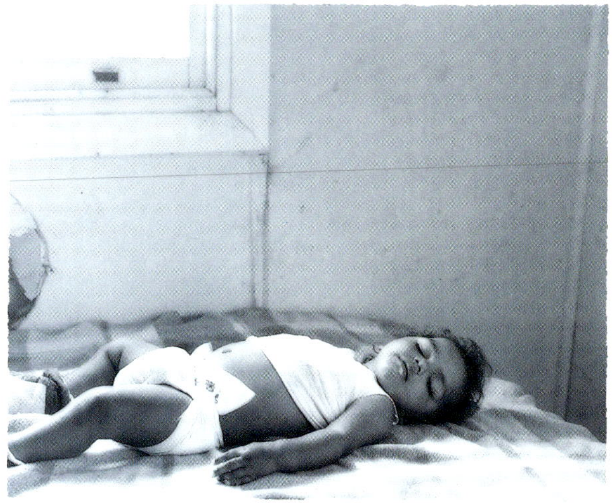

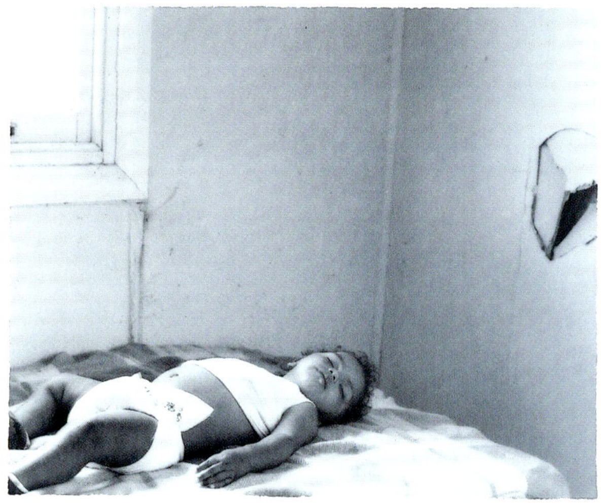

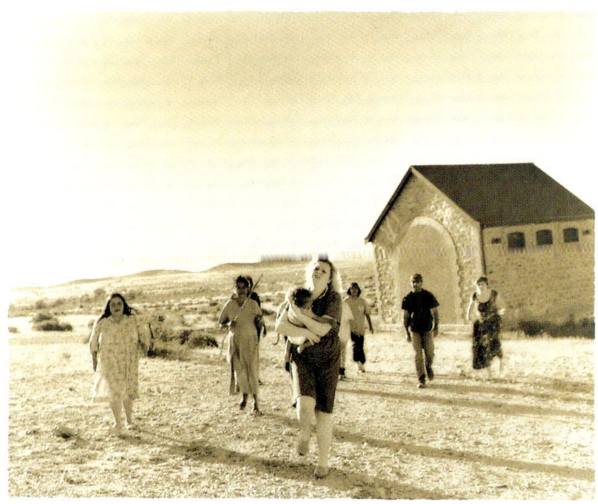

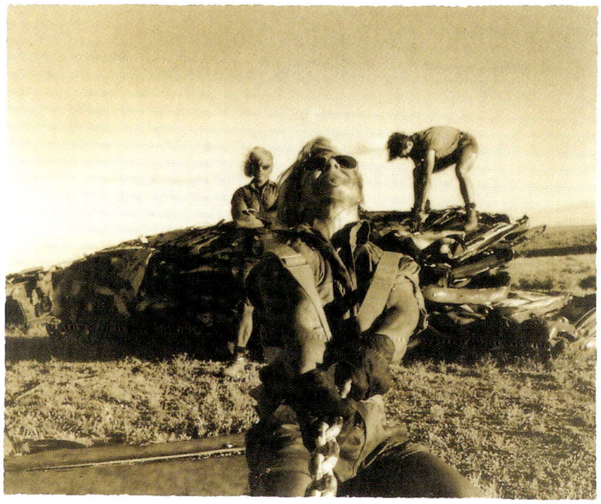

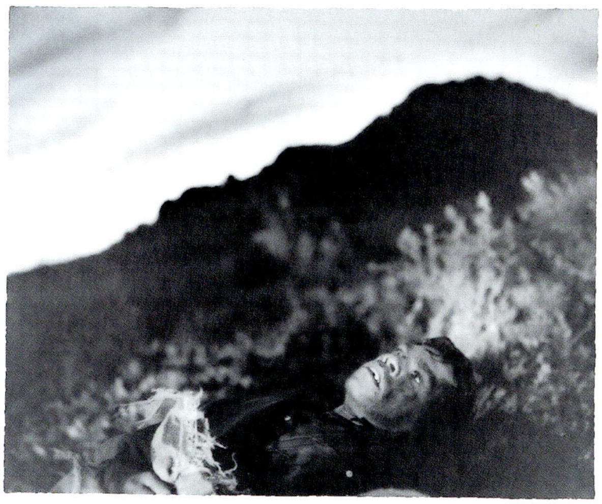

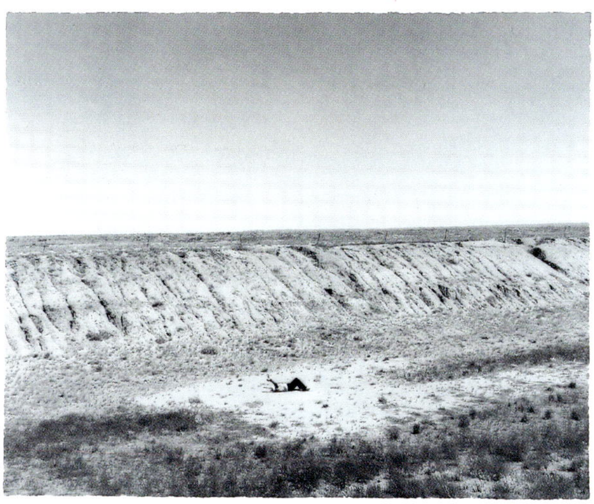

TRACEY MOFFATT, UP IN THE SKY, 1997, 20–25, series of 25 offset lithographs, 28½ x 40" each / HOCH AM HIMMEL, 20–25, Serie von 25 Offsetlithographien, je 72,4 x 101,6 cm.

den Blickes durcheinander bringt. Wenn nun UP IN THE SKY aus der Warte einer Fremden im Innern gestaltet ist – der Künstlerin als auswärtiger Betrachterin in ihrem eigenen Territorium –, so unterscheidet es sich deutlich von demjenigen eines herkömmlichen Ethnographen. Moffatts Vision ist ein «Theater für niemand»[6], dessen Bilder weder ein Wissen über das «Andere» anbieten noch irgend jemanden in der Position des Wissenden zeigen; ihre unterschiedliche Struktur und die ganz verschiedenen Quellen entspringenden visuellen Stilrichtungen erzeugen keinen einheitlichen Blick. Vielmehr bedient sich UP IN THE SKY jener Andersartigkeit, die NIGHT CRIES noch als unaussprechlich darstellte, und lässt sie auf poetische, anhaltend verstörende Weise erneut zum Ausdruck kommen.

Die Dissimilation als Strategie funktioniert jedoch in dieser Photoserie auch auf einer anderen, zugleich kollektiven und individuellen psychokulturellen Ebene. Als Dis-Assimilation könnte sie als bildliche Rückgängigmachung einer fehlgeschlagenen soziokulturellen Integration verstanden werden. Klar wird, dass dieses Projekt für Moffatt untrennbar mit dem Prozess der Entwicklung einer individuellen Tochter-Mutter-Beziehung verbunden ist, bezieht sie sich doch auf die Tatsache, dass die Entwicklung des eigenen Ichs beim Mädchen, anders als beim Jungen, die schwierige Aufgabe erfordert, sich zugleich von der Mutter abzulösen und sich mit ihr zu identifizieren. Die Photoserie zeigt auf, in welchem Masse dieser Prozess durch die spezifischen soziokulturellen Gegebenheiten kompliziert wird.

UP IN THE SKY ist somit eine dissimilierende Saga einer randständigen Bevölkerungsgruppe, in der die Frage der Rasse in unvorhersehbaren Konstellationen in Erscheinung tritt. Sie stellt Vertrautes in Frage: das Bild einer Gemeinschaft, die sich den Familienmetaphern und ihrem ödipalen Würgegriff entzieht. Der Vater erscheint hier meist nur als Phantom, etwa in Gestalt jenes geisterhaften Wesens, das die schwangere Frau umarmt. Das dunkelhäutige Baby, das in der Serie eine zentrale Rolle spielt, wird vor allem in Beziehung zu Frauen gezeigt: seiner weissen Mutter, den drei Nonnen, den Wüstenamazonen. Zwei Aufnahmen des Babys hängen links und rechts neben dem Bild der Frauen, die dabei sind, die Autowracks auszuschlachten. Eine von ihnen reisst kräftig an einer Kette, als leiste sie die harte Ablösungsarbeit, in der die weibliche Identität stets gefangen bleibt. Diese Bilder deuten darauf hin, dass die Serie etwas zeigt, das weniger von der Mutter inspiriert als ihr abgerungen wurde. (Dementsprechend ist die Verfremdungsstrategie der Künstlerin eine Strategie der Ablösung von der Mutter und vom Mutterland Australien.)

Was die Künstlerin letztlich dissimiliert, ist ihre eigene Identität. Sich selbst als «Fremde im Innern» einzusetzen heisst nicht nur, den entfremdenden Blick der Aussenstehenden zu vermeiden, sondern auch, das privilegierte Auftreten der Insiderin, die eine politisch und kulturell «korrekte» Geschichte über Australien zusammenfabuliert, letztlich also: sich nicht in die Schublade der «Ethnokunst» stecken zu lassen. Moffatt ist eine sehr seltsame Insiderin, eine Bauchrednerin, die uns eine Geschichte über Australien erzählt, die wir nicht unbedingt erwarten würden (oder die nicht einmal als «australisch» erkennbar ist).

Auch Moffatts neustes Projekt für das Dia Center for the Arts ist aus dem Blickwinkel der «Fremden im Innern» entstanden: HEAVEN (Himmel, 1997) ist ein unverschämt komisches Video, in dem die Künstlerin mit der Kamera in der Hand männlichen Surfern nachjagt – dem virilen Inbegriff australischen Lebensgefühls schlechthin – und einen Blick auf ihre Geschlechtsteile zu erhaschen versucht, während sie sich umziehen. Dabei verstösst Moffatts Kamera keck gegen die geschlechtsspezifischen Hierarchien des Sehens und erobert den männlichen Körper schamlos als weibliches Lustobjekt zurück. Auch GUAPA (Gut aussehend, 1995) spielt mit dem geschlechtsspezifischen Blick, wenn auch in einer anderen Tonart – brutal und elegisch zugleich. Diese Photoserie zeigt herumstolpernde Roller-Derby-Divas, die sich heftig in die Haare geraten, wovon ihre zerkratzten Gesichter und zerrissenen Strümpfe zeugen. Die mit einem männlichen Balzruf betitelte Serie könnte man als aggressive Neukonfiguration des weiblichen Körpers verstehen, die diesen effektiv aus dem voyeuristischen Zugriff des potentiellen männlichen Zuschauers befreit. Die formale Inszenierung der brutalen Raufereien dieser Frauen – ihre Körper sind ineinander verkrallt, als schwebten sie im schwerelosen Raum der Kampfszenen auf römischen Sarkophagen oder Gemälden der Frührenaissance – weist jedoch auch auf ein anderes, reines Frauenthema. Was wir hier sehen, ist nicht, wie man glauben könnte, der Kampf einiger moderner Amazonen, sondern eher die in Zeitlupe abgespielte Sequenz eines Ultraschall-Traums, das Produkt einer intrauterinen Phantasie. Die abstrahierte und stilisierte Gewalt zwischen diesen Frauen mutet an wie das Echo einer anderen, archaischeren Gewalt, die in früheste Prozesse der physischen und psychischen Selbstdifferenzierung zurückreicht. Während ihre Angriffs- und Befreiungsversuche diese frühen fötalen Choreographien nachahmen, scheinen die rosa Nebel der Sehnsucht nach einem nicht mehr ausgeübten Frauensport mit der Erinnerung an die nährende Geborgenheit des Mutterschosses, dieses fast schon mythischen Schauplatzes der ersten Mutter-Tochter-Freuden und -Konflikte, zu verschmelzen.

GUAPA fordert daher dazu auf, die Beziehungen zwischen Frauen am Beispiel des imaginären Mutterschosses als Raum der aggressiven Dissimilation zu überdenken, und stellt die Gewalt als notwendigen Aspekt im Prozess der weiblichen – und wohl auch künstlerischen – Selbstdefinition dar. Wie jedoch das letzte Bild der Serie andeutet, ist am Ende des Kampfes kein Siegerkranz, sondern ein Verlust zu erwarten. Und es ist die visuelle Pracht und poetische Dichte, die Moffatt diesem Verlust verleiht, die ihre Kunst so faszinierend macht. Sie schlägt uns in Bann.

(Übersetzung: Irene Aeberli)

1) Nicolas Abraham und Maria Torok, «Notes on the Phantom», in: *The Shell and the Kernel*, Bd. 1, Chicago University Press, Chicago und London 1994, S. 171.

2) Gerald Matt, «Tracey Moffatt, Interview», in: *Tracey Moffatt*, Ausstellungskatalog, Kunsthalle Wien 1998, S. 17.

3) Ich beziehe mich auf Freuds Geschichte des «Fort-da», ein Spiel, durch das ein Kind das Weggehen der Mutter darzustellen und zu verarbeiten versucht.

4) Abraham, S. 173.

5) Abraham ist der Meinung, dass die Entstehung eines Phantoms, gerade weil der Grund nicht in der betroffenen Person selbst liegt, «den Eindruck surrealistischer geistiger Höhenflüge hervorruft». Ebenda.

6) Die Künstlerin verwendete diesen Ausdruck im Gespräch mit der Autorin.

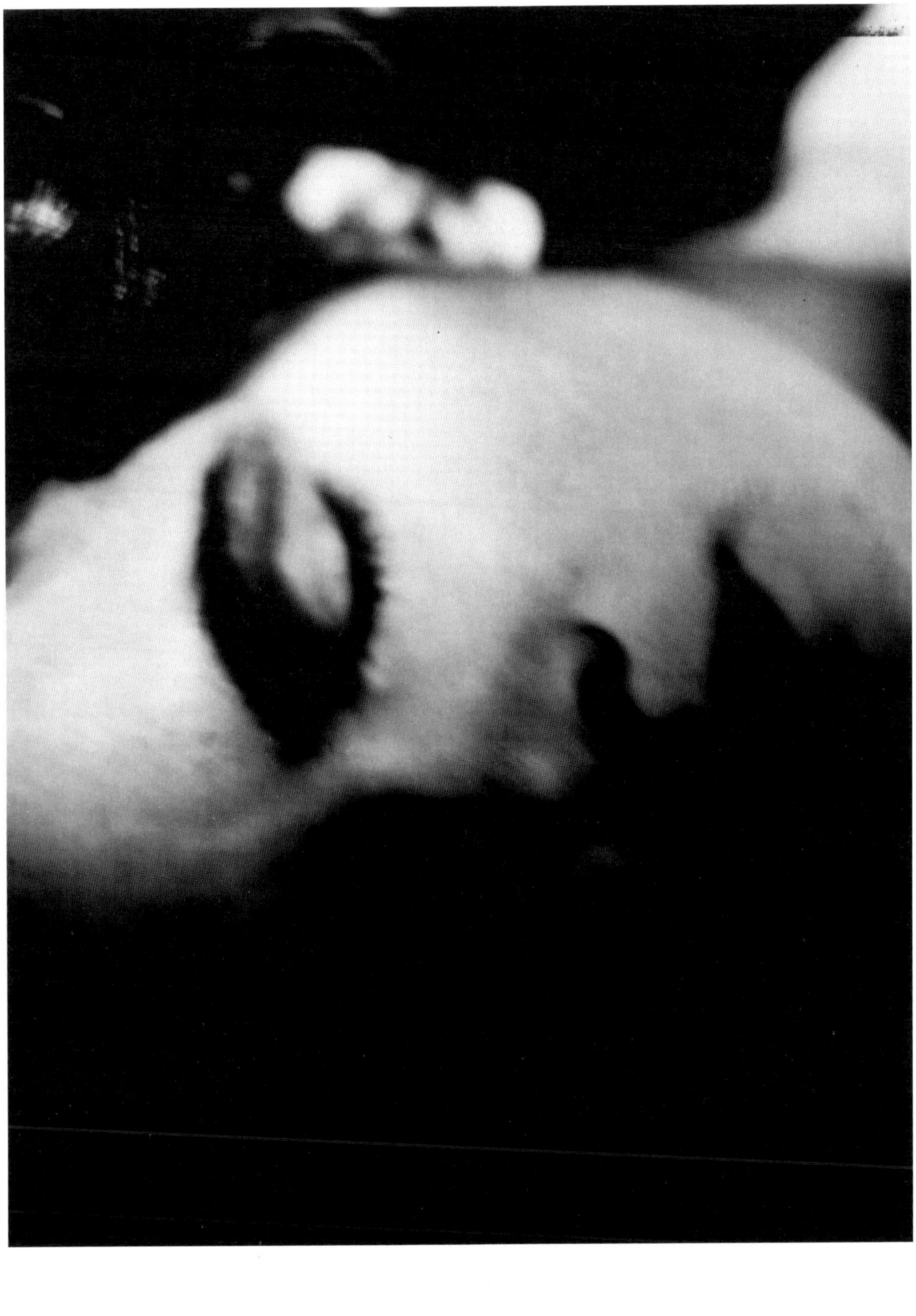

TRACEY MOFFATT, PET THANG, 1991, series of 6 color photographs, 43½ x 28" each /
SCHOSSLAMM, Serie von 6 Farbphotographien, je 110,5 x 71,1 cm.

Edition for Parkett

Tracey Moffatt

From the "UP IN THE SKY" Photo Series, 1997

Four-color offset lithograph, $17\,^1/_8$ x 21",
on archival book design paper, 20 x 27"
Printed by Link Printing, Sydney, Australia
Edition of 60, signed and numbered

Aus der Photoserie «UP IN THE SKY», 1997

Vierfarbige Offsetlithographie, 43,5 x 53,5 cm,
auf lichtbeständigem Papier, 50,9 x 68,5 cm
Auflage: 60, signiert und nummeriert

(PHOTO: MANCIA/BODMER)

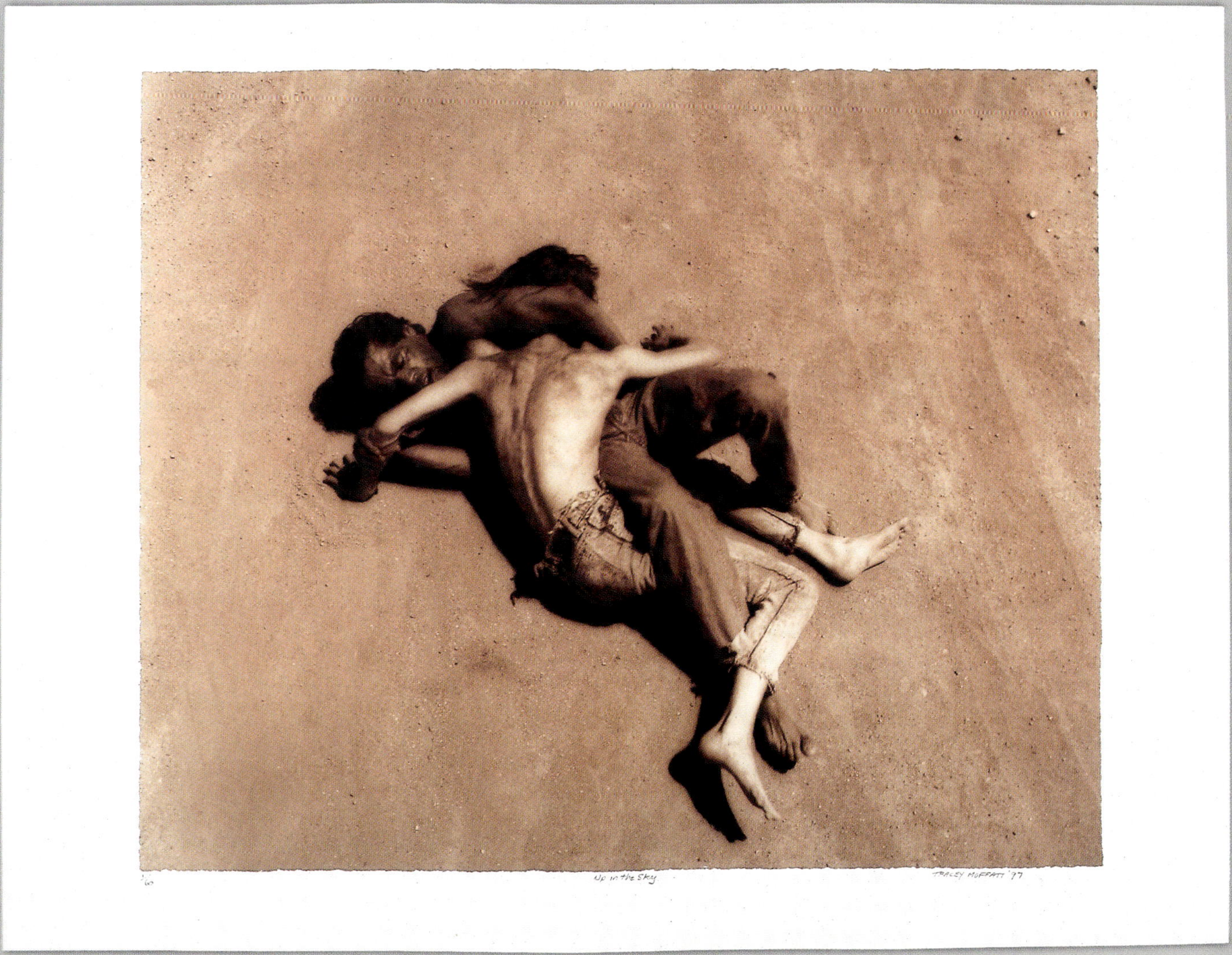
Up in the Sky
TRACEY MOFFATT '97

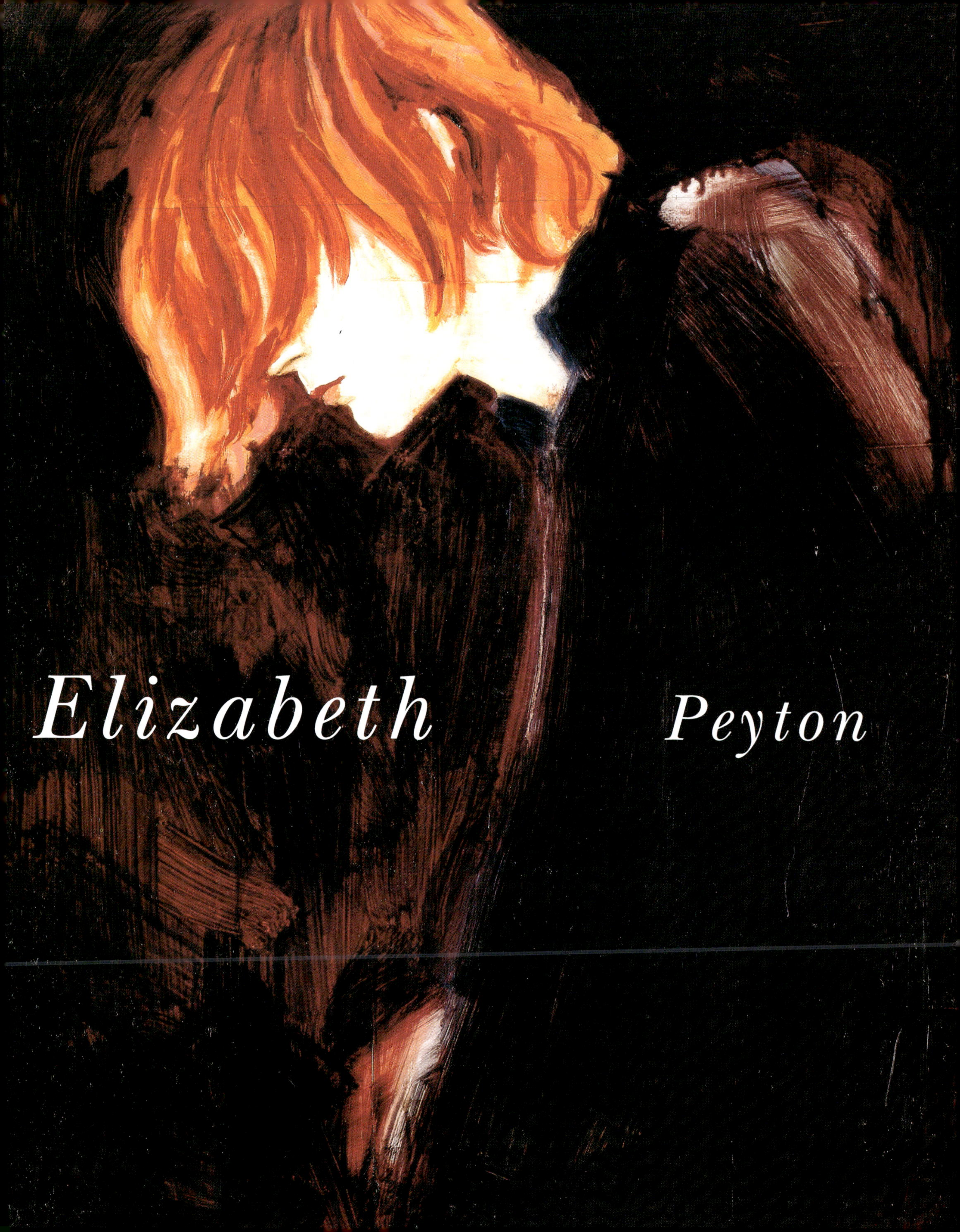

Elizabeth Peyton

An Interview with a Painter

LINDA PILGRIM

Linda Pilgrim: How do you define portraiture?

Elizabeth Peyton: It's always all about the person; making them there, making them look the best they can, and saving them forever.

LP: What do you mean by "making them there?"

EP: In every person there is a unity of form but it is not one that is determined by lines and color. Instead, it's their spirit and gestures which inform the lines and colors. When painting Craig (Wadlin), for example, I find that I have to watch and wait for this. This process is like World Cup Soccer; in any one game, all of the players are technically amazing athletes but to score goals, to win, something else has to happen—and that has to do with spirit: the overwhelming need to do more than is possible, where you can react to chance and see the possibility for that split second. Once it passes, it's over. The chance is over. The other thing about scoring goals is that you have to want it more than anything else at that moment.

LP: Craig is someone you know. Why are you also attracted to painting famous artistic figures like Oscar Wilde and Lord Alfred Douglas, David Hockney, Jarvis Cocker from Pulp and Liam and Noel Gallagher from Oasis?

EP: Oscar Wilde offered me some kind of hope. I saw some Masterpiece Theater episodes, a mini-series on Lily Langtry, when I was fourteen and that was the first thing that gave me the idea of what Europe might be like, with painters and writers and socialites having all those cocktail parties. Oscar Wilde would just enter a room and say something really beautiful, and then walk out. It was so exciting to think that not only did this person live but that he tried to live another kind of life, and was really famous.

These are all people who I have made part of my daily life. I read about them or listen to their music for pleasure. I look for books about them, but I'm not even thinking about work at that point. Then I see a particular image of them and I really want to make pictures of them. And then I do it. It's very seamless. Life and work are not so separated. You know that excitement when you're walking down the street and you see someone who attracts you? Suddenly, just for a second, all possibilities are open.

LP: In *The Painter of Modern Life,* Charles Baudelaire describes dandies as "those who make a cult out of their emotions." Does this describe how you relate to your subjects?

EP: One of the things that really connected me to Lord Alfred Douglas is that for him love was war against mediocrity. Everything near him was important and special and meaningful. He wanted to be near special kinds of things and certain kinds of people and read particular books and all that stuff. I love that idea.

LP: So what is it that draws you to your subjects?

EP: A lot of things. There's something I sometimes see in people that I get very excited about, that I want to keep. I'm always feeling that time is passing. For example, I wanted to paint Craig in the state he's

LINDA PILGRIM is Assistant Editor for *Parkett* New York.

in right now. He's not always going to look the same, although he'll probably still be beautiful. There are certain times in people's lives, when they're going through something extreme, that they have a kind of intense beauty that passes. And it's tragic. So I want to keep those moments.

LP: And is this how you activate color? To convey this intensity?

EP: It's hard for me to separate things like that from the rest of the picture. I don't think about it so much really. Usually, the colors are suggested somewhat by reality or at least some picture in my head.

LP: What other elements do you look for in the people you choose to paint?

EP: I'm interested in their relationship to themselves, how they are what they do. How did they become what they are? What did they choose to do? How do they pursue what they want to do so willfully, where other people don't? How they dress themselves and handle themselves in the world all becomes part of it.

LP: You must be conscious that you happen to paint mostly men, especially androgynous, sensitive, or narcissistic men—like artists and musicians.

EP: I really think that is more a topic for writers to think about—"What does it mean that Elizabeth Peyton hardly paints women? Is it because women's beauty has already been over-represented and reinvented again and again by the media?" But it's really not for me to say what this might mean socially.

LP: But you are intrinsically reversing the traditional role of the painter and the painter's model.

EP: I've never been clever enough to be thoughtful that way, in terms of "I did this because of that." I'm pretty lazy. It's often assumed that I should paint women and I should paint a variety of people as if I'm some sort of scientist, but it's my choice. And, at the end of the day, who cares? It's not going to make a difference to what I do and it can't really take away from the beauty of the pictures.

LP: What does beauty mean to you?

EP: Love.

LP: Beauty equals love?

EP: Yes, in a way. The infinite possibilities of life.

LP: Do you see yourself as being influenced by Andy Warhol?

ELIZABETH PEYTON,
OSCAR WILDE & LORD ALFRED DOUGLAS, 1998,
colored pencil on paper, 11¾ x 9" /
Farbstift auf Papier, 29,8 x 22,9 cm.

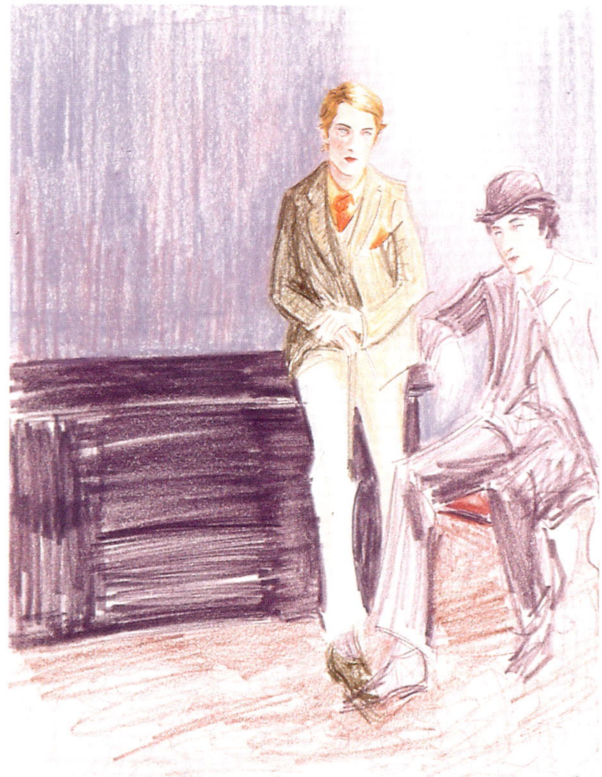

EP: Very.

LP: What does that mean today?

EP: Well, nobody else has really had such a big effect—not just on me, but on everyone. Warhol just gives me so much hope about how you can make your art. He was just getting into it when he was forty-something and that's exciting because so few people seem to make their best work when they are older. That this one person created such a big world makes me feel so tiny, but I still kind of aspire to being able to affect my culture in some way.

I'm interested in the fact that Warhol wasn't really as much a part of the art world as a part of the world. I think that's what's really missing in the art world around me. It's so obscure. Fifteen-year-old kids who need a lot of hope get it from music

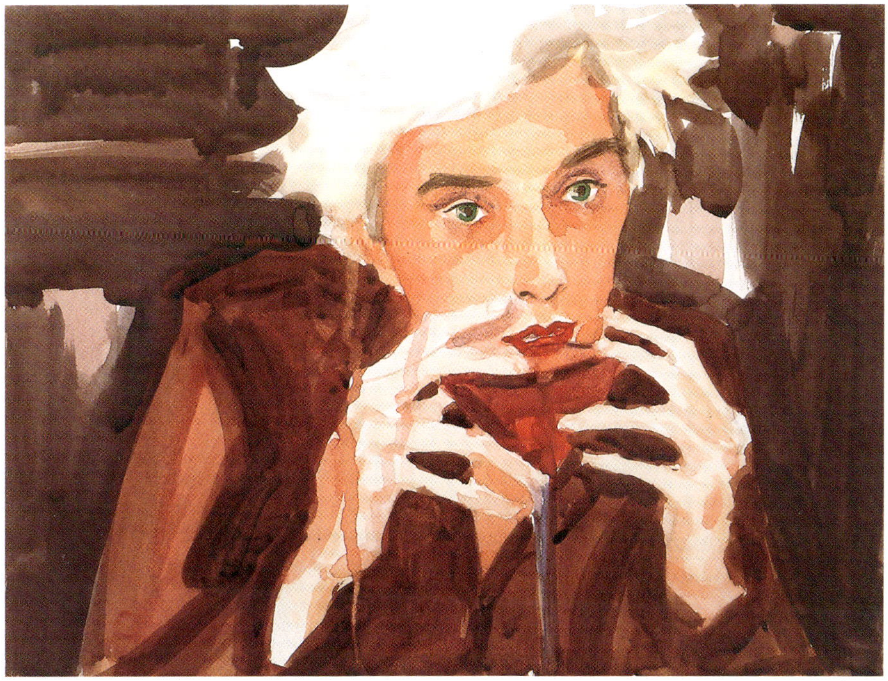

ELIZABETH PEYTON, CRAIG, 1996,
watercolor on paper, 9 x 12" / Aquarell auf Papier, 22,9 x 30,5 cm.

because it's so much more there for them, in the media, magazines, movies, and so on. I think art can give people the same things but more, but it's so hard for people to get into it. First, they don't have access to it. It's alienating. It's obscured by a lot of things that have nothing to do with human experience.

LP: Is this why you choose to paint famous historical figures and pop icons? To create this accessibility?

EP: I think everybody can relate to looking at the expression of one's fascination or curiosity about someone else, or their desire to preserve them. These are human impulses. This is what is missing in a lot of art now. All really great art has to be of its time—fashionable—and outside of its time—timeless.

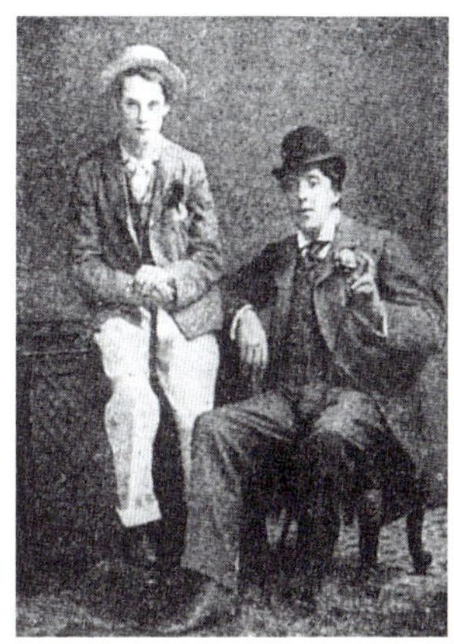

Oscar Wilde and Bosie.
(PHOTO BY GILLMAN & CO, FROM / AUS: MERLIN HOLLAND, THE WILDE ALBUM, FOURTH ESTATE, LONDON)

Interview mit einer

LINDA PILGRIM

Linda Pilgrim: Wie definierst du Porträtmalerei?

Elizabeth Peyton: Im Mittelpunkt steht immer die Person, man muss ihr Präsenz verleihen, sie so gut wie möglich aussehen lassen und sie so für immer festhalten.

LP: Was verstehst du unter «Präsenz verleihen»?

EP: Jede Person besitzt etwas formal Einheitliches, das aber nicht durch Linien und Farbe bestimmt wird. Es sind vielmehr ihr Geist und ihre Gestik, aus denen die Linien und Farben abzuleiten sind. Wenn ich zum Beispiel ein Bild von Craig Wadlin male, wird mir bewusst, dass ich darauf achten, darauf warten muss. Der Prozess ist vergleichbar mit den Fussballweltmeisterschaften. Die Spieler sind ohne Ausnahme unglaublich gut trainierte Athleten, um aber Tore zu schiessen, um zu gewinnen, muss noch was anderes hinzukommen – etwas Geistiges, das überwältigende Bedürfnis mehr als das Mögliche zu leisten; man wird sich auf die kleinste Chance stürzen und im Bruchteil einer Sekunde erkennen, was machbar ist. Hat man eine Chance verpasst, dann war's das auch, sie wird sich nicht wieder bieten. Die andere Voraussetzung zum Toreschiessen ist, dass man in diesem Augenblick nur das und nichts anderes will.

LP: Craig stammt aus deinem Bekanntenkreis. Aber woher diese Vorliebe für so berühmte Künstler wie Oscar Wilde und Lord Alfred Douglas, David Hockney, Jarvis Cocker von Pulp und Noel Gallagher von Oasis?

EP: Oscar Wilde liess mich gewissermassen neue Hoffnung schöpfen. Mit vierzehn sah ich ein paar Folgen des Masterpiece Theater, eine Mini-Serie über Lily Langtry, und das vermittelte mir zum ersten Mal eine Vorstellung von Europa, Europa mit seinen Malern, Schriftstellern, seiner Schickeria und ihren Cocktailpartys. Da konnte zum Beispiel Oscar Wilde den Raum betreten, etwas wirklich Brillantes von sich geben und wieder verschwinden. Allein der Gedanke, dass dieser Mensch nicht nur wirklich gelebt hat, sondern auch versuchte sein Leben anders zu leben und dabei so berühmt wurde, versetzte mich in helle Aufregung.

Alle diese Menschen gehören mittlerweile zu meinem Alltag. Aus reinem Vergnügen lese ich über sie oder höre mir ihre Musik an. Ich suche nach Büchern über sie, ohne dabei überhaupt an meine Arbeit zu denken. Das vermittelt mir ein bestimmtes Bild von ihnen und ich bekomme wirklich Lust sie zu malen. Und dann mach ich mich an die Arbeit. Alles geht nahtlos ineinander über. Leben und Arbeit unterscheiden sich gar nicht so sehr. Du kennst dieses plötzliche Herzklopfen, wenn man eine Strasse entlanggeht und plötzlich jemanden sieht, der einem gefällt? Plötzlich, nur eine Sekunde lang, ist alles möglich.

LP: In *Le peintre de la vie moderne* beschreibt Charles Baudelaire Dandys als «Leute, welche aus der Pflege ihrer Leidenschaften einen Kult machen». Erklärt dies, was dich mit deinen Modellen verbindet?

EP: Was mich für Lord Alfred Douglas wirklich eingenommen hat, ist, dass Liebe für ihn ein Kampf gegen das Mittelmass war. Alles um ihn herum war wichtig und aussergewöhnlich und bedeutungsvoll. Er wollte sich mit besonderen Dingen umgeben, nur mit gewissen Leuten verkehren und auch nur bestimmte Bücher lesen und so weiter. Ich finde das grossartig.

LP: Was fasziniert dich an deinen Objekten?

EP: Eine Menge. Manchmal entdecke ich etwas in den Menschen, was mich unwiderstehlich anzieht, was ich festhalten möchte. Mir ist immer bewusst, dass die Zeit vergeht. Zum Beispiel wollte ich Craig in der Verfassung malen, in der er jetzt gerade ist. Er

---

LINDA PILGRIM ist redaktionelle Mitarbeiterin von *Parkett* in New York.

Malerin

wird sich verändern, auch wenn er immer noch gut aussehen wird. Im Leben jedes Menschen gibt es bestimmte Phasen, in denen er etwas Extremes durchlebt; das verleiht ihm eine Art gesteigerter Schönheit, die wieder vergeht. Und es hat etwas Tragisches. Solche Momente möchte ich festhalten.

LP: Und da bringst du die Farbe ins Spiel? Um diese Intensität zu vermitteln?

EP: Ich finde es schwierig, einzelne Dinge vom Rest des Bildes zu trennen. Ich zerbrech mir eigentlich nicht so sehr den Kopf darüber. Gewöhnlich ergeben sich die Farben aus der Realität oder zumindest aus einem Bild in meinem Kopf.

LP: Was sonst müssen Leute, die du malen willst, an sich haben?

EP: Mich interessiert die Beziehung, die sie zu ihrer eigenen Person haben, wie sie das verkörpern, was sie tun. Wie wurden sie zu dem, was sie sind? Für welche Tätigkeit haben sie sich entschieden? Wie kommt es, dass sie so hartnäckig am Ball bleiben, während andere aufgeben. Wie sie sich kleiden und in der Welt bewegen, all das nehme ich mit hinein.

LP: Dir ist bestimmt bewusst, dass du vor allem Männer malst und besonders die androgynen, empfindsamen oder narzisstischen – wie bildende Künstler und Musiker.

EP: Ich denke, das ist eher ein Thema für die Kritiker – «Wie lässt es sich erklären, dass Elizabeth Peyton kaum je Frauen malt? Ist es, weil weibliche Schönheit schon zum Überdruss dargestellt und von den Medien immer wieder neu erfunden wird?» Es ist wirklich nicht meine Sache zu erklären, welche gesellschaftliche Relevanz das hat.

LP: Im Grunde vertauschst du aber die traditionellen Rollen von Maler und Modell.

EP: Ich war noch nie in der Lage, Argumente wie «Und das hab ich aus diesem Grund gemacht» zu entwickeln. Ich bin eher faul. Man sagt oft, dass ich eigentlich Frauen malen sollte und dass ich ein ganzes Spektrum von Menschen malen sollte, als wäre ich Wissenschaftlerin, dabei ist das meine ganz persönliche Entscheidung. Und wen kümmert's am Ende? Es ändert nichts an dem, was ich tue, und kann der Schönheit der Bilder nichts anhaben.

LP: Was bedeutet Schönheit für dich?

EP: Liebe.

LP: Ist Schönheit gleich Liebe?

EP: Ja, irgendwie schon. Leben mit all seinen Möglichkeiten.

LP: Siehst du in deinem Werk den Einfluss von Andy Warhol?

EP: Ja, unbedingt.

LP: Was heisst das heutzutage?

EP: Man kann mit Recht behaupten, dass niemand eine so grosse Wirkung gehabt hat wie er – nicht nur auf mich, auf alle. Warhol lässt mich immer wieder an die Machbarkeit von Kunst glauben. Er war Anfang vierzig, als er richtig damit anfing, und das ist einfach grossartig, weil so wenige Künstler im Alter den Höhepunkt ihres Schaffens erreichen. Wenn ich denke, dass dieser eine Mensch eine so grosse Welt geschaffen hat, fühle ich mich ganz klein, trotzdem möchte auch ich auf unsere Kultur ein Stück weit einwirken können. Interessant finde ich, dass Warhol weniger in der Kunstwelt als in der Welt lebte. Und das fehlt meiner Meinung nach wirklich in der Kunstwelt um mich herum. Sie ist ein so enger, geschlossener Kreis. Fünfzehnjährige, für die Hoffnung etwas ganz Wichtiges ist, beziehen sie aus der Musik, denn die ist für sie viel präsenter und leichter greifbar, in den Medien, den Magazinen, im Kino und so weiter. Ich bin überzeugt, Kunst könnte ihnen dasselbe bieten, wenn nicht mehr, aber sie ist so schwer zugänglich. Sie stösst die Leute vor den Kopf. Und sie ist durch so viele Dinge verstellt, die mit der allgemeinen menschlichen Erfahrung überhaupt nichts zu tun haben.

LP: Malst du deshalb berühmte historische Persönlichkeiten und Pop-Ikonen? Um einen Zugang zu ermöglichen?

EP: Ich glaube, es ist für jeden interessant zu sehen, was einen an einer Person fasziniert oder neugierig macht oder veranlasst sie im Bild festzuhalten. Das sind normale, menschliche Regungen. Heutzutage fehlen sie häufig in der Kunst. Wirklich grosse Kunst muss ihrer Zeit angehören und ausserhalb ihrer Zeit stehen – zeitgemäss und zeitlos sein.

(Übersetzung: Uta Goridis)

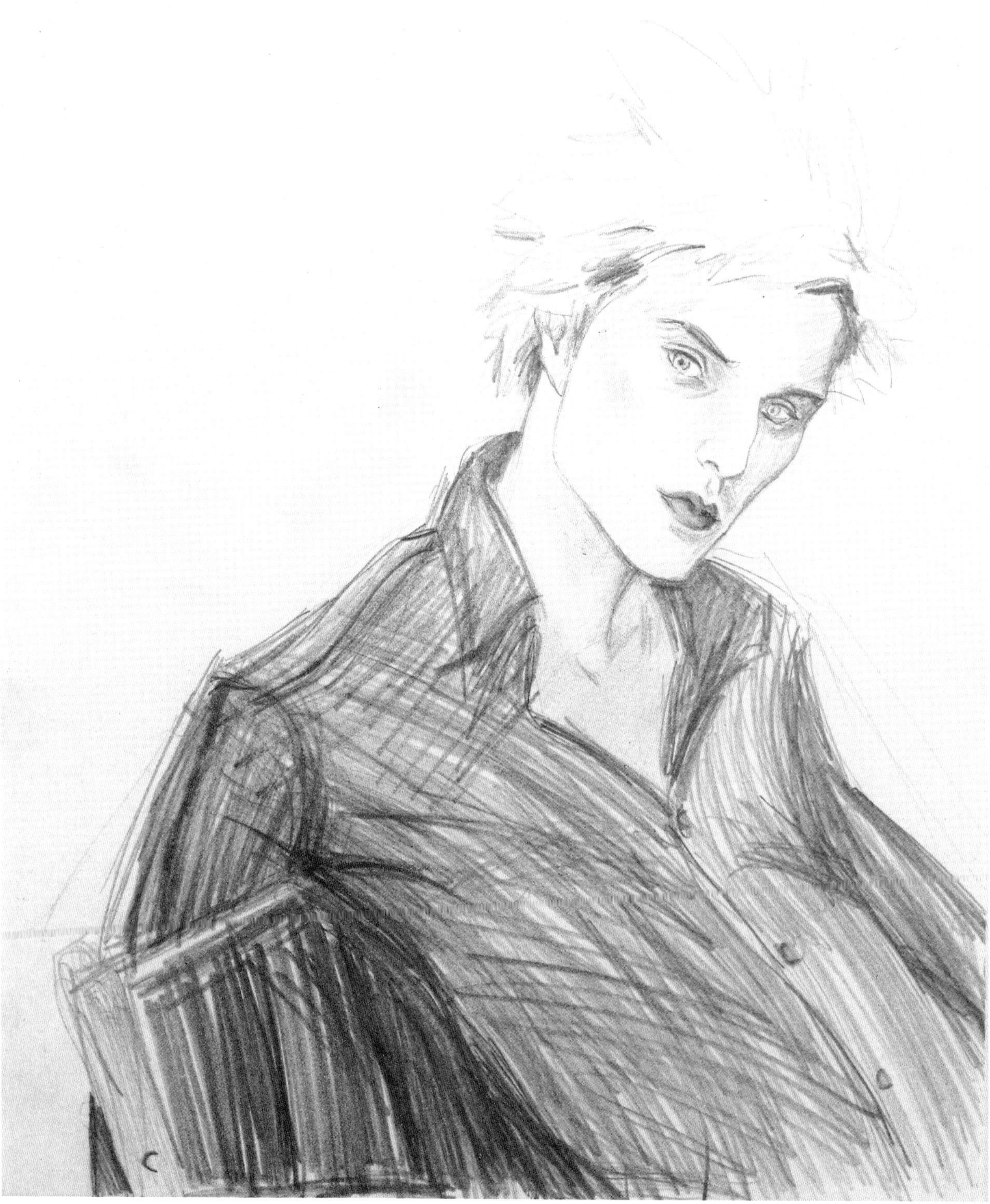

ELIZABETH PEYTON, CRAIG, 1996, pencil on paper, 12 x 9" / Bleistift auf Papier, 30,5 x 22,9 cm.

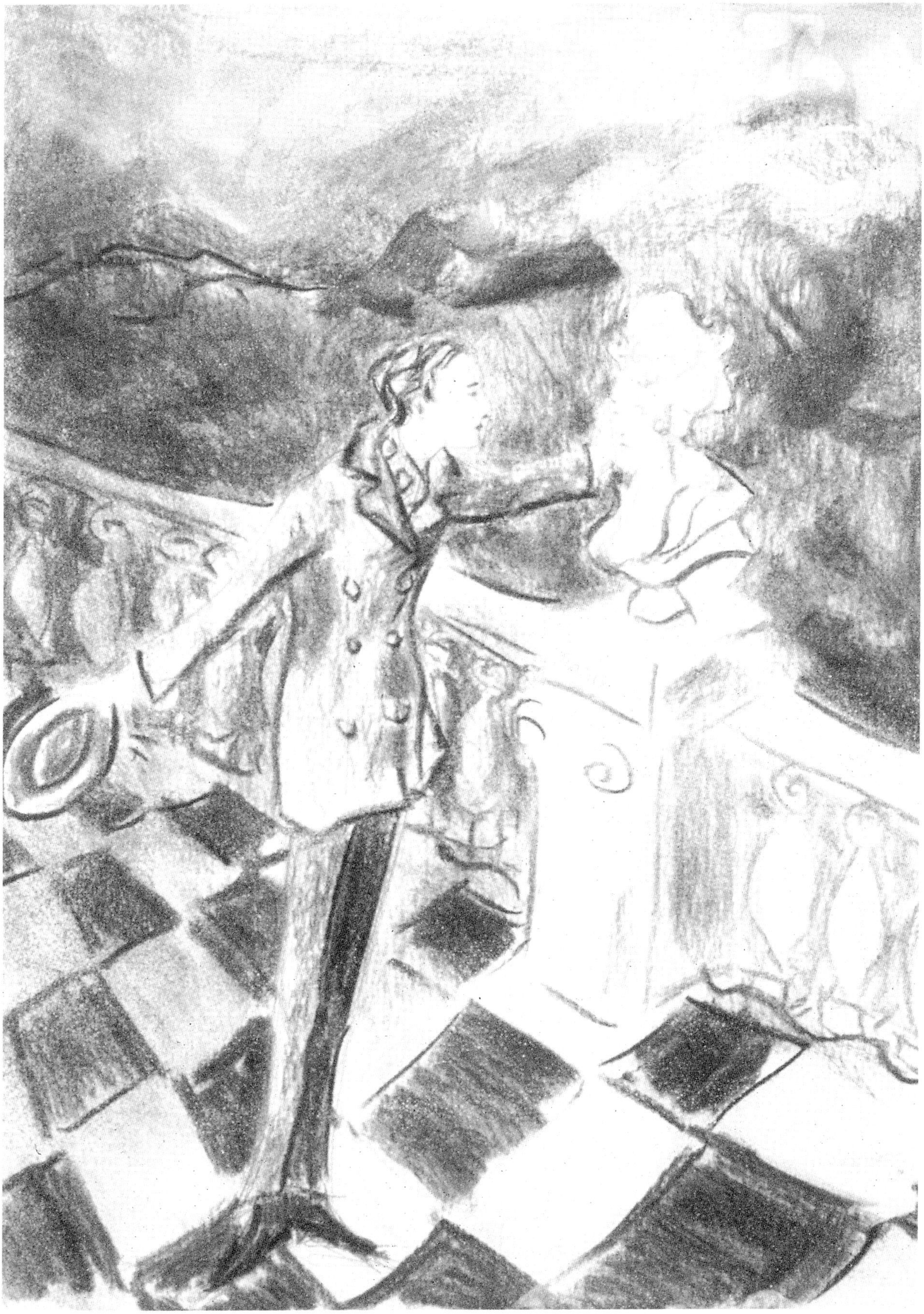

ELIZABETH PEYTON, LUDWIG II WITH / MIT MARIE ANTOINETTE, 1992, charcoal on paper, 14 x 11" Kohle auf Papier, 35,6 x 27,9 cm.

DAVID RIMANELLI

Unhappy Kings

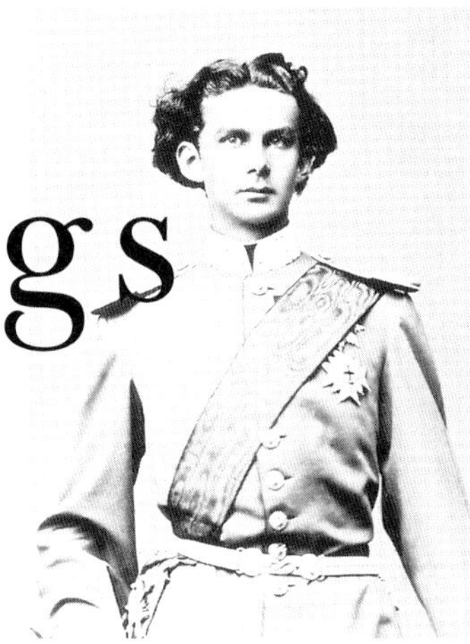

Ludwig II at the age of 19 / im Alter von 19 Jahren, 1864. (FROM/AUS: WILFRED BLUNT, THE DREAM KING)

I wanted to start to think about the nature of fantasy in Elizabeth Peyton's work: her fantasies as I imagined them, but especially my own. It seems as though some of our fantasies even intersect, on the level of simple subject matter if not that of pure feeling. We both are drawn to the phantasmagoria of royalty. I remember the surprised pleasure that came over me when quite by chance, in another artist's studio, I saw her portrait of Ludwig II of Bavaria. As in so many of Peyton's pictures, this portrait had the intimate quality of a miniature, although it measured seventeen by thirteen inches. I can only guess at what this kind of imagery means to Peyton (in her art, maybe I can; in her life, not at all). So I had to look inside, backward, to my own childhood, to those exaltations and perversions of a febrile child's brain just as he was breaking upon the first sieges of adolescence.

Elizabeth—I feel like calling her by her Christian name, and why not? I am acquainted with her personally—Elizabeth has painted or drawn several images depicting the last Bavarian king, Mad King Ludwig, at various stages in his brilliant and tragic history. My god, I thought, I only hear the music of Oasis when I'm absentmindedly tuning in to MTV; I own a Pulp CD but I almost never listen to it. But I felt, too, that Ludwig II was my personal imaginary property. I had to think back; Where did this dream begin? I prevailed upon my mother or my grandmother to purchase for me an elaborate coffee-table book dedicated to lavish photography of empty palaces and those historical anecdotes which more or less fit them. There was one palace in here, Herrenchiemsee, which particularly exercised me. This was Ludwig's attempt to recreate, on a somewhat more modest scale but with no expenses spared for the luxury of the retro-baroque appointments, the château of Versailles. Not only the magnificent looniness of trying to remake one's own mini-Versailles, but also other aspects of the careless and spendthrift and embarrassing and poetic monarch appealed to me: references in the ancillary notes to the obscure and suspect circumstances of his death, and certain other proclivities, tendencies. This book was modest so I will be too, but you know precisely what I mean.

Fast-forward two years: I went on an extravagant trip to Europe with my mother and my grandmother—my grandmother paid for everything—my first European sojourn. We stopped in Paris, and made day trips to Fontainebleau and Versailles. For many years, I attributed—not entirely facetiously—my inevitable conversion to homosexuality to these ostensibly educational tours. Of course, soon after the book containing pictures of Herrenchiemsee entered my library, so did a deluxe volume on Versailles itself: My actual promenade had been prepared hundreds of times in my daydreams. I walked down the length of the Galerie des Glaces, from the

---

DAVID RIMANELLI is a contributing editor of *Artforum* and is the author of the forthcoming book *Swingers: Art in the Age of Suspicion* (Thames & Hudson).

ELIZABETH PEYTON, QUEEN ELIZABETH AT "KING AND QUEENS," 1994, ink on paper / KÖNIGIN ELISABETH VOR «KÖNIG UND KÖNIGINNEN», Tusche auf Papier.

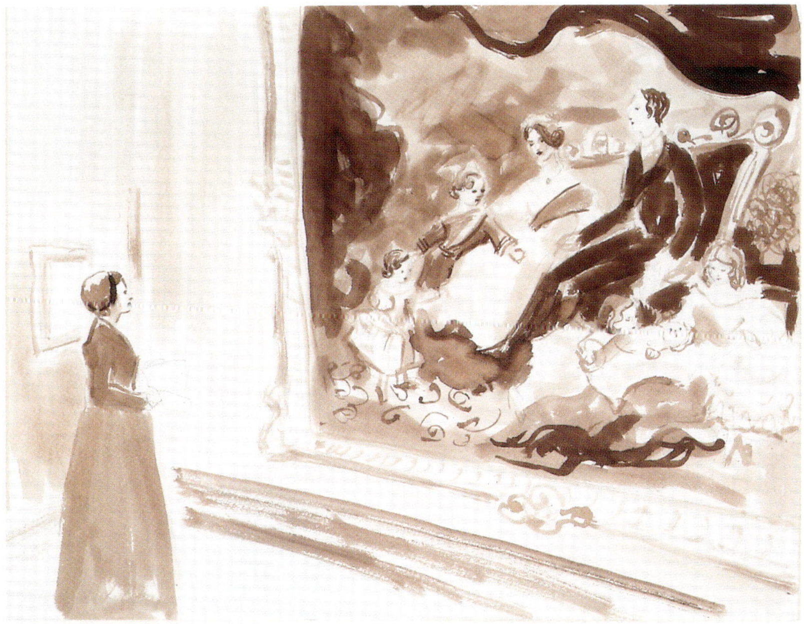

Salon de la Guerre to the Salon de la Paix and back again, dreaming myself as Saint-Simon, Colbert, Mme de Lafayette, Mme de Montespan, or even Marie Antoinette's supposed lover, Count Fersen. I was already on a rollercoaster ride of delusion from which I've never escaped.

Right now I am thirty-five years old. I live in the Chelsea neighborhood of Manhattan, an enclave much favored by homosexual men, and especially favored by those splendidly, or weirdly, muscled stud-moppet queens my friends and I refer to as "thumpers." The sexuality insistently radiating from these creatures, whether authentic and delicious or contrived and repulsive, renders the air of my neighborhood ofttimes unbreathable for me. So I march down Eighth Avenue, this Champs Elysées of gay maleness in the northeast, and I try to block the exhausting, and sometimes not altogether convincing, siren calls of the thumpers by imagining that once again I am parading the length of the mirror hall.

I looked through my library trying to find references to Ludwig, but was disappointed by the parsimony of mentions. Gordon Craig alludes to him in passing; Hajo Holburn in his comprehensive three volumes of modern German history refers to him a few times, but only in connection with the most dryly factual, historical data. But I know anyway: That Ludwig was dedicated to art and music; that these unwise passions led him to build several crazy castles and palaces (Herrenchiemsee, Neuschwanstein, Linderhof) and also to build Wagner's theater in Bayreuth. Ludwig was Wagner's greatest patron, of course, and the composer bilked the Bavarian king and his treasury of everything he possibly could. (He also composed *Tristan und Isolde* and *Parsifal*, so maybe we should let him off the hook.) We also know that Ludwig was devoted to his cousin, Elisabeth, the future wife of Franz Josef II, and Empress of Austria-Hungary. She herself met a tragic end, assassinated by an anarchist at Lake Geneva. Ludwig became increasingly erratic in his behavior as his reign wore on; cooler heads worried. When those heads prevailed, they quietly put the king away. Some claim he was murdered by the orders of his own conspiring ministers.

ELIZABETH PEYTON, PRINCE HARRY, 1997, watercolor on paper, 11 x 8½" / PRINZ HARRY, Aquarell auf Papier, 27,9 x 21,6 cm.

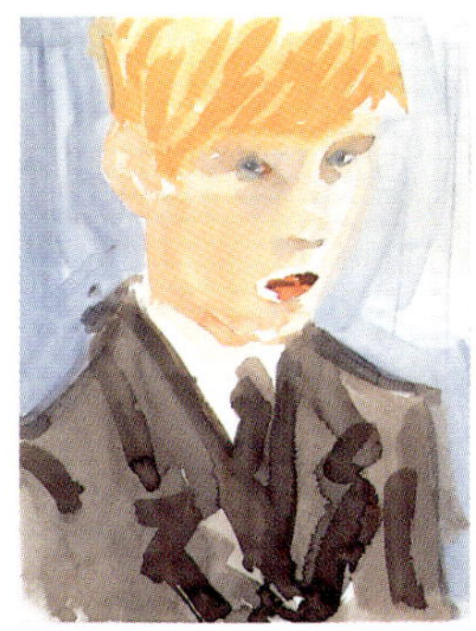

There is a beautiful charcoal-on-paper drawing by Elizabeth depicting Ludwig standing in his box at the Residenz Theater. His arms are crossed over his chest, and a faint, ambiguous, rather fey smile plays across his lips. Looking at Elizabeth's picture, I will myself into it: I am Ludwig surveying my works, listening to opening bars of... what was it?—*Tristan, Parsifal, Rheingold,* one of those, yes? I have the temerity of imagining that Elizabeth has painted not Ludwig's portrait alone but also my own.

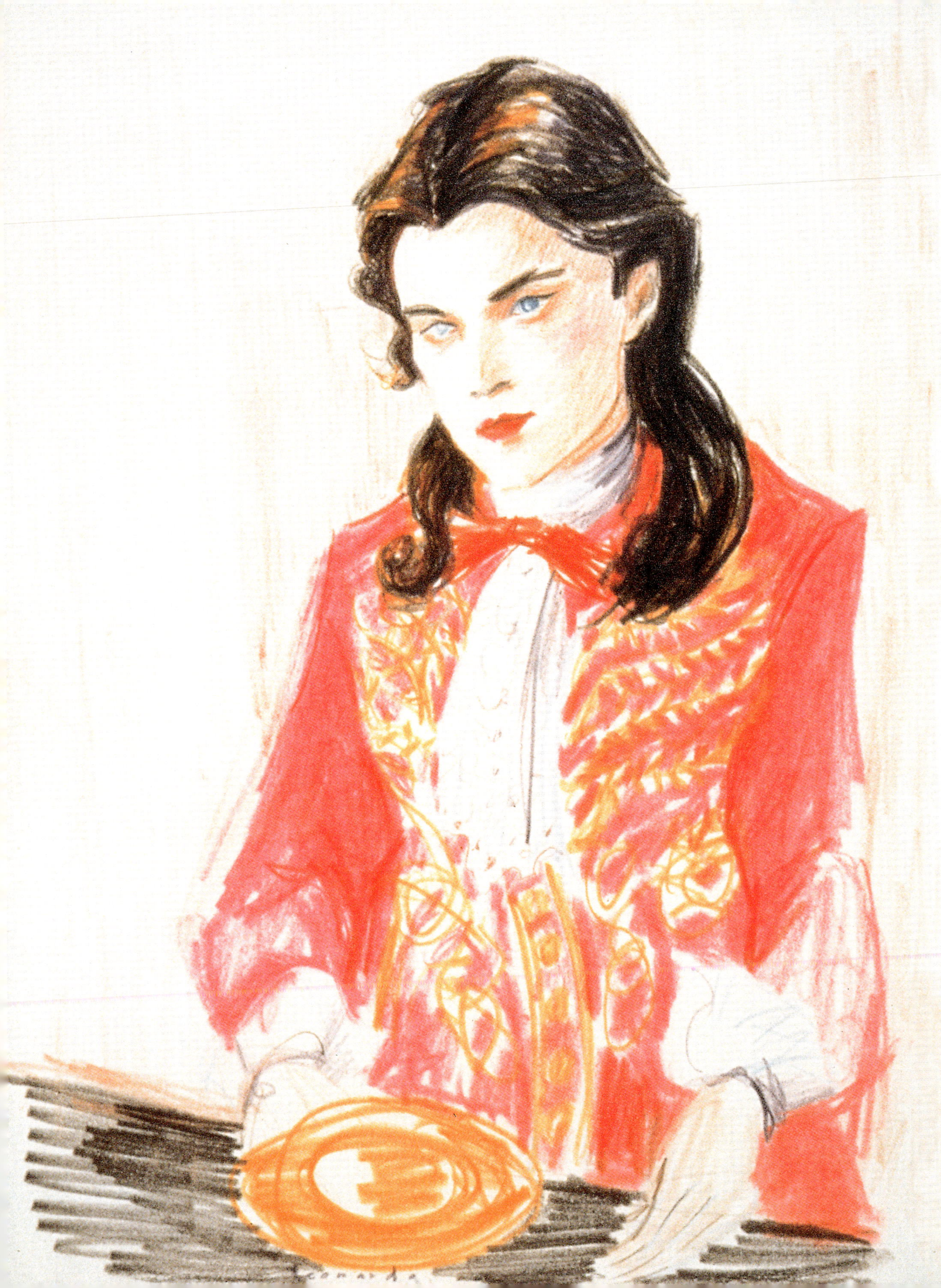

ELIZABETH PEYTON, LEONARDO DI CAPRIO AS LOUIS XIV, 1998, *colored pencil on paper, 8 x 6"* / LEONARDO DI CAPRIO ALS LUDWIG XIV., *Farbstift auf Papier, 20,32 x 15,2 cm.*

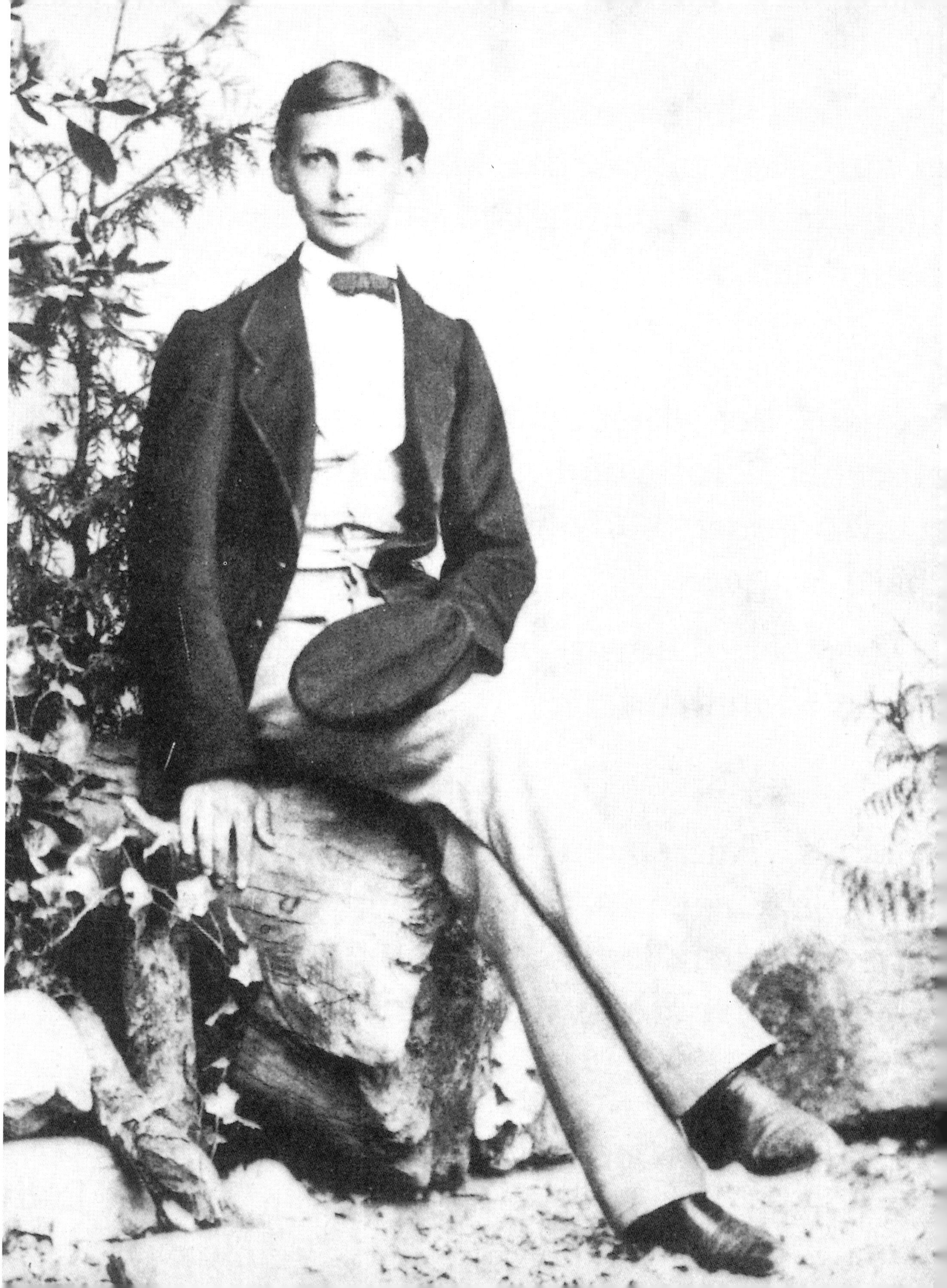

Ludwig II at the age of 16 / im Alter von 16 Jahren, 1861. (FROM/AUS: WILFRED BLUNT, THE DREAM KING)

Unglückliche Könige

DAVID RIMANELLI

Ich möchte auf die besondere Phantasie in Elizabeth Peytons Werk eingehen: auf ihre Phantasien, wie ich sie mir vorstelle, aber vor allem auch auf meine eigenen. Manche unserer Phantasien scheinen sich auf einer inhaltlichen, vielleicht sogar rein gefühlsmässigen Ebene zu überschneiden. So üben etwa königliche Hoheiten auf uns beide einen unwiderstehlichen Zauber aus. Ich erinnere mich an die angenehme Überraschung, die ich empfand, als ich zufällig im Atelier eines anderen Künstlers Peytons Porträt des Bayernkönigs Ludwig II. entdeckte. Wie viele ihrer Bilder besitzt auch dieses die intime Qualität einer Miniatur, obwohl es 43 x 33 cm misst. Ich kann nur vermuten, was diese Art der Darstellung für Peyton bedeutet (nur was ihre Kunst, nicht was ihr Leben angeht). Also musste ich den Blick nach innen wenden, zurück in die eigene Kindheit, zu jenen Überschwänglichkeiten und Perversionen, die dem Fieberhirn eines von den ersten Pubertätsschüben heimgesuchten Jungen entspringen.

Elizabeth – ich möchte sie beim Vornamen nennen, und warum auch nicht, wo ich sie doch persönlich kenne? – Elizabeth also, hat den letzten bayrischen König, den «wahnsinnigen König Ludwig», in unterschiedlichen Phasen seines glanzvollen und tragischen Lebens gezeichnet oder gemalt. Mein Gott, dachte ich, die Musik von Oasis höre ich nur, wenn ich zufällig MTV eingeschaltet habe; eine Pulp-CD besitze ich zwar, höre sie mir aber nur ganz selten an. Und doch spürte ich, dass Ludwig II. ein fester Bestandteil meiner eigenen Traumwelt war. Ich musste zurückdenken: Wo hatte dieser Traum begonnen? Ich hatte meine Mutter oder Grossmutter überredet, mir einen dieser Prachtbände zu kaufen, die in verschwenderischer Fülle Abbildungen von leeren Palästen und mehr oder weniger dazu passende historische Anekdoten präsentierten. Einer dieser Paläste, Herrenchiemsee, faszinierte mich besonders. Es war

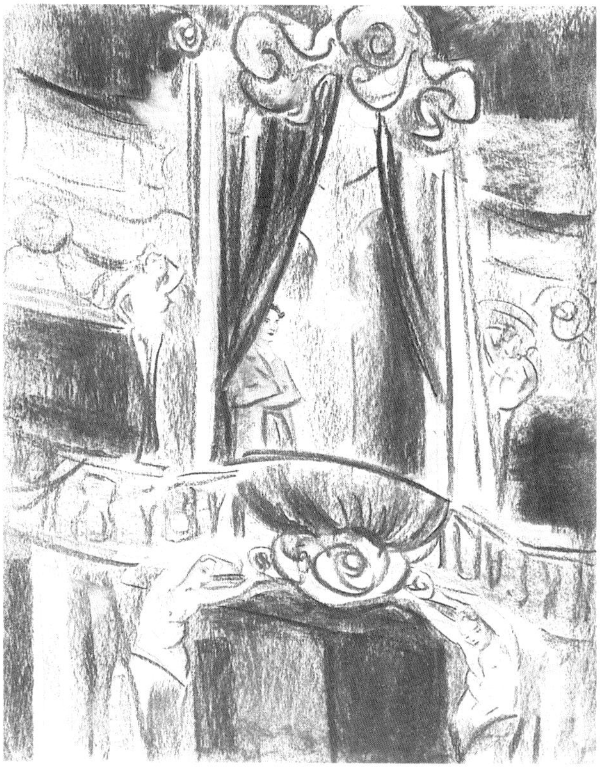

ELIZABETH PEYTON, LUDWIG IN THE RESIDENCE, 1995, charcoal on paper / LUDWIG IM RESIDENZTHEATER, Kohle auf Papier.

DAVID RIMANELLI schreibt regelmässig für *Artforum* und ist Autor des in Kürze erscheinenden Buches *Swingers-Art in the Age of Suspicion* (Thames & Hudson).

Ludwigs Versuch, in einem verhältnismässig bescheidenen Massstab das Schloss von Versailles nachzubilden, ohne die Kosten für die prunkvolle Ausstattung in nostalgischem Barock zu scheuen. Neben dieser grossartigen Verstiegenheit, sich sein eigenes Mini-Versailles nachbauen zu wollen, imponierten mir auch noch andere Eigenheiten des sorglosen, verschwenderischen, unbequemen und poetischen Monarchen: die vagen Anspielungen auf die obskuren und höchst verdächtigen Begleitumstände seines Todes sowie gewisse andere Neigungen und Tendenzen... Dieses Buch war diskret, also bin ich es auch, aber Sie wissen schon, was ich meine.

Zwei Jahre später unternahm ich mit meiner Mutter und meiner Grossmutter – sie kam für alles auf – eine aufwendige Reise nach Europa, es war mein erster Europa-Aufenthalt. Wir logierten in Paris und machten Tagesausflüge nach Fontainebleau und Versailles. Jahrelang habe ich – und nicht nur spasseshalber – meine unvermeidliche Bekehrung zur Homosexualität diesen sogenannten Bildungsreisen zugeschrieben. Natürlich war auf das Buch mit den Bildern von Herrenchiemsee ein Prachtband über Versailles gefolgt: In meinen Tagträumen hatte ich meinen tatsächlichen Gang durch das Schloss schon hunderte von Malen eingeübt. Ich wandelte durch den Spiegelsaal, vom Salon de la Guerre zum Salon de la Paix und wieder zurück und sah mich als Saint-Simon, Colbert, Madame de Lafayette, Madame de Montespan oder sogar als Marie Antoinettes mutmasslichen Liebhaber, Graf von Fersen. Es hatte sich bereits zu drehen begonnen, das Karussell der Selbsttäuschung, aus dem es kein Entrinnen mehr geben sollte.

Mittlerweile bin ich fünfunddreissig und lebe in Chelsea, einer Enklave in Manhattan, in der es viele Homosexuelle gibt, insbesondere auch jene hinreissend bis bizarr muskulösen und potenzstrotzenden Transvestiten, die meine Freunde und ich als *Thumpers* (Donnerkeile) bezeichnen. Die sexuelle Ausstrahlung dieser Kreaturen – echt und berauschend oder künstlich und widerwärtig – macht die Luft meines Viertels häufig zu stickig für mich. Ich gehe also die Eighth Avenue hinunter, diese Champs Elysées der schwulen Männlichkeit im Nordosten, und versuche die zermürbenden, nicht immer ganz überzeugenden Lockrufe der *Thumpers* auszublenden, indem ich mir vorstelle, ich würde den Spiegelsaal entlang wandeln.

Ich ging meine Bücher durch und versuchte, mehr über Ludwig in Erfahrung zu bringen, fand aber zu meiner Enttäuschung nur äusserst spärliche Hinweise. Gordon Craig erwähnt ihn beiläufig, und auch Hajo Holburn kommt in seinem umfassenden, dreibändigen Werk über die neuere deutsche Geschichte nur einige wenige Male auf ihn zu sprechen und dies ausschliesslich in Verbindung mit trockenen historischen Daten. Aber ich weiss es auch so, dass Ludwig die schönen Künste und die Musik liebte und dass diese ungezügelten Leidenschaften ihn dazu verführten, mehrere aberwitzige Schlösser und Paläste (Herrenchiemsee, Neuschwanstein, Linderhof) zu bauen sowie in Bayreuth ein Theater für Wagner. Natürlich war Ludwig auch Wagners grösster Mäzen, und der Komponist schröpfte den König und sein Vermögen, wo er nur konnte. (Dafür komponierte er aber auch *Tristan und Isolde* und *Parsifal*, so dass wir ihm vielleicht vergeben sollten.) Wir wissen auch, dass Ludwig seiner Cousine Elisabeth, der zukünftigen Gattin von Franz Joseph II. und Kaiserin von Österreich-Ungarn, zutiefst verbunden war. Ermordet von einem Anarchisten am Genfer See, nahm auch sie ein tragisches Ende. Im Laufe seiner Regierungszeit wurde Ludwigs Verhalten immer exzentrischer und kühlere Köpfe machten sich Sorgen. Kaum hatten diese das Sagen, schafften sie den König denn auch heimlich, still und leise beiseite. Manche behaupten, er sei einem Komplott seiner eigenen Minister zum Opfer gefallen.

Eine sehr schöne Kohlezeichnung von Elizabeth zeigt Ludwig stehend in seiner Loge im Residenz-Theater. Er hat die Arme über der Brust verschränkt und ein leichtes, vieldeutiges und ziemlich entrücktes Lächeln umspielt seine Lippen. Während ich Elizabeths Zeichnung betrachte, versuche ich mir vorzustellen, ich sei Ludwig, der sein Werk betrachtet und den ersten Takten lauscht von... was war es gleich? *Tristan, Parsifal, Rheingold*, damit liege ich doch richtig, nicht? Und ich bin vermessen genug, mir einzubilden, Elizabeth habe nicht nur Ludwigs, sondern auch mein Porträt gemalt.

(Übersetzung: Uta Goridis)

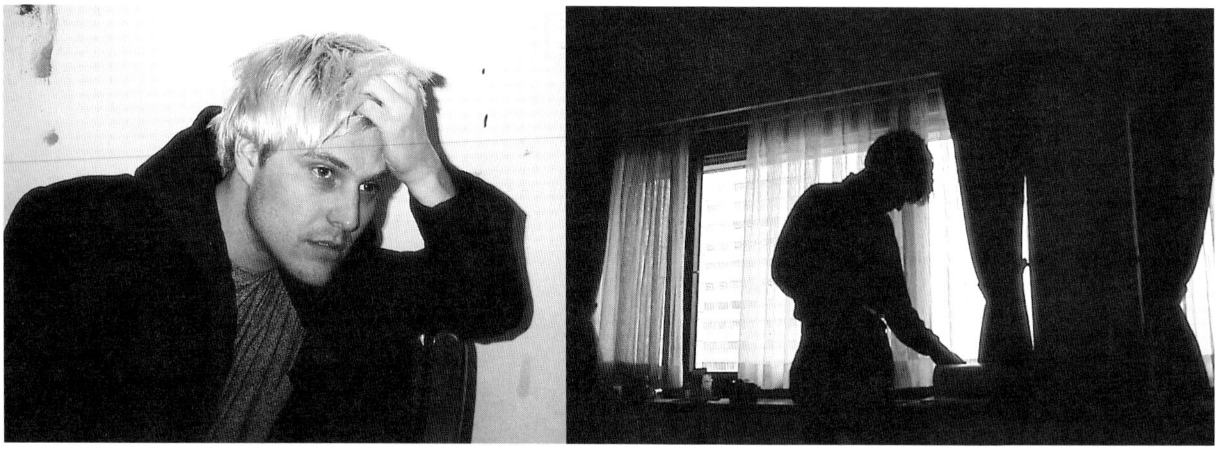

ELIZABETH PEYTON, CRAIG, 1997, *color photographs / Farbphotographien.*

LINDA PILGRIM

An Interview with a Painter's Model

Linda Pilgrim: How many times has Elizabeth painted you?

Craig Wadlin: Dozens.

LP: What do you think made Elizabeth want to paint you?

CW: I guess it was the way I was shaking my beer and spraying it into the crowd at an opening.

LP: Do you think that there was something purely visual?

CW: Well, I was wearing a scarf ... I think it was the scarf.

LP: But there was something that struck her about you. What do you think it is?

CW: Sometimes Elizabeth's paintings are of historical figures before they become famous; for example, Elvis as a child, or caterpillars before they turn into butterflies. Maybe she thinks that I'll turn into something.

LP: She told me that there is something that really draws her to the people she paints. Do you see anything of yourself in any of the other people she paints?

CW: Not really. I think that Elizabeth does though. I went with her to Tokyo and listened to her speak about her painting. I think it has a lot to do with the act of painting: where you're sitting in a room by yourself, maybe listening to music, staring at this one small space, a board or canvas, and you are trying to

LINDA PILGRIM is Assistant Editor for *Parkett* New York.

create a whole atmosphere. It's disproportionately time-consuming. You get really absorbed, kind of lost, when you paint, whether you're working from a photograph or translating one image into another, or working from memory. So I think Elizabeth's understanding of history is her understanding of history as a painter. She'll fantasize about a character like the Queen or Napoleon or Elvis or whoever, and imagine them abstracted from time and space—as pure images. They achieve a kind of perfection or idealism that she likes to see in people. It's a sweet and generous understanding of people. It's a kind of connection to a time, her own time, but it's also fairly hermetic. She's not a Pop artist in the same way that Warhol was. It has more to do with people who have some meaning to her or people in whom she sees a quality that she can abstract into an ideal. So, I think it mostly has to do with Elizabeth herself being the common ground.

LP: But your look, in particular, is consistent with that of some of Elizabeth's other subjects. I saw a watercolor that she is working on of Lord Alfred Douglas and it looks just like you.

CW: Yes, and I bet it looks like some of her other paintings too. The other night I saw Pulp perform, and Jarvis Cocker looked exactly like Elizabeth's painting of him, like a human zigzag.

LP: She almost always paints males, and they have a certain kind of look. Maybe it's partly objective and partly subjective in terms of her relation to each person. Would this apply to you?

CW: I guess so. She paints certain living people in their twenties or thirties, she paints singers and artists...

LP: What does it feel like to be someone who a painter wants to paint over and over again—to be a "muse"?

CW: It's a little weird. I don't paint people's pictures, so it's not a mutual thing that we have an understanding about. But I just do it to help her out.

LP: Elizabeth has said that she is trying to capture something that is fleeting, the way a person looks at a certain time because of what they're experiencing.

CW: I think that's largely what it's about for her to be making paintings. It's something you experience when you look at vintage photographs or family

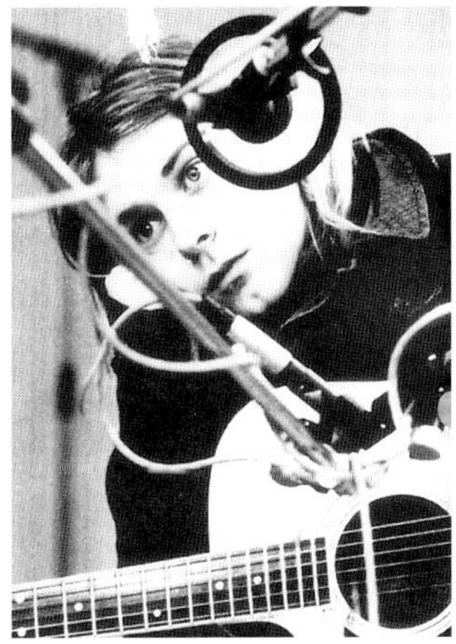

Kurt Cobain during the "Nevermind" sessions, August 1991 / Kurt Cobain während der «Nevermind»-Aufnahmen im August 1991. (PHOTO: M. LINSSEN/REDFERNS/RETINA PICTURES FROM COBAIN BY THE EDITORS OF ROLLING STONE, NY: ROLLING STONE PRESS, 1994)

snapshots from the 1970s: The film looks different; the shape of the picture might be different; the clothing, the whole thing. It's nostalgic. Elizabeth's work has that same luminous quality. It's an alien quality in the same way that a photograph from the 1970s would look kind of alien. Not like in real life.

LP: What do you think she is trying to recapture?

CW: Take her painting LIAM & NOEL IN THE 70S (1997), of the boys from Oasis when they were kids. It's hard to imagine the now-Number One pop band in England when they were unsuccessful drunks: This is a transitory quality that Elizabeth recaptures. Or Kurt Cobain at his most decadent moment. Or the Sex Pistols: She reduces her recollection of Johnny Rotten and Sid Vicious to its elements so that the picture is just about a moment between two friends. No suggestion of the music industry, nothing political, no kind of realistic understanding of consumption, no external issues at all.

LP: It's interesting that she has been attracted to these subjects at the peak of their careers but in her paintings of them chooses to focus on their formative years, before they became famous. But you described the inverse in the beginning of our conversation when you said that Elizabeth might be painting you because one day you might "turn into something." In other words she's also painting you at a formative stage. The difference is that you're currently in that moment—she doesn't have to go back in time.

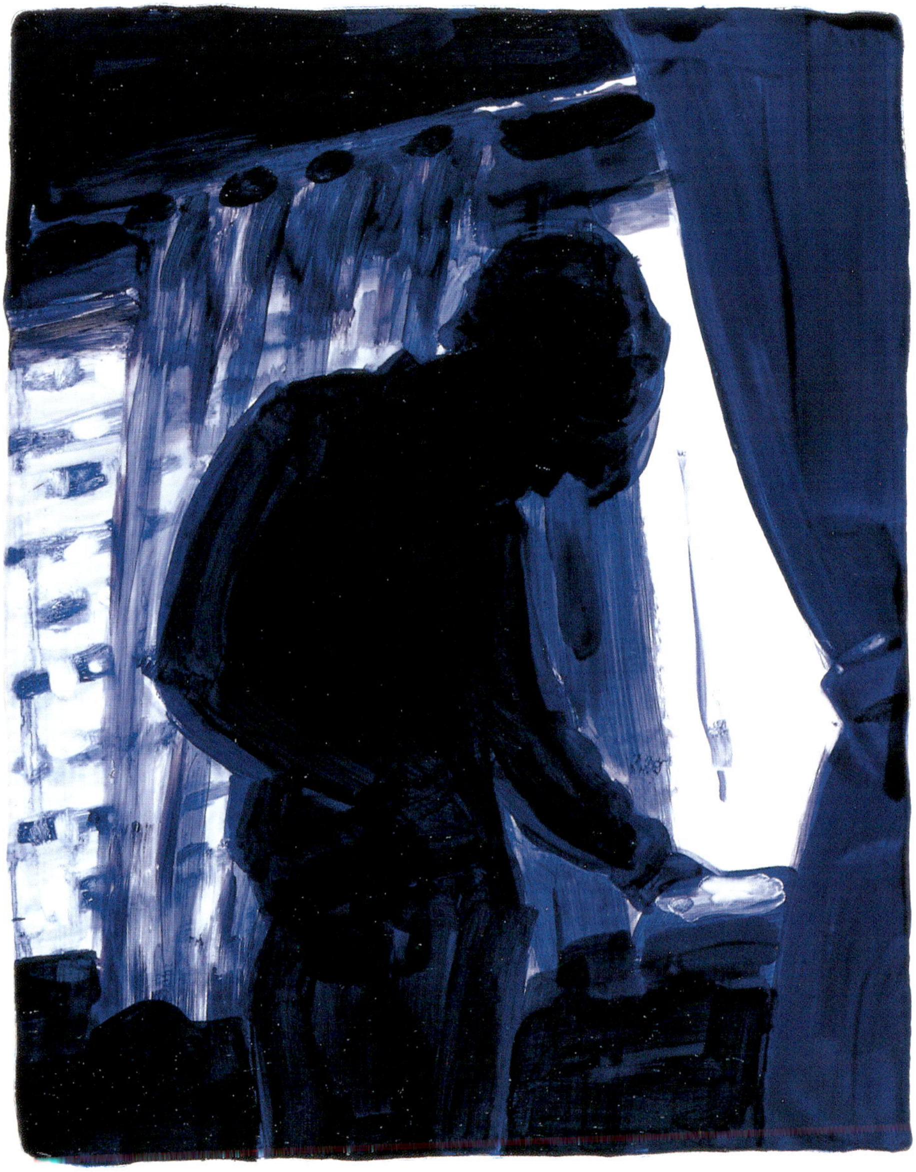

ELIZABETH PEYTON, TOKYO (CRAIG), 1997,
oil on board, 10 x 8" / TOKIO (CRAIG), Öl auf Malkarton, 25,4 x 20,3 cm.

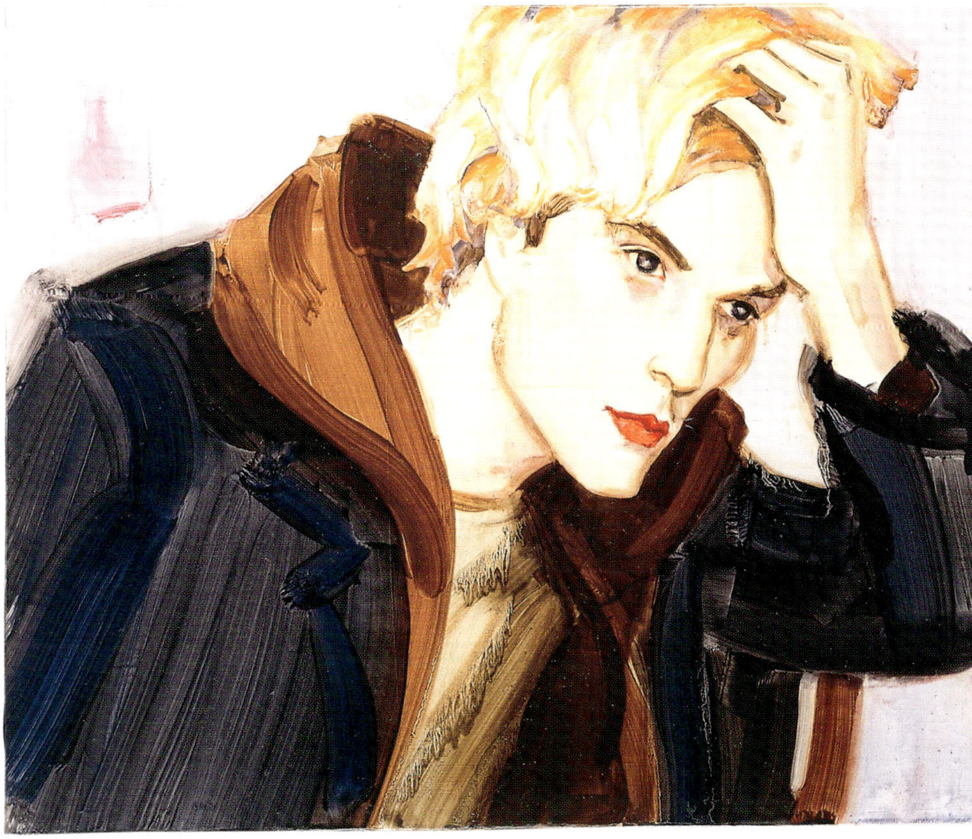

ELIZABETH PEYTON, CRAIG, 1997, oil on canvas, 14 x 17" / Öl auf Leinwand, 35,6 x 43,2 cm.

LINDA PILGRIM

Interview mit einem Modell

Linda Pilgrim: Wie oft hat Elizabeth dich gemalt?

Craig Wadlin: Zigmal.

LP: Was, glaubst du, hat sie veranlasst dich zu malen?

CW: Ich nehme mal an, es war die Art, wie ich mein Bier geschüttelt und bei einer Eröffnung in die Menge gesprüht hab.

LP: War es eine rein visuelle Sache?

CW: Tja, ich trug ein Halstuch ... Wahrscheinlich war's das.

LP: Aber etwas muss ihr an dir aufgefallen sein. Was könnte das gewesen sein?

CW: Manchmal malt Elizabeth Bilder von berühmten Persönlichkeiten, aus der Zeit, bevor sie bekannt waren, zum Beispiel hat sie Elvis als Kind gemalt oder Raupen, bevor sie sich in Schmetterlinge verwandelten. Vielleicht denkt sie, aus mir wird mal was.

LINDA PILGRIM ist redaktionelle Mitarbeiterin von *Parkett* in New York.

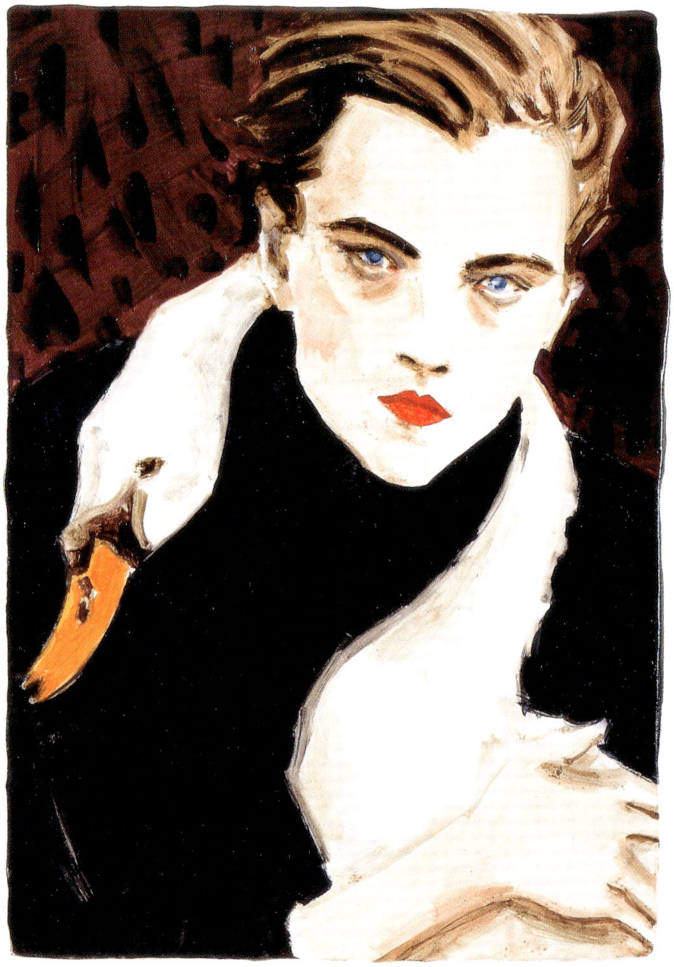

ELIZABETH PEYTON, SWAN (LEONARDO DI CAPRIO), 1998, oil on board, 11 x 8" /
SCHWAN (LEONARDO DI CAPRIO), Öl auf Malkarton, 27,9 x 20,3 cm.

ELIZABETH PEYTON, DAVID HOCKNEY, POWIS TERRACE BEDROOM, 1997,
oil on board, 9¾ x 7" / DAVID HOCKNEY, POWIS TERRACE SCHLAFZIMMER, Öl auf Malkarton, 24,8 x 17,8 cm.

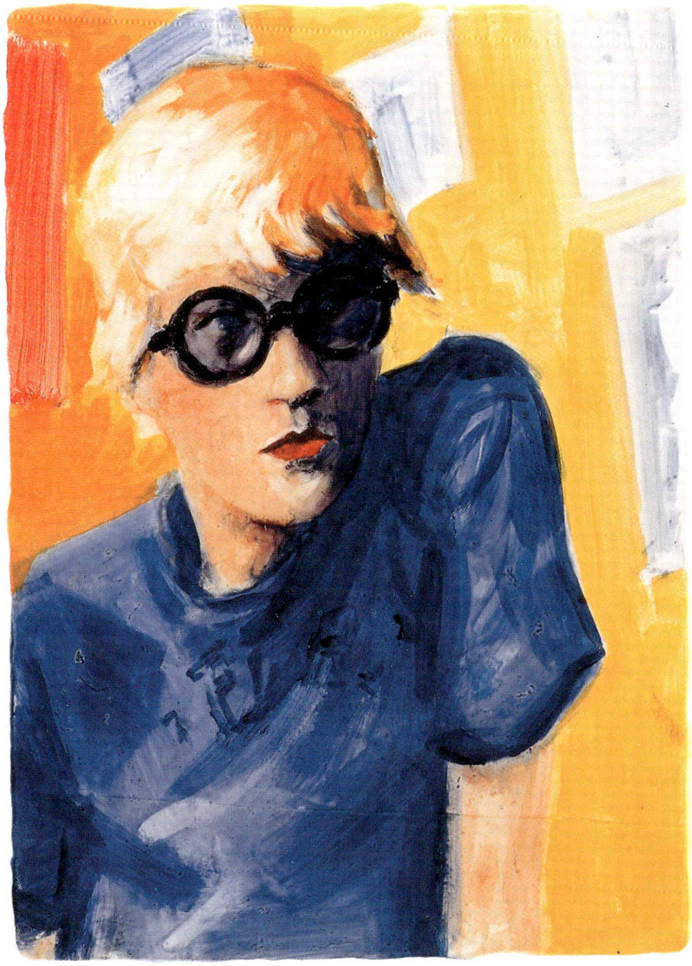

LP: Sie hat mir gesagt, dass sie an den Leuten, die sie malt, immer etwas fasziniert. Kannst du bei den anderen, die sie gemalt hat, etwas von dir entdecken?

CW: Eigentlich nicht. Aber ich denke, für Elizabeth gibt es wohl solche Gemeinsamkeiten. Ich war mit ihr in Tokio und habe sie über ihre Malerei reden hören. Ich glaube, der Akt des Malens ist sehr wichtig. Wie man allein in einem Raum sitzt, vielleicht Musik hört, und immer auf dieses kleine Rechteck starrt, eine Tafel oder eine Leinwand, und versucht eine stimmige Atmosphäre zu schaffen. Der Zeitaufwand ist unverhältnismässig gross. Man kann sich beim Malen völlig vergessen, ja verlieren, und es spielt keine Rolle, ob man ein Photo als Vorlage benutzt oder ein Bild in ein anderes umsetzt oder aus dem Gedächtnis malt. Elizabeths Geschichtsverständnis ist meiner Meinung nach das einer Malerin. Sie denkt sich alles Mögliche zu einer Figur wie der Queen oder Napoleon oder Elvis aus und stellt sie sich ausserhalb von Raum und Zeit vor – als reine Bilder. Sie erhalten dadurch dieses Vollkommene oder Ideale, das ihr an den Menschen gefällt. Ihr Menschenbild ist ausgesprochen freundlich und generös. Es verbindet sie mit der Zeit, ihrer eigenen Zeit, ist aber auch ziemlich hermetisch. Sie ist keine Popkünstlerin im Sinne von Warhol. Ihr geht es mehr um Leute, die ihr etwas bedeuten oder in denen sie eine Eigenschaft sieht, die sich zu einem Ideal stilisieren lässt. Ich glaube, der gemeinsame Nenner ist letztlich bei Elizabeth selbst zu finden.

LP: Aber gerade dein Aussehen stimmt häufig mit dem von Elizabeths anderen Modellen überein. Ich sah ein Aquarell, das sie gerade von Lord Alfred Douglas macht, und es sieht dir verblüffend ähnlich.

CW: Ja, und wahrscheinlich ist das auch bei anderen Bildern so. Kürzlich sah ich Pulp auf der Bühne und Jarvis Cocker glich aufs Haar dem Porträt, das Elizabeth von ihm gemacht hat – eine menschliche Zickzackform.

LP: Sie malt fast nur Männer und sie verkörpern einen bestimmten Typus. Vielleicht ist ihr Verhältnis gegenüber den einzelnen Personen teils objektiv, teils subjektiv. Trifft das auch auf dich zu?

CW: Ich denke schon. Sie malt ganz bestimmte lebende Menschen in ihren Zwanzigern oder Dreissigern, sie malt Sänger und Künstler …

LP: Wie ist das, wenn ein Maler einen immer wieder malen will – wie fühlt man sich als «Muse»?

CW: Es ist schon etwas merkwürdig. Ich male keine Porträts, es ist also nichts, was wir gemeinsam haben, was auf Gegenseitigkeit beruht. Aber ich tu ihr gern den Gefallen.

LP: Elizabeth hat gesagt, sie versuche etwas Flüchtiges einzufangen: wie jemand zu einem bestimmten Zeitpunkt aufgrund einer bestimmten Erfahrung aussieht.

CW: Ich glaube Bilder zu machen ist für sie genau das. Man hat dasselbe Gefühl, wenn man eine alte Photographie betrachtet oder Familien-Schnappschüsse aus den 70er Jahren: Der Film sieht anders aus, das Format der Bilder ist oft anders, die Kleidung, alles. Es hat was Nostalgisches. Elizabeths Arbeiten haben dieselbe Leuchtkraft. Sie sind aus einem andern Stoff, so wie Photos aus den 70er Jahren anders sind. Nicht wie im richtigen Leben.

LP: Was glaubst du, versucht sie damit einzufangen?

CW: Denk an ihr Bild von LIAM & NOEL IN THE 70S (1997), den Jungs von Oasis als Teenies. Man kann sich die führende Popband Englands nur schwer als erfolglose Alkis vorstellen: Es ist etwas Ephemeres, was Elizabeth wieder heraufbeschwört und festhält: Kurt Cobain in seinem kaputtesten Moment. Oder die Sex Pistols: Sie reduziert ihre Erinnerung an Johnny Rotten und Sid Vicious auf ganz Elementares, so dass das Bild nur einen Augenblick zwischen zwei Freunden darstellt. Da ist kein Hinweis auf die Musikindustrie, nichts Politisches, keine realistische Einschätzung der Konsumwelt, alles Äusserliche wird ausgeblendet.

LP: Interessant ist, dass sie sich zu diesen Leuten immer dann hingezogen fühlte, wenn sie auf dem Höhepunkt ihrer Karriere waren, dass sie sich aber in ihren Porträts auf ihre Entwicklung und die Zeit, bevor sie berühmt wurden, konzentriert. Aber zu Anfang unseres Gesprächs hast du das Gegenteil gesagt, als du meintest, Elizabeth würde dich vielleicht malen, weil aus dir «noch was werden könnte». Mit anderen Worten, sie malt dich auch in deiner Entwicklungsphase. Der Unterschied ist nur, dass du jetzt mittendrin steckst – sie muss die Zeit nicht zurückdrehen. *(Übersetzung: Uta Goridis)*

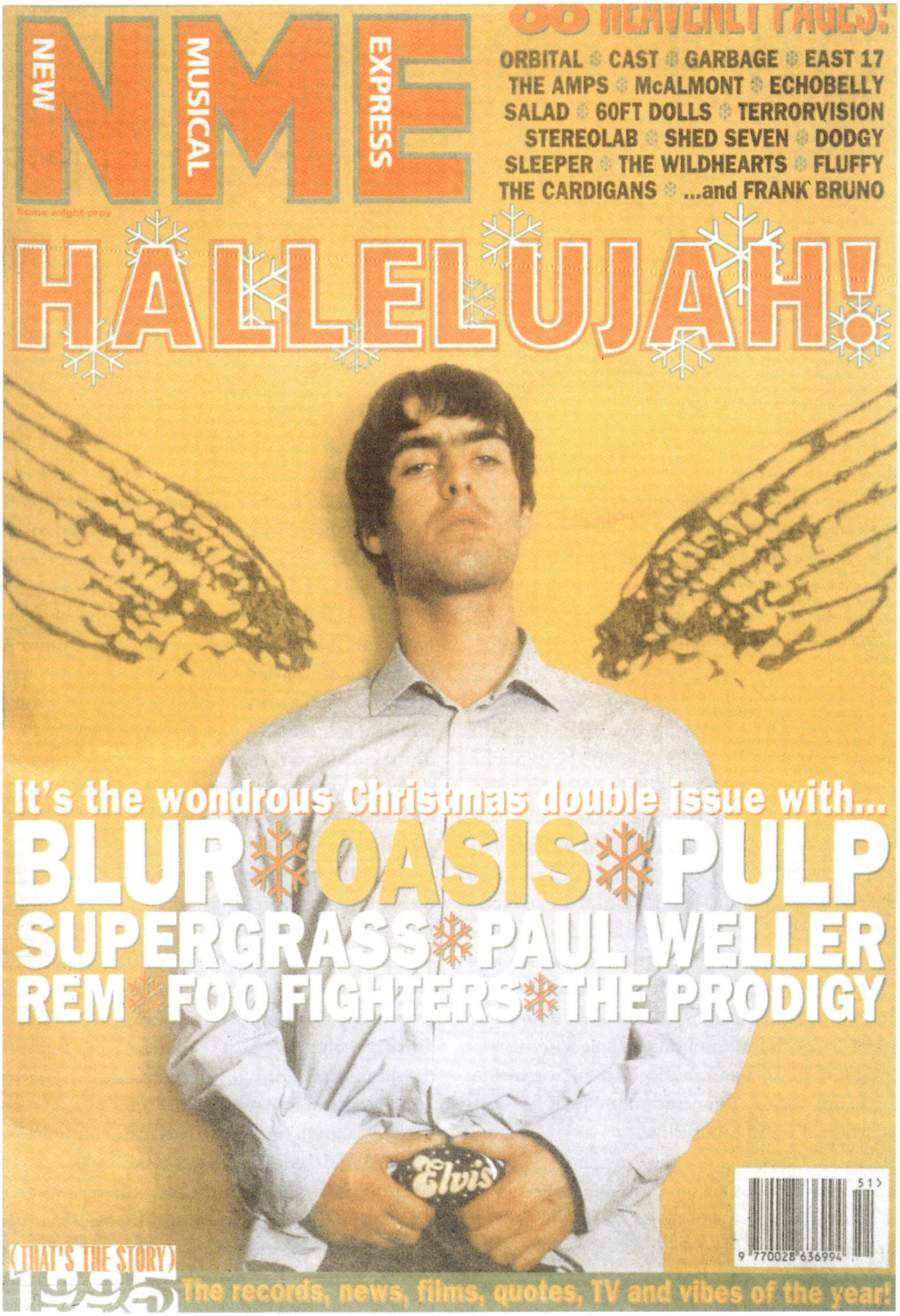

Liam Gallagher on the cover of NME, August 1996 / auf dem Umschlag von NME (New Musical Express), August 1996.

IN PRAISE OF HANDS

Elizabeth Peyton's Painting

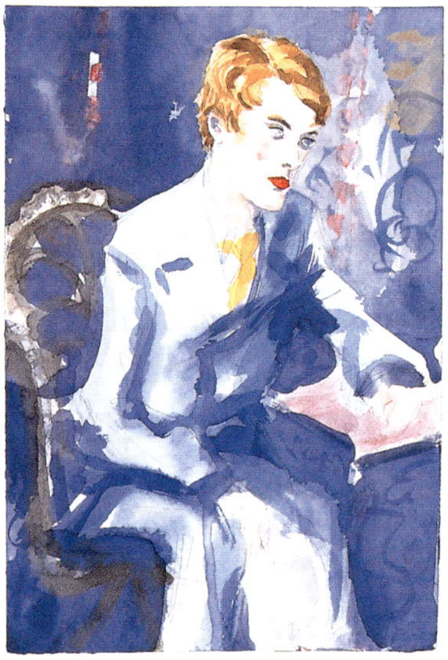

ELIZABETH PEYTON, LORD DOUGLAS IN CAIRO, 1998, watercolor on paper, 7½ x 6" / LORD DOUGLAS IN KAIRO, Aquarell auf Papier, 19 x 15,2 cm.

PHILIP URSPRUNG

I waited until the museum attendant was out of sight, then I went right up to a small work by Elizabeth Peyton—an oil painting on board—and did something I normally never do. I gently brushed the back of my hand across the surface of the painting, touched the raw edges of the wooden board and fingered the solidified runs of chalky, white ground that had oozed over the edge. Best of all I would like to have unscrewed the picture from the wall and weighed it in my hand, to have looked down on it at arm's length, to have held it up to the slanting light from the window so that I could gaze at the reflected light bouncing off its opalescent surface. How else could one properly understand the stunning technique employed in its making or fully relish the pleasure of pursuing the subtle course of the layers of color? Under its protective glaze the paint is sometimes thick, like enamel, applied almost like nail varnish, sometimes thin and liquid like a wash. In some places

PHILIP URSPRUNG is an art historian and teaches at the Institute for the History and Theory of Architecture at the Eidgenössische Technische Hochschule Zurich. He is currently completing his postdoctoral habilitation with a thesis entitled *Grenzen der Kunst: Happenings und Land Art in den USA*. He lives in Zurich.

A Tender Trap

LISA LIEBMANN

The seduction appears to be complete. Elizabeth Peyton's lusciously painted, glamorously effete portraits of idols and friends—those vanquished angels from the pages of history books and photographers' contact sheets—not to mention her poignant, charming drawings, have over the last couple of years elicited something like a collective swoon of rapture from their beholders. How sorely we must have needed Peyton's lovestruck, louche odes to the fleeting perfections of *la jeunesse dorée,* framed so adoringly by *la vie de bohème* and its attendant characters. We've felt this way before, of course, some twenty-five years ago...

As do many things these days, Peyton's portraits carry our thoughts back to the late sixties and early seventies (early adolescence in my case), when English Aestheticism in all its forms last enjoyed a significant revival, and an all-embracing hippie-Pop enthusiasm for the Pre-Raphaelites—druggy, lush, and androgynous, yet somehow removed from human touch—was followed (or was it sparked?) by an earnest, scholarly reconsideration of Oscar Wilde, Walter Pater, and Aubrey Beardsley. In the art-for-art's-sake lexicon of my teenage years, an all-consuming love for the British *fin de siècle* was followed by a searching reexamination of the more or less modernish "Bloomsberries"—both literary and visual—and of their decorative spin-offs in the Omega Workshop design. A taste for Vanessa Bell and Vanessa Redgrave (cool in *Blow Up,* hot in the movie version of *Camelot*) affected everything from neo-Arthurian rich-hippie dresses by Thea Porter to Olde English folk tunes by the of-late-lamented English rock band Traffic, whose lead guitarist-singer, Stevie Winwood, looked like the reincarnation of a Burne-Jones ephebe.

Peyton's male odalisques and *hommes blessés*—whether the devastating horizontal expanse of PIOTR (1997) or the reedy depictions of a normally sturdy-looking David Hockney—all partake of this double-barreled Aesthetic Movement revival. Peyton, furthermore, is not alone in such enthusiasms, although she gives them a distinctive, and perhaps distinctively female lover's gaze. This violet-tinted bacchante's worldview may well draw some of its art-historical and literary color from the example of Virginia Woolf, and the antics of her time-traveling, gender-switching Orlando (recently revived for the screen by Sally Potter, starring the cultish androgyne, Tilda Swinton). Other contemporary maestros of the lilting touch have focused on other precedents: Jane Kaplowitz's *schwach* paintings of mid-century decorators and *Death in Venice* characters; Billy Sullivan's plummy, impatiently rendered demimonde; and Karen Kilimnik's graphic paeans to Kate Moss and the sixties modeling sensation, Twiggie. All these waifish archetypes were released, like the bulls of Pamplona, by Nan Goldin's photographic portraits of wasted friends.

Peyton's penchant for things British must also be seen in terms of a larger contemporary cultural phenomenon. Although it should be pointed out that not all her sources and affinities derive from this. When considering her society portraits, I am reminded of the Dutch-born Parisian artist Kees ven Dongen, whose nacreous twenties renderings of sloe-eyed, elongated temptresses posit a liberated International Style of zombie beauty. Then there is the more claustrophobic precedent of Marie Laurencin, whose fussy-looking *femmes d'intérieur* suggest a forebear for

LISA LIEBMANN is a writer and critic. She is the co-author, with her husband Brooks Adams, of the text for *Young Americans 2* (London: The Saatchi Gallery).

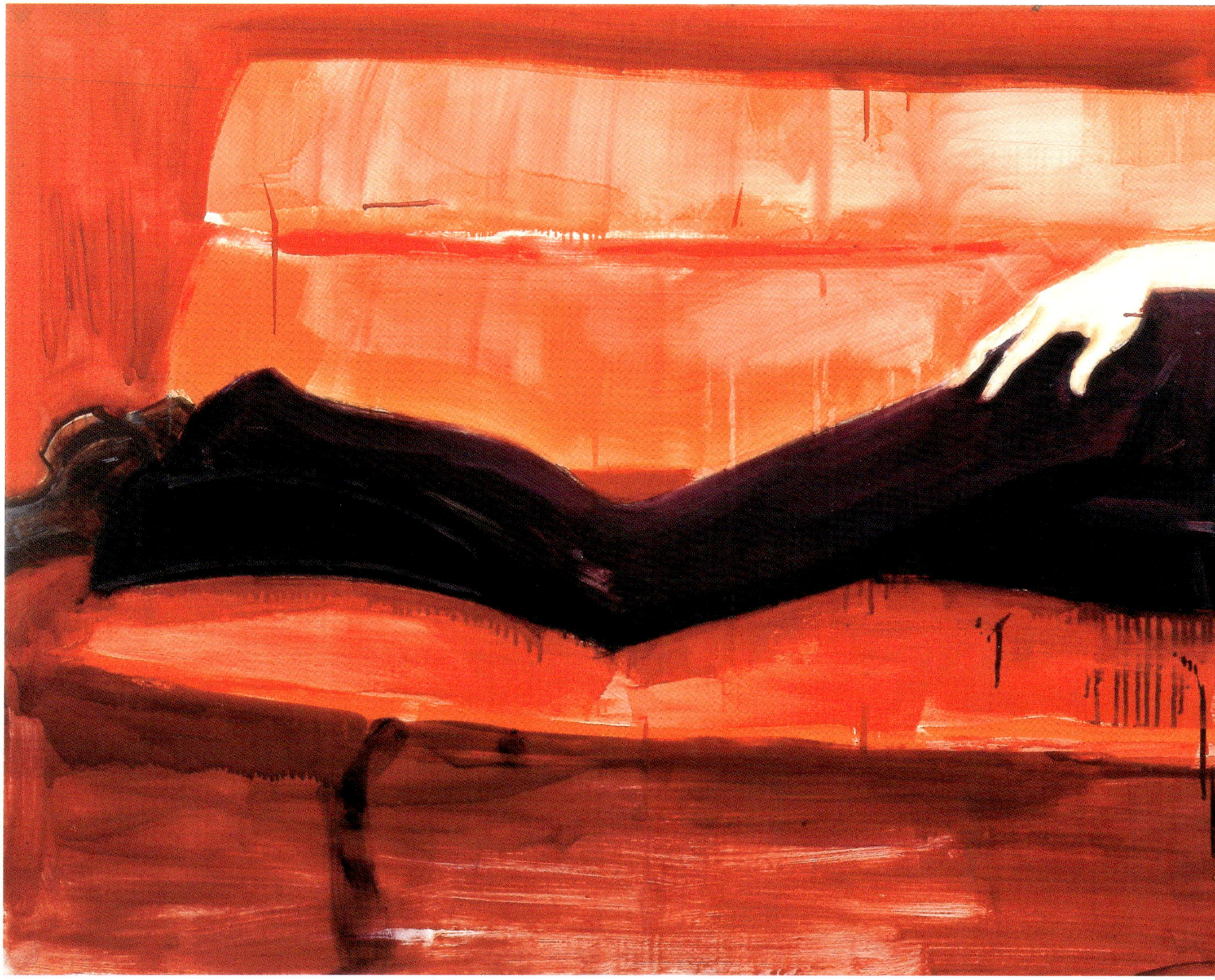

Peyton's canny-female mode of elegy. This genre, it should be remembered, has a long history in portraiture that reaches back to the breathtakingly successful Madame Elisabeth-Louise Vigée-Lebrun, who worked for nearly all the European monarchies during the late eighteenth and early nineteenth centuries—viz. Peyton's MARIE-ANTOINETTE drawings.

But it still is the sceptered isle, from Walter Sickert to Britpop, that seems to exert a particular pull on Peyton's work, if only in iconographic terms. What other artist would risk a fracas with the English tabloids by daring to paint Prince Harry so soon after Diana's death? Who but this same artist would take David Hockney's images from the early days of gay lib and subsume them into her own "adoring" work? Peyton's strikes are preemptive, and her acts of love take archer's aim. Her intimist icons galvanize their surroundings, and nary an English lad is left standing.

Peyton's brush is her most potent weapon. The brushwork is her ego, and recently it has taken leaps in both scale and bravura. She is unafraid to push fat daubs of paint across small canvases (particularly along their edges) and to let these imbalances hold as strengths. Sometimes her scruffy slightness is reminiscent of Gwen John.[1] But the juicy textures

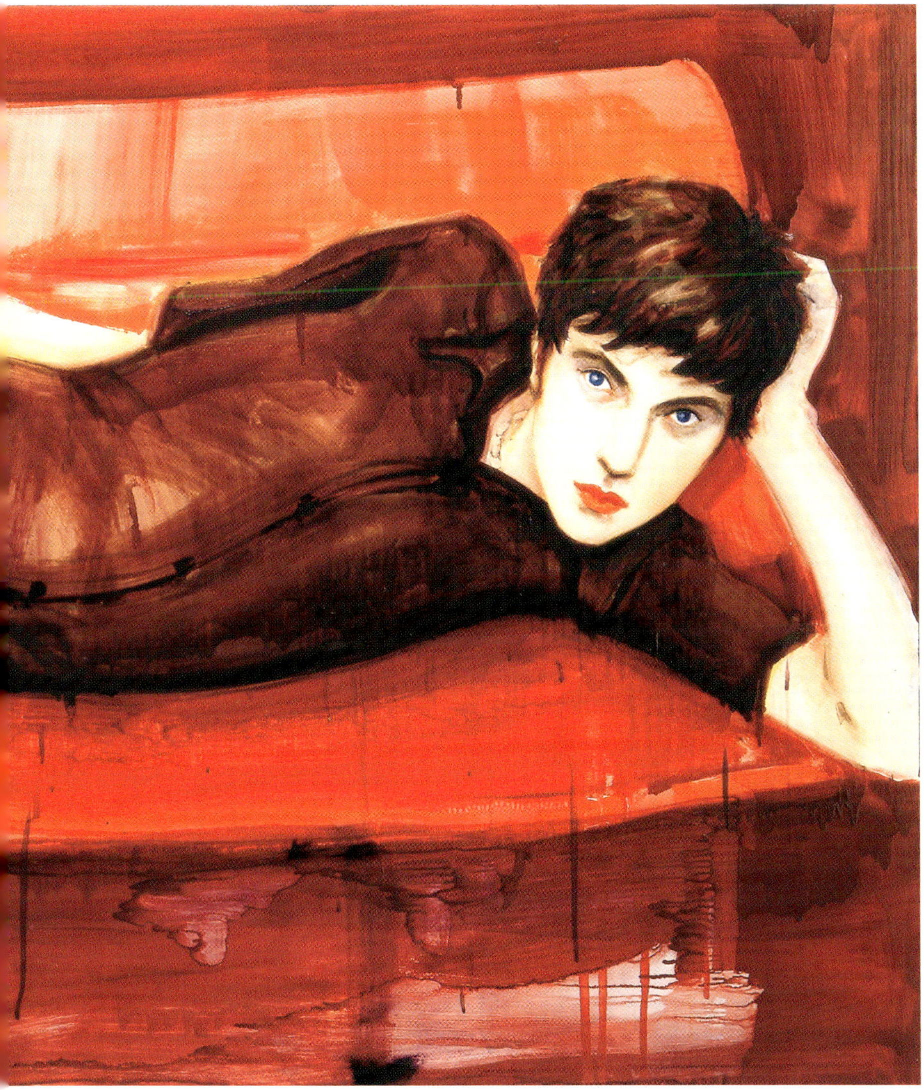

ELIZABETH PEYTON, PIOTR, 1996, oil on canvas, 38 x 86" / Öl auf Leinwand, 96,5 x 218,4 cm.

increasingly suggest Howard Hodgkin's swooshing, clotted colors that are his memories of bohemian cadres and friends in the salons of Bloomsbury and Notting Hill. Likewise, Peyton expresses emotion in the movement and saturatedness of her wonderful, nightclubbish colors—her pinks with reds, purples, browns, oranges, and greens.

If Hodgkin, friend to Hockney since the swinging sixties, has emerged as a surprise avatar for the carnal qualities of Peyton's painting, Alice Neel might prove to be a homegrown source for an acute form of figuration. For example, a painting such as Peyton's LIAM AND NOEL IN THE 70S (1997) recalls any number of the feisty Neel's great child portraits. Peyton may, after all, belong to an American Scene tradition that started with John Singer Sargent and Robert Henri, continued through Walt Kuhn and Edward Hopper, and on to Neel. There is plenty of grist and grit here: Peyton's fey young things may be but her momentary subjects. She, however, is the wielder of the brush, the powerful one, the still point of the turning room. Her art, as intimated in the title of her recent picture-book, may well "live forever."

1) Gwen John, sister of the Victorian society portraitist, Augustus John, an artist-member of the Bloomsbury group, was known for her casually intimate, *echt*-bohemian portraits and interiors.

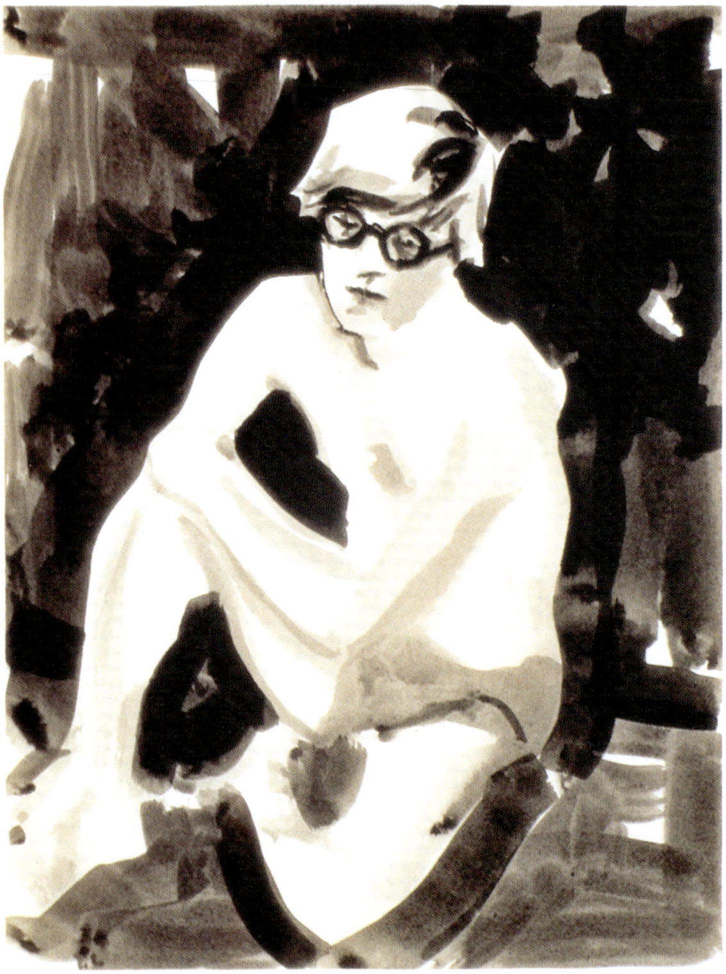

ELIZABETH PEYTON, DAVID HOCKNEY, 1997,
ink on paper, 11 x 8½ " /
Tusche auf Papier, 27,9 x 21,6 cm.

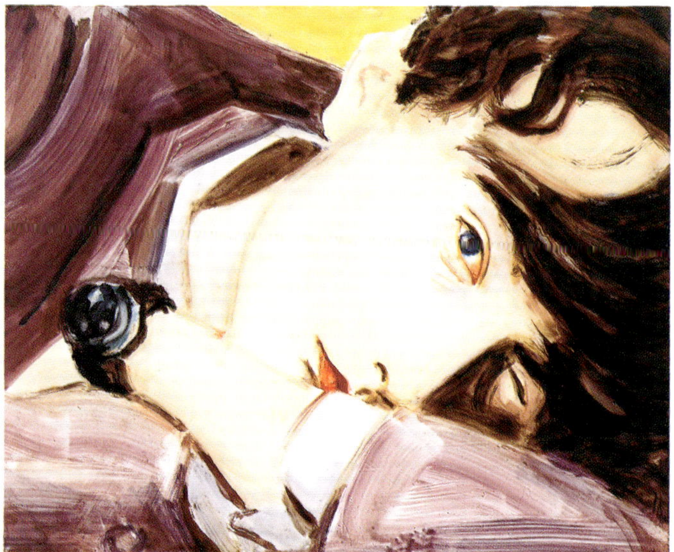

ELIZABETH PEYTON, JARVIS, 1996,
oil on masonite, 11 x 14" /
Öl auf Sperrholz, 27,9 x 35,6 cm.

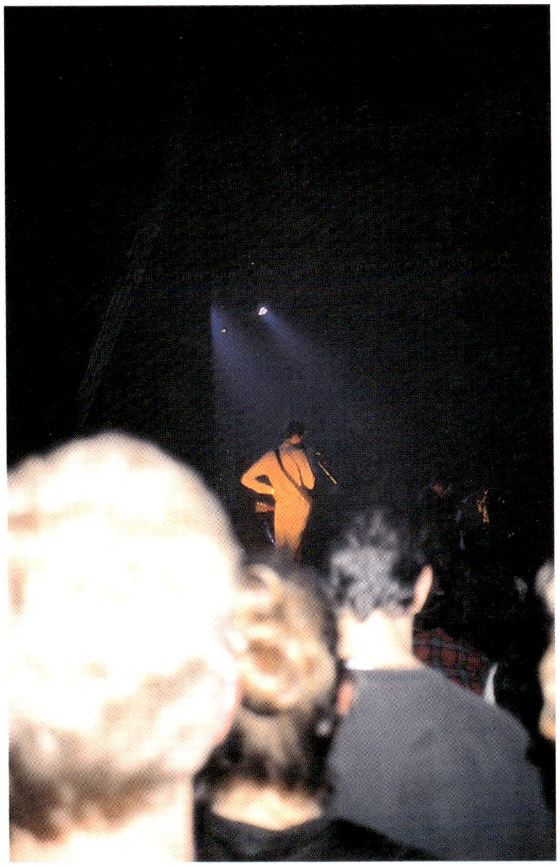

ELIZABETH PEYTON,
STEPHEN MALKMUS, ROSELAND BALLROOM, 1997,
color photograph / Farbphotographie.

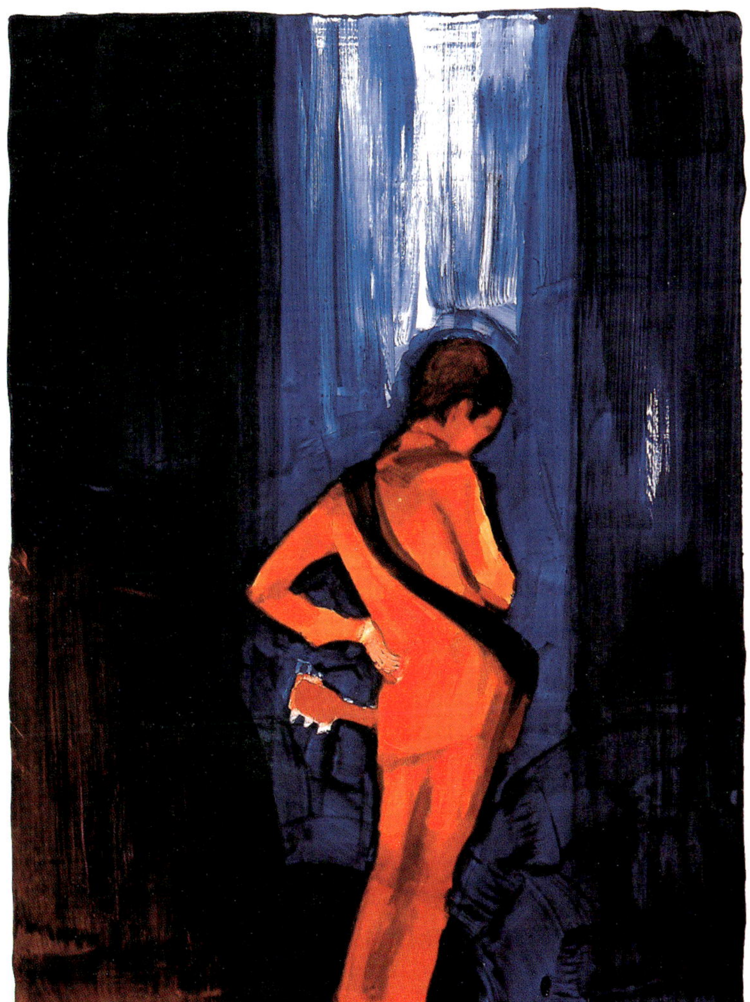

ELIZABETH PEYTON, ROSELAND, 1997,
oil on MDF, 12 x 7" /
Öl auf MDF-Platte, 30,5 x 17,8 cm.

Edition for Parkett

Elizabeth Peyton

Oscar and Bosie, 1998

Two-color lithograph on hand-tinted Somerset Satin,
lightly finished with pearlescent dust, ca. 22 3/4 x 24 3/8"
Printed by Maurice Sanchez and James Miller
Derrière l'Etoile Studio, New York
Edition of 60, signed and numbered

Oscar und Bosie, 1998

Zweifarbige Lithographie auf handgetöntem Somerset Satinpapier
mit leichtem Perlmuttfinish, 57,8 x 62 cm
Gedruckt bei Maurice Sanchez und James Miller
Derrière l'Etoile Studio, New York
Auflage: 60, signiert und nummeriert

(PHOTO: MANCIA/BODMER)

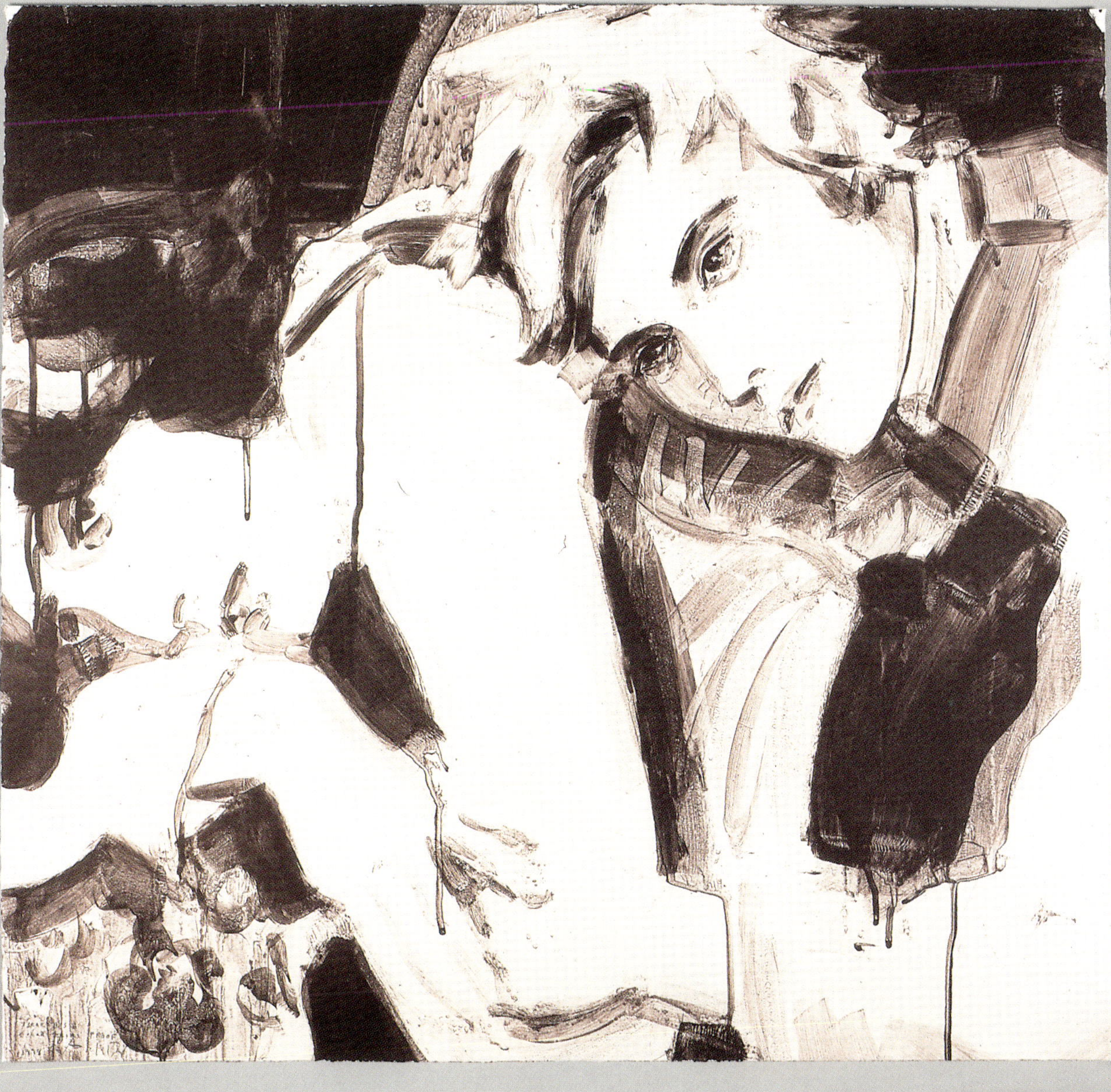

Wolfgang

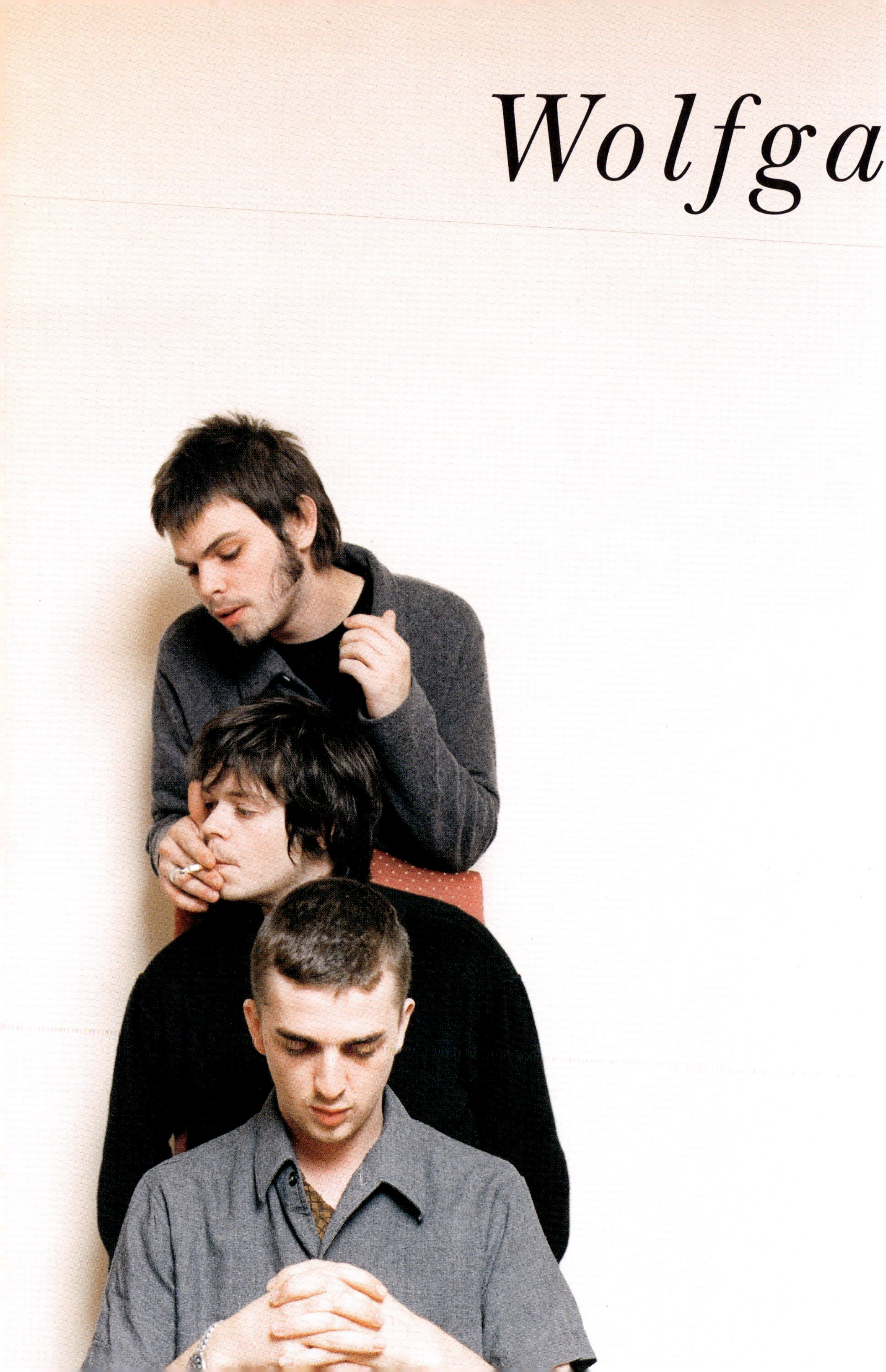

WOLFGANG TILLMANS, SUPERGRASS II, 1997, c-print, 40 x 30 cm & 60 x 50 cm / 24 x 20" & 16 x 12"; bubble-jet print, 170 x 120 cm / 67 x 47¼".
Gegenüberliegende Seite / lefthand-page: Yokohama Installation, 1991–1997, c-prints, offset & bubble-jet prints, Yokohama Museum of Art, 1997.

Tillmans' Erinnerungsmaschine

MIDORI MATSUI

Eine Photosequenz von Wolfgang Tillmans lässt uns die Aktualität einer rekonstruierten Vergangenheit spüren. Während jedes einzelne Bild sich auf den ursprünglichen Moment bezieht, in dem es aufgenommen wurde, verweist eine Serie immer auf verschiedene Berührungspunkte zwischen dem Photographen und anderen. Im Yokohama-Museum in Japan wurde Tillmans' Wandinstallation auf einzigartige Weise dem Thema der Ausstellung gerecht: «Absolute Landschaft: Zwischen Illusion und Realität» (1997). Photos von Alex und Lutz auf den Ästen eines Baumes sitzend oder mit andern zusammengekuschelt am Strand, stehen neben Stillleben mit Früchten, Hemden sowie der Luftaufnahme einer Kläranlage und vermitteln eine ganze Summe von Erfahrungen. Die Anordnung der Photos lässt zwar die Gedanken erkennen, die das scheinbar Zusammenhanglose zu einem kohärenten Ganzen fügen, aber dennoch bleibt Platz für zahlreiche andere Assoziationen. Diese Spannung zwischen Freiheit und Notwendigkeit weckt in uns den Wunsch von jedem einzelnen Bild ausgehend nach unserer eigenen absoluten Landschaft zu suchen.

Was aber ist eine absolute Landschaft? Ich verstehe darunter eine Landschaft, die für den Betrachter eine besondere Bedeutung besitzt. Die Szene kann historisch völlig uninteressant sein und braucht nach den üblichen Massstäben auch nicht besonders malerisch zu sein. Es ist das einem zufällig ins Auge fallende Detail, das einen dazu bringt innezuhalten und die Welt in einem ungewohnten Licht zu sehen. Aus einem solchen Detail, das man mit einem bestimmten Zeitpunkt, einem bestimmten Ort und bestimmten Personen verbindet, wird ein Bild, das unseren zukünftigen Blick auf die Dinge beeinflussen wird. Man könnte sogar sagen, dass eine Summe solcher Bilder die Identität einer Person ausmacht. Tillmans' Photos sind solche Bilder, die die Identität von Menschen durch die Art, wie sie in der Landschaft sind, ausdrücken. Seine auf nächtlichen Strassen, am Strand oder in Wäldern abgelichteten Protagonisten strahlen eine individuelle Schönheit aus, die mit den spezifischen Gegebenheiten von Ort und Zeit untrennbar verbunden scheint. Wenn Tillmans sich auf das Licht, die Feuchtigkeit und sogar die Temperatur einlässt, die die besondere Atmosphäre um seine Protagonisten herum ausmachen, so lässt er den Augenblick als totales Bild wieder aufleben. Dieses Vorgehen unterscheidet sich grundsätzlich von den Konventionen der Modephotographie, die ihre Bilder aufwendig inszeniert oder den Körper und die Macken der Models zu Fetischen emporstilisiert um die Illusion des Erhabenen zu erzeugen.

Tillmans' Photographien haben eine besondere Ausstrahlung, die sie dem zeitlichen Moment verdanken, das ihnen innewohnt. Sie vermitteln einem das Gefühl schon einmal an einem ähnlichen Ort gewesen zu sein oder ähnlich vertraute Augenblicke mit Freunden verbracht zu haben. Diese Wirkung entsteht dadurch, dass Tillmans im Spiel mit der Entfernung immer auf seine eigene Gegenwart verweist. So nimmt er an der Szene teil, aber nie als Voyeur, sondern als einer, der mit den Photographierten sympathisiert. In CRAIG (1992) deutet das sanfte Licht, welches das Zarte im Gesicht eines Jun-

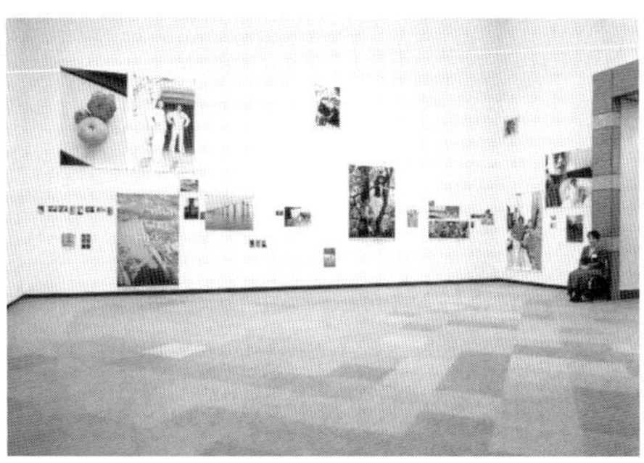

MIDORI MATSUI ist Assistenzprofessorin für amerikanische Literatur und vergleichende Literaturwissenschaft an der Universität Tokhoku, Japan. Sie schreibt häufig für *Flash Art.*

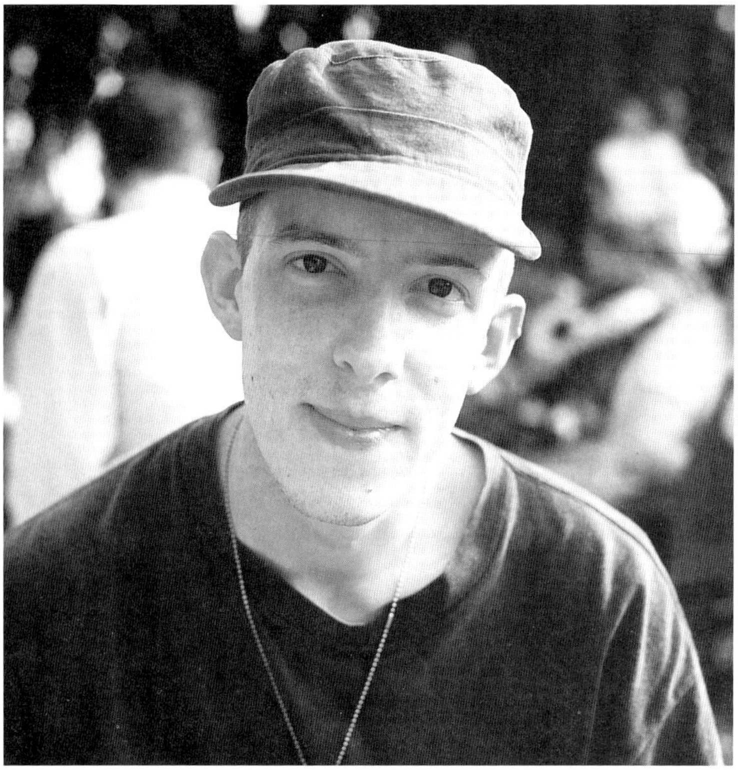

WOLFGANG TILLMANS, CRAIG, 1992,
c-print, 40 x 30 cm & 60 x 50 cm / 24 x 20" & 16 x 12".

gen hervorhebt, auf dessen Beziehung zum Photographen hin, während in BOURNEMOUTH (1991) ein Zaun im Vordergrund die physische Distanz zwischen den am Strand herumtollenden Jungen und dem Photographen markiert und dessen wehmütige Wahrnehmung dieser zwangsläufig trennenden Distanz erkennen lässt, aber auch seinen Wunsch ihnen näher zu kommen.

Diese Wahrnehmung der Distanz – des Unterschieds – wird von manchen Theoretikern als das Urtrauma der Photographie betrachtet. In *Die helle Kammer* bemerkt Roland Barthes, dass die Genauigkeit eines Bildes – seine äusserliche Ähnlichkeit mit dem abgelichteten Subjekt – verhindere, dass wir dessen Wahrheit erfassen, da die Photographie die komplexe Existenz eines Individuums durch ein eindimensionales, «plattes» Bild ersetze.[1] Nur der «Ausdruck» eines Individuums, den ein gleichgültiger Photograph in einem Augenblick arglosen Sichgehenlassens des Subjekts zufällig eingefangen hat, lässt dessen geistige Quintessenz wieder auferstehen. Aber für Barthes ist selbst dieser Ausdruck eine «intransigente Zugabe zur Identität» und verweist auf die unüberbrückbare Differenz von Bild und Leben. Die zeitliche Begrenztheit der Photographie führt Barthes auf deren «Stillstand» zurück; für ihn sind Photographie und Film zwei unvereinbare Gegensätze. Während das photographische Bild die Zeit laut Barthes in seiner zweidimensionalen Begrenztheit stocken lässt – «es gibt keinen Platz mehr, nichts lässt sich hinzufügen» –, zerstört die Technik des Films die Autonomie des einzelnen Bildes und unterwirft es einem Fluss, in dem es «fortwährend zu anderen Bildformationen hin gestossen und gezogen wird». Die Photographie, die «nicht den geringsten Drang besitzt», ist für ihn «ohne Zukunft»; und das Photo ist nicht nur «seinem Wesen nach niemals Erinnerung», sondern «blockiert sie vielmehr».

Diese Aussagen Barthes' über die zeitliche Beschränktheit der Photographie bestreitet Tillmans, indem er Verzögerung oder Distanz sichtbar macht und in seine Darstellung integriert. Technisch gesehen werden Distanz und Verzögerung durch das absichtliche Verwischen von Details und die, vor allem in den Landschaftsaufnahmen erkennbaren, flachen Winkel angedeutet. Oft aber wird die Melancholie des Vereinzeltseins im Gesamteindruck oder der Atmosphäre der dargestellten Szene sichtbar. Indem Tillmans seine Subjekte zu wesentlichen Bestandteilen der Landschaft macht, kann er dem Betrachter nicht nur eine Ganzheit der Erfahrung vermitteln, sondern auch seine eigene Zugehörigkeit zu einem gemeinsam erlebten Augenblick. Mit anderen Worten, sein «Bild», das an sich schon attraktiv wirkt, verweist immer auch auf einen Mangel und bedarf des ergänzenden Kontextes um seine volle Bedeutung zu erlangen. Die Darstellung von Distanz und Kontingenz in Tillmans' Photographien erinnert an Wim Wenders' (frühe) Roadmovies sowie an Jacques Rivette, dessen Kamerabewegungen und Schnitt-Technik wechselnde Entfernungen nachempfinden und dem Zuschauer das Gefühl unterwegs zu sein auch physisch vermit-

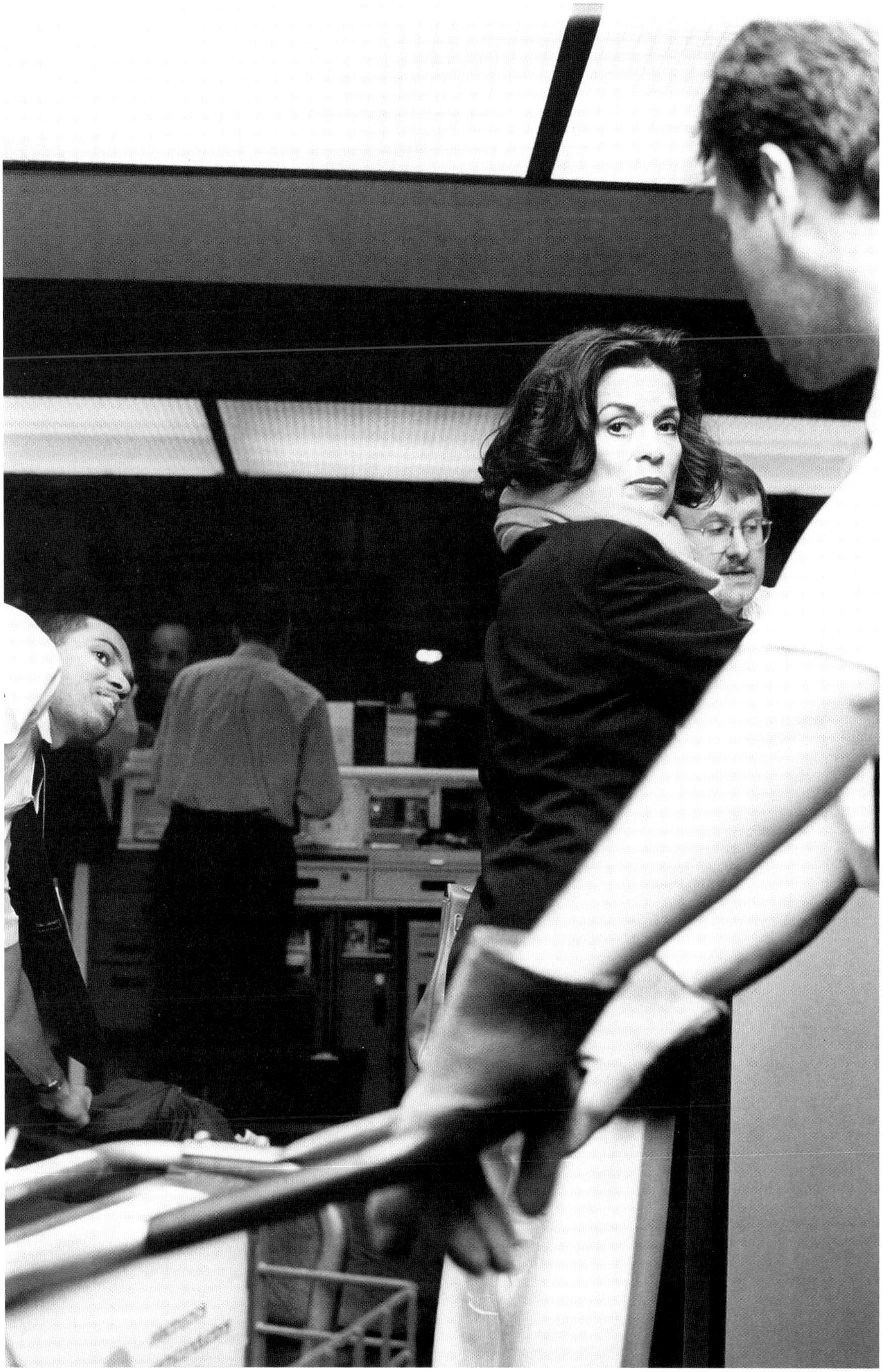

WOLFGANG TILLMANS, BIANCA JAGGER INDEX COVER, 1998, c-print, 40 x 30 cm & 60 x 50 cm / 24 x 20" & 16 x 12".

teln. Häufig mit Verschwommenheit und Schärfe spielend, manchmal mit kleinen Details im Hintergrund, die ebenso wichtig sind wie alles andere, übernehmen Tillmans' Photos auch Rivettes Taktik, mittels bunter oder bewegter (also unscharfer) Objekte im Hintergrund auf die zufällige Natur der Haupthandlung im Vordergrund hinzuweisen. Bei beiden spürt man die Flüchtigkeit des Augenblicks und das Fragile der beteiligten Individuen.

Die Präsentation als Serie unterstreicht das bereits in den Einzelaufnahmen deutliche Element der Vergänglichkeit. Die Bubble-Jet-Prints treiben das noch weiter. Unscharfe Stellen, ausgebleichte Farben und die charakteristische grobe Textur dieser Prints ahmen den Prozess des Verblassens oder Hervortretens eines Bildes nach und wecken den Wunsch es genauer sehen zu wollen. Das extrem leichte und fragile Papier, auf dem die Bilder gedruckt sind, stellt das Objekthafte der Photos vollends in Frage. Tillmans behandelt Bilder nicht wie fertige Produkte, sondern eher wie offene Türen zu vergangenen und zukünftigen Begegnungen des Betrachters. Schaut man eine Sequenz solch suggestiver Bilder an, ist es, als könne man durch das dünne Papier hindurch in ein Hinterzimmer der Erinnerung sehen; man hat das Gefühl sich in der Zeit vor- und rückwärts zu bewegen. Und unbewusst fühlt man sich durch das Freiwerden der ungeheuren emotionalen Energie, die wir sonst auf die Zeit verwenden, zutiefst neu belebt. Tillmans Photographie transzendiert die zeitliche Begrenztheit des photographischen Bildes durch eine metonymische Kraft der Beschwörung, die ihr Bezugsobjekt über das unmittelbar Sichtbare hinaus erweitert.[2)]

Was macht die Schaffung einer solchen Erinnerungsmaschine möglich? Die Antwort dürfte in Tillmans' Entschlossenheit liegen, das Spezifische individueller Existenzen dem Fluss der Zeit zu entreissen, indem er die Elemente ihrer Wandelbarkeit in seine Photographie integriert. Seine Haltung ist immer dieselbe, auch wenn er einen aussergewöhnlichen Gegenstand photographiert. In Tillmans' Bildern von der Concorde, die auch als Buch erschienen sind,[3)] drückt sich eine unprätentiöse, aber umso spannendere Annäherung an seinen Gegenstand aus. Indem er den Flug der berühmten Maschine wie eine filmische Sequenz nachvollzieht – vor einem Himmel, dessen wechselnde Farbtöne das Verfliessen der Zeit sichtbar machen –, gelingt ihm das an Monet erinnernde Kunststück, Zeit durch das Festhalten der wechselnden Zustände eines einzigen Objekts darzustellen. Vor allem weckt die winzige Gestalt der Concorde, die – manchmal ein goldenes Rauchwölkchen hinter sich herziehend – in der Weite des Himmels, über Baumwipfeln oder Gebäuden eingefangen wird, Kindheitserinnerungen an Flugzeuge oder Vögel, die man am Himmel ausmachte, samt den dazugehörigen Gefühlen der Entdeckerfreude und der Wehmut, wenn sie jenseits des Horizonts wieder verschwanden. CONCORDE liefert so nicht nur eindrucksvolle Bilder von seinem Gegenstand, sondern erfüllt gleichzeitig auch Tillmans' Ziel, Gegenwart und Vergangenheit des Betrachters miteinander in Verbindung zu bringen.

(Übersetzung: Uta Goridis)

1) Barthes schreibt, dass es für ihn qualvoller gewesen sei, «ähnliche» Aufnahmen seiner über alles geliebten Mutter zu betrachten, als solche, die überhaupt keine Ahnlichkeit aufwiesen; für ihn ist die Suche nach der Ganzheit (Identität) einer Person in einem Photo eine endlose Wiederholung von Erwartung und Enttäuschung; vgl. Roland Barthes, *Die helle Kammer: Bemerkungen zur Photographie*, Suhrkamp, Frankfurt am Main 1989, S. 76.

2) Barthes bemerkt, dass das *punctum*, das zufällige Detail eines Bildes, das es unmöglich macht, es als blosses Zeichen zu interpretieren, über eine metonymische Kraft verfügt und den Betrachter über das eigentliche Bild hinaus zu einer lebendigen Wiedergabe des Ereignisses führen kann, dem das Bild seine Entstehung verdankt (ebenda, S. 55). Indem er einem Photo die Fähigkeit bescheinigt, seine eigene Beschränktheit zu transzendieren, widerspricht Barthes seiner eigentlichen Prämisse; von Tillmans könnte man sagen, dass er die Fähigkeit des Bildes, seine zeitliche Bedeutung zu erweitern, kultiviert, wogegen Barthes diese vernachlässigt.

3) Wolfgang Tillmans, *Concorde*, Verlag der Buchhandlung Walther König, Köln 1997.

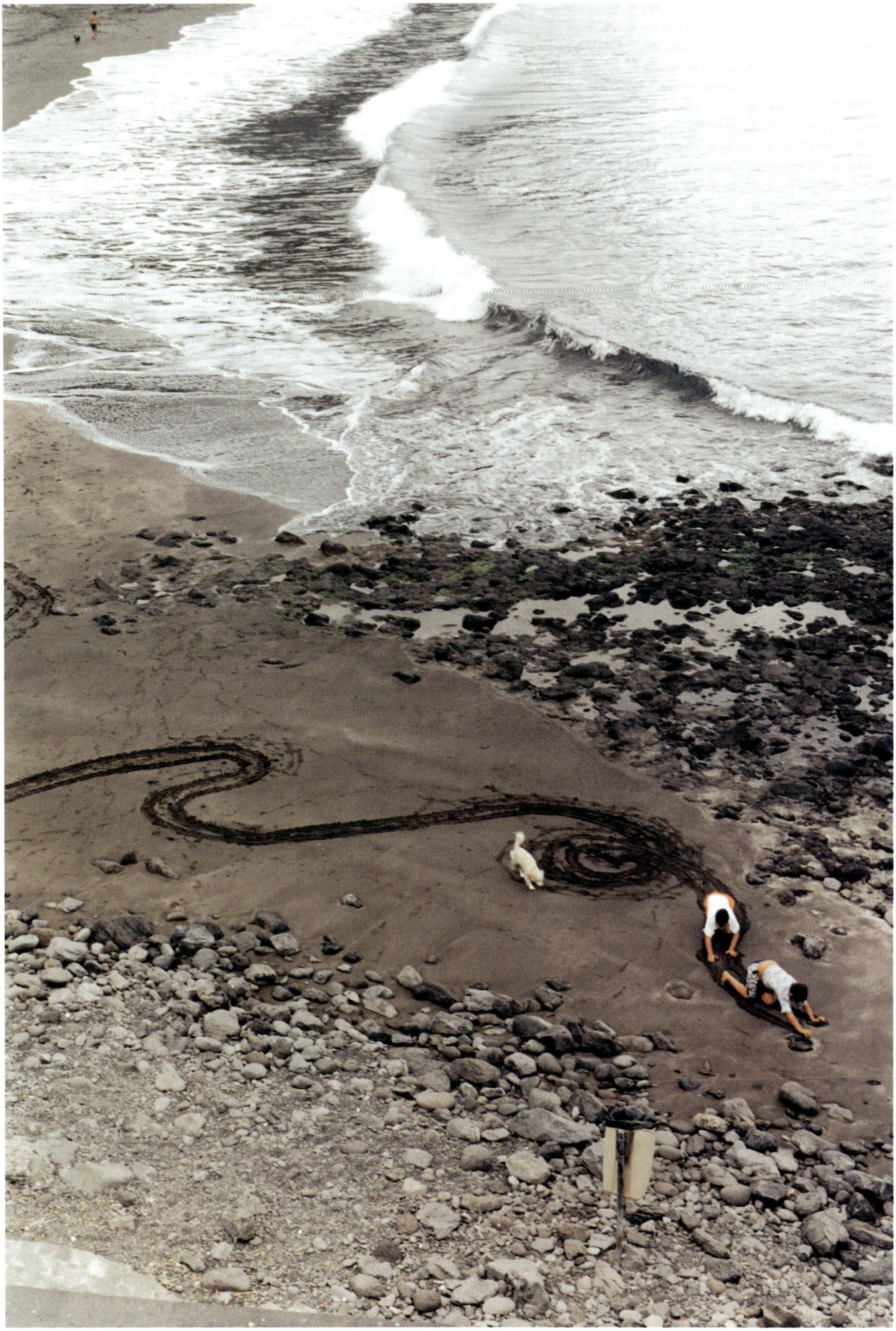

WOLFGANG TILLMANS, UNTITLED (LA GOMERA), 1997, c-print, 40 x 30 cm & 60 x 50 cm / 24 x 20" & 16 x 12"; bubble-jet print, 170 x 120 cm / 67 x 47¼".

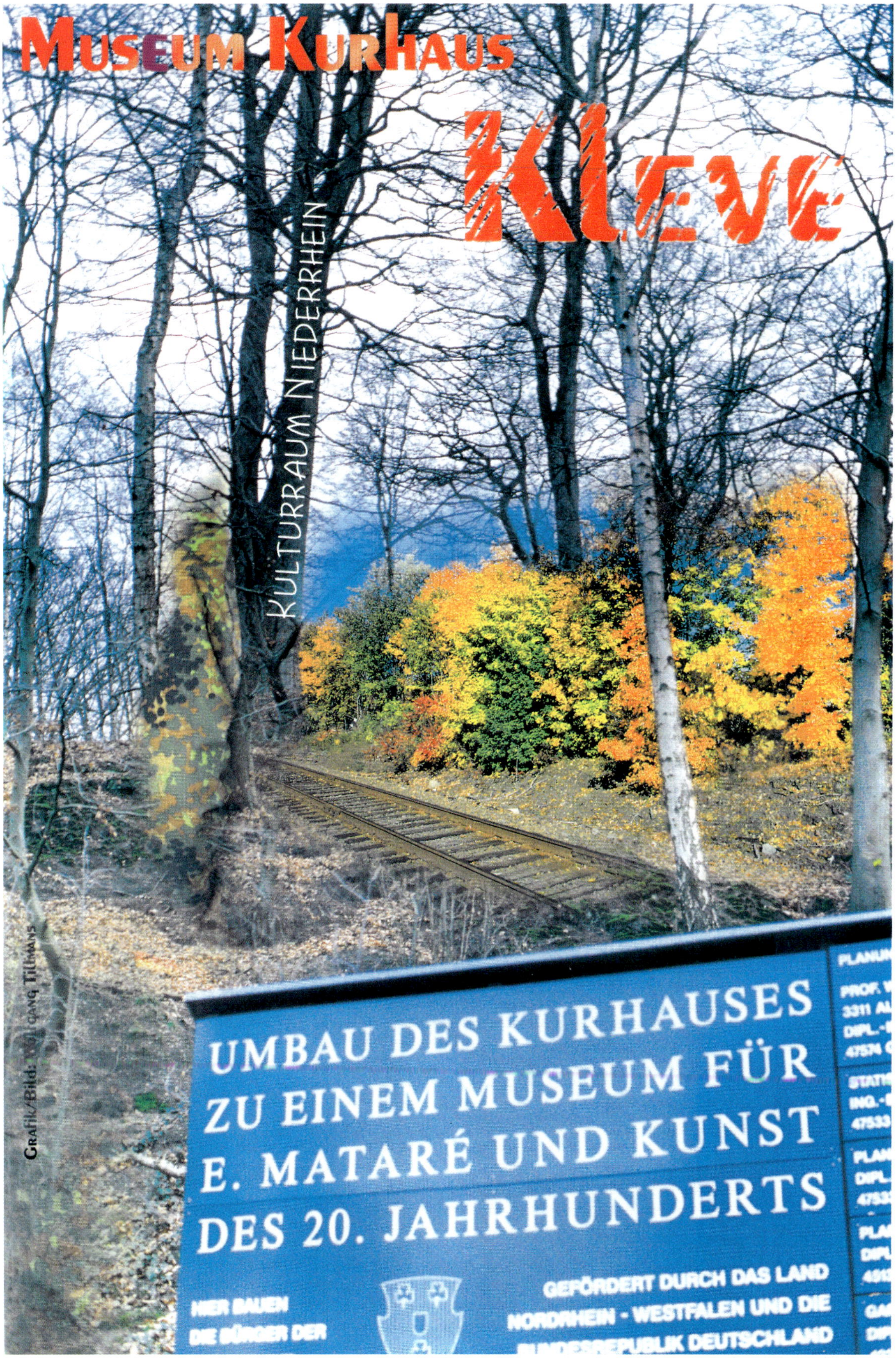

WOLFGANG TILLMANS, *Entwurf für eines von sechs Museumsplakaten, Kulturraum Niederrhein, 1997 / poster design for one of six museum posters.*

Wolfgang Tillmans's Memory Machine

MIDORI MATSUI

A sequence of photos by Wolfgang Tillmans makes you feel the actuality of a reconstructed past. Each image refers to the original moment of which it is a token, while the accumulation of many images indicates diverse points of contact between the photographer and others. At the Yokohama Museum of Art in Japan, Tillmans's wall installation uniquely justified the exhibition's theme: "Absolute Landscape: Between Illusion and Reality" (1997). Photos of Alex and Lutz sitting on tree branches, or snuggling with others on a sandy beach, juxtaposed with photos of fruit, shirts, and an aerial shot of an industrial lagoon, suggest a totality of experience. Indicating the mind which unites apparently unrelated fragments into a coherent whole, the arrangement of the photos nonetheless leaves numerous possibilities for making other associations. That tension between freedom and inevitability gives you an urge to search for your own absolute landscape, taking each photo as a point of departure.

What then, is an absolute landscape? I take it to be the landscape that contains a special personal significance. The scene may not possess any historical importance or be picturesque by any conventional standards. It is the detail that accidentally arrests your attention, that makes you stop and see the world in an unusual way. Such a detail, remembered in relation to time, place, and persons, becomes an image that influences your future way of looking at things. You might even say that a sum of such images constitutes one's identity. Tillmans's photos present such images that reveal people's identities through the ways in which they inhabit the landscape. Placed in night streets, beaches or woods, his models radiate with an individual beauty that seems inseparable from the particular details of the place and time. Tillmans's capitulation of the light, humidity, or even the temperature that contributes to producing a special atmosphere surrounding his model reconstitutes the moment as a total image. This approach differs inherently from the conventions of fashion photography in staging a scene, or fetishizing the body and mannerisms of models, to produce an illusion of class.

Tillmans's photos project a special aura due to their innate temporal element. His photos evoke in you the sense of having visited some place similar, or spent the same sort of intimate time with friends. That is owing to the fact that, through the manipulation of distance, his shots always indicate his presence, participating in the scene not as a voyeur but as someone with a strong empathy for those being photographed. In CRAIG (1992), a tender light accentuating the sweetness of a boy's face suggests his rapport with the photographer, while in BOURNEMOUTH (1991), a fence in the foreground marks the physical distance between the photographer and the boys playfully wrestling on the beach, pointing to his melancholic recognition of the distance that, by necessity, separates them indicating his desire to reach out to them.

This recognition of distance—difference—is considered by some theorists to be the initial trauma of photographic representation. Roland Barthes remarks in *Camera Lucida* that the exactness of the image—its external resemblance to the photographed subject—makes it impossible to retrieve the truth of the subject, since photography replaces the complex existence of the

MIDORI MATSUI is Assistant Professor of American and Comparative Literature at Tokhoku University, Japan. She is a frequent contributor to *Flash Art.*

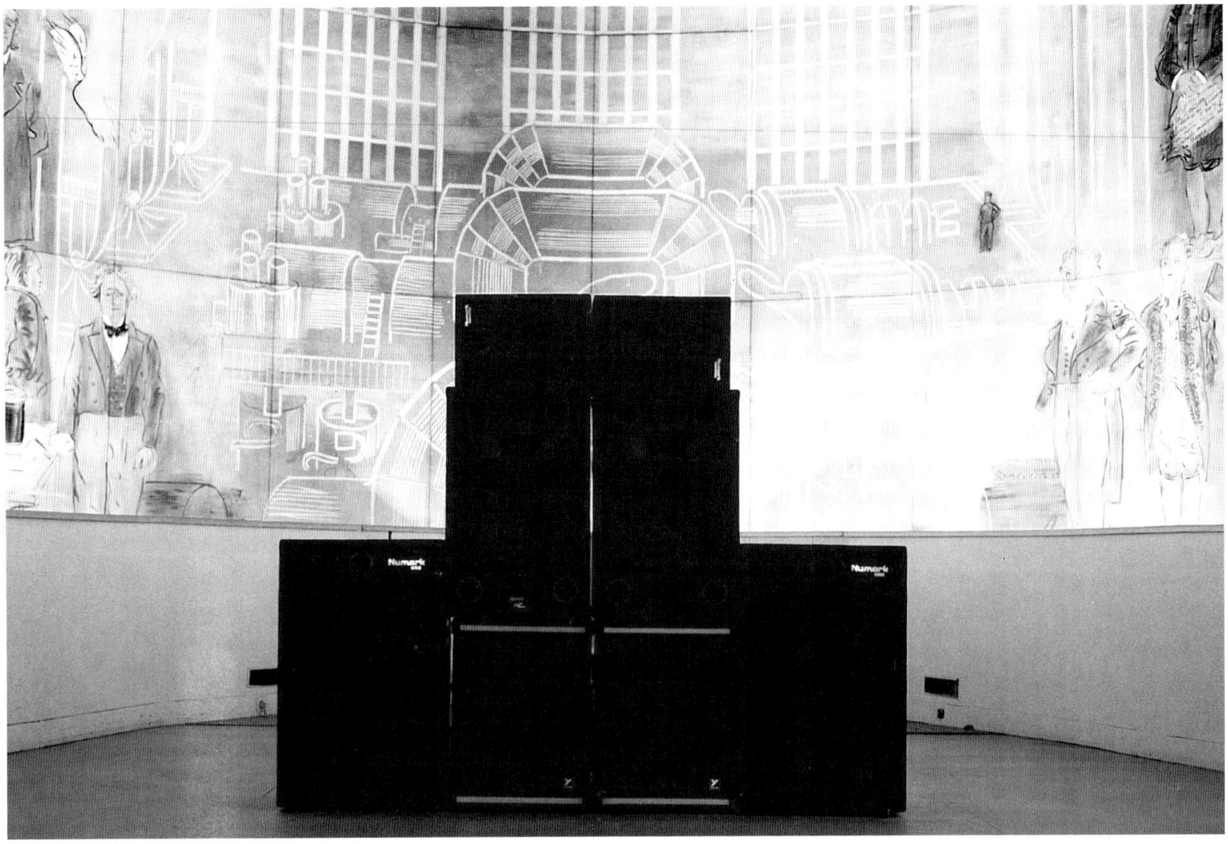

WOLFGANG TILLMANS, SALLE TECHNO, 1994,
Klanginstallation im Dufy-Saal des Musée d'Art Moderne de la Ville de Paris /
sound installation in the Dufy room at the Musée d'Art Moderne, Paris.

individual by a flat image.[1] Only the aura of the individual, accidentally captured by the unassuming photographer in the moment of the subject's innocent self-abandon, resurrects his or her spiritual essence. But, for Barthes, even the "aura" is an "intractable supplement of identity," signifying the image's irremediable difference from life. Barthes attributes photography's temporal limitation to its "stasis," and distinguishes photography and film as irreconcilable binaries. He argues that while a photographic image freezes time in its flat self-containment—"no room, nothing can be added to it"—the filmic apparatus destroys its image's autonomy by placing it in the flux that "constantly impels it toward other views." Lacking that "propensity," photography is "without future"; being "never in essence, memory," it even "blocks memory."

Tillmans precisely contests everything Barthes asserts about photography's temporal limitation. He does so by integrating the recognition of delay or distance into his representation. Technically, distance and delay are suggested by the deliberate blurring of details and the low-angle composition conspicuous in his landscape shots. But the melancholy of separateness is frequently projected as a total effect or "aura" of the scene. Presenting his models as being an integral part of the landscape successfully communicates to the audience not only the totality of experience, but also the photographer's attachment to the shared moment. In other words, his "image," attractive in itself, still suggests a lack, demanding an addition of context for the fulfillment of its meaning.

The expression of distance and contingency in Tillmans's photos recalls the road movies of (early) Wim Wenders and Jacques Rivette, whose camera movements and editing strategies recapitulate changing distances, physically transmitting the sense of being on the move. Frequently playing between focused and blurred images, sometimes with small details in the background demanding equal attention, Tillmans's photos also embrace Rivette's strategy of making the audience realize the accidental nature of the protagonist's action in the foreground by placing some brightly colored or moving (thus blurred) objects in the background. In both, the impermanence of the present and the fragility of the individual involved in it is felt.

Presented in sequence, the sense of transition that is already strong in Tillmans's single shots is intensified. Bubble-jet prints enhance the effect even further. The blurs, fading colors, and rough textures peculiar to bubble-jet prints mimic the fading or emerging of an image, prompting the desire to grasp it more precisely. The thinness and fragility of the sheets on which the images are printed resist the notion of photograph as object. Images in Tillmans's photos are thus treated not as finished products, but rather as doors to the viewer's past and future encounters. Seeing the sequence of evocative images, as though receding through the thin sheet into the rear room of memory, is like moving back and forth in time. You feel your deep perceptual self revitalized by the discharge of an intense emotional energy engaged in the pursuit of time. Tillmans's photography thus transcends the temporal limitation of a photographic image, through the metonymical power of evocation enlarging its reference outside literal representations.[2)]

What enables the creation of such a memory machine? The answer seems to be Tillmans's determination to salvage the specificities of individual lives from time's ebb by incorporating into his photography the elements of their mutability. He never changes his attitude, even when photographing a privileged object. In fact, in his photos of the Concorde, published as a book,[3)] Tillmans assumes an unpretentious yet thrilling approach. Tracing the flight of the celebrated plane as a filmic sequence, against a sky whose changing hues indicate the passage of time, the book accomplishes the Monet-like feat of representing time by tracing the changing phases of a single object. Above all, the minuscule figure of the Concorde—sometimes trailing a golden puff of smoke—spotted in the vast spread of the sky or above treetops and buildings, reactivates a childhood memory of catching sight of an airplane or a bird in the sky, complete with the excitement of discovery and the melancholy of losing sight of it beyond the horizon. While producing remarkable images of its subject, CONCORDE also succeeds in fulfilling the Tillmansian mission of connecting the viewer's now and then.

1) Barthes testifies that the recognition of verisimilitude—likeness—in the photography about his beloved mother gave him more pain than finding her photographic images not looking like her at all; for him, looking at photography in search of the wholeness (identity) of someone is the never-ending repetition of expectation and disappointment; see *Camera Lucida*, trans. Richard Howard (New York: Vintage, 1982), p. 66.
2) Barthes remarks that *punctum*, the accidental detail in the picture that destroys its coded reading, tends to work "metonymically," leading the audience beyond the literal image to the vivid evocation of the event in which the image was first perceived (ibid., p. 45). Barthes's recognition here of the ability of a photographic image to transcend its self-containment contradicts the fundamental premise of his book; you might possibly say that Tillmans's photography cultivates the ability of images to expand their temporal meanings, which Barthes left uncultivated.
3) Wolfgang Tillmans, *Concorde* (Cologne: Verlag der Buchhandlung Walther König, 1997).

WOLFGANG TILLMANS, CONCORDE L433-12, 1997, c-print, 32 x 22 cm / 12⅝ x 8⅝".

CONCORDE

NEVILLE WAKEFIELD

In 1968, the year Wolfgang Tillmans was born, the future took off. During the three decades that have followed, its shape has remained unchanged. Its migrant silhouette, now permanently burned into a collective imagination, outlines in the skies a destiny that never was. Conceived in the snap before the final thaw of the Cold War following a joint agreement between England and France, the building of the Concorde seemed for a while to be just about plumbing and the prevention of treachery in closed systems. The year before, the Russians stole the march on the West with the maiden flight of the first supersonic transport—so similar in design as to be immediately dubbed "Concordski"—and two Soviet agents were arrested amid allegations of industrial espionage, apparently smuggling microfiche plans from the French plant in Toulouse via the Warsaw-Osten express. The form of the aircraft as it emerged on both sides of the Iron Curtain pays a cozy homage to the lethal force of its military antecedents. But by the late seventies, the Evil Empire had begun to slump into the Sad Morass, and the future of high-altitude supersonic passenger travel in the Soviet Union had been reduced to mail-runs between Moscow and Alma-Ata, the capital of Kazakhstan.

A photograph of one of the surviving Russian planes—a sister of the Tupelev TU111 that crashed for reasons that were never fully explained during the Paris Air Show of 1973—shows the myth of the near future vandalized and decaying in a Moscow field. Looking at it now one can begin to sense the alloy of pride and despair that accompanied the demise of other great ruinous modernist experiments such as Le Corbusier's Unité d'Habitation whose carcass, like that of the Russian plane, still rots in a suburban lot in Firminy in the south of France. Modernist promises unfulfilled, war machines—like social architecture—are reduced to being just machines, subject to the physical mortalities of corrosion, peeling paint, and to the psychic mortality of the idea. Today it rests there like a Ballardian monument to utopian refusal, grounded on the failure of the comparative adjectives, faster and better, to overtake a world of car pools and Trabants.

Only prodigious expenditure (by 1976 each side of the Anglo-French agreement had spent in excess of £500 million) and the strange nostalgic mystique of a kind of misplaced national-modern pride has saved the fourteen Concordes currently in active service from the fate of the Tupelev plane. Despite rising fuel prices and environmental pressures that prevented supersonic travel from becoming a reality, the dream remains aloft, burning 280 tons of kerosene during the course of the four transatlantic crossings made each day. Concorde is an environmental nightmare, and yet its mystique as much as its service continues to capture the imagination. In the pursuit of an excess of speed that turns into repose, it embodies the paradox of a future utopia, the propulsions of which take over time: "Mythology abandons here a

NEVILLE WAKEFIELD is a writer who lives in New York. He interviewed Wolfgang Tillmans for the exhibition catalogue of Tillmans's exhibition at Portikus Frankfurt in 1995.

whole imagery of exterior friction and enters pure coanaesthesis: motion is no longer the optical perception of points and surfaces; it has become a kind of vertical disorder, made of contractions, blackouts, terrors and faints; it is no longer a gliding but an inner devastation, an unnatural perturbation, a motionless crisis of bodily consciousness."[1] Concorde departs from London Heathrow to arrive at JFK before it left: chasing a future that has already been.

Underplaying Concorde's technological prowess, Tillmans follows its form as an act of anorak, of pure ornithology. The book that follows is a lo-fi twitcher's record of sightings and recognitions—a pilgrimage along flight paths in search of a singular bird. With each shot the plumage of light changes as it climbs the pages to emerge from the hedgerows of gas signage and street lights into the ether of technological levitation. Streaming high overhead, the visual register changes. This time, like the Hale-Bopp comet or the Nike whoosh of the Heaven's Gate suicide victims, Concorde is transformed once again, glimpsed this time as an astrological phenomenon, a self-signifier full of unknown atavistic portent.

Tuning into the nuanced transformation of singular form, Tillmans's CONCORDE follows the atmospheric blueprint of artists' books such as Bruce Nauman's LAAIR and CLEAR SKY or, more recently, Roni Horn's TO PLACE, HARALDSDOTTIR. Horn stares into the face of her companion, looking beyond the topographical features into the abstract register of a physiognomic climate. Like Nauman's velveteen pollutions, Magret's face emerges as a precipitate of temporal geography, a landscape measured against the mood-altering perceptions of time and place. In CONCORDE, Tillmans stares into the face of technology, or rather traces its index as it passes across the suburbs, above tube lines and car parks, anonymous commuter traffic, and Gay Pride parades. Sometimes it appears as a vengeful, jet-fueled Samothrace, at other times just a delta-winged fleck across London's lapidary skies.

But for all the drafts of narrative that play across the sequences of ascent and descent, the Concorde that Tillmans chooses to describe moves away from the self-anthologized vision of previous publications. In these, Tillmans converted art into a comprehen-

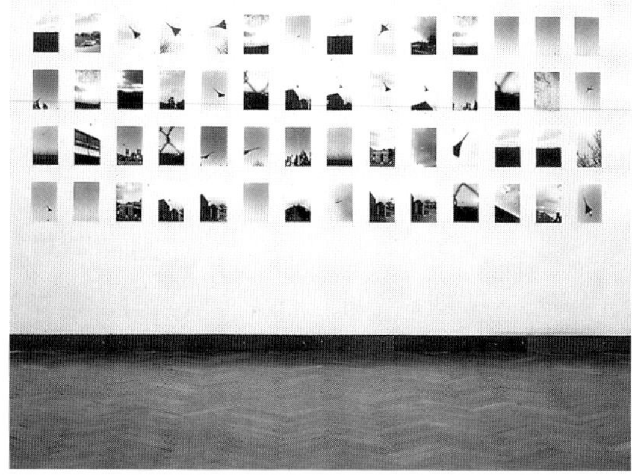

WOLFGANG TILLMANS, CONCORDE BLOCK, 1997, 56 c-prints, Stedelijk Museum, Amsterdam, 164 x 464 cm / 64⅝ x 182⅝".

sion of social process, his project being to pool images from the catchment areas of social history, fashion, youth culture, and still life into an aesthetic alluvium from which the rhetoric of authority has been all but purged. They became like photo albums whose narratives flow against a generalized awareness of photography's documentary remission. In subtle contrast, CONCORDE is conceptually crystallized away from the page. It belongs to a genus of books that includes, along with Nauman's and Horn's, Ed Ruscha's SWIMMING POOLS, CAR PARKS, and PALM TREES, Martin Kippenberger's PSYCHO-BUILDINGS, and nearly all of Richard Prince's publications—ideas for which the book is no longer the vehicle but has become the artwork itself.

Were we meant to draw conclusions from Tillmans's slim elegaic volume, his meditation on priapic modernity might have ended with the traditional "cum-shot" landing of airplane photography—the puff of smoke that signals touchdown and finale in the coitus of time and space. But, in the slow expiration of the processing chemicals, Tillmans refuses to develop such a resolution. Instead the book ends in the traces of Concorde's own purple haze. On the back cover an unidentified figure stares at the speck of the airplane as it disappears into the distance. He could be following the many passages that both he and it have made over the past thirty years. "Scuse me while I kiss the sky," goes the Hendrix song, "Is it tomorrow or just the end of time?"

1) Roland Barthes, "The Jet Man," in: *Mythologies*, (London: Granada Publishing, 1973) p. 71.

CONCORDE

NEVILLE WAKEFIELD

Im Jahr 1968, als Wolfgang Tillmans geboren wurde, hat die Zukunft abgehoben. In den drei darauf folgenden Jahrzehnten hat sich ihre Gestalt nicht verändert. Die fliehende Silhouette hat sich ins kollektive Gedächtnis eingeprägt und zeichnet ihre unerhörte, schicksalhafte Bahn in den Himmel. Der Entschluss zum Bau der Concorde fiel in die letzte Kälteperiode vor dem grossen Tauwetter, das den Kalten Krieg definitiv beenden sollte, und war das Ergebnis einer englisch-französischen Zusammenarbeit; bei der Ausführung schien es zunächst eher um Probleme der sanitären Installationen und der Geheimhaltung in geschlossenen Systemen zu gehen. Ein Jahr zuvor hatten die Russen dem Westen mit dem Jungfernflug der ersten Überschalltransportmaschine die Schau gestohlen – sie sah der Concorde so ähnlich, dass ihr sofort der Spitzname Concordski verpasst wurde; zwei Sowjetagenten wurden unter dem Vorwurf der Industriespionage verhaftet. Offenbar hatten sie die Pläne auf Mikrofiche aus der Fabrik in Toulouse über Warschau in die Sowjetunion geschmuggelt. Beidseits des Eisernen Vorhangs zollte die Form des Flugzeugs unverkennbar der todbringenden Kraft seiner militärischen Vorgänger Tribut. Aber Ende der 70er Jahre war das Reich des Bösen bereits dabei, sich in einen kläglichen Sumpf zu verwandeln und die Zukunftsmusik der Überschall-Passagierflugreisen innerhalb der Sowjetunion war zusammengeschrumpft und beschränkte sich nun auf den Postverkehr zwischen Moskau und Alma-Ata, der Hauptstadt Kasachstans.

Die Photographie eines der erhaltenen russischen Flugzeuge – eine Schwestermaschine jener Tupolev TU111, die unter nie völlig geklärten Umständen während der Pariser Flugschau 1973 abstürzte – zeigt den Mythos einer nahen Zukunft bös beschädigt und dem Verfall preisgegeben auf einem Moskauer Feld liegen. Betrachtet man dieses Bild heute, kann man die damit verbundenen Gefühle von Stolz und Verzweiflung nachempfinden, die auch das Ende anderer grossartiger, aber zum Scheitern verurteilter Experimente der Moderne begleiteten, etwa Corbusiers Projekt *Unité d'Habitation,* dessen trauriger Rest, wie jener des russischen Flugzeuges, auf einer Vorortswiese von Firminy in Südfrankreich, allmählich verrottet. Als nicht eingelöste Versprechungen der Moderne schrumpfen Kriegsmaschinen – genau wie der soziale Wohnungsbau – zu ganz gewöhnlichen Maschinen, die sowohl physischen Verfallsphänomenen wie Rost und abblätternder Farbe preisgegeben sind als auch der psychischen Hinfälligkeit der Idee. Heute liegt alles da wie ein Ballard'sches Denkmal der utopischen Verweigerung; der Grund liegt im Scheitern der komparativen Adjektive, schneller und besser, beim Überholen einer Welt der Gemeinschaftsautos und Trabbis.

Nur ungeheure finanzielle Mittel (bis 1976 hatte jede Seite der englisch-französischen Partnerschaft über 500 Millionen Pfund investiert) und die merkwürdig nostalgische Mystik eines fehlgeleiteten na-

NEVILLE WAKEFIELD ist Publizist und lebt in New York. Er interviewte Wolfgang Tillmans 1995 für den Katalog seiner Ausstellung im Portikus, Frankfurt.

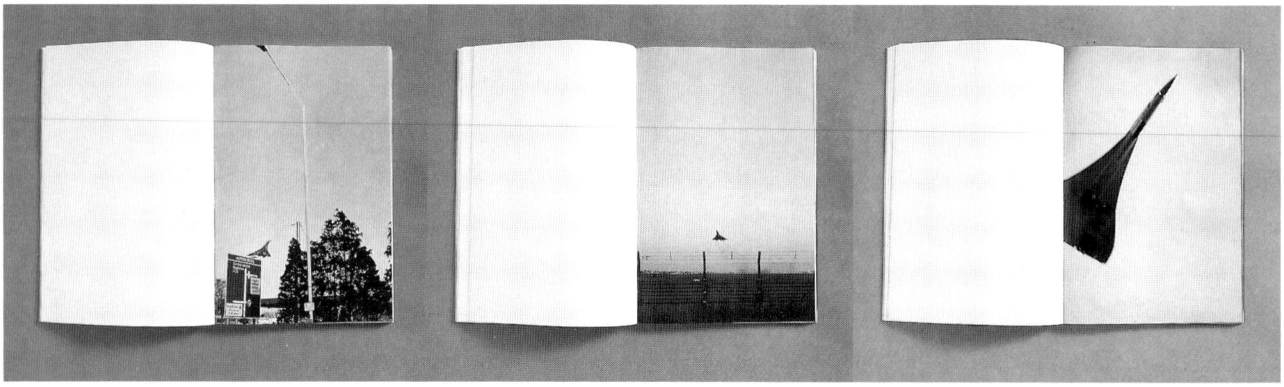

tional-modernen Stolzes haben die vierzehn Concordes, die zurzeit in Gebrauch sind, vor dem Schicksal der Tupolev bewahrt. Trotz steigender Treibstoffpreise und des wachsenden Druckes ökologischer Probleme, welche verhindert haben, dass Überschallreisen zur alltäglichen Realität wurden, schwebt der Traum nach wie vor durch die Luft und verbrennt 280 Tonnen Kerosen während der täglichen vier Transatlantikflüge. Die Concorde ist ein ökologischer Alptraum und trotzdem vermag sowohl ihr Zauber als auch ihr Nutzen weiterhin unsere Vorstellungskraft zu fesseln. In dem Bemühen eine Höchstgeschwindigkeit zu erreichen, die in Stillstand umschlägt, verkörpert sie das Paradoxon eines zukünftigen Utopia, dessen Beschleunigungskräfte die Zeit überholen: «Die Mythologie verlässt hier die gesamte Bildsprache der Reibungen mit der Aussenwelt und tritt ein in die reine Koanästhesis: Bewegung ist nicht länger die optische Wahrnehmung von Punkten und Oberflächen; sie ist zu einer Art vertikaler Unordnung aus Kontraktionen, Blackouts, Schrecken und Ohnmacht geworden; sie ist kein Gleiten mehr, sondern eine innere Verwüstung, eine unnatürliche Verstörung, eine reglose Krise des Körperbewusstseins.»[1] Die Concorde startet in London Heathrow und landet im New Yorker John-F.-Kennedy-Flughafen früher, als sie abgehoben hat: auf der Jagd nach einer bereits vergangenen Zukunft.

Tillmans spielt die technologische Überlegenheit der Concorde herunter und beobachtet ihre äussere Erscheinung, wie irgendein Naturbegeisterter seinen Lieblingssport betreibt, quasi ornithologisch. Das Buch, das dabei entsteht, entspricht denn auch den technisch anspruchslosen Aufnahmen eines Ornithologen, der festhält, was er sieht und erkennt – auf seinem Pilgerweg entlang den Flugrouten auf der Suche nach dem besonderen Vogel. Mit jeder Aufnahme wechselt sein Lichtgefieder, während der Vogel auf den Buchseiten höher steigt und sich aus den Hecken der Flughafen- und Strassenbeleuchtung in den Äther der technologischen Erhabenheit emporschwingt. Sobald er hoch oben dahingleitet, verändert sich die Bildordnung. Noch einmal verwandelt sich die Concorde – wie der Komet Hale Bopp oder der Nike-Spleen der Heaven's Gate-Sekte – und wird zur astrologischen Erscheinung, zum nur auf sich selbst verweisenden Urphänomen von unbekannter tieferer Bedeutung.

Passend zu der nuancierten Verwandlung einer einzigen Form verwendet Tillmans' CONCORDE dieselbe stimmungsvolle Blueprint-Technik wie schon die Künstlerbücher von Bruce Nauman, LAAIR und CLEAR SKY, oder kürzlich Roni Horns TO PLACE, HARALDSDOTTIR. Horn blickt starr ins Gesicht ihrer Begleiterin und schaut durch die Topographie der Gesichtszüge hindurch in das abstrakte Ordnungsprinzip eines physiognomischen Klimas. Wie bei Nauman die verpestete Luft über Los Angeles, erscheint Magrets Gesicht als stoffliches Gebilde von zeitlich bedingter Gestalt, eine Landschaft, die den wech-

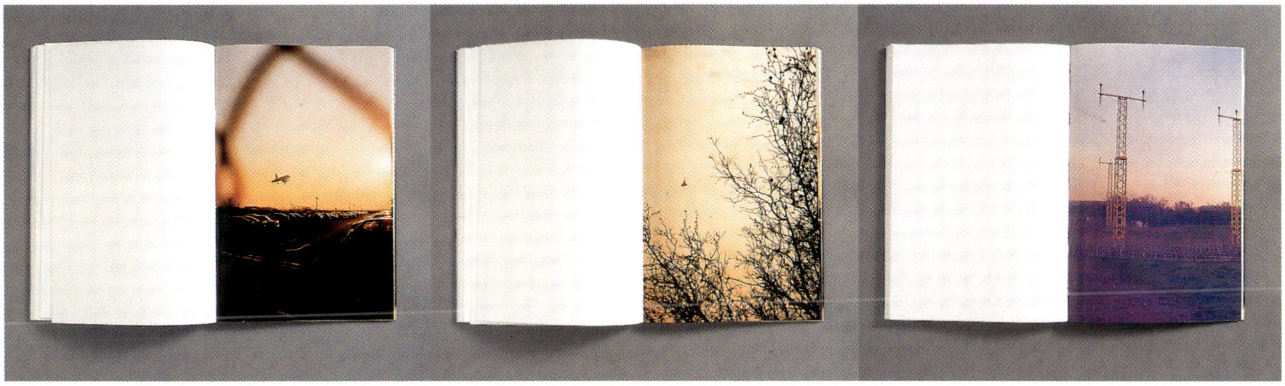

WOLFGANG TILLMANS, CONCORDE (BUCH), 1997,
erschienen im Verlag der Buchhandlung Walther König, Köln, 128 Seiten, 24 x 16,2 cm /
published by Walther König, Cologne, 128 pages, 9½ x 6¾".

selnden Launen der Wahrnehmung von Zeit und Raum unterworfen ist. Tillmans schaut in CONCORDE der Technologie ins Gesicht oder bleibt ihrem Wahrzeichen auf der Spur, wenn es über die Vorstädte, Bahnlinien und Autoparkplätze, über anonymen Pendlerverkehr und Gay Pride Parades hinwegdonnert. Manchmal erscheint es als rachsüchtige, düsengetriebene Nike von Samothrake, dann wieder als deltageflügeltes Zeichen im klaren Himmel über London.

Aber trotz all der erzählerischen Ansätze, die mit den Bewegungssequenzen beim Starten und Landen spielen, bewegt sich die Concorde in Tillmans Beschreibung weg von der selbst-anthologisierenden Betrachtung seiner früheren Publikationen. In jenen setzte Tillmans die Kunst zur Interpretation sozialer Prozesse ein, da es ihm darum ging, aus den ineinander fliessenden Bereichen von Sozialgeschichte, Mode, Jugendkultur und Stillleben Bilder zu sammeln und aus ihnen ein ästhetisches Sediment zu formen, aus dem die autoritative Rhetorik noch alles andere als getilgt war. Sie wirken wie Photoalben, deren erzählerische Richtung dem allgemeinen Wissen um die dokumentarische Rechtfertigung der Photographie zuwiderlaufen. Im Gegensatz dazu wird das Konzept von CONCORDE nicht auf den Buchseiten selbst sichtbar. CONCORDE gehört zu jener Art Bücher, zu denen neben Naumans und Horns bereits erwähnten Werken auch Ed Ruschas SWIMMING POOLS, CAR PARKS und PALM TREES, Martin Kippenbergers PSYCHOBUILDINGS und fast alle von Richard Princes Publikationen gehören – Ideen, für die das Buch nicht mehr nur Medium ist, sondern durch die es selbst zum Kunstwerk wird.

Wäre es Tillmans' Absicht, dass wir aus diesem schlanken, melancholischen Band Schlüsse ziehen sollen, so hätte seine Meditation über die Masslosigkeit der Moderne mit dem herkömmlichen Finale der Flugzeugphotographie enden können: der Rauchschwade die den «touch down» und damit den letzten Höhepunkt im Koitus von Zeit und Raum signalisiert. Aber da auch den Photochemikalien allmählich der Atem ausgeht, weigert sich Tillmans eine solche Auflösung zu entwickeln. Statt dessen endet das Buch in den Spuren des purpurfarbenen Hauchs der Concorde selbst. Auf der hinteren Umschlagseite schaut eine nicht identifizierbare Gestalt dem Flugzeugpunkt nach, der in der Ferne verschwindet. Vielleicht hängt sie den vielen Überquerungen nach, die beide, sie und das Flugzeug, in den letzten dreissig Jahren hinter sich gebracht haben. «Scuse me while I kiss the sky», heisst es im Hendrix-Song *Purple Haze*, «Is it tomorrow or just the end of time?»[2]

(Übersetzung: Susanne Schmidt)

1) Roland Barthes, «L'homme-jet», in: *Mythologies*, Editions du Seuil, Paris 1957.
2) *Purple Haze*: Purpurhauch; «Entschuldige bitte, ich küsse gerade den Himmel. Ist es schon morgen oder nur das Ende der Zeit?»

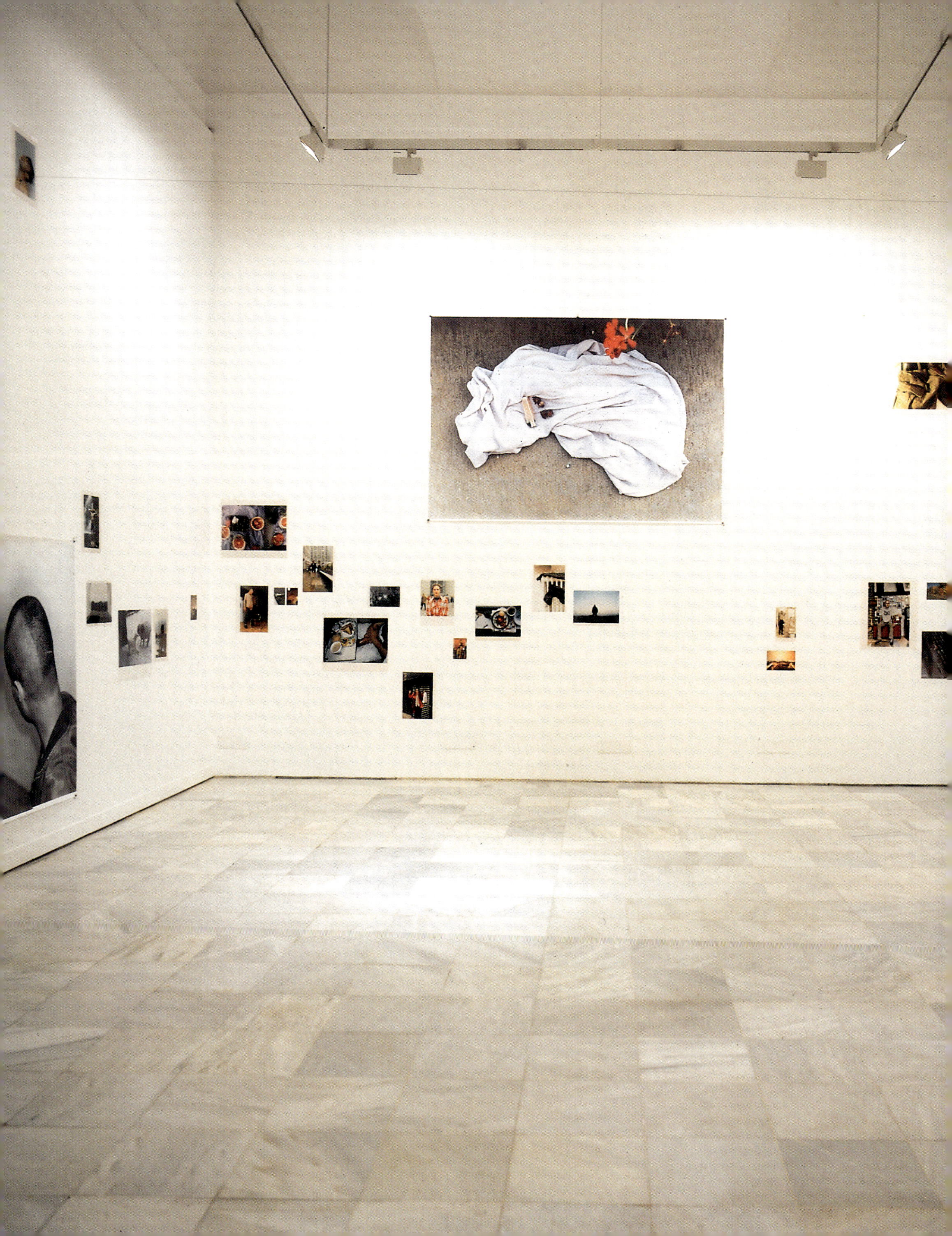

JEN BUDNEY

Come On Baby

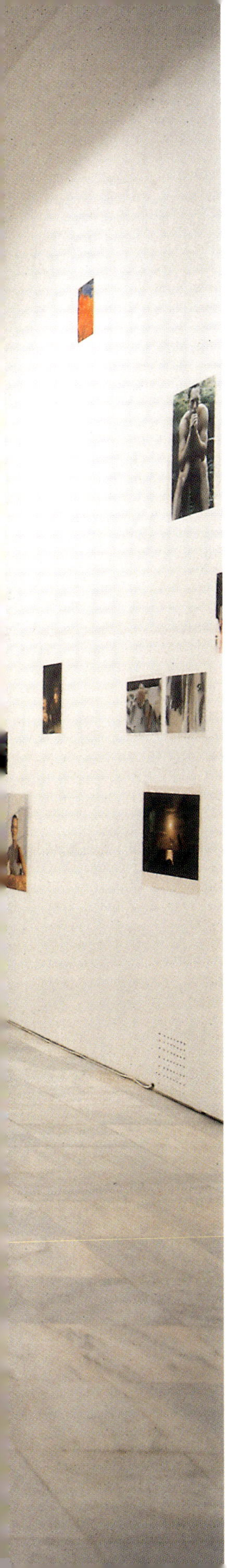

WOLFGANG TILLMANS,
Reina Sofia Installation, 1991–1998,
c-prints, Farbphotokopien,
Offset- & Bubble-Jet-Prints,
verschiedene Formate,
Museo Nacional Reina Sofia, Madrid 1998 /
c-prints, color photocopies,
offset & bubble-jet prints, various sizes.

On summer nights in Milan, my friends and I head round the corner to *Pergola*, the noisy neighborhood squat, for cheap beer and music by imported DJs. The crowd in the courtyard is always the same: Cute boys and cute girls in baggy jeans and sneakers, tripping over cobblestones and giggling, a gaggle of antifascist skinhead punks, the occasional Moroccan snake charmer hired by a rogue communist cultural association. In Italy, of course, there are also lots of boys doing studied James Dean imitations, and plenty of girls in lycra and platform shoes. Everyone has a *telefonino*, a cell phone. The walls are papered with petitions to legalize marijuana, to free Adriano Sofri, and to support subcomandante Ribellè Marcos in Chiapas.

Yet, what catches my attention are not the people or petitions, but a long row of T-shirts up for sale. For 20,000 lira—just over ten Yankee bucks—you can wear your hero's face upon your chest. Here are the heartbreakingly solemn portraits of men who died too young: Jim Morrison, Bob Marley, Jimi Hendrix, Che Guevara, Kurt Cobain. All of them with long locks framing their faces like halos. This is a catholic country, and these are contemporary Christ figures. (The incongruency of Che among the rock stars means that more of these kids have read *The Motorcycle Diaries* than his later history, since his is the only story that actually resembles Christ's.) But I've seen these T-shirts on the streets of New York as well, and by now I'm wondering what's up with this self-willed

JEN BUDNEY is a writer based in Milan. She's a former editor of *Flash Art International*, and her essays and interviews have appeared in numerous magazines including *World Art*, *Third Text*, and *Siksi*.

pessimism, this insistence on martyrdom? If we have to choose a male symbol for our generation, why don't we choose one who's living, someone who's spontaneous and committed to human exertion—even if, as we all acknowledge, "Everything is wrong"? If I had to choose a hero for today, I might pick Moby. And so might Wolfgang Tillmans, I bet.

Wolfgang Tillmans's famous portrait of Moby shows this impossible-to-pin-down musician and tireless, quirky activist sprawled on a sunny rooftop. He looks just how I imagine him to be, or how he might want us to imagine him—entirely human and anti-heroic, vulnerable yet confident in his body and ideas. The man is quite bald, which more or less rules him out as a subject for squatter T-shirts, but he would probably prefer us to wear his words instead. Something along the lines of "The Christian Right Is Neither" or "The environment is worth more than consumer goods and the GNP"; "Freedom of speech is absolute and inviolate" or "Cruelty is unacceptable." A Moby T-shirt might simply read, "Come On Baby," which is the title of one of his songs, a call to either hot love or arms.

So many of Wolfgang Tillmans's photos are saying "Come on baby." Because a number of his images first appeared in *i-D* magazine, and because his work had an immediate, overwhelming affect on fashion photography, he has been mistakenly understood to be a fashion photographer who accidentally broke his way into the art world. But Tillmans is instead a portraitist, though rarely in the classical sense, and along the way he's made a picture of a certain generation—one that looks more eclectic and free than any other, though it has often been labeled as the contrary. The people he chooses to photograph are creative, energetic individuals who seem to enjoy performing their "differences"—be they political, sexual, or aesthetic—for his camera.

A picture of Alex and Lutz in Bournemouth from 1992 says it all. If you are familiar with Tillmans's photography, you will have followed Alex and Lutz through different years and settings. My favorite photo shows them standing in a field, cropped at the knees and at the tops of their heads. Lutz is wearing a strange, yellow foam vest that might be the lining of a life jacket or a cast-off from Joseph Beuys. Alex has a Chanel scarf wrapped at her waist. Both are gazing away from the camera into some middle distance we can't see—Lutz thoughtfully and Alex dreamily—and Alex has Lutz's penis gripped in her right hand. We can't tell how hard she's holding him, and he appears almost not to notice. I like this photo because of the ease with which these models live in their bodies. The unusual power dynamic between male and female—Alex seems both aggressor and protectress—is a hallmark of Tillmans's photography, where men and women are shown to be equally strong, loving, playful, sexy, vulnerable, aggressive, or defensive. Nor are they obliged to be always the same: In this photo Lutz plays the geek-boy, but in others he's ferociously sexual, masturbating under a tree in the forest, or else tender and protective himself, embracing Alex in a warm bear hug. Likewise, Alex (who is much more of an "atypical beauty" than model Kristen McMenamy ever was) is variously tough, tomboyish, feminine, and flirty in the many photos Tillmans has made of her.

Sean Lennon, son of John and Yoko Ono, was recently quoted by *The Times of London* as saying his dad was a "macho pig in lots of ways"—and, as we've all seen, he now rocks out with his mom. Similarly, many of Tillmans's male subjects show a deep distrust or irony towards traditional notions of masculinity, and they demonstrate genuine comfort with women who are as strong or stronger than they are. While some of Tillmans's subjects are proudly and happily gay, even the straight boys, like Moby, are "anal-friendly."[1] Tillmans shows a deep love for women too, whether rambunctious butch dykes (at Gay Pride parades), serious intellectuals and artists (Isa Genzken), or others involved temporarily in maternal, biological pursuits (his sister squirting a jet of milk from her breast as her new baby sleeps beside her). Seen all together at a Tillmans show, mixed with still lives of fruit or sausages in a pot or post-party flat

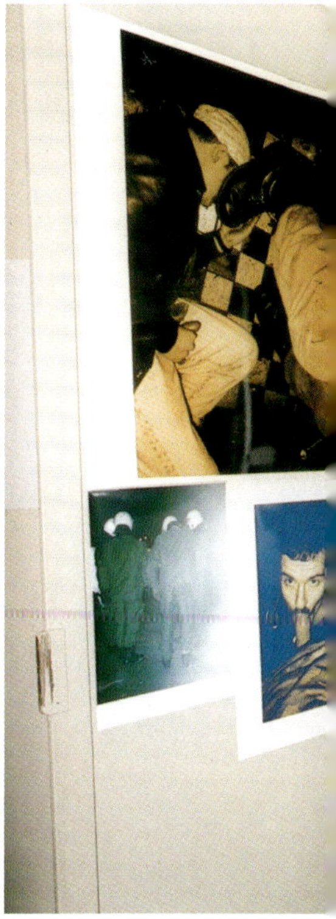

SPEX COVER, August 1991,
Bobby Gillespie. Photo: Wolfgang Tillmans,
29,8 x 22,1 cm / 11¾ x 8¾".

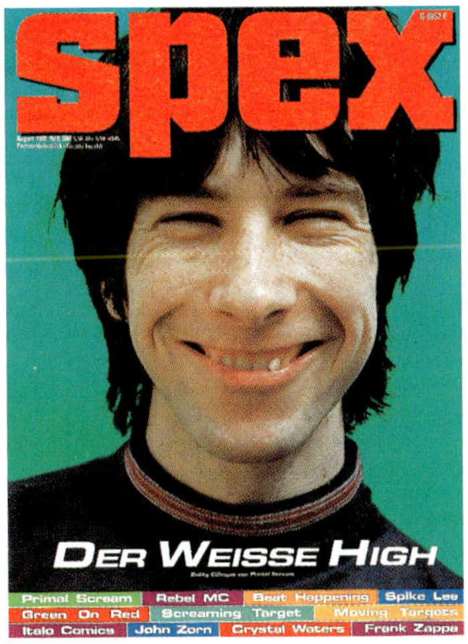

WOLFGANG TILLMANS, TRESORRAUM, 1993,
c-prints, Stahlschrank und Hose, «Unfair '93», Köln /
c-prints, steel cabinet and trousers,
"Unfair '93," Cologne.

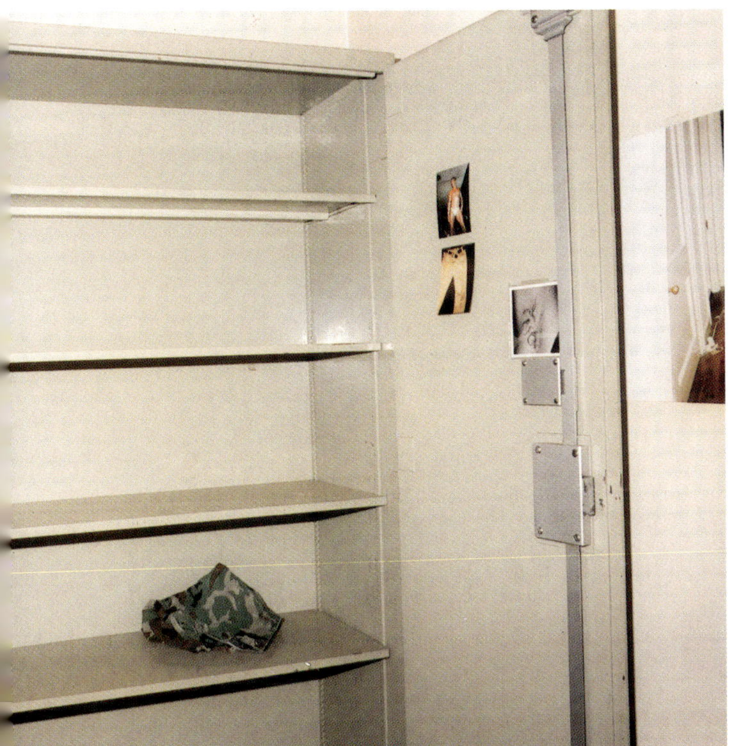

interiors, this would appear to be a generation that has gotten over its parents' hang-ups about sexuality and gender roles—along with hang-ups about almost everything else—including those of us who had "hippie" parents. We've seen past all the long hair and decided "where it's at" is a different place.

Tillmans's work looks casual, even easy. So might he just be taking snapshots of the freewheeling people around him? I don't think so. I happen to know a number of the people found among his hundreds of portraits, and I have my own snapshots of some of them—Jochen cheering on New York City marathoners outside my old apartment in Brooklyn, or Gillian getting her hair styled for an Art Club 2000 shoot for *The Face*. None of my photos expresses the energies of these people the way a single image by Tillmans does—Jochen stretching his lanky limbs next to a waterfall in Puerto Rico, or Gillian wrestling among scraps of sumptuous fabric on a floor with Chris. Tillmans does not merely have a "knack." His photos are usually carefully constructed and are always the result of collaborative experimentation and decision-making with his subjects, whom he likes to call "accomplices" rather than "actors."

This collaborative process is also the reason why his subjects have such dignity, as many commentators on his photographs have noted. So long to the terrifying "male gaze" of the camera—Tillmans's pictures prove one can be "represented" without being "objectified." And this is why, when he finally does shoot "fashion," his pictures look so different from other fashion images. His Kate Moss spread for *Vogue* (February 1997) actually shows her as a person we might hang out with, a far cry from the icy nymphet who shot to stardom in Calvin Klein ads. There is a quality of "realness"—with all the sweat, grime, and bad teeth this implies—to each of his pictures, and because his pictures look as real as we do, we love them. These people are, or could be, our friends.

All this is to say that Tillmans's pictures are, like Courtney Love, so real they are beyond fake. Because this is not our generation, but Tillmans's own idiosyncratic and highly idealistic view of it. Our "real" generation also includes the redneck college student who gave my friend a black eye for sitting with his arm around another man; it includes Nazi skinheads

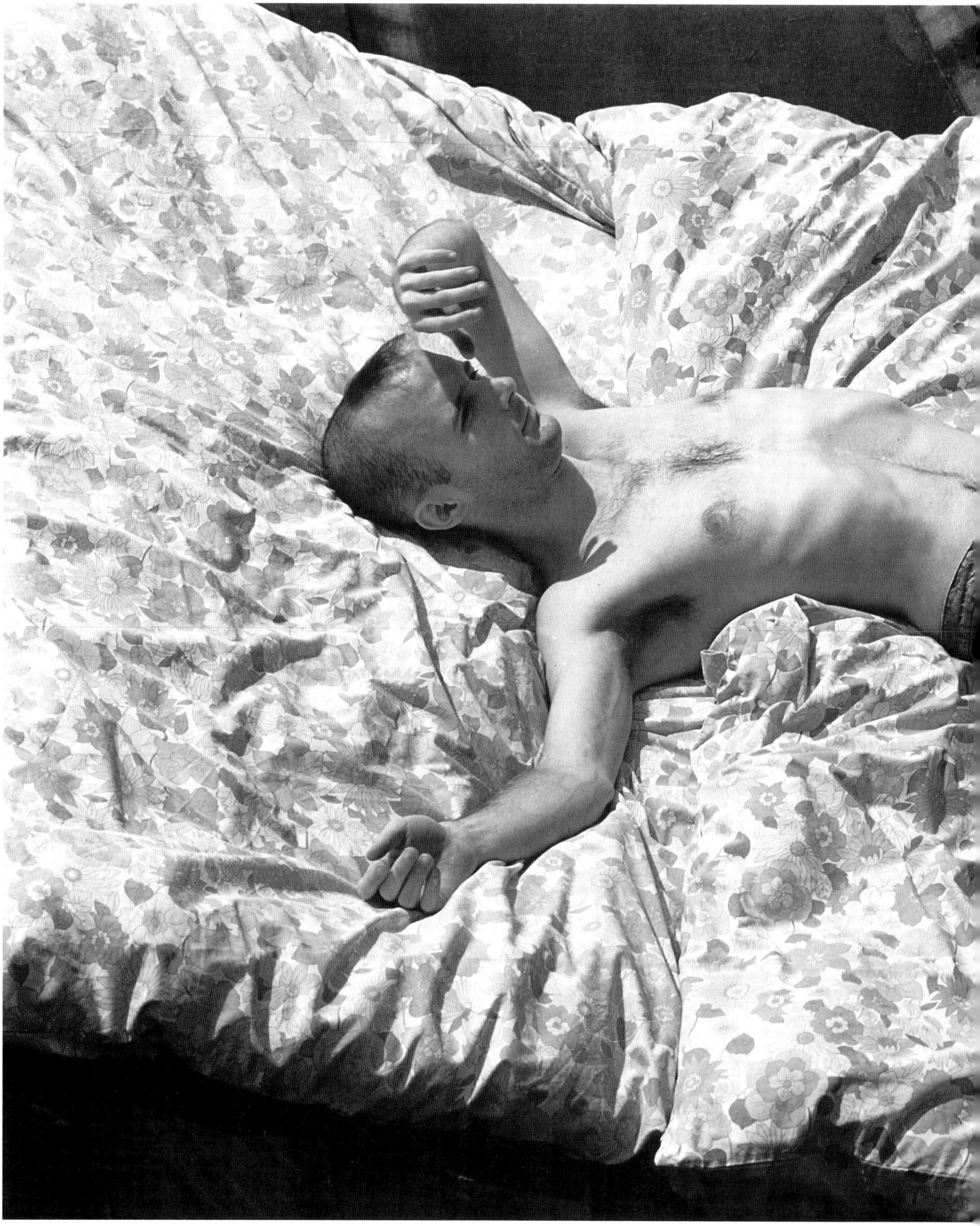

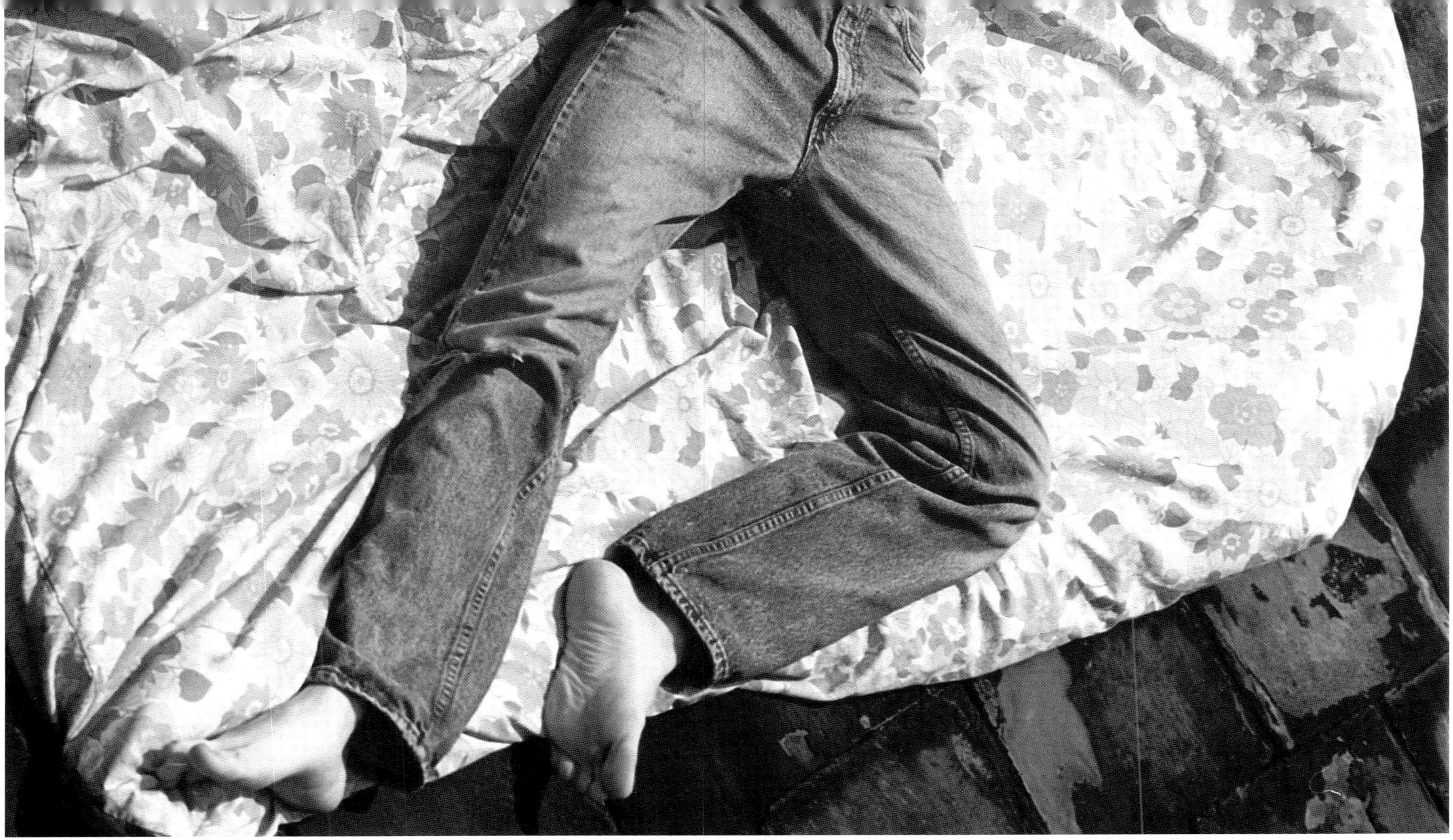

WOLFGANG TILLMANS, MOBY (LYING), 1993, c-print, 30 x 40 cm & 50 x 60 cm / 20 x 24" & 12 x 16"; bubble-jet print, 120 x 170 cm / 47¼ x 67".

Wolfgang Tillmans for Gay Games Amsterdam 1998 Cultural Program

WOLFGANG TILLMANS, PLAKAT FÜR DIE GAY GAMES AMSTERDAM, 1998, 1997, Offset, 42 x 59,4 cm / POSTER FOR THE GAY GAMES AMSTERDAM 1998, offset, 16,5 x 23⅜".

WOLFGANG TILLMANS, ON THE VERGE OF VISIBILITY, 1997, c-print, 40 x 30 cm & 60 x 50 cm / 24 x 20" & 16 x 12"; bubble-jet print, 170 x 120 cm / 67 x 47¼".

too, and budding corporate presidents; it includes plenty of women for whom child-rearing is no joy, and lots of Christian Right youth who would put bombs in abortion clinics. In short, our generation is as confused and contradictory as any other. So, in this respect, Tillmans's photography becomes a funky kind of promotion or, dare I say, activism for what we must admit still is an "alternative," even after grunge has robbed this word of much significance. His numerous photos of ecologists' protests, peace camps, and gay pride marches would confirm this. Like the U.S. Army, Tillmans is telling us to "Be all that you can be"—but in his case, army surplus wear may be worn as skirts by men with mascara and nipple rings (in other words, it's entirely antiwar).

About a year ago, the international newspapers were ablaze with headlines denouncing "heroin chic" in fashion photography, after the very young photographer David Sorrenti overdosed and died. I suspect that drug abuse, like anorexia, has more to do with myriad personal problems such as insecurity, and less to do with the pictures people are looking at in magazines (and I met David Sorrenti in Paris just two weeks before his death: He was exceptionally energetic, funny, personable, and intelligent, not at all like the morbid "doom generation" the newspapers were painting in editorials). But it's true that the models in popular magazines like *The Face, Dazed & Confused,* and even *Vogue* have tended towards a kind of ill-health in recent years and, who knows, this may have some effect on what young people do to their bodies. If we believe that positive images such as Tillmans's can be encouraging, then other pictures must be on some level discouraging.

So I was very surprised to see, in one of these editorials, a photo by Wolfgang Tillmans used as an example of what's "bad." It was another picture of

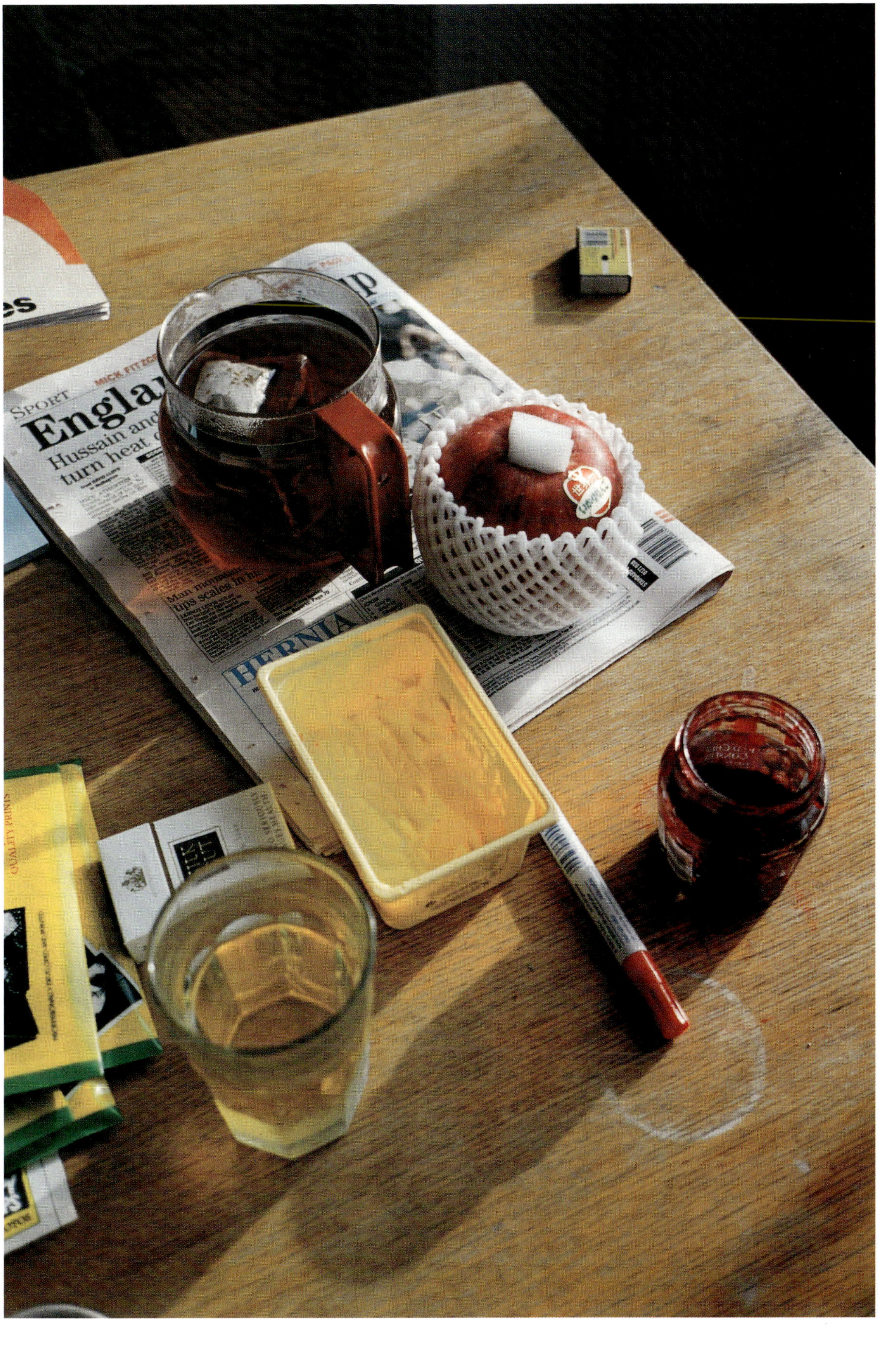
SPORT
Hussain and
Man mountain
tips scales in
HERNIA
QUALITY PRINTS

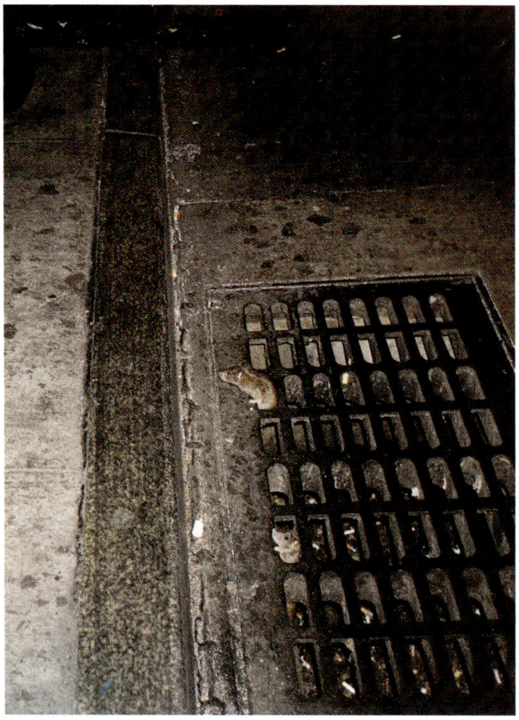

WOLFGANG TILLMANS, TWO RATS COMING OUT, 1995,
c-print, 40 x 30 cm & 60 x 50 cm / 24 x 20" & 16 x 12".

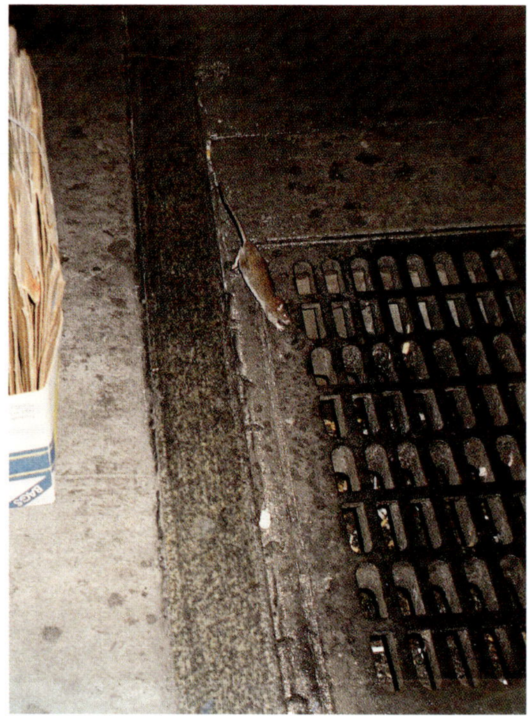

WOLFGANG TILLMANS, RAT JUMPING, 1995,
c-print, 40 x 30 cm & 60 x 50 cm / 24 x 20" & 16 x 12".

Lutz, lying flat on a road in leather pants and some kind of pink, fuzzy, disco jacket. I have always read this photo as a humorous jab at "fashion victims," or even as a simple, formalist play of line and color (the pink jacket against a white arrow next to a rotund, pink woman strolling the other way on the sidewalk). It would require a considerable, paranoid imagination to see this obviously healthy young body as the victim of a hit-and-run or too much imbibing till the wee hours, both subjects that could hypothetically depress a viewer. But I understand that as conservatives are not generally keen on transvestites, exposed penises, ecologists, interracial relationships, or independent women in general, Tillmans's photos are a great target for reactionary diatribes on the sorry state of youth today. And Tillmans knows this—that's why he continues to insure that his images circulate beyond the relatively safe confines of the gallery. This is where any lingering hippie idealism meets the bad manners of punk rock.

For Tillmans there's no difference between a gallery show, a magazine assignment, a postcard or a catalogue of workers' industrial wear. They're all means to present his particular vision and they're all equally art. It's an attitude in keeping with today's urban eclectic, heterogeneic culture of sound sampling, Internet, zines, and "transglobal migration," but an unusual choice when "art photography" and "applied photography" are still held to be mutually exclusive in most circles. Some "art people" find Tillmans's practice suspect, but in my mind it's more than refreshing—it's essential. Granted, there have been lots of fluffy conflations of art and fashion by U.S. and European critics and curators lately (partic-

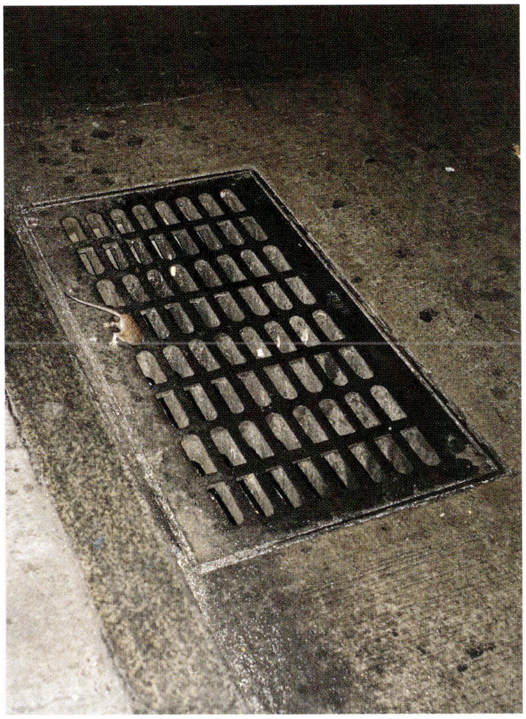

WOLFGANG TILLMANS, RAT DISAPPEARING, 1995, c-print, 40 x 30 cm & 60 x 50 cm / 24 x 20" & 16 x 12".

ularly in Italy, with the first Florence "moda è arte" Biennial last year)—but again, clothing is not Wolfgang Tillmans's point. Art history tells us there was once a day when the gallery contained a world more entertaining, provocative, and aesthetically rewarding than the world outside, but that day must have passed long ago (and in many countries it never existed at all). As Paul Virilio says, "art today is one of delocalization," and for this reason, I'd like to claim that Tillmans's art is all the more alive when found "by accident" in industrial wear catalogues, postcards, posters, and fashion and music magazines. Tillmans calls this a "real life usefulness"; for me it's an awareness and generosity more artists should share.

For the 1996 group exhibition "SHIFT" at the Haus der Kulturen der Welt in Berlin, Wolfgang Tillmans presented some photos the organizers may not have been expecting. This show, subtitled "family/nation/tribe/community" was based loosely on the humanistic endeavors of the historic "Family of Man" exhibition at MoMA in 1955. In "SHIFT" Tillmans did not show images of people, but of sewer rats. They are decidedly sewer rats—not pets—scampering in and out of street gratings at night, all long tails, brown fur, red eyes, and claws.

This might sound like a cynical gesture, but the rats in Tillmans's photos are actually adorable. To see them on the street is usually horrifying—rats are, like pigeons and cockroaches, considered disgusting because they live off human waste. But, like humans, however, they are able to thrive in ecosystems that are extraordinarily unhealthy. So this may be the larger reason they disgust us: They are mirrors on our own lifestyle. It is with a peculiar tenderness that Tillmans observes these animals as they play peek-a-boo with his camera's flash. The result is humorous, yet more deliberately contemplative than a lot of his other work, and it adds another layer of poetry to his portfolio.

Tillmans's art is not all positive and fun imaging—here and there I spot profound meditations on loss. It might be the "fleeting moment" quality of some of his photographs, or certain studies of nightlife where Tillmans is asking, in his own language, "What is it that sucks us into that abyss of losing control, dancing and sex?" The "end" allures all of us, and often we see that the people living more full and exploratory lives today are those who are more aware of life's inevitable end. If we pursue this line of thought only halfway, we come up with the reason for all those martyred hero T-shirts at *Pergola.* But Tillmans doesn't do this. His pictures of the rats aren't melancholy. He patiently, defiantly enters the spirit of "ratness" and treats these little rodents like friends. What could that be about? "Face it," Moby says. "The truth is not that comfortable." We're all in this together and we're in it for the long haul. We might as well take it all the way.

1) Term coined by Collier Schorr in her catalogue essay "Things Gone and Things Still Here," in: *Wolfgang Tillmans: for when I'm weak I'm strong*, Kunstmuseum Wolfsburg (Cantz Verlag, 1996), p. xiv.

Come On Baby

JEN BUDNEY

In Sommernächten gehe ich in Mailand mit meinen Freunden ins nahe gelegene *Pergola*, ein von lebhaftem Lärm erfülltes besetztes Haus, um billiges Bier zu trinken und DJs aus dem Ausland zu hören. Das Publikum im Hof ist immer das gleiche: Hübsche Jungs und hübsche Mädchen in Sackhosen und Sportschuhen, die über Pflastersteine stolpern und kichern, eine Gruppe antifaschistischer Punks und manchmal ein marokkanischer Schlangenbeschwörer, den ein obskurer kommunistischer Kulturverein angeheuert hat. In Italien gibt es natürlich jede Menge Jungs, die einstudierte James-Dean-Imitationen vorführen, und jede Menge Girls in Spandex und mit Plateausohlen. Alle haben ein *telefonino*, ein Handy. Die Wände sind mit Aufrufen zur Legalisierung von Haschisch, zur Freilassung von Adriano Sofri und zur Solidarität mit dem Subcommandante Marcos in Chiapas gepflastert.

Meine Aufmerksamkeit wird jedoch nicht von den Anwesenden und den politischen Plakaten gefangen genommen, sondern von einer langen Reihe T-Shirts, die zum Verkauf angeboten werden. Für 20 000 Lire – etwas mehr als zehn Yankee-Dollars – kann man das Gesicht seines Helden auf der Brust tragen. Es sind herzergreifend ernste Porträts von Menschen, die zu früh starben: Bob Marley, Jimi Hendrix, Che Guevara, Kurt Cobain. Alle haben lange Locken, die ihre Gesichter wie einen Heiligenschein umrahmen. Wir sind in einem katholischen Land und dies sind zeitgenössische Christusgestalten (die nicht so ganz passende Anwesenheit von Che unter den Rockstars beweist, dass diese Kids eher die *Motorcycle Diaries* als etwas über seine letzten Jahre gelesen haben, denn seine Lebensgeschichte ähnelt als einzige jener von Christus). Aber ich habe diese T-Shirts auch in den Strassen von New York gesehen und ich frage mich, was es mit diesem selbstgewählten Pessimismus, dieser Betonung des Martyriums auf sich hat. Wenn wir schon ein männliches Symbol für unsere Generation küren, warum nehmen wir dann nicht jemanden, der lebt, der spontan ist und sich heute für menschliche Anliegen einsetzt – selbst wenn alles sinnlos ist, wie wir nur zu gern zugeben? Wenn ich einen Helden für unsere Zeit wählen müsste, fiele meine Wahl wohl auf Moby. Und Wolfgang Tillmans ginge es vermutlich ebenso.

Wolfgang Tillmans' bekanntes Porträt von Moby zeigt den schwer einzuordnenden Musiker und unermüdlichen, einfallsreichen Aktivisten, wie er auf einem sonnigen Dach liegt. Er sieht genauso aus, wie ich ihn mir vorstelle oder wie er möchte, dass wir uns ihn vorstellen – durch und durch menschlich und antiheroisch, verletzlich, aber voller Vertrauen in seinen Körper und seine Ideen. Er hat fast keine Haare auf dem Kopf, weshalb er für die T-Shirts von Hausbesetzern wohl weniger in Frage kommt, aber er würde es wahrscheinlich vorziehen, wenn wir seine Worte auf dem Leib trügen. Zum Beispiel «Die Christliche Rechte ist keins von beiden» (weder christlich noch recht) oder «Die Umwelt ist wichtiger als Konsumgüter und Bruttosozialprodukt», «Die Redefreiheit ist absolut und unantastbar» oder «Grausamkeit ist unakzeptabel». Auf einem Moby-T-Shirt könnte aber auch nur «Come On Baby» stehen, was der Titel eines seiner Lieder ist, eine Aufforderung zu scharfem Sex oder zum Kampf.

Etliche von Wolfgang Tillmans' Photos scheinen zu sagen: «Come on baby». Da einige seiner Photos zuerst im Magazin *i-D* erschienen sind und weil seine Arbeit einen unmittelbaren, überwältigenden Einfluss auf die Modephotographie hatte, hielt man ihn

JEN BUDNEY schreibt und lebt in Mailand. Sie war Redaktorin bei *Flash Art International* und ihre Essays und Interviews sind in zahlreichen Zeitschriften erschienen, darunter *World Art*, *Third Text* und *Siksi*.

irrtümlich für einen Modephotographen, dem der Einstieg in die Kunstwelt eher zufällig gelungen war. Aber Tillmans ist tatsächlich ein Porträtphotograph, wenn auch selten im klassischen Sinne, und im Lauf der Zeit hat er das Bild einer ganzen Generation entworfen – eine die facettenreicher und freier als jede andere ist, obwohl man von ihr oft das Gegenteil behauptet hat. Die Menschen, die er photographiert, sind kreative, energiegeladene Individuen, denen es anscheinend Spass macht, vor der Kamera ihr Anderssein vorzuführen, ob dieses nun politischer, sexueller oder ästhetischer Natur sei.

Ein Bild von Alex und Lutz, 1992 in Bournemouth, sagt alles. Wer mit Tillmans' Arbeiten vertraut ist, wird Alex und Lutz über Jahre hinweg und in den unterschiedlichsten Situationen immer wieder begegnet sein. Mein Lieblingsphoto zeigt sie in einem Feld stehend, wobei der Bildausschnitt direkt unterhalb der Knie und oberhalb der Köpfe endet. Lutz trägt eine seltsame gelbe Schaumstoffweste, die das Innenfutter einer Schwimmweste sein könnte oder aus etwas Filzabfall von Beuys gefertigt sein könnte. Alex trägt ein Chanelfoulard um ihre Hüften. Beide schauen von der Kamera weg auf etwas in einer gewissen Entfernung, wo wir nicht hinsehen können – Lutz nachdenklich, Alex verträumt –, und Alex hält Lutz' Schwanz in ihrer rechten Hand. Man weiss nicht, wie fest sie ihn hält, er scheint es kaum zu bemerken. Ich mag dieses Photo wegen der Selbstverständlichkeit, mit der die beiden in ihren Körpern leben. Das ungewöhnliche Machtverhältnis zwischen Mann und Frau – Alex wirkt ebenso aggressiv herausfordernd wie beschützend – ist bezeichnend für Tillmans' Photographie, die Männer und Frauen in gleicher Weise stark, liebevoll, verspielt, sexy, verletzlich, aggressiv oder abwehrend zeigen. Sie müssen auch nicht immer gleich sein: Auf diesem Photo steht Lutz etwas hölzern da, während er auf anderen Photos ausgesprochen sexbesessen ist, unter einem Baum im Wald masturbiert, oder aber selbst zärtlich beschützend ist und Alex liebevoll umarmt. Alex (eine viel «atypischere Schönheit» als das Model Kirsten McMenamy je war) erscheint auf den vielen Photos, die Tillmans von ihr gemacht hat, gleichermassen draufgängerisch, verloren, weiblich und flirtend.

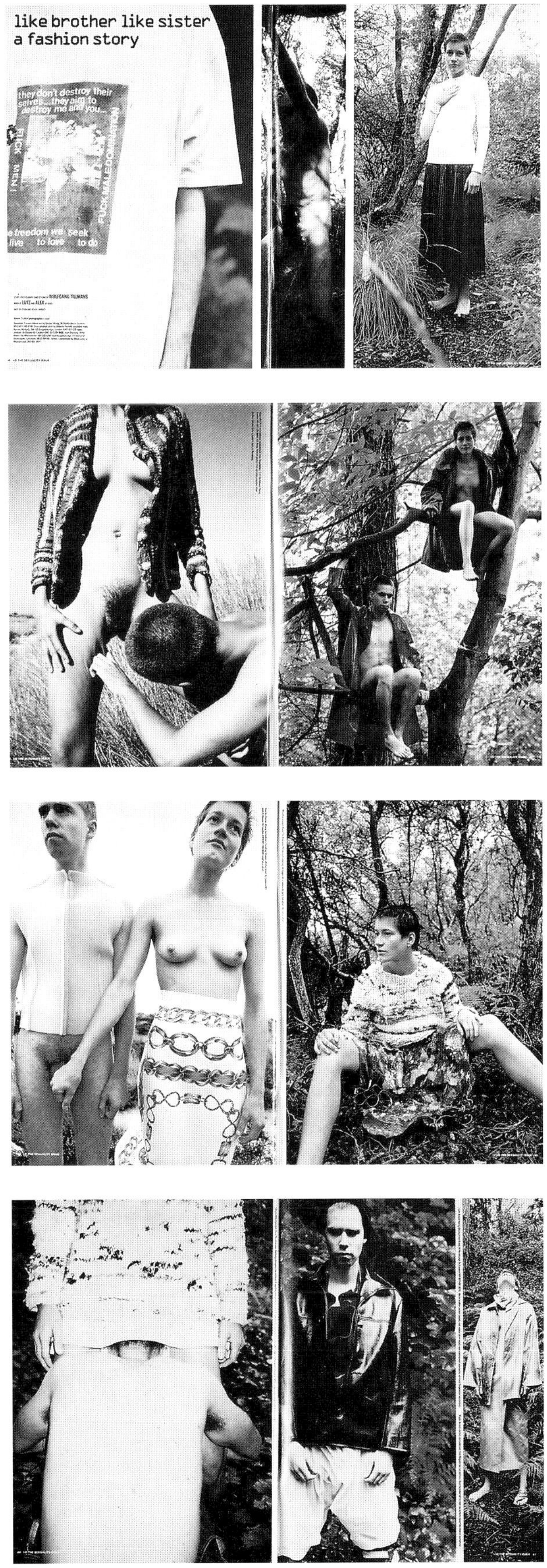

Photos und Seitengestaltung: Wolfgang Tillmans, Heftformat 30 x 23 cm / photos and page layout by Wolfgang Tillmans, page size 11¾ x 9".

Sean Lennon, Sohn von John Lennon und Yoko Ono, ist laut *London Times* der Ansicht, sein Vater sei «in vielerlei Hinsicht ein Machoschwein» gewesen, und wie wir sehen, tritt er jetzt gemeinsam mit seiner Mutter auf. Viele von Tillmans' männlichen Modellen zeigen sich ähnlich misstrauisch oder ironisch, wenn es um traditionelle Begriffe von Männlichkeit geht, und sie fühlen sich aufrichtig wohl mit Frauen, die stark oder vielleicht sogar stärker als sie selbst sind. Obwohl einige von Tillmans' Modellen stolz und glücklich sind schwul zu sein, şind auch heterosexuelle Jungs wie Moby «analfreundlich».[1)] Tillmans zeigt aber auch seine tiefe Liebe für die Frauen, ob es sich nun um burschikose Lesben (bei den traditionellen jährlichen Gay Parades), ernsthafte Intellektuelle oder Künstlerinnen (zum Beispiel Isa Genzken) oder andere Frauen handelt, die vorübergehend von der mütterlichen, biologischen Seite ihrer Weiblichkeit in Anspruch genommen sind (seine Schwester, die einen Schuss Milch aus ihrer Brust herausdrückt, während das Baby neben ihr schläft). Sieht man all diese Bilder in einer Ausstellung, zusammen mit Stillleben von Früchten, Würsten im Topf oder Innenraumansichten nach einer Party, so vermittelt dies den Eindruck einer Generation, die sich von den sexuellen und rollenspezifischen Verklemmtheiten ihrer Eltern befreit hat – aber auch von allen anderen möglichen Hemmungen –, selbst jenen, die einige von uns ihren Hippie-Eltern verdankten. Wir haben hinter all die langen Haare geblickt und beschlossen, dass das Angesagte woanders stattfindet.

Tillmans' Arbeiten wirken beiläufig bis einfach gemacht. Aber sind es tatsächlich nur Schnappschüsse von den unbekümmerten Menschen um ihn herum? Ich glaube das nicht. Zufällig kenne ich ein paar der Menschen, die auf seinen zahlreichen Porträts auftauchen, und ich habe selbst ein paar Schnappschüsse von ihnen gemacht – von Jochen, der vor meiner alten Wohnung in Brooklyn New Yorker Marathonläufer anfeuert, oder Gillian, die sich für ein «Art-Club 2000»-Photo für *The Face* das Haar stylen lässt. Keines dieser Photos bringt die Energien dieser Leute zum Ausdruck, wie jedes einzelne Bild von Tillmans es tut – Jochen, der in Puerto Rico seine schlaksigen Glieder neben einem Wasserfall ausstreckt, oder Gillian, die mit Chris zwischen farbenprächtigen Stoffresten auf dem Boden herumtollt. Tillmans verfügt aber nicht nur über ein sicheres Gespür. Seine Photos sind meistens sorgfältig aufgebaut und immer das Ergebnis eines kollektiven Experimentierens und Entscheidens zusammen mit seinen Modellen, die er eher als «Komplizen» denn als «Darsteller» sieht.

Diese Zusammenarbeit ist auch der Grund, warum seine Modelle eine solche Würde besitzen, wie viele Beobachter seiner Bilder festgestellt haben. Tillmans hat sich vom furchteinflössenden «männlichen Blickwinkel» der Kamera endgültig verabschiedet – seine Bilder beweisen, dass man dargestellt werden kann, ohne zum Objekt gemacht zu werden. Das ist auch der Grund, warum seine Modeaufnahmen, wenn er denn welche macht, so ganz anders aussehen als alle anderen. Seine Seiten mit Kate Moss, in der Februarausgabe 1997 der amerikanischen *Vogue*, zeigen sie als Menschen, mit dem man durchaus einige Zeit verbringen möchte, Lichtjahre entfernt von der eisigen Nymphe, die durch die Anzeigenkampagne von Calvin Klein über Nacht berühmt wurde. Jedes dieser Bilder hat die Qualität des «Authentischen» – mit all dem Schweiss, Schmutz und den schlechten Zähnen, die dazu gehören. Und wir lieben diese Bilder, eben weil sie so echt aussehen wie wir selbst. Diese Menschen sind unsere Freunde oder könnten es sein.

Damit will ich sagen dass Tillmans' Bilder, wie Courtney Love, durch und durch wirklich sind, jenseits von jeder Künstlichkeit. Denn es handelt sich hier nicht um unsere Generation, sondern um Tillmans' eigene, idiosynkratische und hochgradig idealistische Sicht von ihr. In der «Wirklichkeit» besteht diese Generation auch aus dem hinterwäldlerischen Collegestudenten, der einem meiner Freunde ein blaues Auge verpasste, weil er seinen Arm um einen anderen Mann gelegt hatte; die Naziskinheads und die zukünftigen Firmenpräsidenten gehören ebenso dazu wie jede Menge Frauen, für die das Kinderkriegen kein Vergnügen ist, und viele junge religiöse Fanatiker, die in Abtreibungskliniken am liebsten Bomben legen würden. Kurz, unsere Generation ist so verwirrt und widersprüchlich wie jede andere auch. So gesehen sind Tillmans' Arbeiten eine schil-

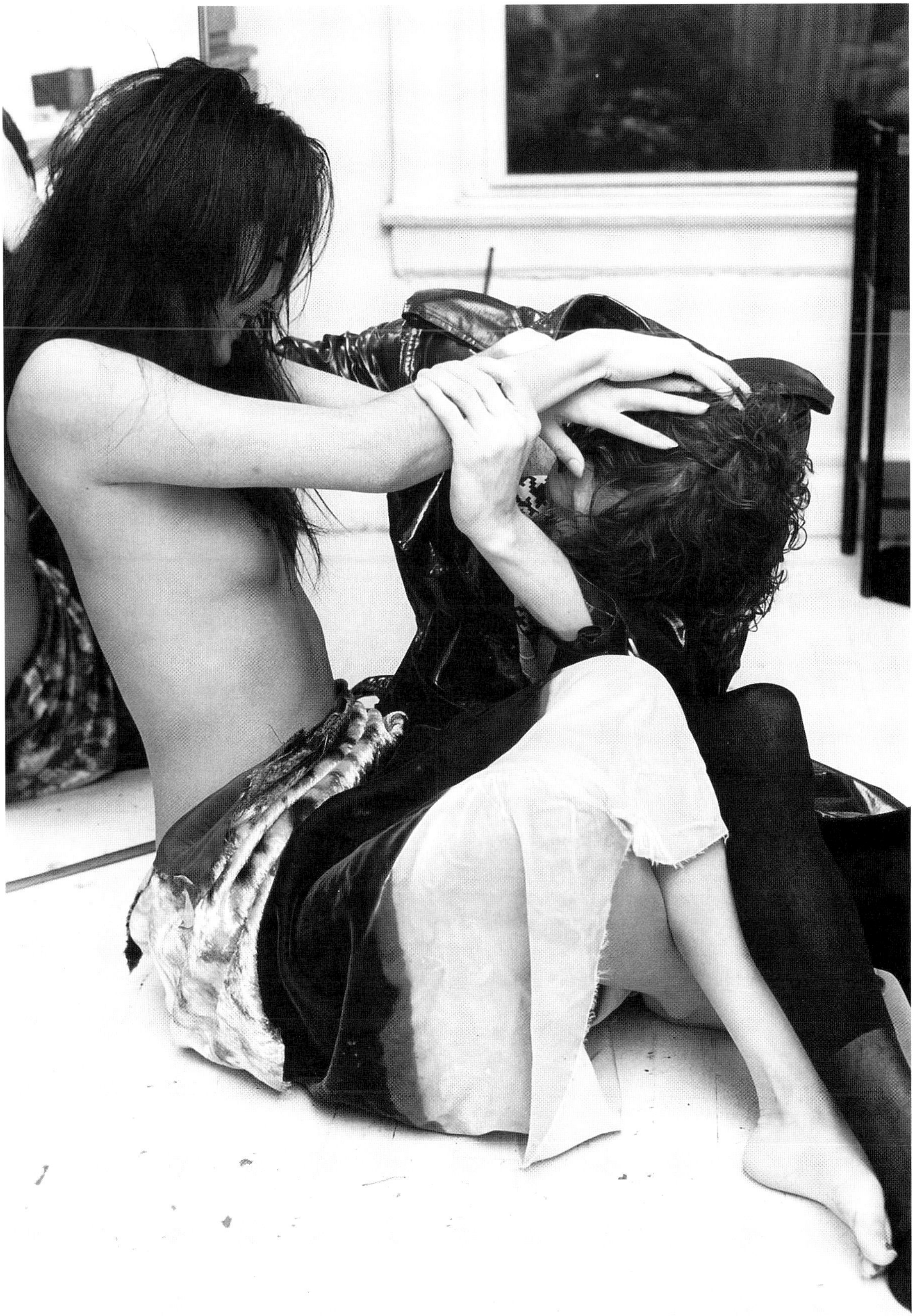

WOLFGANG TILLMANS, GILLIAN & CHRISTOPHER, ON FLOOR, 1993, c-print, 40 x 30 cm & 60 x 50 cm / 24 x 20" & 16 x 12"; bubble-jet print, 170 x 120 cm / 67 x 47¼".

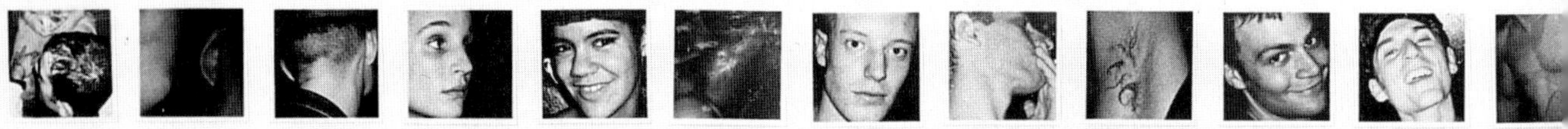

lernde Werbung oder sagen wir ein aktiver Dienst für etwas, was wir noch immer als «Alternative» bezeichnen müssen, obwohl dieses Wort durch das Grunge-Phänomen viel von seiner Bedeutung eingebüsst hat. Seine zahlreichen Photos von ökologischen Protesten, Friedenslagern und Schwulendemos bestätigen dies nur. Wie die US-Armee fordert Tillmans uns auf, «alles zu sein, was wir sein können» – nur können bei ihm die gebrauchten Armeeklamotten von Männern mit Maskara und Brustwarzenringen als Rock getragen werden (also gänzlich antimilitaristisch).

Vor etwas über einem Jahr waren die internationalen Zeitungen voll mit Schlagzeilen, die sich gegen den «Heroinschick» in der Modephotographie wandten, nachdem der sehr junge Photograph David Sorrenti an einer Überdosis gestorben war. Ich vermute, dass Drogenmissbrauch und Magersucht mehr mit einem Übermass an persönlichen Problemen wie etwa Unsicherheit zu tun haben als mit den Bildern in Magazinen (ich sah David Sorrenti zwei Wochen vor seinem Tod in Paris: Er platzte vor Energie, war lustig, umgänglich, intelligent und überhaupt nicht wie die morbide, No-Future-Generation, die in Zeitungsartikeln gern geschildert wird). Aber es trifft zu, dass die Models in beliebten Magazinen wie *The Face*, *Dazed & Confused* und sogar *Vogue* in den letzten Jahren immer kränklicher aussehen, und wer weiss, vielleicht hat das einen Einfluss darauf, wie junge Leute mit ihrem Körper umgehen. Wenn wir glauben, dass positive Bilder wie die von Tillmans ermutigend wirken, so müssen andere wohl auch ein Stück weit entmutigen können.

Deshalb war ich überrascht, in einem dieser Artikel ein Photo von Wolfgang Tillmans als Beispiel für das «Schlechte» zu finden. Es war ein Bild von Lutz in Lederhosen und einer pinkfarbenen, flaumigen Discojacke, wie er flach auf der Strasse liegt. Ich habe dieses Photo immer als humorvollen Seitenhieb auf die «fashion victims» verstanden oder als einfaches, formales Spiel mit Linien und Farben (die rosa Jacke vor einem weissen Pfeil neben einer dicken, rosafarbenen Frau, die auf dem Gehsteig in die andere Richtung geht). Es bedarf schon einer beträchtlichen, paranoiden Vorstellungskraft, um diesen offensichtlich gesunden jungen Körper als Opfer eines Unfalls mit Fahrerflucht oder eines nächtlichen Drogenexzesses zu sehen, beides Themen, die auf den Betrachter allerdings deprimierend wirken könnten. Da der konservative Geschmack nicht besonders scharf auf Transvestiten, ausgepackte Schwänze, Umweltschützer, Beziehungen zwischen Angehörigen unterschiedlicher Rassen oder unabhängige Frauen ist, verstehe ich, dass Tillmans' Photos sich hervorragend als Zielscheibe für reaktionäre Proteste bezüglich des traurigen Zustandes der heutigen Jugend anbieten. Und Tillmans weiss das – deshalb besteht er darauf, dass seine Bilder auch ausserhalb des relativ geschützten Raums der Galerien gezeigt werden. Hier trifft sich der noch verbliebene Hippie-Idealismus mit den schlechten Manieren des Punkrock.

Für Tillmans gibt es keinen Unterschied zwischen einer Ausstellung in einer Galerie, einem Auftrag für ein Magazin, einer Postkarte oder einem Katalog für Industriearbeiterbekleidung. Sie alle dienen dazu, seine eigene Sichtweise zu präsentieren, und sie sind alle gleichermassen Kunst. Es ist eine Art, mit der modernen urbanen, eklektischen, heterogenen Kultur des Sound-Sampling, des Internet, der Fanzines und der weltweiten Migration mitzuhalten, aber eine ungewöhnliche Entscheidung, solang «Photokunst» und «angewandte Photographie» weitgehend immer

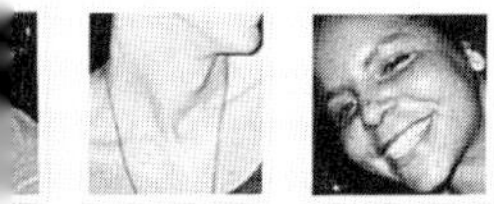

WOLFGANG TILLMANS, CHEMISTRY SQUARES, 1992, 15 c-prints, je 14 x 14 cm, Länge variabel / 5½ x 5½" each, length variable.

noch als unvereinbare Gegensätze betrachtet werden. Es gibt Angehörige der Kunstszene, denen Tillmans' Verhalten suspekt ist, aber meiner Ansicht nach ist es nicht nur erfrischend – es trifft ins Schwarze. Zugegeben, es gab in letzter Zeit diverse stümperhafte Verbindungen zwischen Kunst und Mode von europäischen und amerikanischen Kritikern und Kuratoren (besonders in Italien mit der letztjährigen ersten «moda-è-arte»-Biennale in Florenz) –, aber noch einmal, Tillmans geht es nicht um die Bekleidung. Der Kunstgeschichte können wir entnehmen, dass es einmal eine Zeit gab, da die Galerien eine Welt beherbergten, die unterhaltsamer, provokanter und ästhetisch befriedigender war als die Welt draussen, aber das ist schon lange vorbei (und in vielen Ländern war es nie so). Laut Paul Virilio geht es in der Kunst heute um das «Entlokalisieren» und aus diesem Grunde möchte ich behaupten, dass Tillmans' Kunst noch lebendiger ist, wenn sie sich «zufällig» in Berufskleidungskatalogen, auf Postkarten, in Mode- und Musikmagazinen wieder findet. Tillmans nennt dies «Alltagstauglichkeit» und für mich ist es ein Bewusstsein und eine Grosszügigkeit, die mehr Künstler teilen sollten.

In der Gruppenausstellung «SHIFT», die 1996 im Berliner Haus der Kulturen der Welt stattfand, zeigte Wolfgang Tillmans einige Bilder, welche die Veranstalter vielleicht nicht erwartet hatten. Diese Ausstellung, die den Untertitel «family/nation/tribe/community» trug, nahm locker Bezug auf die humanistischen Bestrebungen der historischen Ausstellung «The Family of Man» von 1955 im New Yorker Museum of Modern Art. In «SHIFT» zeigte Tillmans keine Photos von Menschen, sondern von Kanalratten. Es handelt sich eindeutig nicht um niedliche Haustiere, sondern um Ratten aus der Kanalisation, die nachts aus den Gullys kommen oder in ihnen verschwinden, mit langen Schwänzen, braunem Fell, roten Augen und Krallen.

Es mag zwar zynisch tönen, aber die Ratten auf Tillmans' Bildern sind durchaus liebenswert. Wenn man ihnen auf der Strasse begegnet, erschrickt man meist – wir ekeln uns vor Ratten wie auch vor Tauben und Kakerlaken, weil sie von unserem Abfall leben. Wie die Menschen können sie jedoch in Ökosystemen leben, die ausserordentlich ungesund sind. Vielleicht ist das der eigentliche Grund, warum wir uns vor ihnen ekeln: Sie sind ein Spiegel unserer eigenen Lebensweise. Tillmans blickt mit seltsamer Zärtlichkeit auf diese Tiere, während sie mit seiner Blitzkamera Versteck spielen. Das Ergebnis ist witzig, jedoch bewusst kontemplativer als viele seiner anderen Arbeiten, und es ergänzt sein Werk um eine weitere poetische Variante.

Tillmans' Kunst besteht nicht durchgängig aus lebensbejahenden und witzigen Bildern – da und dort sehe ich tiefe Meditationen über Verlorengegangenes. Vielleicht liegt es daran, dass einige seiner Aufnahmen das Flüchtige des Augenblicks vermitteln, oder an bestimmten Studien des Nachtlebens, in denen Tillmans nach eigener Aussage die Frage stellt: «Was reisst uns in diesen Abgrund des Kontrollverlustes beim Tanzen und beim Sex?» Das «Ende» hat für uns alle seinen Reiz und oft sehen wir, dass Menschen, die intensiver und wagemutiger leben, sich der unausweichlichen Endlichkeit des Lebens bewusster sind. Wenn wir diesen Gedanken nur halbwegs weiterverfolgen, finden wir den Grund für all die Märtyrer-T-Shirts im *Pergola.* Aber Tillmans macht etwas anderes. Seine Rattenbilder sind nicht melancholisch. Geduldig und herausfordernd schlüpft er in den geistigen Zustand des «Ratteseins» und behandelt diese kleinen Nagetiere wie Freunde. Worum es dabei geht? «Seien wir ehrlich», sagt Moby, «die Wahrheit ist nicht angenehm.» Wir sind alle in der gleichen Situation und ein Ende ist nicht abzusehen. Kosten wir es also voll aus.

(Übersetzung: Egbert Hörmann)

1) «anal friendly»: Collier Schorr verwendet diesen Ausdruck in ihrem Essay «Things Gone and Things Still Here» in: *Wolfgang Tillmans: for when I'm weak I'm strong,* Ausstellungskatalog, Kunstmuseum Wolfsburg, Cantz Verlag, Ostfildern 1996, S. XIV.

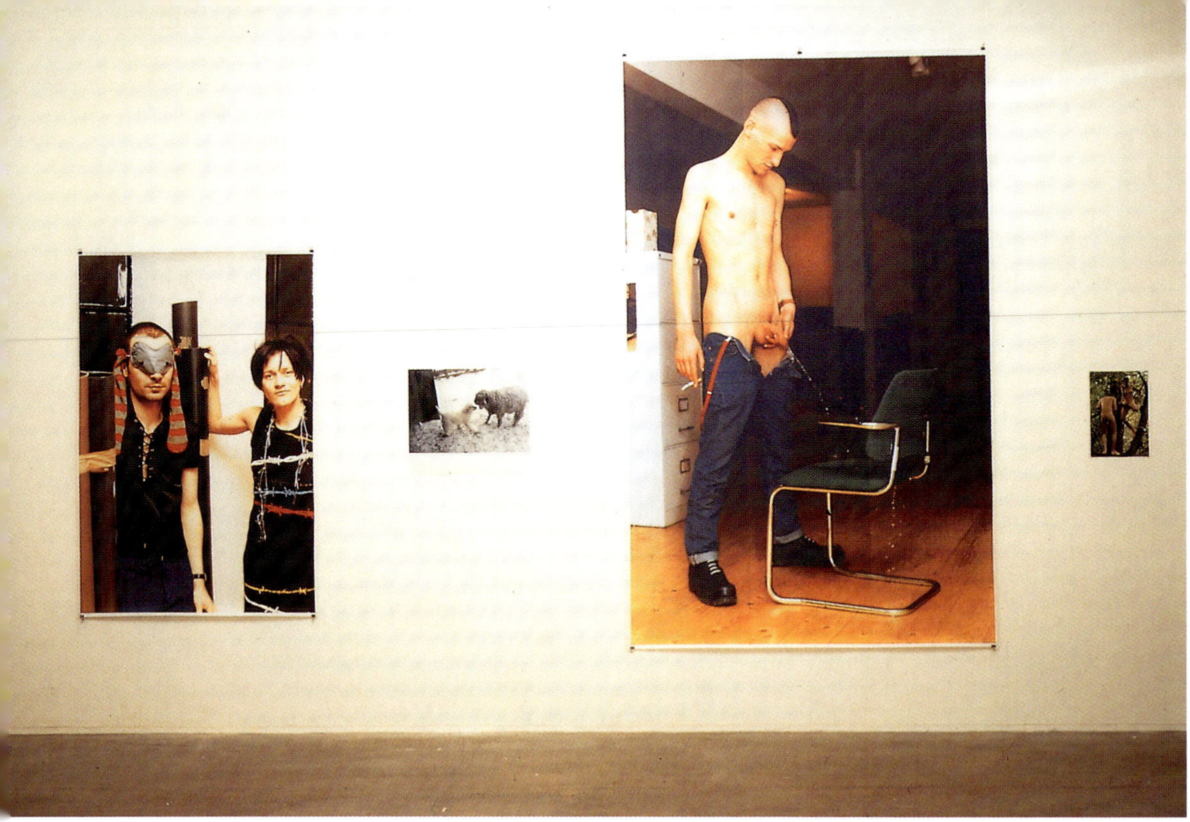

"I Didn't Inhale," installation view, Chisenhale Gallery, London, 1997.

Only Connect

JUDITH NESBITT

Only connect! That was the whole of her sermon.
Only connect the prose and the passion, and both will be exalted, and human love will be seen at its highest.

E. M. Forster, *Howards End*

The week that Wolfgang Tillmans installed his exhibition "I Didn't Inhale" at Chisenhale Gallery last June was a week I remember with pleasure: the simple thrill of seeing pictures let loose in the gallery, after so much mixed media and video work before and all the equipment hire and complicated installation that they entail. Even so, I knew it wasn't going to be a straightforward hang—because for Wolfgang, installation is integral to the work. He takes nothing for granted: the process of making the exhibition is as challenging as making the art; a restless, open-ended search for his particular sense of beauty.

JUDITH NESBITT is Head of Programming at the Whitechapel Art Gallery, London.

Chisenhale, in London's East End, is ten minutes from Shoreditch where Wolfgang's home/studio then was. This proximity prompted the idea of the gallery becoming an extension of his studio. Wolfgang's needs were simple; a few trestle tables set up end to end in the middle of the gallery, and peace and quiet in which to sift through the work.

Wolfgang arrived with much more work than he intended to use, thus allowing himself a high degree of spontaneity in the installation process. The first day was euphoric, airing the work, seeing what's there, trying things out; day two was going too far, losing focus, facing congestion; day three was editing the excesses of the day before. Although Wolfgang had thought carefully about the exhibition for weeks beforehand, as he unrolled the large bubble-jet prints, one by one, he questioned aloud, "What do you think about this one?...And that?" A still life of a pumpkin, a tomato, and a pomegranate floated to the floor, as a beautiful punk pissing on a green office chair drifted down past our eyes. As always, he mixed new and older work, inevitably structuring the installation around the large bubble-jet prints, some 48 by 68 inches, others 70 by 106 inches. These set the tone of the show—not so much because their size indicates greater importance but rather that they articulate spaces within which relationships take place. Without the obstruction of glass, the subtle tonal qualities of the large bubble-jet prints which, like his photographs, Wolfgang insists on printing himself, exert their hold on the eye. Made by jetting coloured inks into a fine layer of chalk, the images are matte, non-reflective, and colour-saturated. The colour sits in the chalk layer, giving an intrinsic softness and vulnerability that complement the intimate smaller photographs.

As he leafed through the work, initially alone, Wolfgang asked himself not "Is it new or old..." "Is it 'London' or not?" but rather, "Is it fresh? How does this feel to me here and now?" This test reveals much about the empathetic relationship Wolfgang has with his pictures. At one stage SMOKIN' JO (1995) was up on the wall, a portrait which had been a key element of his Portikus show in 1995. Yet, he removed it because it didn't have the immediacy he required for this particular situation.

Installing the Chisenhale show was an opportunity for Wolfgang to use the work in a new way. Rather than relying on formal solutions which had worked well in the past—such as creating strongly defined blocks of smaller works, abutting pictures within linear relationships—he was ready to explore other possibilities which might surprise and affect him, and, in turn, the viewer. Trusting that the new pictures could establish relations with more familiar images, an airy installation resulted. It was as if the space had liberated the work and, in doing so, Wolfgang's relationship to it.

To Wolfgang, each picture—whether a black and white snapshot or huge, colour bubble-jet print—has an equally useful role to play. They have different values, not in terms of size or the significance of the subject but, like the different notes in a musical score, each has its place within the whole, creating different depths, different accents of emotion. I recall, in particular, one of those unremarkable pictures which, once up on the wall, lodged itself firmly in the mind's eye. As we puzzled over its affective presence, Wolfgang told me that it was of a choir in Munich, singing hymns from Taizé, the international ecumenical community in France where he had spent some time. At one point, this picture of the choir was juxtaposed with a scene from an operating theatre, in which the participants conveyed a similar quality of rapt attention: two close communities, one dedicated to the spirit the other to the body. But we agreed that the two didn't work together visually and Wolfgang decided unequivocally in favour of the choir. He hadn't anticipated it to be an important image in the show but it became so. Sometimes the obvious thing is the right thing, like his initial positioning of SHAKER TREE (1997). Attached to the middle of the end wall by small bulldog clips hung on nails, this image printed on thin paper conveyed all the authority of the stalwart oak tree. Over the three days, the tree was joined by other images, but ended up alone except for a small image of two boys wading into water, fixed to the office door on the same wall.

Each morning when I arrived at work I'd see the fruits of Wolfgang's late evening revisions. HABBUKUK AND CHERUBIM (1996), a sheep and a little white dog rubbing noses, pictured against a snowy ground, was one of those almost cutesy images which stubbornly refused to go away. Wolfgang ended up sticking it between pictures of his friends Alex and Lutz dressed up, the pissing punk, and Alex and Alex dressed down. Farmyard frolics never looked so audacious, outrageous even.

But these confrontations are not an act of provocation on Wolfgang's part. There is always a narrative teasing in his mind. The juxtaposition of images has to have something to tell him, but it is not a game for the viewer to decipher; rather the viewer should feel that within the diversity, the work is connected, that somehow the relationships are right. Categories thrown askew, all senses on alert, we are challenged to trust our eyes.

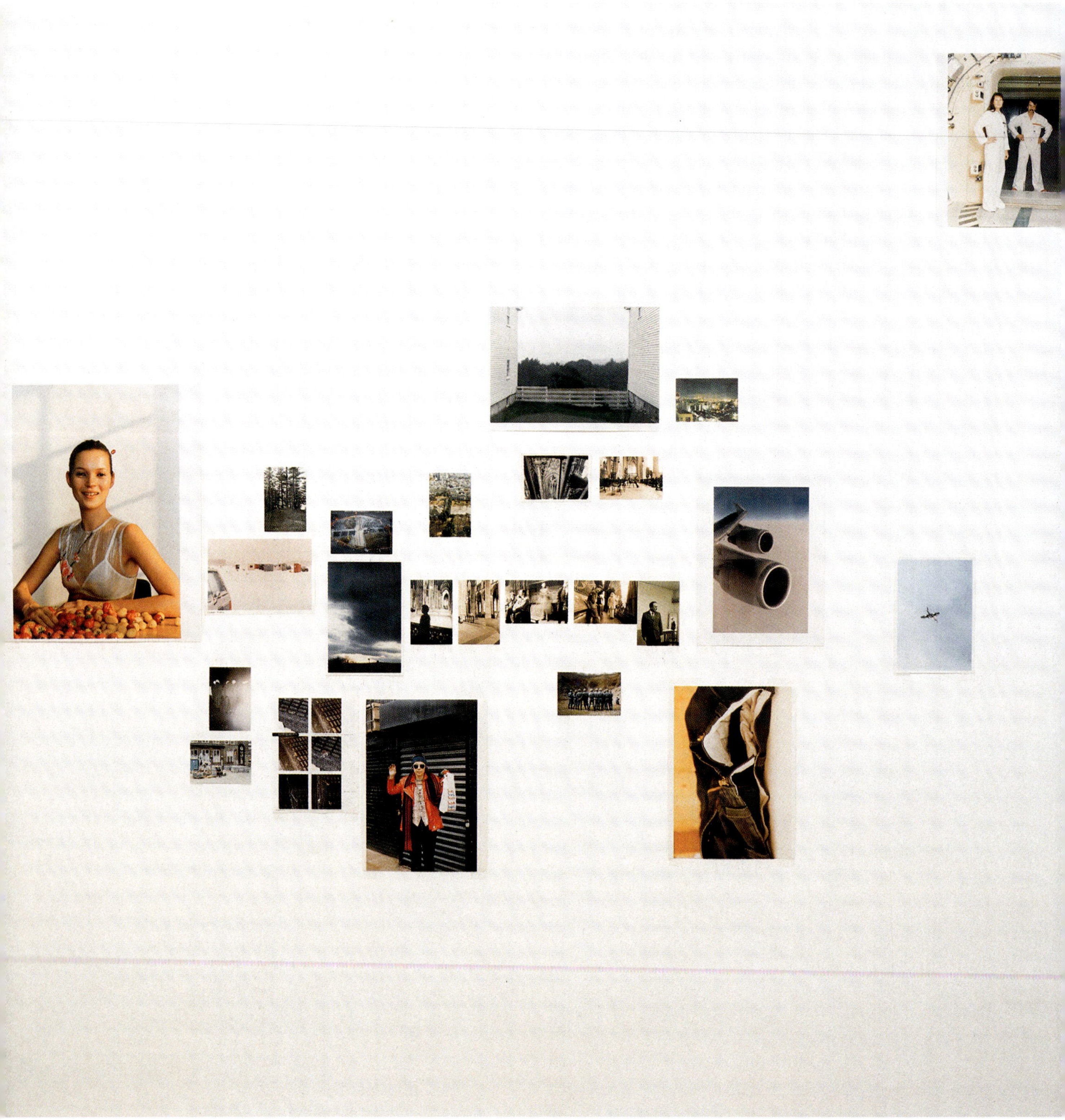

"I Didn't Inhale," installation view, Chisenhale Gallery, London, 1997.

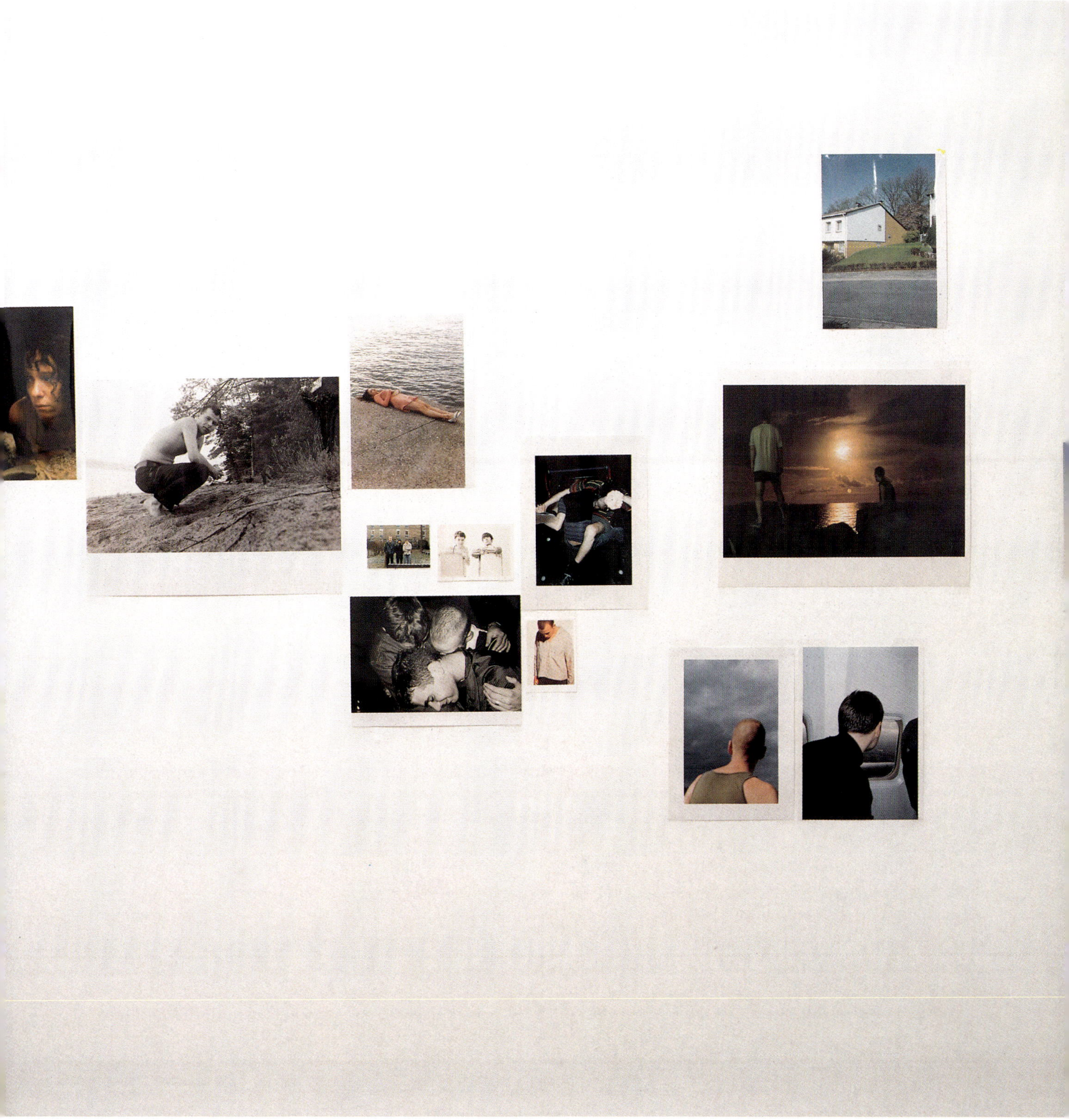

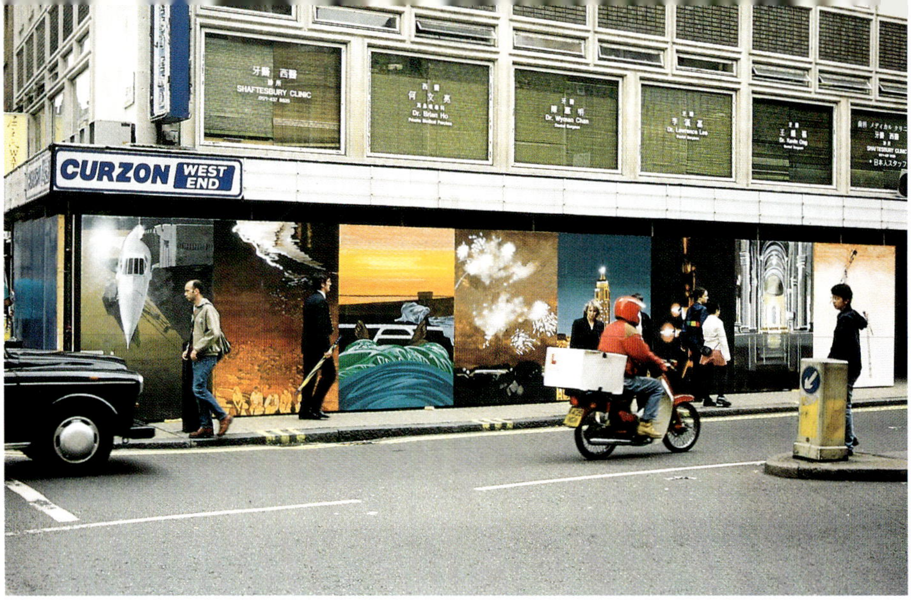

Nur den Bogen schlagen!

Nur den Bogen schlagen! Das war schon ihre ganze Heilsbotschaft.
Nur den Bogen schlagen von der Prosa zur Leidenschaft,
dann werden beide erhöht werden, und die höchsten Höhen,
zu denen menschliche Liebe sich aufzuschwingen vermag, werden sichtbar.

E. M. Forster, *Wiedersehen in Howards End*

JUDITH NESBITT

Die Woche, als Wolfgang Tillmans im vergangenen Juni seine Ausstellung «I Didn't Inhale» in der Chisenhale Gallery zusammenstellte, ist mir in bester Erinnerung geblieben: Nach den ganzen Mixed Media- und Video-Arbeiten und der Technik, die gemietet und mühsam installiert werden musste, war es einfach spannend zu beobachten, wie die Galerie sich mit Bildern füllte. Auch wenn mir klar war, dass es nicht um ein blosses Aufhängen der Bilder gehen würde, denn für Wolfgang ist die Installation ein wesentlicher Bestandteil seiner Arbeit. Nichts ist ihm selbstverständlich: Das Ausstellen ist für ihn ebenso eine Herausforderung wie die Produktion der Bilder; eine rastlose, nie endende Suche nach seiner eigenen Ästhetik.

Chisenhale in Londons East End ist zehn Minuten von Shoreditch entfernt, wo sich Wolfgangs Wohnatelier damals befand. Diese räumliche Nähe brachte uns auf die Idee, die Galerie zu einer Aussenstelle seines Ateliers werden zu lassen. Wolfgang hatte keine grossen Ansprüche; ein paar Böcke und Tischplatten, die in der Mitte der Galerie von Wand zu Wand aufgestellt wurden, und Zeit und Ruhe um seine Arbeiten durchzugehen. Wolfgang hatte viel mehr Material mitgebracht, als er auszustellen gedachte, so dass er beim Einrichten sehr spontan vorgehen konnte. Der erste Tag war euphorisch; die Arbeiten

JUDITH NESBITT ist Programmleiterin in der Whitechapel Gallery, London.

wurden ausgepackt, man sichtete, was da war, und probierte verschiedene Dinge aus; Tag zwei uferte aus, man sah vor lauter Bäumen den Wald nicht mehr, die Fülle war erdrückend; Tag drei bestand darin, Ordnung in das Chaos des Vortags zu bringen. Obwohl Wolfgang sich schon seit Wochen sorgfältig auf die Ausstellung vorbereitet hatte, fragte er beim Entrollen der grossen Bubble-Jet-Prints immer wieder laut: «Was hältst du davon? ... Und davon?» Ein Stillleben mit Kürbis, Tomate und Granatapfel driftete zu Boden, während sich vor unseren Augen ein wunderschöner Punk, der auf einen grünen Bürostuhl pinkelte, entrollte. Wie immer mischte er seine neuesten Arbeiten mit älteren und musste so das Ganze auf die grossen Bubble-Jet-Prints ausrichten, die 120 x 170 bis 178 x 270 cm massen. Sie bestimmten den Tenor der Ausstellung, nicht sosehr, weil das Format ihnen mehr Gewicht verleiht, sondern weil sie Räume erzeugen, innerhalb derer ein Austausch stattfinden kann. Die raffinierte Tongebung der

WOLFGANG TILLMANS, TODOS LOS SANTOS, 1998,
Ausseninstallation, Malerei auf Holz, Ausführung Cosmo Sarson nach Photos von Tillmans, Shaftesbury Avenue, London, Sommer 1998 / outdoor installation, paintings on wood by Cosmo Sarson after Tillmans's photographs.

Blick in die Ausstellung «Wolfgang Tillmans», September/Oktober 1995, Portikus, Frankfurt am Main; an der Stirnwand SMOKIN JO, 1995, Bubble-Jet-Print, 360 x 240 cm / exhibition view; on the back wall SMOKIN' JO, bubble-jet print, 141¾ x 94½".

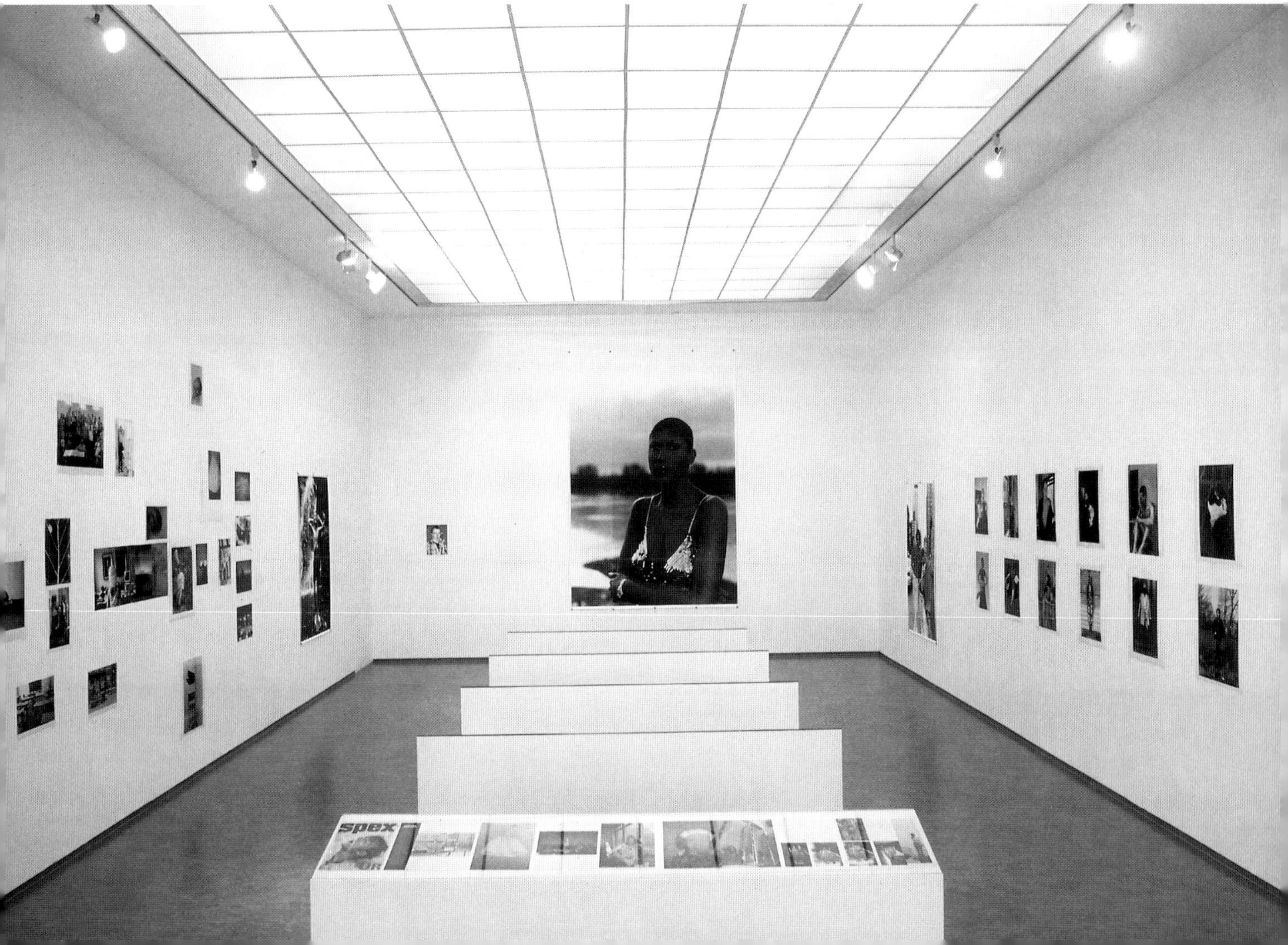

grossen Drucke (die Wolfgang ebenso wie alle seine Photoabzüge selbst macht) fesselt das Auge frei von jeder Behinderung durch Glas. Mit farbigem Tintenstrahl auf eine feine Kreideschicht gespritzt, sind die Bilder matt, farbgesättigt und es gibt keine Reflektionen. Die Farbe sitzt in der Kreideschicht und verleiht den Bildern etwas zutiefst Sanftes und Verletzliches, das gut zu den intimen, kleineren Photographien passt.

Wolfgang, der anfangs noch allein war, fragte beim Sichten seiner Arbeiten nicht: «Ist das neu oder alt?», oder: «Ist das London oder nicht?», sondern: «Ist es frisch? Wie fühlt sich das hier und jetzt an?» Dieser Test sagt viel über die empathische Beziehung, die Wolfgang zu seinen Bildern hat. Auch SMOKIN' JO (1995), ein Porträt, das im Mittelpunkt seiner Portikus-Ausstellung von 1995 stand, hing zwischendurch einmal an der Wand. Doch entfernte er es wieder, weil es nicht die Unmittelbarkeit besass, die er in dieser spezifischen Situation wünschte.

Der Aufbau der Chisenhale-Ausstellung war für Wolfgang eine Gelegenheit, neuen Gebrauch von seinen Arbeiten zu machen. Statt auf bewährte formale Lösungen zurückzugreifen – wie etwa aus kleineren Arbeiten fest umrissene Blöcke zu bilden und die Bilder in lineare Beziehungen zueinander zu bringen – war er bereit, andere Möglichkeiten zu erforschen, die ihn und folglich auch den Betrachter vielleicht zu überraschen und berühren vermöchten. Im Vertrauen darauf, dass die neuen Bilder mit schon bekannteren korrespondieren würden, gelang ihm eine «luftige» Installation. Es war, als hätte der Raum das Werk freigesetzt und damit auch die Beziehung des Künstlers zu ihm.

Für Wolfgang ist jedes Bild wichtig, ob es nun ein schwarzweisser Schnappschuss oder ein riesiger Bubble-Jet-Print ist. Die Bilder haben unterschiedliche Stellenwerte, die aber nichts mit ihrer Grösse, Bedeutung oder ihrem Gegenstand zu tun haben, sondern wie die Noten einer Melodie hat jedes einzelne seinen Platz innerhalb des Ganzen und erzielt eine andere Tiefenwirkung, setzt andere emotionale Akzente. Ich erinnere mich vor allem an eines jener unauffälligen Bilder, das sich, kaum hing es an der Wand, auch schon im Kopf eingenistet hatte. Während wir über seine emotionale Wirkung rätselten, erklärte mir Wolfgang, es zeige einen Münchner Chor, der Hymnen aus Taizé sänge, einer internationalen ökumenischen Gemeinschaft in Frankreich, in der er selbst eine Zeit lang gelebt hätte. Neben dieses Bild wurde dann eine Szene aus einem Operationssaal gehängt, dessen Protagonisten eine ähnlich gespannte Aufmerksamkeit zeigten: zwei enge Gemeinschaften, die eine dem Geist, die andere dem Körper verpflichtet. Aber wir waren uns einig, dass sie optisch nicht zusammenpassten, und Wolfgang bevorzugte entschieden den Chor. Dies war für ihn nicht von vornherein ein für die Ausstellung wichtiges Bild gewesen, aber es wurde dazu. Manchmal ist was auf der Hand liegt auch das Richtige, so die ursprüngliche Platzierung von SHAKER TREE (1997). Dieses auf leichtem Papier gedruckte Bild, das mit kleinen, von Nägeln gehaltenen Klemmen an der hinteren Wand angebracht war, vermittelte die ganze Kraft der imposanten Eiche. Im Lauf der drei Tage gesellten sich zu dem Baum noch weitere Bilder, letztlich blieb er dann aber doch allein, abgesehen von einem kleinen Bild von zwei ins Wasser watenden Jungen an der Bürotür in derselben Wand.

Jeden Morgen, wenn ich ins Büro kam, sah ich die Ergebnisse der am Vorabend vorgenommenen Veränderungen. HABBUKUK AND CHERUBIM (1996), ein Schaf und ein kleiner weisser Hund, die vor einem verschneiten Hintergrund die Nasen aneinander reiben, war eines dieser beinahe schon zu niedlichen Bilder, die sich einfach nicht unterbringen liessen. Wolfgang schob es schliesslich zwischen Bilder von seinen Freunden Alex und Lutz im grossen Outfit, dem pissenden Punk und Alex und Lutz ohne Outfit. Noch nie wirkte ein Geplänkel auf dem Bauernhof so gewagt, ja skandalös.

Aber diese Gegenüberstellungen sind von Wolfgang nicht als Akt der Provokation gedacht. Er hat immer eine narrative Neckerei parat. Das Nebeneinander von Bildern muss ihm zwar selbst etwas sagen, ist aber kein Rätsel, das der Betrachter lösen muss; er soll vielmehr in der Vielfalt das Zusammenhängende des Werks fühlen können, spüren, dass die Beziehungen irgendwie «stimmen». Jenseits aller Kategorien sollen wir mit wachen Sinnen unseren Augen trauen.

(Übersetzung: Uta Goridis)

Will beides

Wolfgang Tillmans' museale Präsentation seiner Photographien

ULF ERDMANN ZIEGLER

Zu den wunderlichen Effekten der 80er Jahre gehörte, dass das Kunstpublikum eine gewisse Gleichgültigkeit gegenüber künstlerischen Techniken entwickelte: ob Gemälde, Siebdruck oder Photographie – es kam nicht mehr so recht darauf an. Entscheidend war die Eindeutigkeit der Präsentation.

In dieser für Photographen günstigen Situation hat Wolfgang Tillmans eine ungewöhnliche Wahl getroffen, indem er gerade die Forderung nach Eindeutigkeit missachtet. Seine Ausstellungen bestehen sehr wohl aus Photographien, aber gerade den Vorteil der photographischen Technik, homogene Formate und Oberflächen hervorbringen zu können, verkehrt Tillmans ins Gegenteil, indem er die Formate und Techniken wechselt und in der Präsentation gezielt konfrontiert. Am auffälligsten sind die mannshohen Bubble-Jet-Prints, die an Klammern aufgehängt werden. In ihrer milchigen Farbigkeit haben sie die Wirkung von «Fahnen», von entsubjektivierten Signalen. Sie zeigen oft Aussichten auf grosse Städte mit Fabriken, Strassen, Brücken und Wasseradern; oder Früchte-Stillleben aus dem Atelier in moderat modernen Anordnungen. Die Motive sind nicht – wie man beim ersten flüchtigen Eindruck denken könnte – zufällig gewählt, sondern bezeichnen genau die beiden äusseren Koordinaten des Spektrums von Motiven, das Tillmans interessiert. Auf der einen Seite die klassische Kontemplation vor dem Objekt (Früchte); auf der anderen Seite die Beschreibung einer universalen Struktur (Städte).

Ausser Photographien auf Farbpapier hat Tillmans schon in seinen ersten Installationen die «anderen Medien» der Photographie zitiert: Andrucke, Zeitschriftenseiten oder Postkarten. Das nicht um den musealen Rahmen zu diskreditieren, sondern um die Photographie – die eigene – als Räderwerk von Leben und Werk sichtbar zu machen.

Tillmans gehört zu den jüngeren Photographen, für die das schwarzweisse Labor mit seiner Schaukel-Chemie sehr bald nicht mehr in Frage kam – in der Steuerung der Farbe und dem Umgang mit den photographischen Produkten kehren die Rituale des Handwerks zurück. Selbst Schwarzweiss-Negative printet Tillmans auf Farbpapiere, wobei die grünliche oder warme Tonigkeit an die Gummidrucke und Albuminphotographien des letzten Jahrhunderts erinnert. Er bricht mit der Konvention, die schwarzweisse und farbige Technik als prinzipiell unterschieden anzusehen; so werden auch die ästhetischen Traditionen beider amalgamiert.

Sämtliche dieser Photographien – viele mit Rand, manche randlos – werden von Tillmans mit transparentem Band auf die Wand geklebt. Dabei gibt es Ballungen, die Pinwänden gleichen, verwinkelt auf- und absteigende Layouts und dramatisch isolierte Motive. Der Verzicht auf Rahmen hat anfangs wohl wie ein Affront gewirkt, aber nach einer gewissen Gewöhnungszeit sieht man in Tillmans' musealen Arrangements nicht mehr zerfressene Bilderteppiche, sondern Installationen, die den letzten Stand der Arbeit fixieren.

Zur akademischen Ausbildung in England gehören die bohrenden Fragen der Lehrer nach den

ULF ERDMANN ZIEGLER ist Kunstkritiker und lebt in Berlin.

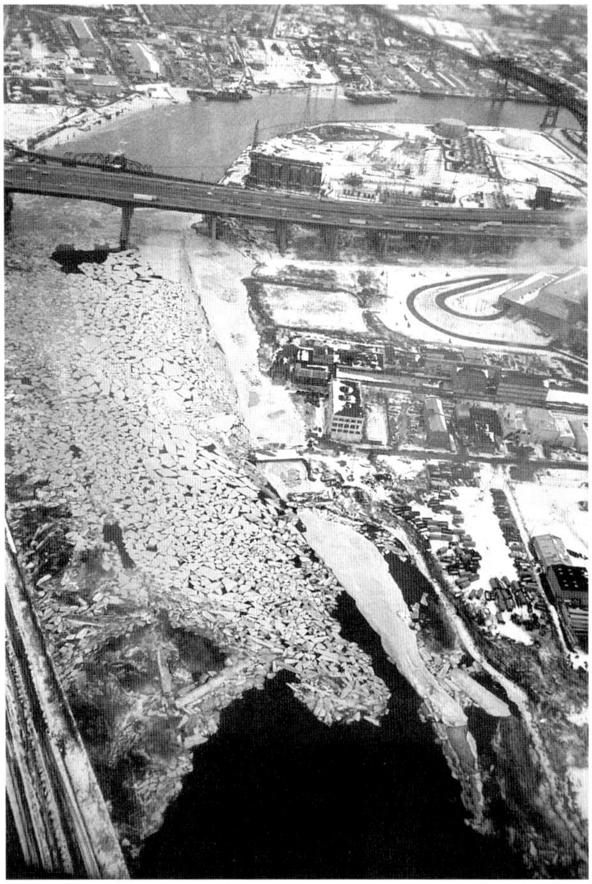

WOLFGANG TILLMANS,
INDUSTRIAL LANDSCAPE, 1996,
c-print, 40 x 30 cm & 60 x 50 cm /
24 x 20" & 16 x 12";
bubble-jet print, 170 x 120 cm / 67 x 47¼".

ureigenen Absichten der werdenden Künstler. Für Tillmans wurde am College in Bournemouth klar, dass er die Motive, die er suchte, nur dann finden könnte, wenn er die Schranke zwischen Illustrierten und künstlerischem Werk nicht beachten würde. Er wollte beides. Seine Arbeit fällt in den Magazinen auf, weil sie mit «fast nichts» auskommt; im Museumsraum streut und ordnet, ordnet und streut er seine Bilder auf der Wand, so wie man es im Layout auf grossen Tischen tut, wenn man selegieren, zuordnen und umbrechen will.

Er plündert sein eigenes Material wie einen Zettelkasten. Selbst die Bilder der Concorde, die als Serie photographiert und im gleichnamigen Künstlerbuch sorgfältig zu einer Sequenz geordnet wurden, tauchen in anderen Zusammenhängen als Einzelbilder wieder auf. Das Flirrende seines Systems täuscht leicht über die Tatsache hinweg, dass Tillmans eine ganze Reihe von starken, ikonischen Bildern hervorgebracht hat, auf denen die ganze Arbeit ruht wie auf einer Achse: die fliegende Turnhose, der UNSCHARFE RÜCKENAKT eines jungen Mannes (kniend), die POLICE HELICOPTERS (über dem nächtlichen New York), das bewegende Porträt eines jungen Sportlers (BOY WITH BALL) und natürlich LUTZ & ALEX HOLDING COCK.

Der Stellenwert dieser Photographien im Werk ist langfristig zu erschliessen aus der Häufigkeit, in der sie auftauchen. In der konkreten Installation aber behandelt Tillmans Hauptsachen wie Nebensachen – der Endpunkt einer Überlegung ist der Beginn einer anderen. In strukturalistischer Rhetorik würde man sagen, er stelle das Machen über das Gemachte. Das unterscheidet Tillmans von den Traditionen der Autoren- und Kunstphotographie, der Bechers zum Beispiel, aber auch Paul Grahams. Tillmans will mit seiner Photographie nichts beweisen und nichts belegen und nichts verdichten, sondern einen *stream of consciousness* spürbar machen. Seine Installationen meinen nicht die Repräsentation von Objekten, sondern der Libido. Es ist gewiss kein Zufall, dass (in erstaunlichen Varianten) immer wieder der onanierende Jüngling auftaucht. Der Masturbierende darf sich alles vorstellen, lebt in der Zirkulation seiner Lieblingsmotive, aber dies unter der Drohung des Ennui. Tillmans Bilderstrom bekennt sich zur solipsistischen Melancholie des nackten Subjekts.

Wants Both Wolfgang Tillmans's Museum Presentation of his Photographs

ULF ERDMANN ZIEGLER

Among the curious outgrowths of the eighties one must count the fact that art goers developed a certain indifference to artistic techniques: painting, silkscreen, or photograph—it no longer really mattered. Essential was the clarity of presentation.

Although this call for clarity is to the advantage of photography, Wolfgang Tillmans made an unusual decision by deliberately ignoring it. His exhibitions certainly do consist of photographs but he has reversed photography's characteristic ability to produce homogeneous formats and surfaces. Tillmans changes formats and techniques and confronts them in his presentation. Most striking are the man-sized, bubble-jet prints hung on clips. Their milky coloring lends them the appearance of "banners," of de-subjectivized signals. They often show views of large cities, seen from above, with factories, bridges, and waterways; or moderately modern still-life arrangements of fruit in his studio. Contrary to what a first, fleeting impression might convey, the motifs are not chance selections but specifically represent the extreme coordinates in the spectrum of motifs that interest Tillmans: on one hand, the classical contemplation of an object (fruit), on the other, the description of a universal structure (cities).

In addition to photographs on colored paper, Tillmans has addressed the "other vehicles" of photogra-

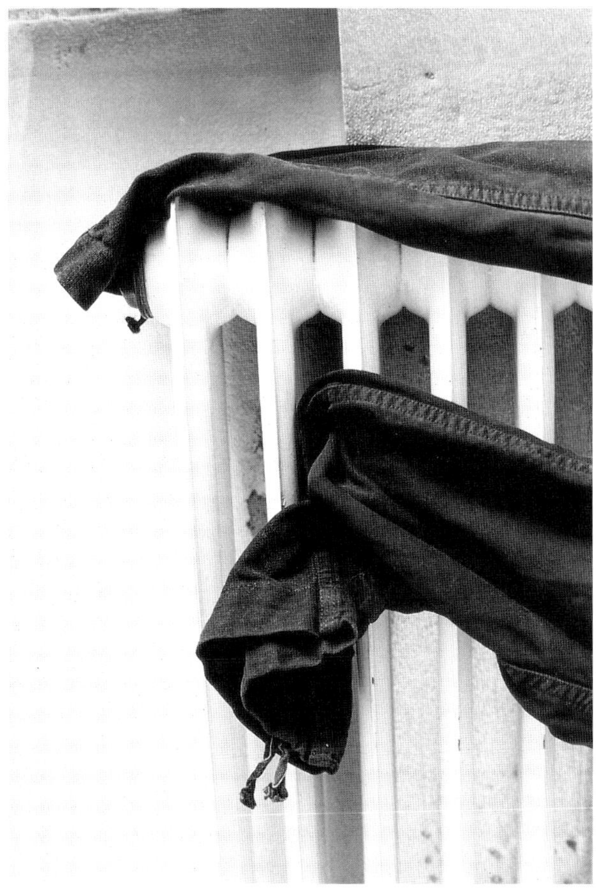

WOLFGANG TILLMANS, FALTENWURF (OLIV), 1996, c-print, 40 x 30 cm & 60 x 50 cm / 24 x 20" & 16 x 12"; bubble-jet print, 170 x 120 cm / 67 x 47¼".

ULF ERDMANN ZIEGLER is a critic who lives in Berlin.

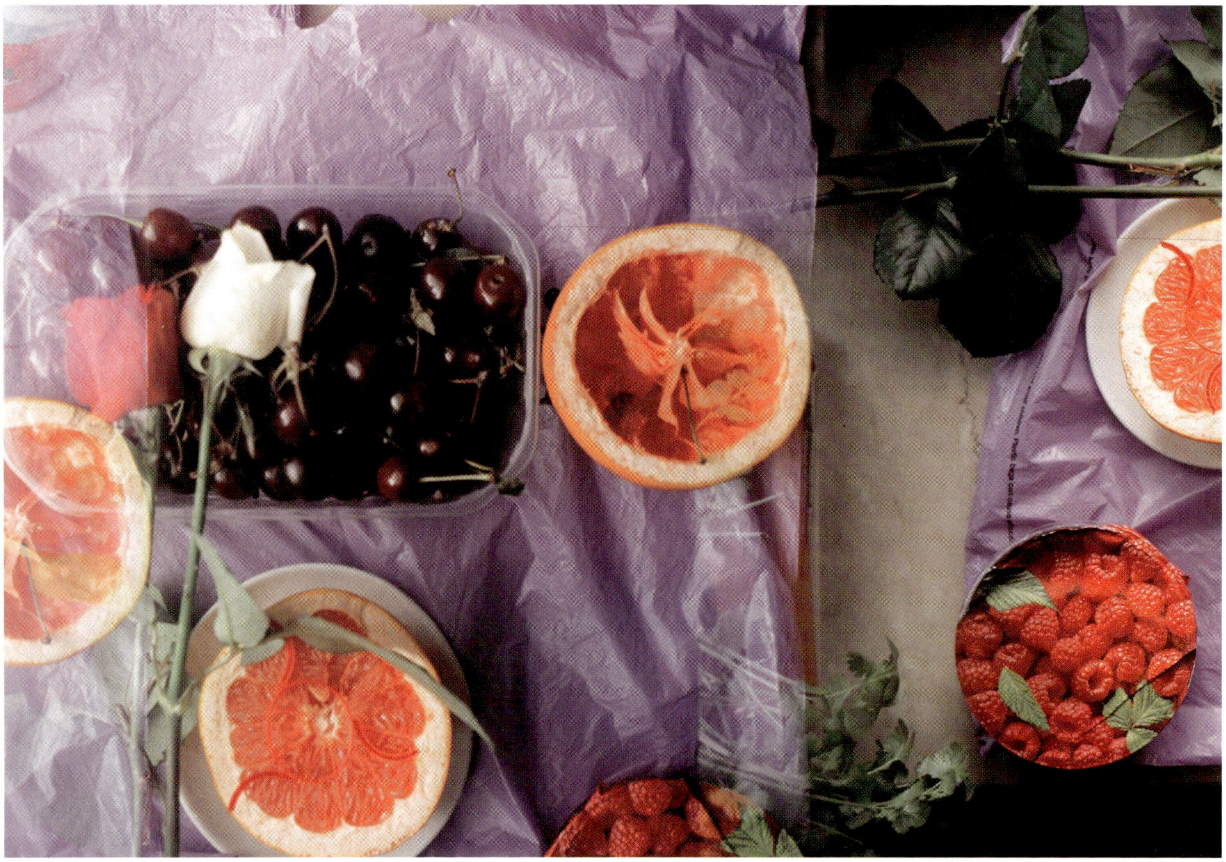

WOLFGANG TILLMANS, STILLLEBEN, MARKTSTRASSE, 1997, c-print, 30 x 40 cm & 50 x 60 cm / 20 x 24" & 12 x 16"; bubble-jet print, 120 x 170 cm / 47¼" x 67 cm.

phy—proofs, pages from magazines, or postcards—since his first installations, not in order to discredit the museum but to demonstrate that (his) photography is inseparably engaged with the gears of life and work.

Tillmans belongs to that breed of young photographers who have outgrown the black-and-white darkroom with its chemical dip-and-swing. The rituals of the craft have shifted to color control and the treatment of the photographic product. Tillmans even prints black-and-white negatives on colored paper, whose greenish or warm tones recall the aniline and albumen prints of the last century. Having broken with the canon that posits a fundamental distinction between black-and-white and color photography, he amalgamates the aesthetic traditions of both.

All of these photographs—some with margins, some without—are mounted on the wall with transparent tape. There are crowded pinboard-like sections, clusters of rising and falling layouts, and dramatically isolated motifs. The lack of frames may seem to be an affront at first but after a certain period of acclimatization, Tillmans's museum arrangements no longer look like moth-eaten carpets but very much like installations that fix the latest stage of his work.

An academic education in England is incomplete without the probing interrogation of teachers as to the essence of the budding artist's intentions. It was while attending the College of Bournemouth that Tillmans realized that if he wanted to find the motifs he was looking for, he would have to ignore the barrier between illustrated magazine and work of art. He wanted both. His magazine output is conspicuous for the fact that it makes do with "practically nothing." In the museum space, he scatters and arranges, arranges and scatters his pictures on the wall much

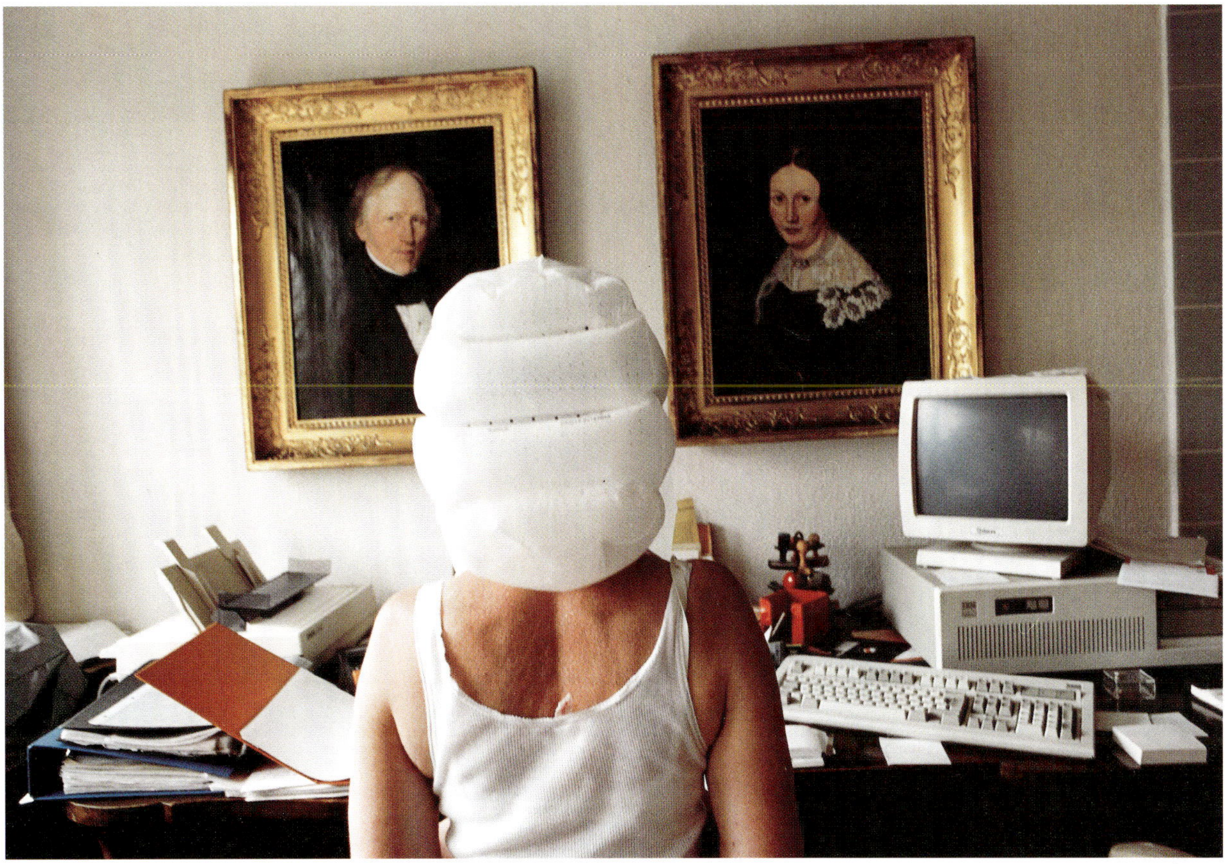

WOLFGANG TILLMANS, DOMESTIC SCENE, 1991,
c-print, 30 x 40 cm & 50 x 60 cm / 20 x 24" & 12 x 16";
bubble-jet print, 120 x 170 cm / 47¼" x 67 cm.

the same way as one works on a large table to prepare a magazine layout: making choices, combining image and word, designing page layouts.

He rifles through his own material as if it were a filebox. Even the pictures of the "Concorde," shot as a series and carefully arranged in the artist's eponymous book, reappear singly in other contexts. The flightiness of Tillmans's system tends to disguise the fact that he has produced an axis of compelling iconic images on which the entire body of work rests: the flying gym pants, the FUZZY NUDE FROM BEHIND of a young man (kneeling), the POLICE HELICOPTERS (over nocturnal New York), the moving portrait of a BOY WITH BALL (young athlete), and naturally LUTZ & ALEX HOLDING COCK.

The importance of these photographs in the artist's oeuvre can be judged in the long term from the frequency of their appearance. But in the concrete installation, Tillmans treats major things like minor things—the end point of a line of thought is the beginning of another. In structuralist rhetoric, one would say the making takes priority over the made. This sets Tillmans off against the traditions of authorial and art photography such as that of the Bechers or even Paul Graham. Tillmans does not want to prove, research, or distill anything; his photographs merely make a stream of consciousness rise to the surface. His installations do not mean to represent objects but rather the libido. It is most certainly no accident that the masturbating boy crops up so often (in astonishing variations). While masturbating, the boy can let his imagination run wild; he lives in the circulation of his favorite motifs, but the threat of ennui is not far off. Tillmans's stream of pictures testifies to the solipsistic melancholy of the naked subject.

(Translation: Catherine Schelbert)

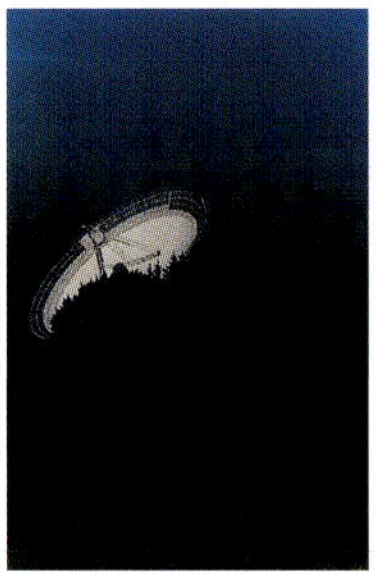
1

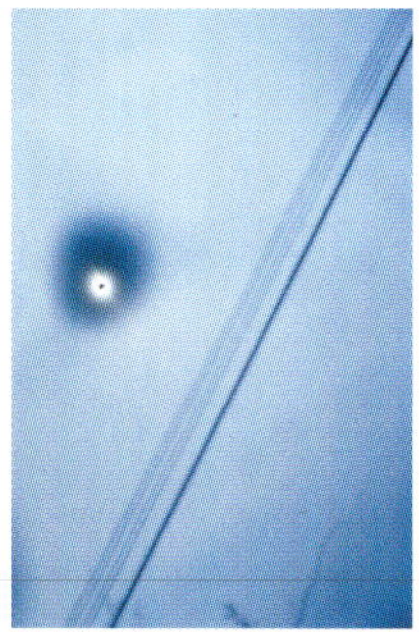
2

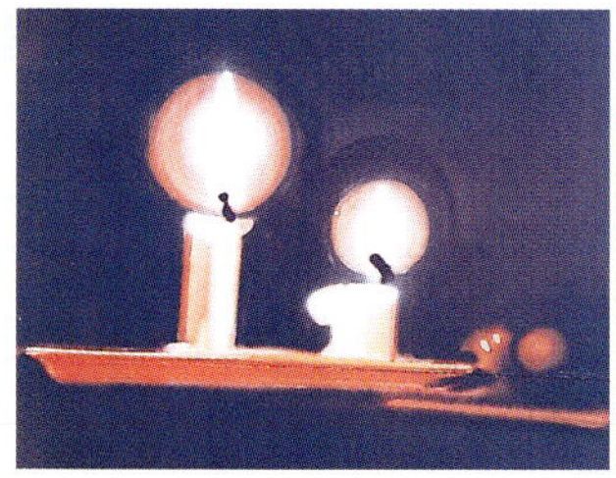
3

4

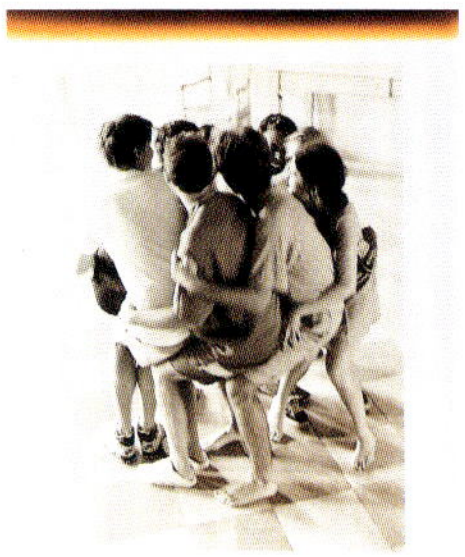
9

10

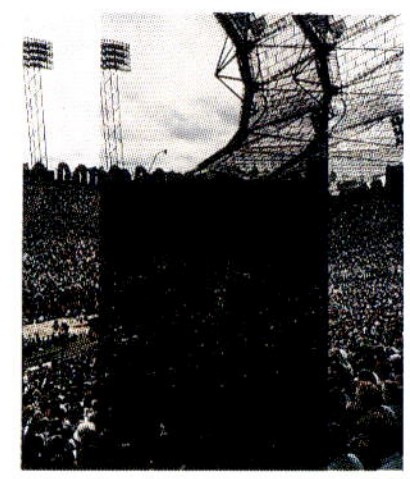
11

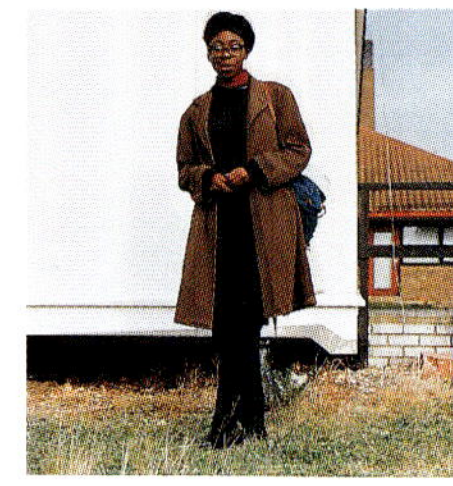
12

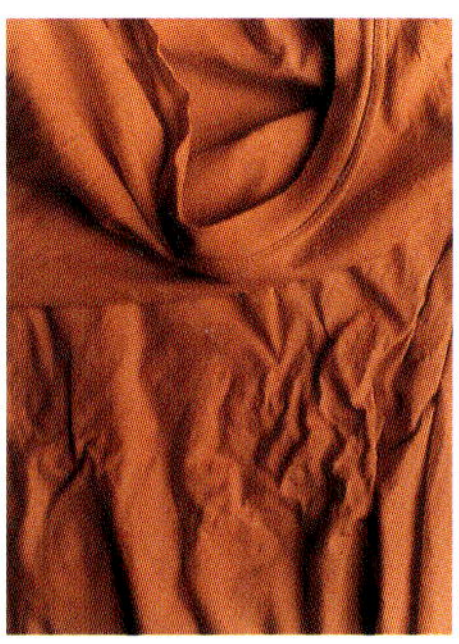
17

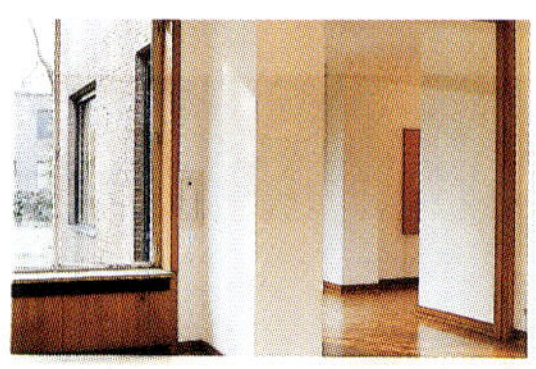
18

19

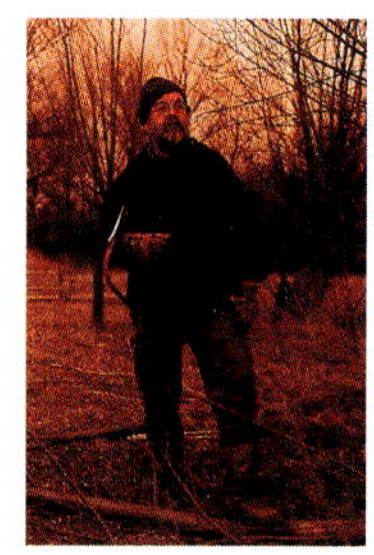
20

25

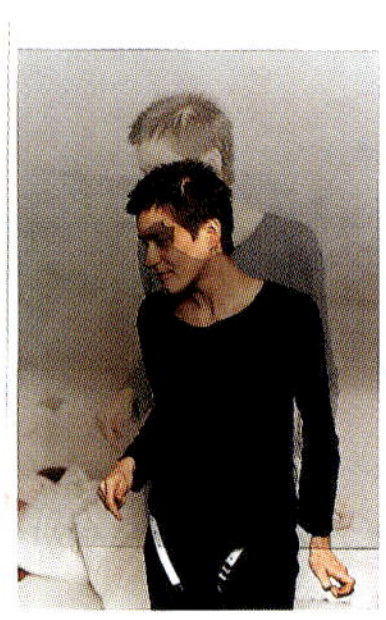
26

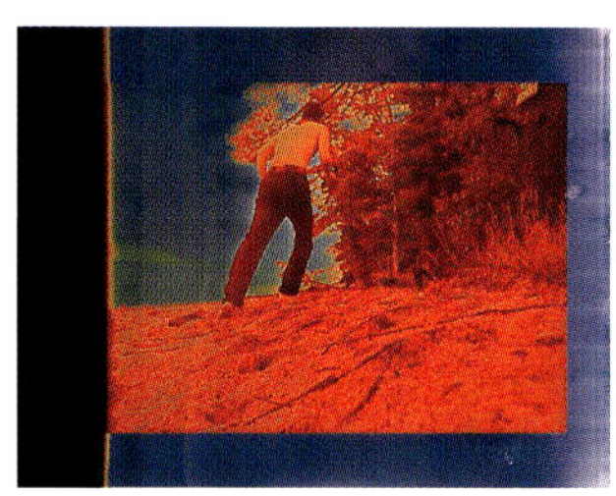
27

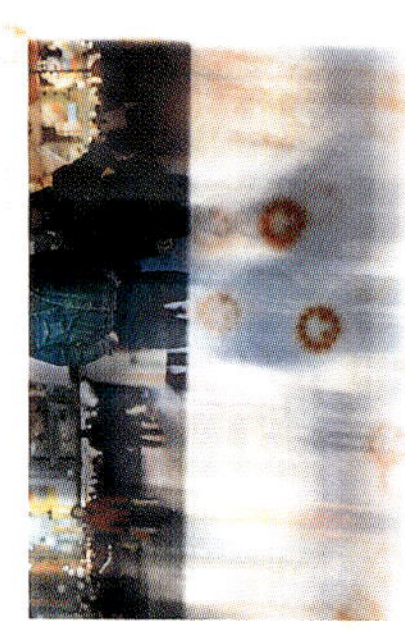
28

33

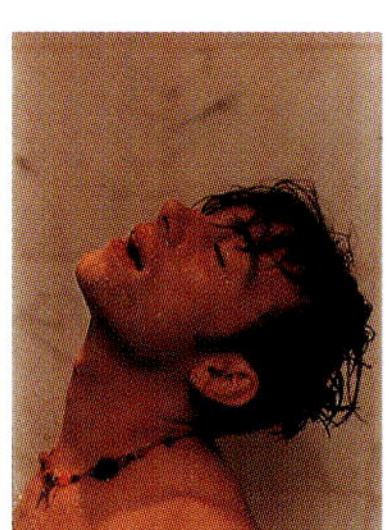
34

35

36

5

6

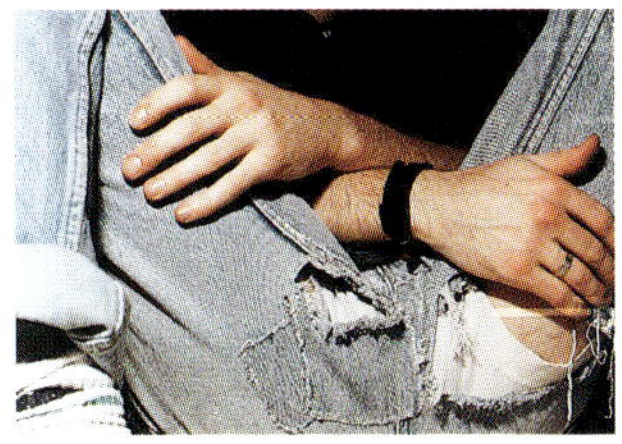

7

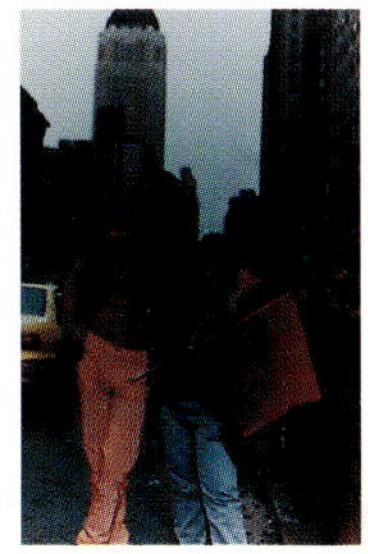

8

13

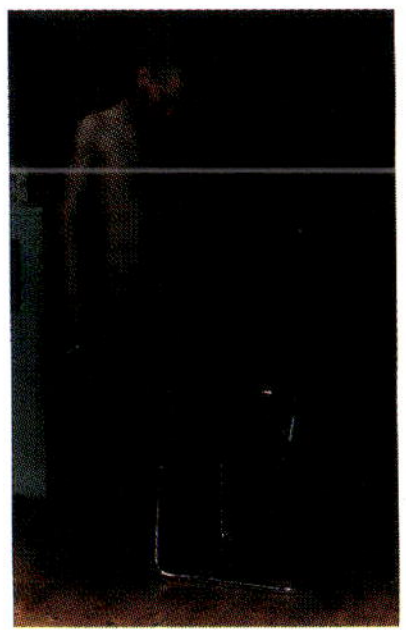

14

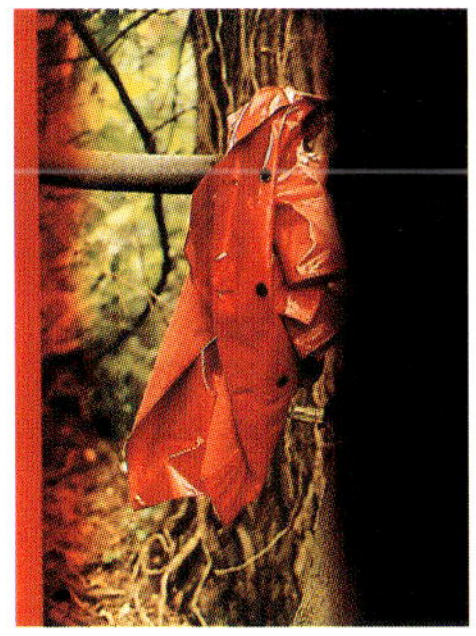

15

16

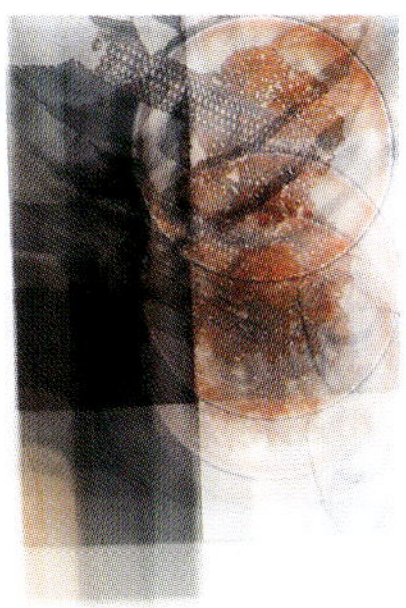

21

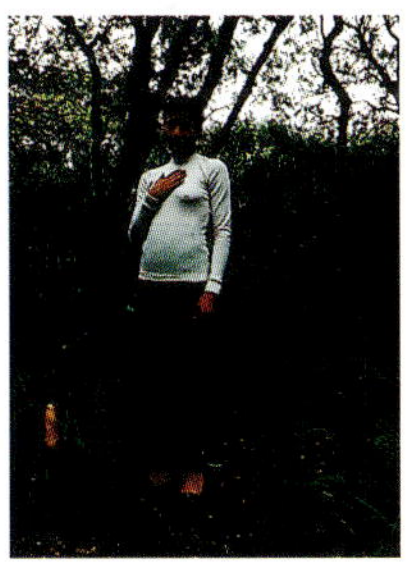

22

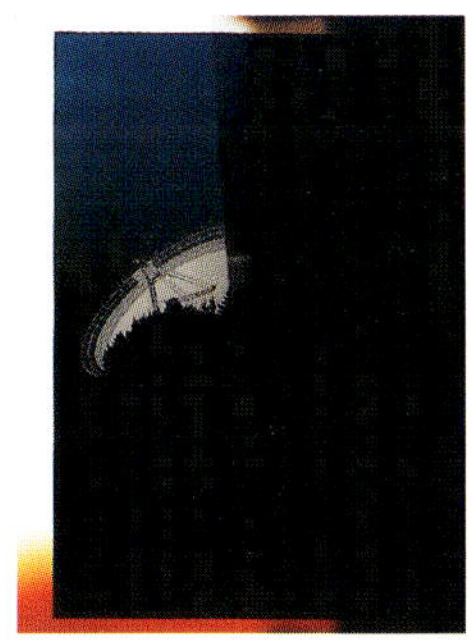

23

24

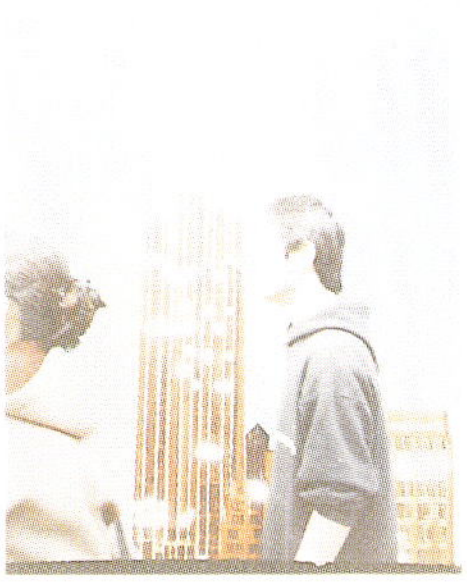

29

30

31

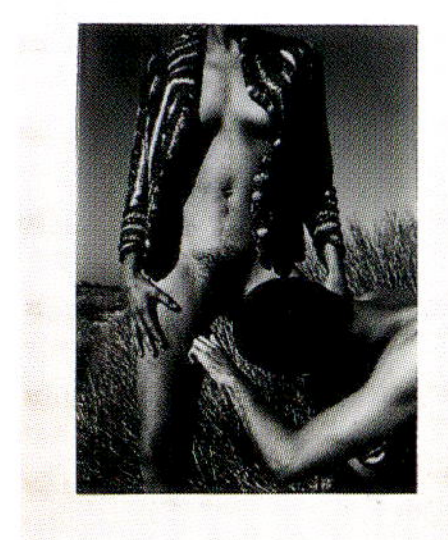

32

37

38

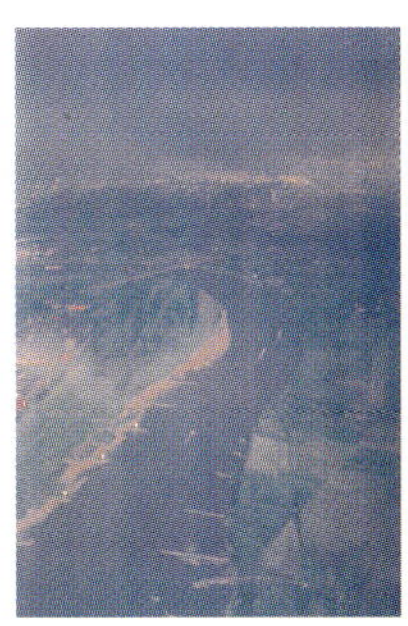

39

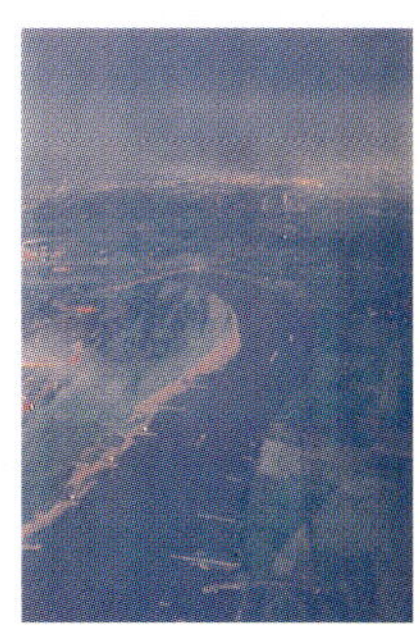

40

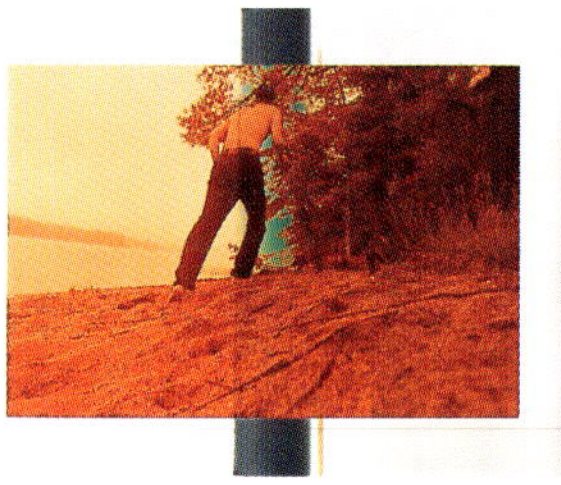
41

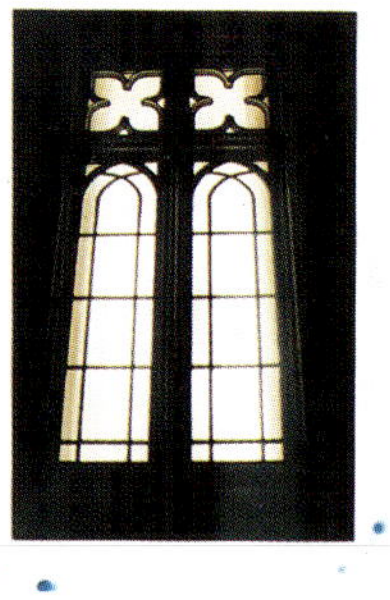
42

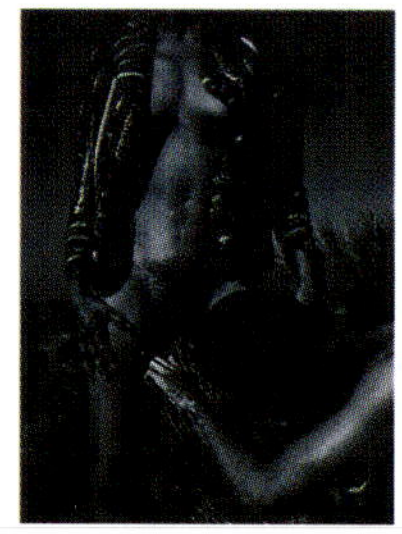
43

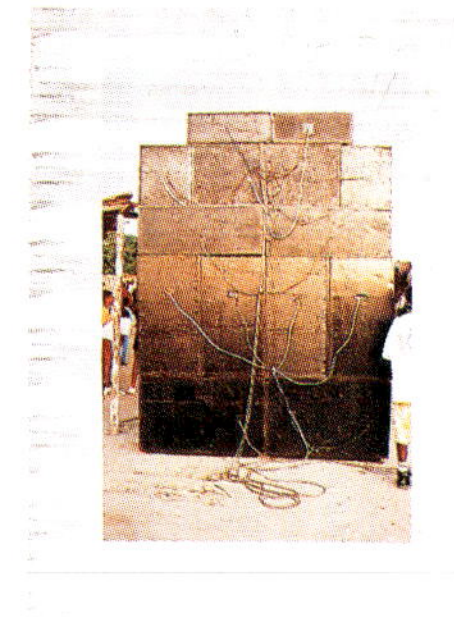
44

45

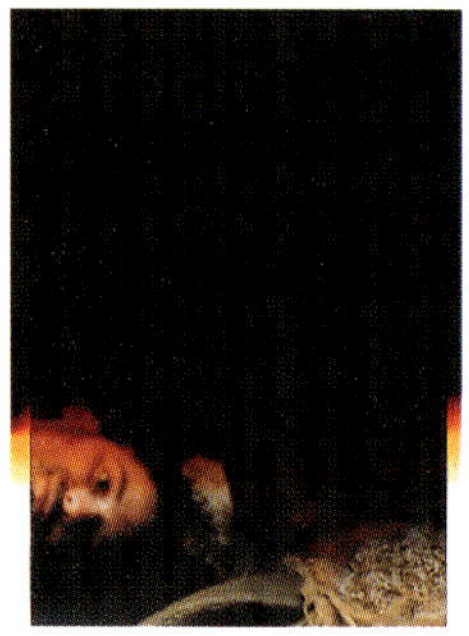
46

47

48

49

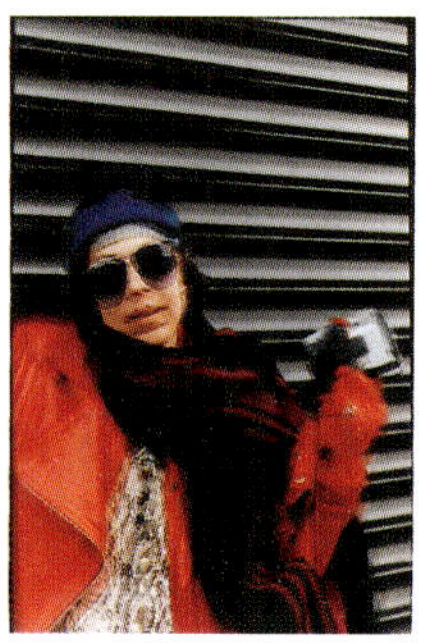
50

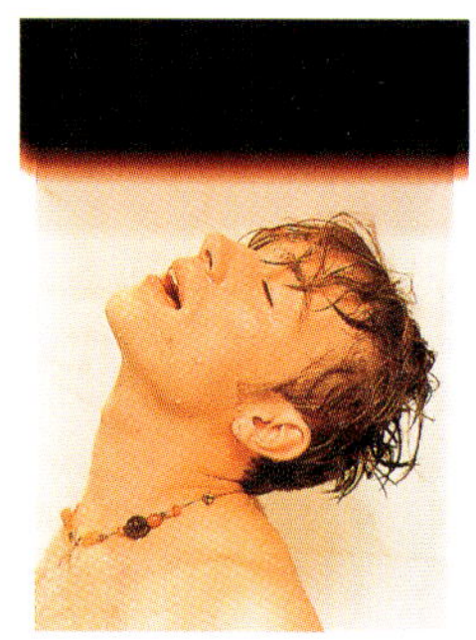
51

52

53

54

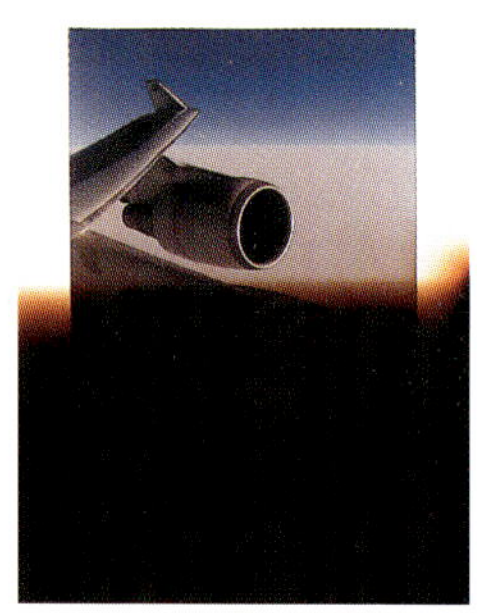
55

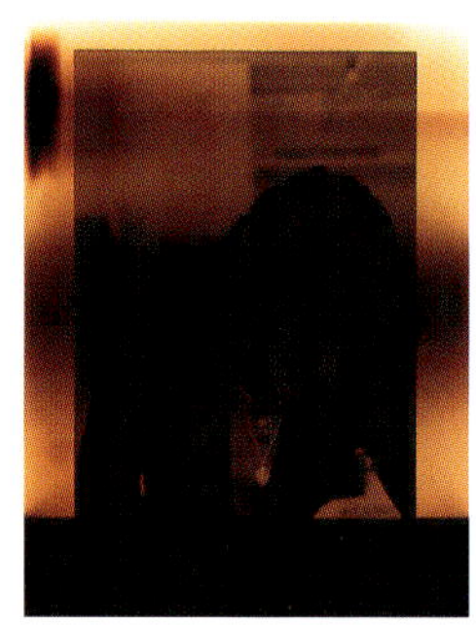
56

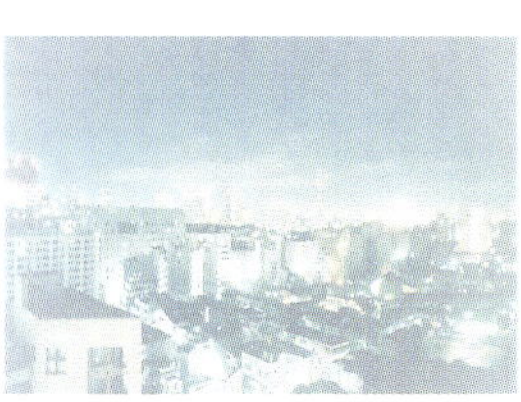
57

58

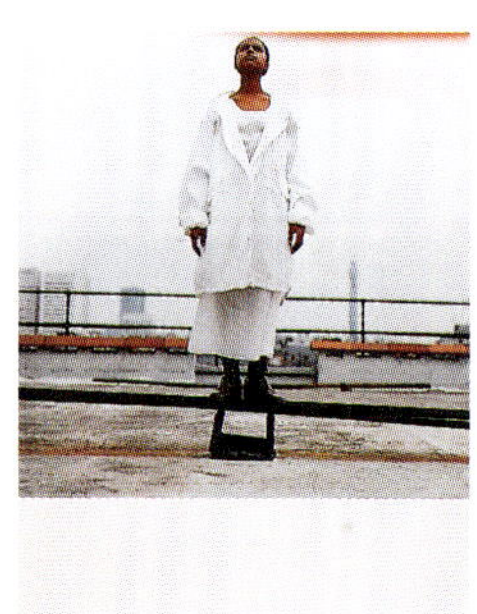
59

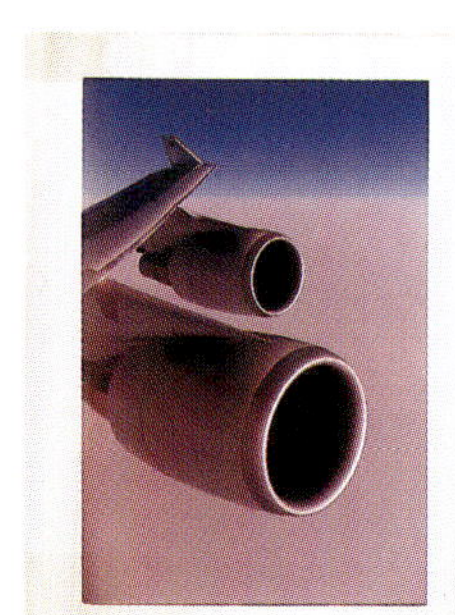
60

Edition for Parkett

Wolfgang Tillmans

Parkettedition, 1992–98

60 Unikate auf Farbnegativ-Photopapier,
ca. 40,5 x 30,5 cm, signiert und nummeriert

Parkett Edition, 1992–98

60 unique works on color-negative photographic paper,
ca. 16 x 12", signed and numbered

LA VIERGE EST DESCENDUE DE L'ESCALIER

Dass Robert Gober seine spektakuläre Installation im vergangenen Herbst in Los Angeles OHNE TITEL[1] nannte, ist weder neutral noch unbedarft. Wie sonst sollte ein Arrangement, das so reich an Bedeutung ist, heissen? Diese physisch, ästhetisch und spirituell überwältigende Arbeit bewegt sich an der Grenze zwischen Theaterinszenierung und Skulptur. Obwohl alle einzelnen Elemente bestens zu erkennen sind, liegt etwas Unbeschreibliches in ihrer Anordnung: hinten im Raum eine Treppe; in der Mitte ein lebensgrosses Standbild der Jungfrau Maria; beidseitig davon auf dem Boden: zwei geöffnete Koffer... Jeder dieser Bestandteile ist mit dem flüssigen Element und seinem Abfliessen konfrontiert: So ergiesst sich ein Wasserfall über die Treppenstufen und endet in einem Abwasserschacht; das Marienbildnis wird auf Bauchhöhe von einem immensen, schraubenähnlich in sich gewundenen Kanalisationsrohr durchdrungen und steht auf einem Abwassergitter; die Böden der beiden Koffer gewähren durch ebensolche Gitter hindurch Einblick in eine idyllische Unterwasserlandschaft ...

Man sieht, dass die Zirkulation der Flüssigkeiten, um die es in dieser Installation geht, einen gemeinsamen Nenner hat: Abfluss. Das ist wichtig, da das Pendeln zwischen Aus- oder Abstossung *(evacuation)* und Aneignung *(appropriation)* sicher ein Hauptthema der Kunst des zwanzigsten Jahrhunderts darstellte.[2] «Abstossung» einerseits, zur Zeit der Avantgarde, verstanden als eine mehr oder weniger heftige Ablehnung gewisser, nicht unmittelbar zum Korpus der Kunst gehörender Bereiche (Körper, Geschichte, Sexualität...), andererseits, seit den 70er Jahren, als ein Aufgeben von klar definierten Domänen (Malerei, Skulptur) zugunsten eines erweiterten Kunstbegriffs. «Appropriation» wiederum ist im Sinne jener Kunst zu verstehen, die sich parallel dazu in diesem Jahrhundert dafür eingesetzt hat, die Abfallprodukte unserer Gesellschaft (ausser Acht gelassene Gegenstände, Bereiche und Themen) wieder zu verwerten. Wohlgemerkt, diese beiden Bewegungen widersprechen einander nicht. Von Cézannes «obszönen» Bildern, über die kloakalen Scherze Duchamps und Fontanas Zoten bis zu Manzonis MERDA D'ARTISTA oder Warhols OXIDATION PAINTINGS haben sich die Künstler immer wieder auf ihre eigenen Ausscheidungen besonnen und haben sich ihre «unreinen, allzu unreinen» Absonderungen durch Recycling wieder anzueignen gesucht.

Gobers Installation in Los Angeles entspricht der Logik seiner «sanitären Skulpturen» die, mit einem Augenzwinkern auf Duchamps Pissbrunnen, gleichzeitig auch die unterschwellig sterile Ideologie des amerikanischen Minimalismus der 60er und 70er Jahre geisseln. Mit seinen Spül-, Wasch- und Pinkel-

---

BERNARD MARCADE ist Kunstkritiker und lebt in Bordeaux und Paris.

Bemerkungen zu einer zeitgenössischen Parabel

BERNARD MARCADE

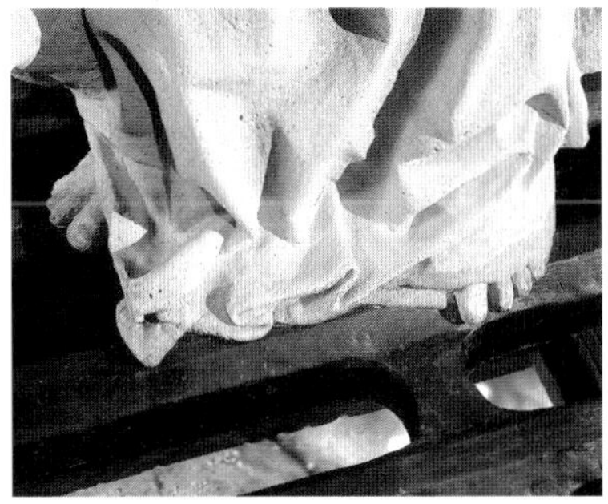

ROBERT GOBER, UNTITLED, 1995–1997, detail / Ausschnitt. (PHOTO: JOSHUA WHITE)

becken zieht der Künstler nicht Duchamps Register der Schönheit des gleich Gültigen. Es sind keine Ready-mades, sondern Skulpturen aus Gips und Holz, bemalt mit Latex oder Email, die als Trompe-l'œil auf Badezimmer- und Toilettenmobiliar verweisen. Diese Phantomobjekte oder Ready-made-Imitationen bewegen sich perfiderweise auf Messers Schneide einer klar zutage tretenden Ambivalenz: nämlich zwischen ihrer offensichtlichen Nähe zu den Skulpturen der Minimalart der 60er Jahre und der Promiskuität eben dieser Skulpturen durch eine Körperlichkeit, die nichts von sich weiss. Jene «reinen» und «primären» Formen hat Gober in einen Kontext verlagert, in dem der Körper der Frage nach «rein oder unrein» ganz nüchtern gegenübersteht, in jenen strategischen Bereich nämlich, in dem die ordnenden Gegensätze von Moral und Religion gebildet werden.

So befinden wir uns auch in Los Angeles nicht in einem Ready-made-Universum. Alle Elemente, von der Heiligen Jungfrau bis zu den Abflussgittern, von den Koffern bis zur Treppe, von den Muscheln bis zu den Algen, sind akkurat «von Künstlerhand» gefertigt. Aber obwohl die Referenz an Duchamp sehr präsent bleibt (sei es AKT, DIE TREPPE HINABSTEIGEND oder ÉTANT DONNÉS...), will Gober hier die religiöse Frage und die dazugehörige Portion Verklemmtheit frontal angehen. So gesehen ist es keine harmlose Geste, Maria auf ein Abflussgitter zu stellen. Es geht darum, die ausserordentliche Weiblichkeit der Jesusmutter zu betonen (obgleich Jungfrau, ist Maria deswegen nicht weniger Frau, das heisst von Natur aus Blutfluss und Ausfluss unterworfen...). Das Rohr, von dem sie durchdrungen wird, nimmt denn auch ausdrücklich Bezug auf die Schwangerschaft – auf die Gebärmutter, aber auch auf den Phallus (Kanalrohr wie Statue entsprechen der Körpergrösse des Künstlers). Der Bauch der Jungfrau wird dabei zu einer Art optisch-strategischem Apparat, der auf den Wasserfall bzw. die Treppe hin ausgerichtet ist. Maria ist hier Quelle und Brunnen zugleich und regiert über das Vereinte Königreich aus Taufwassern und unreinen (verunreinigten?) Flüssigkeiten. Interessant ist, dass diese Abwässer eine Art Meeresparadies beherbergen.

Das Motiv der Taufe wird in den beiden (identischen) Unterwasserszenarien, die durch die Kofferböden sichtbar sind, wieder aufgegriffen. Zwei kräftige Männerbeine tauchen aus dem Wasser auf und zwei Kinderbeine sieht man schweben. Obwohl es (wegen des Kanalgitters) nicht ganz deutlich wird, ist anzunehmen, dass der Mann das Kind auf Höhe seines Geschlechts über dem Wasser hält. Natürlich nimmt Gober Bezug auf das Taufritual, aber wie sollte man diese paradiesische Szene – die meisten Elemente dieses Meeresgrundes, Felsen, Algen, Muscheln, Austern usw., sind schillernd und lustvoll dargestellt – nicht in Bezug zur vorherigen Szene verstehen? Während Marias Bauch hier als klaffendes Loch und

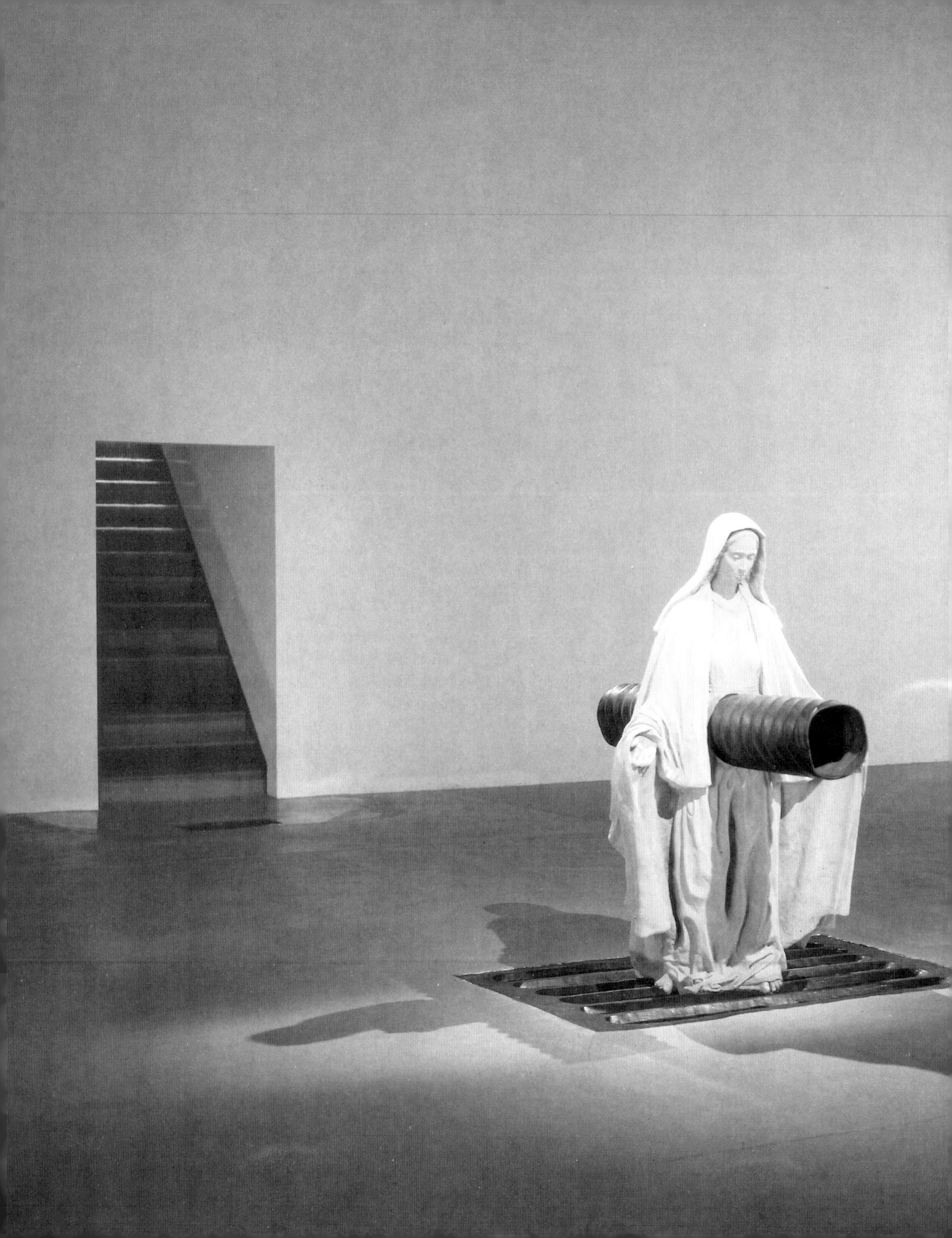

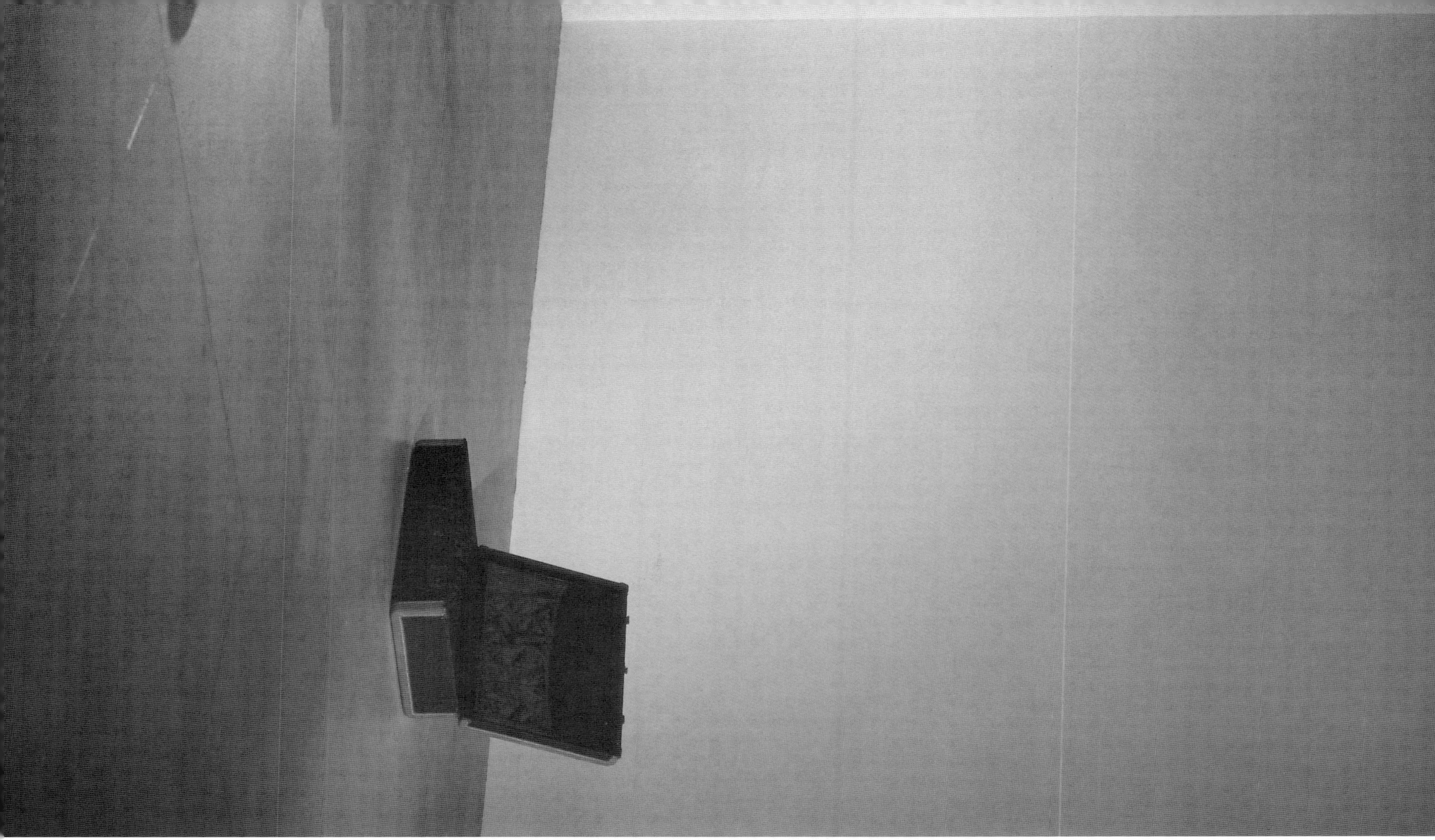

ROBERT GOBER, UNTITLED, 1995–1997,

installation view, The Geffen Contemporary, Museum of Contemporary Art, Los Angeles, 7 September–14 December, 1997. Figure: cast concrete, bronze, steel, copper, nickel silver, brick, fiberglass, urethane, cast plastics, paint, lead, motors, water; staircase: cedar, bronze, steel, brick, fiberglass, urethane, cast plastics, paint, lead, pumps, water; suitcases: leather, wood, forged iron, cast plastics, bronze, silk satin, steel, wax, human hair, brick, fiberglass, urethane, paint, lead, motors, water / Figur: Betonguss, Bronze, Stahl, Kupfer, Silbernickel, Backstein, Fiberglas, Urethan, Kunststoffguss, Farbe, Blei, Motoren, Wasser; Treppe: Zedernholz, Bronze, Stahl, Backstein, Fiberglas, Urethan, Kunststoffguss, Farbe, Blei, Pumpen, Wasser; Koffer: Leder, Holz, Schmiedeisen, Kunststoffguss, Bronze, Seidensatin, Stahl, Wachs, Menschenhaar, Backstein, Fiberglas, Urethan, Farbe, Blei, Motoren, Wasser. (PHOTO: JOSHUA WHITE)

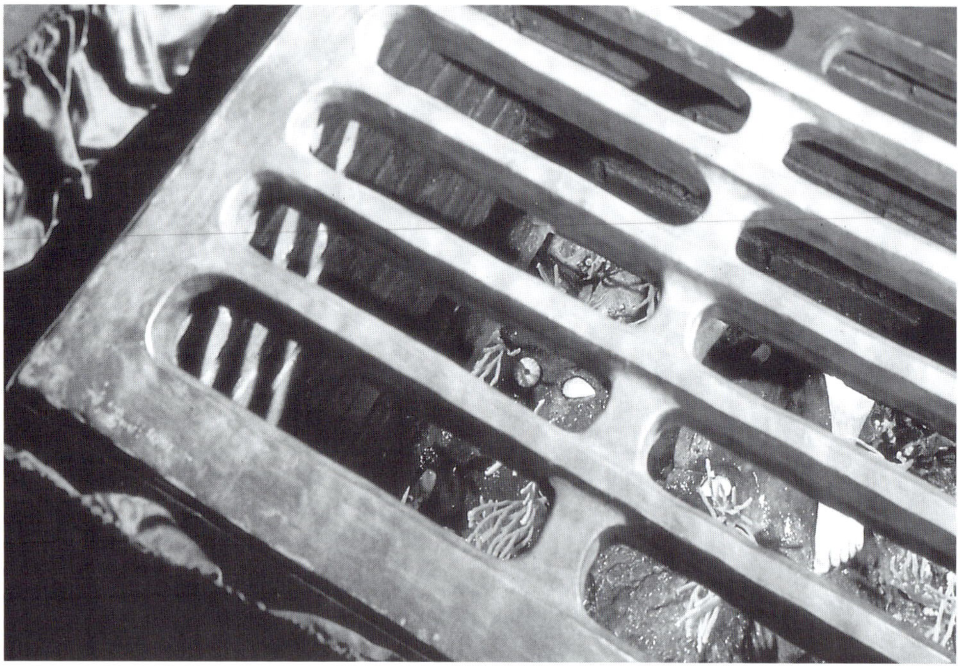

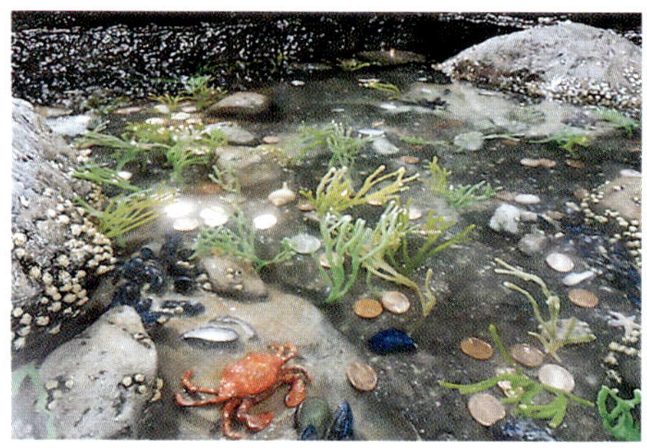

ROBERT GOBER, UNTITLED, 1995–1997, details / Ausschnitte.
(PHOTOS: RUSSELL KAYE)

spektakuläre Leere dargestellt wird, ist es der Mann (der Vater?), der das Kind an Ort und Stelle seines Geschlechts trägt. Diese Verlagerung ist nicht nur rhetorisch, sie unterstreicht vielmehr eines der Hauptanliegen des Künstlers. Immer wieder hat sich Robert Gober der Frage der Vaterschaft/Mutterschaft zugewandt, etwa in MAN COMING OUT OF WOMAN (1992) oder dessen Pendant, GIRL COMING OUT OF MAN (1995). Ein Kind zu bekommen oder nicht ist für den Künstler ein politisches und moralisches Thema von allerhöchster Wichtigkeit (Gober schliesst sich in diesem Punkt dem gesellschaftlichen Kampf der Homosexuellen für das Recht auf Vaterschaft an). Diese Fragestellung kann man auch als kritische Verlagerung einer patriarchalischeren Frage verstehen: jener des Habens oder Nichthabens.

Es dürfte deutlich geworden sein, dass die Installation in Los Angeles nicht bloss eine formale Wahnsinns-Maschinerie ist. Sie knüpft ein dichtes Bedeutungsnetz, das Religion (Gober ist Katholik), Ethik

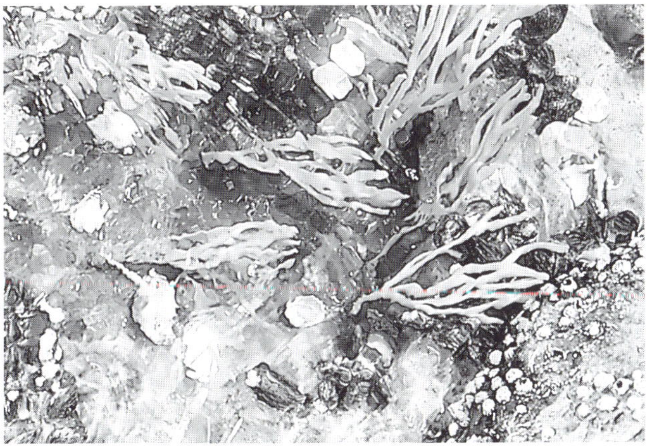

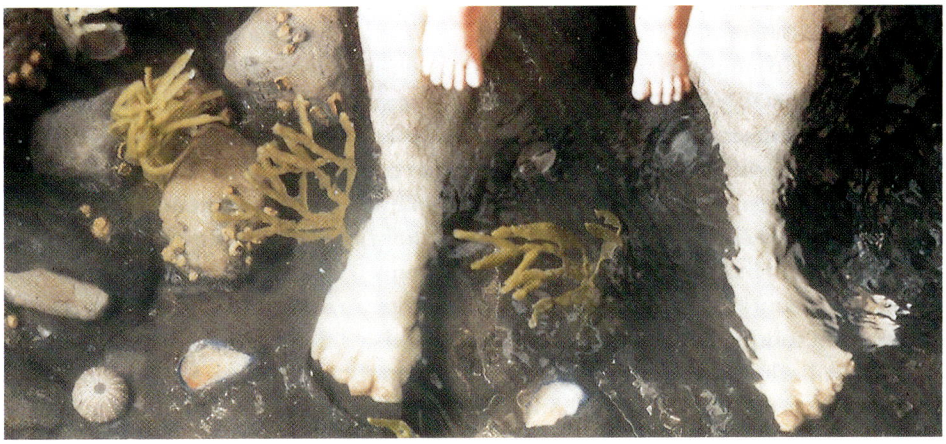

und Ästhetik in sich vereint. Obwohl viel Wissen (die Referenzen an die christliche und zeitgenössische Ikonographie sind besonders ausgefeilt) und technische Raffinesse in ihr stecken, strahlt das Ganze Einfachheit aus. Alles ist so angelegt, dass die Kräfte zirkulieren können, dass die ins Spiel gebrachten Flüssigkeiten in einer Art visueller *Gaya ciencia*[3] arbeiten können. Dieses irritierende Universum, das sich in nichts der künstlerischen Mode der Zeit anpasst, rückt so gesehen in die Nähe des visionären und politischen Anspruchs eines Pier Paolo Pasolini. Wir befinden uns hier mitten in einer wirklich zeitgenössischen Parabel. *(Übersetzung: Karin Klussmann)*

1) UNTITLED (1995–97), ortsspezifische Installation für das Geffen Contemporary im MOCA, Los Angeles (7. September–14. Dezember 1997).
2) Vgl. dazu Georges Bataille in «La valeur d'usage de D. A. F. de Sade», *Œuvres complètes II*, Gallimard, Paris, S. 58.
3) *gaya ciencia*, altprovenzalisch: fröhliche Wissenschaft, ursprünglich Bezeichnung für die Mariendichtung der Toulouser Meistersingerschule im 14. Jahrhundert.

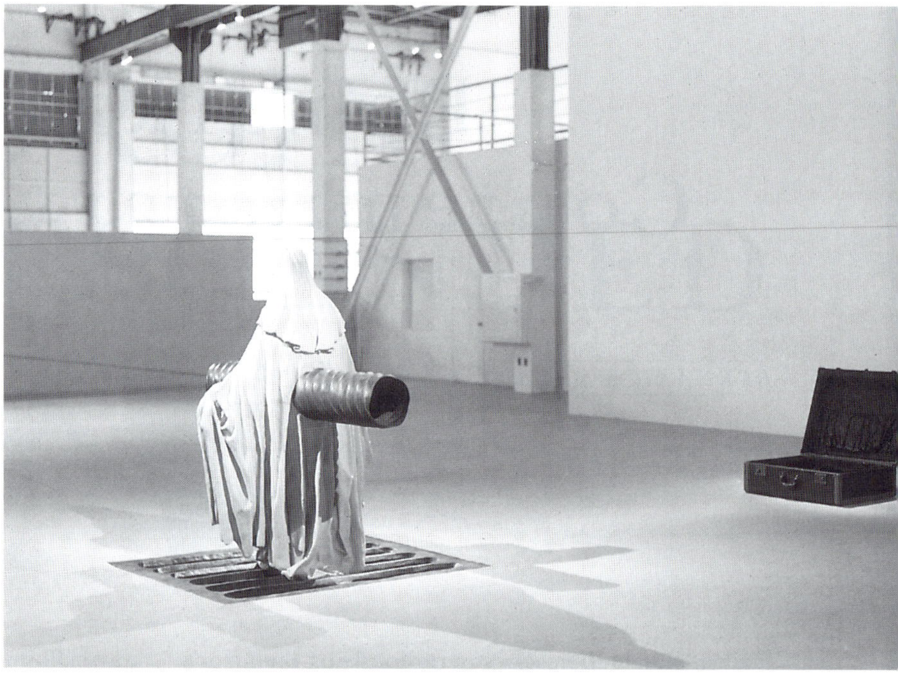

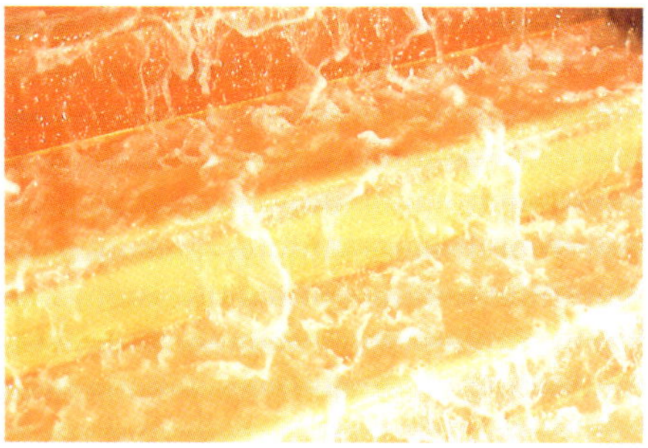

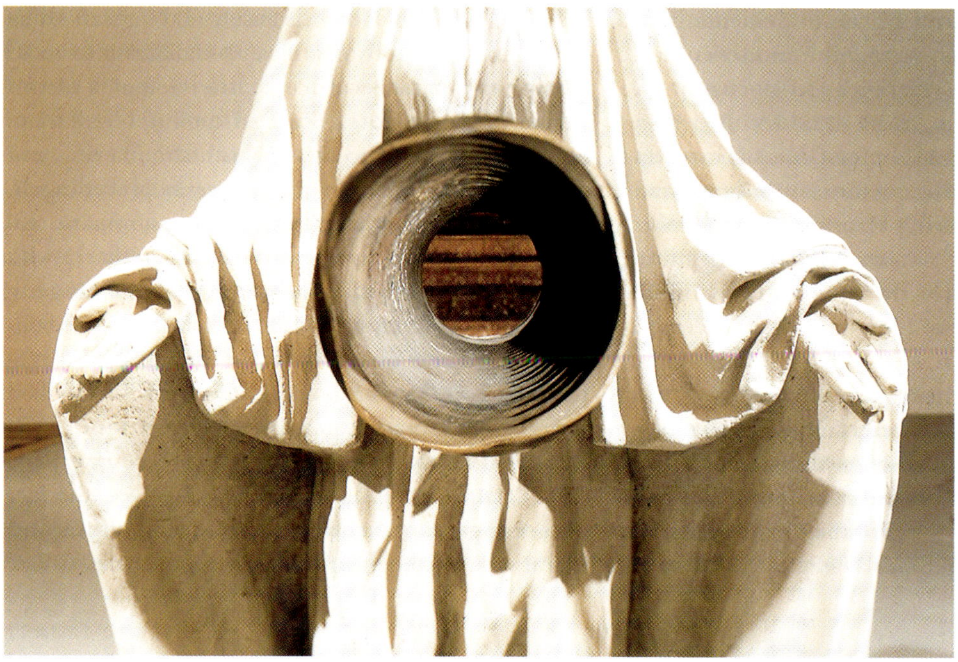

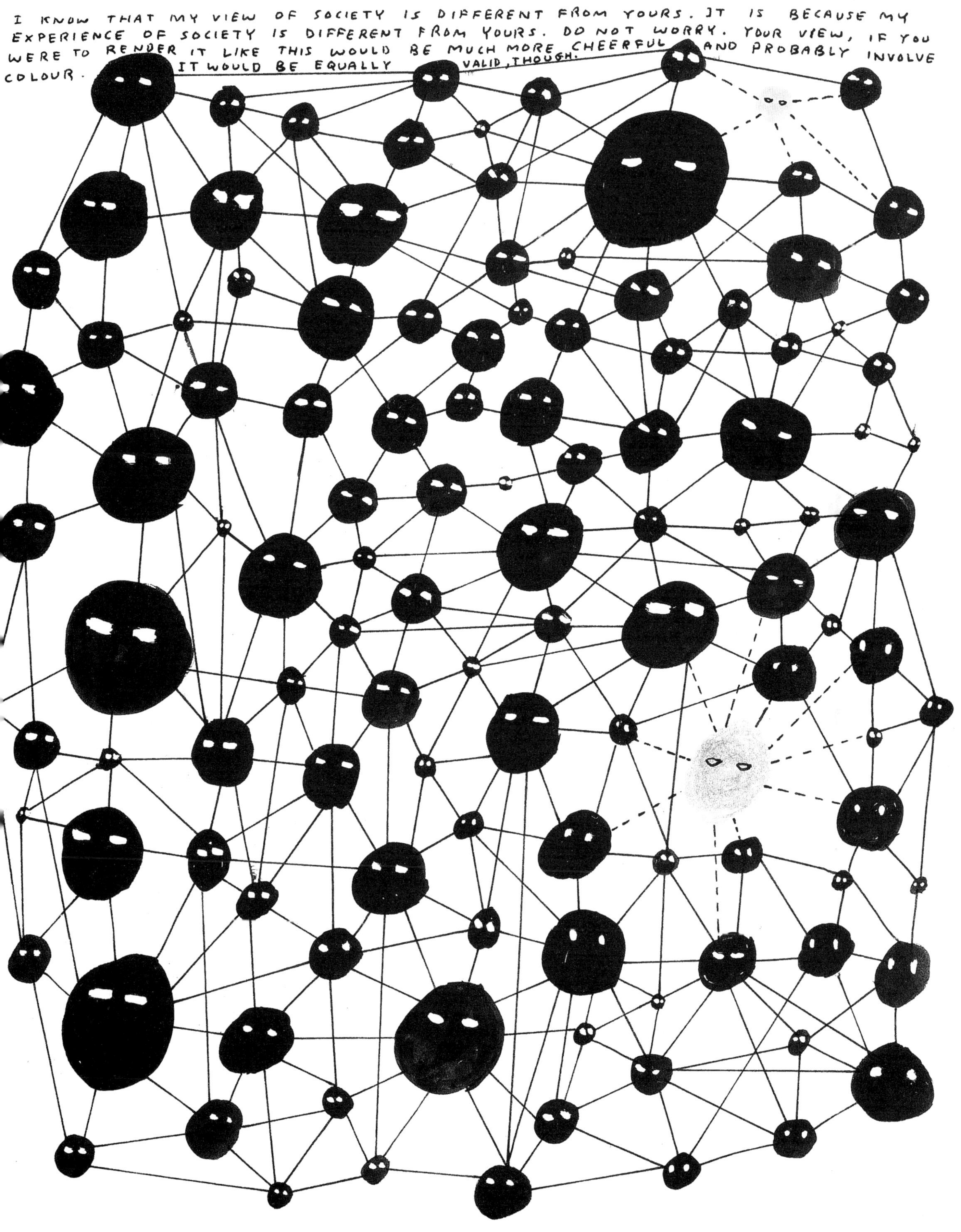
I KNOW THAT MY VIEW OF SOCIETY IS DIFFERENT FROM YOURS. IT IS BECAUSE MY EXPERIENCE OF SOCIETY IS DIFFERENT FROM YOURS. DO NOT WORRY. YOUR VIEW, IF YOU WERE TO RENDER IT LIKE THIS WOULD BE MUCH MORE CHEERFUL AND PROBABLY INVOLVE COLOUR. IT WOULD BE EQUALLY VALID, THOUGH.

THE ONLY ONE THAT LOVES YOU IN THE ENTIRE WORLD IS A GIANT UGLY SPIDER. TO PROVE IT'S LOVE IT HAS LAID ITS EGGS IN YOUR HAIR.

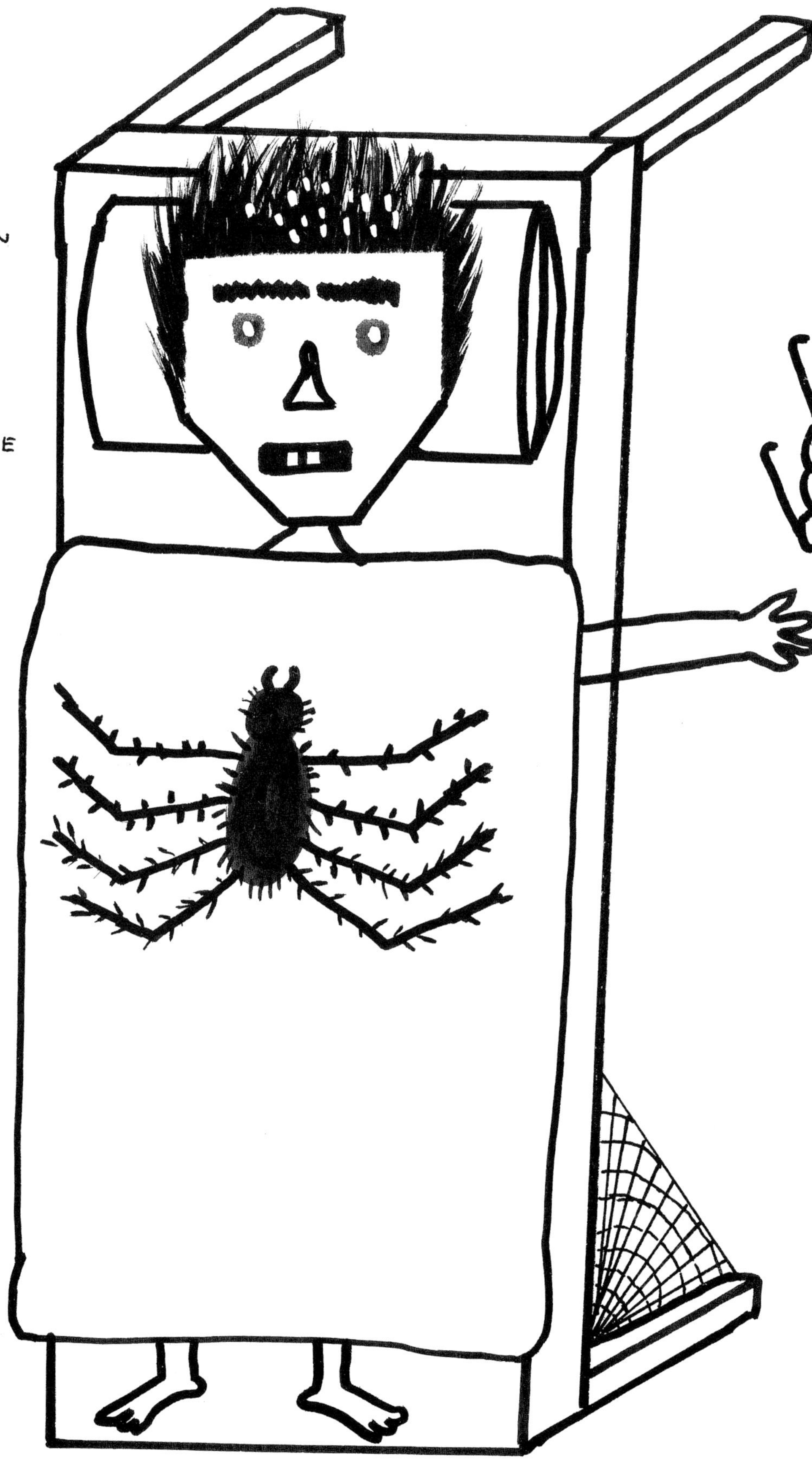

HOW TO SILENCE THOSE UPSTAIRS (BRUCE, ETC.)

KILL BRUCE
" " 'S FLATMATE
BURY " IN THE WOODS
" " " " " "
AND TELL POLICE " " KILLED BRUCE
" " " KILLED HIS FLATMATE
THEN " " YOU HATE YOUR "
BUT THAT ISN'T A GOOD REASON FOR KILLING HER
THEN SAY THAT BRUCE + HIS FLATMATE HAD " " " " EACH OTHER
BECAUSE THEY WERE ALWAYS QUARRELLING AND YOU COULD HEAR
IT " YOU LIVE DOWNSTAIRS

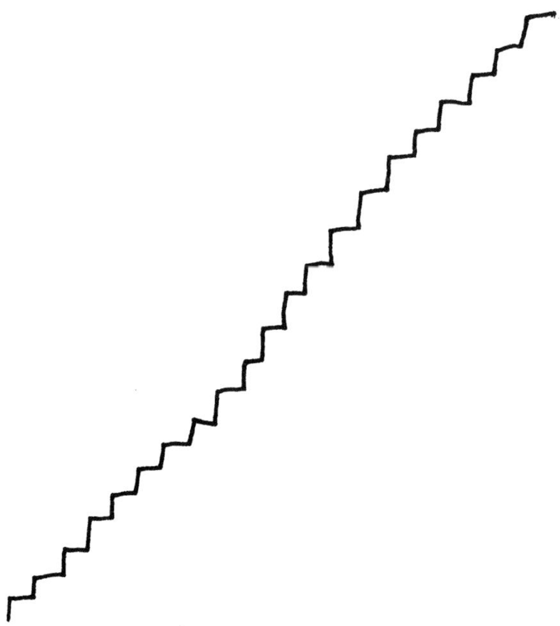

SHOPPING TRIP

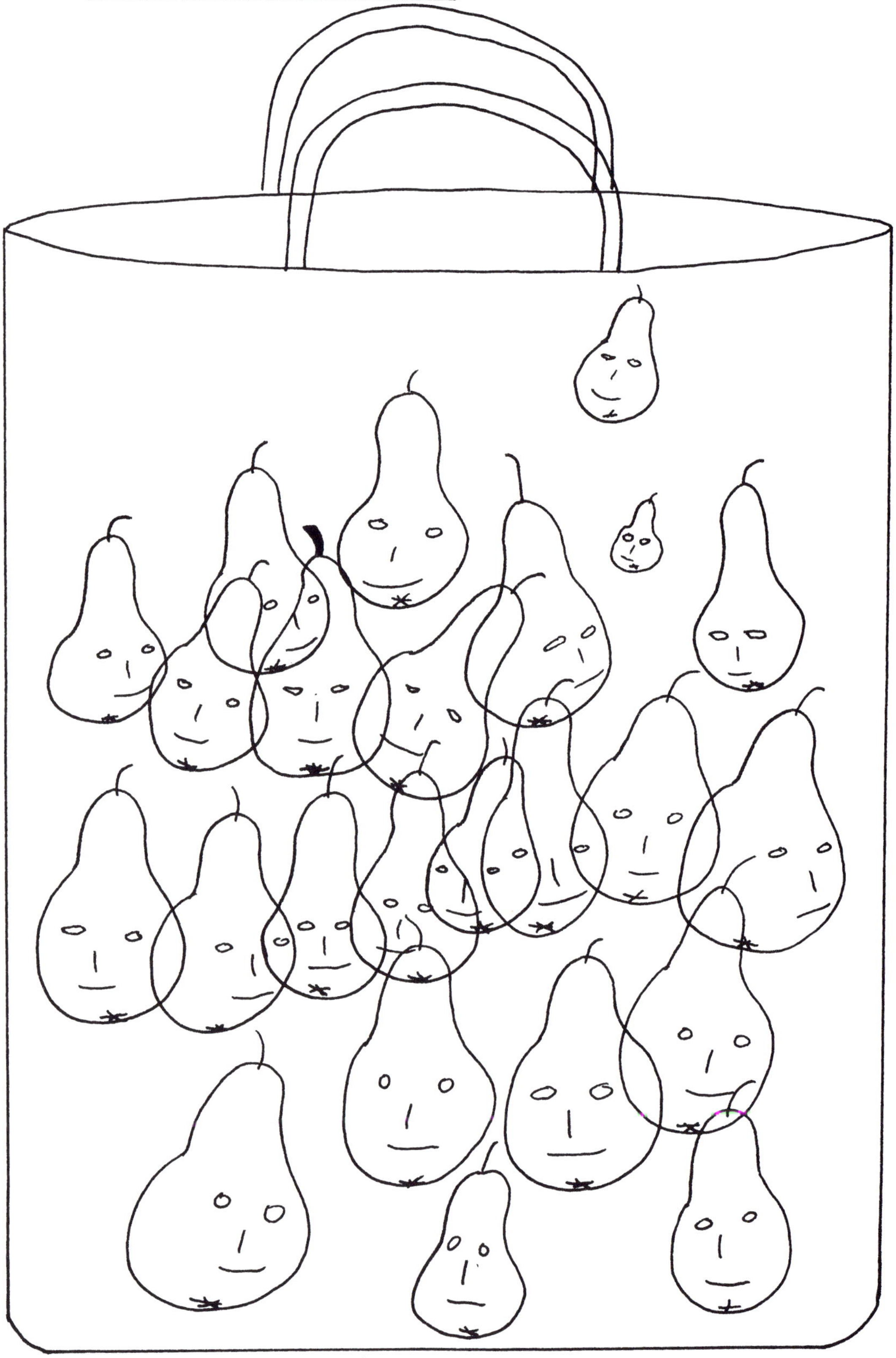

GRANNY GOES SHOPPING AND TAKES A TUMBLE ON THE WAY HOME (UNEVEN PAVING STONE) AND KNACKERS HER HIP. AT HOSPITAL THE RADIOGRAPHER (WHO IS A WHACKED-OUT, CRAZY SON-OF-A-BITCH) X-RAYS GRANNY'S SHOPPING BAG BY MISTAKE, INSTEAD OF HER HIP. THE RESULTING RADIOGRAPH SHOWS GRANNY'S BAG TO CONTAIN 24 HEALTHY SOFT PEARS.

MERITS OF TWO HEADS

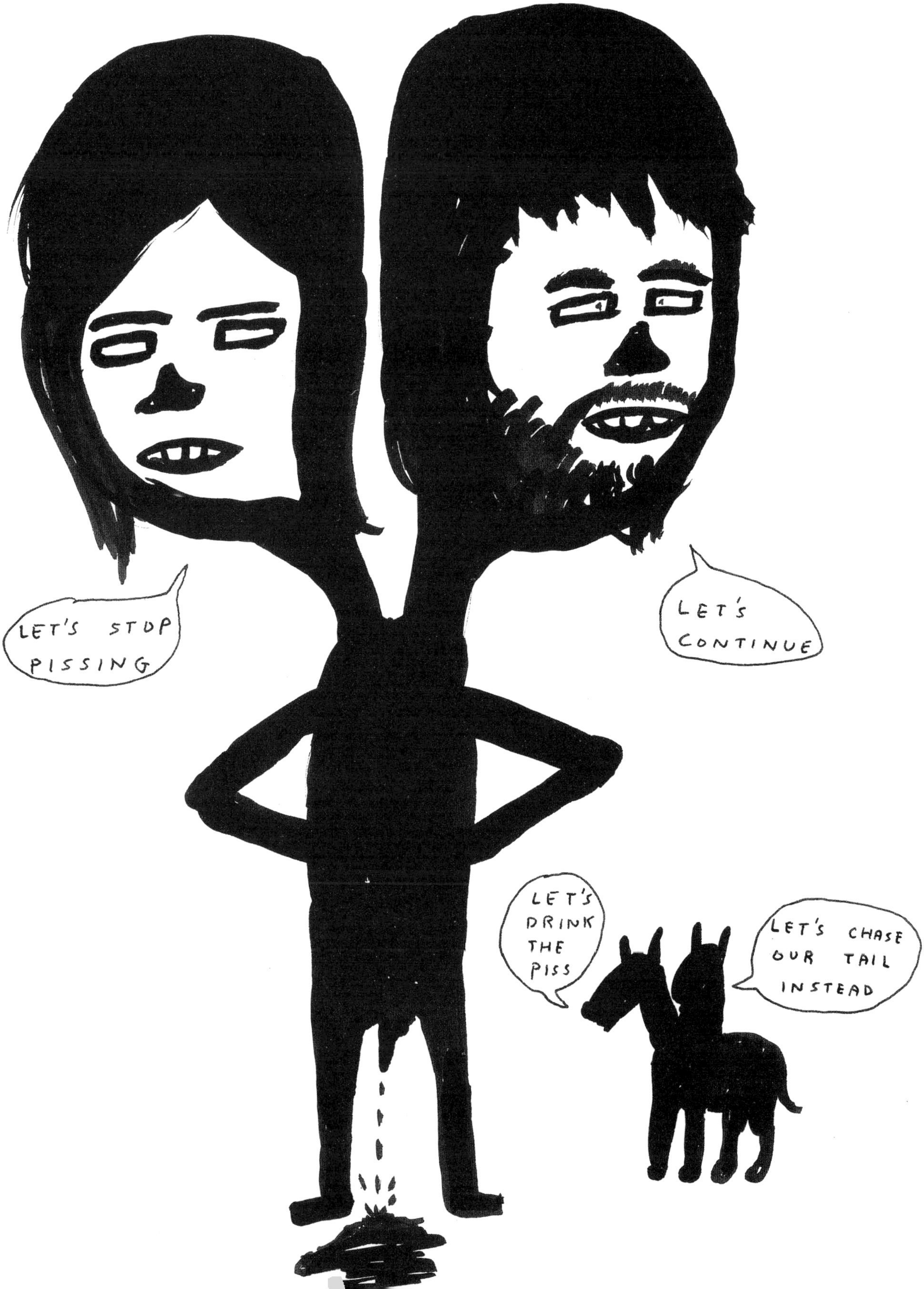

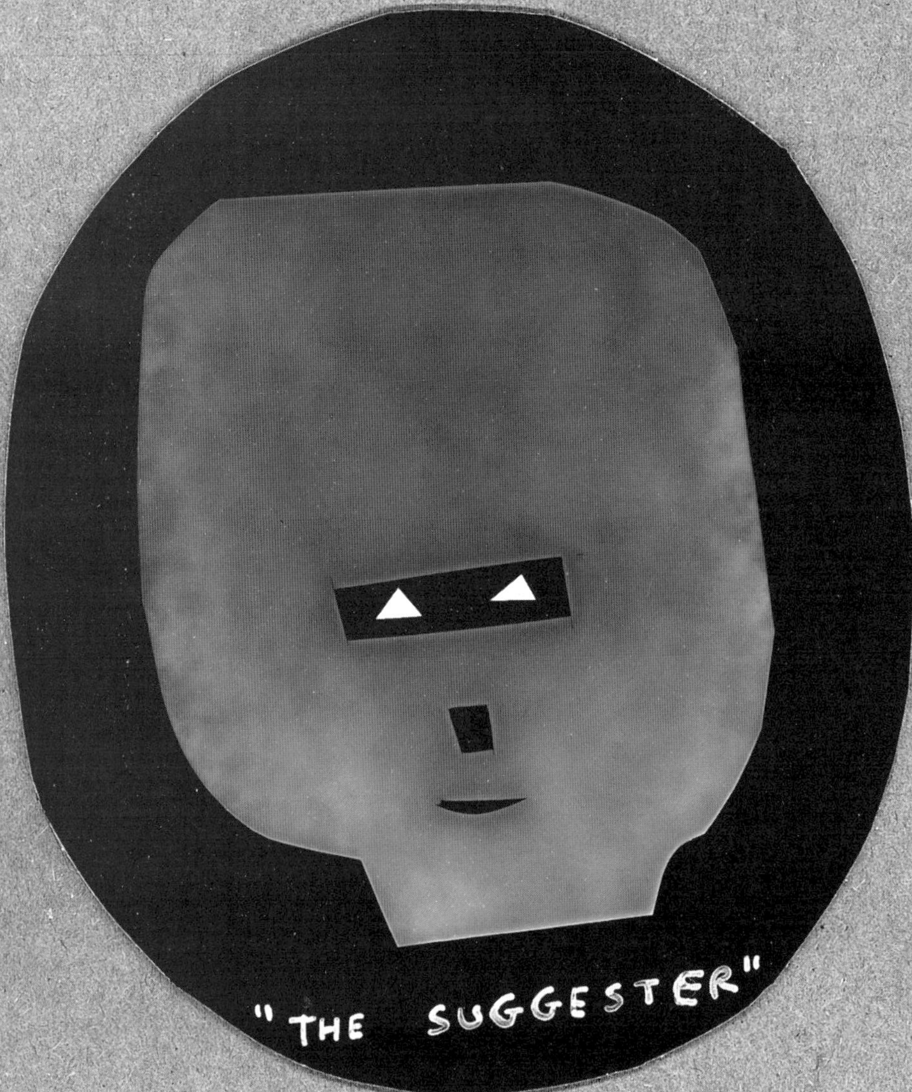

SUGGESTION	SUGGESTED FREQUENCY
CLEAN YOUR TEETH	9 TIMES DAILY
COMB YOUR HAIR	40 TIMES DAILY
WASH	HOURLY
FEED DOG	ONCE WEEKLY
BEAT DOG	TWICE DAILY
WATCH TELEVISION	23 HOURS DAILY
TELEPHONE 'SPEAKING CLOCK'	EVERY FIVE MINUTES
CHECK BELT BUCKLE	EVERY FIVE MINUTES
CHECK CELLAR FOR INTRUDERS	EVERY FIVE MINUTES
MASTURBATE	ONCE YEARLY (CHRISTMAS EVE)
RE-PAINT 'RUMPUS ROOM'	ONCE WEEKLY
ELECTRIC SHOCK	OCCASIONALLY

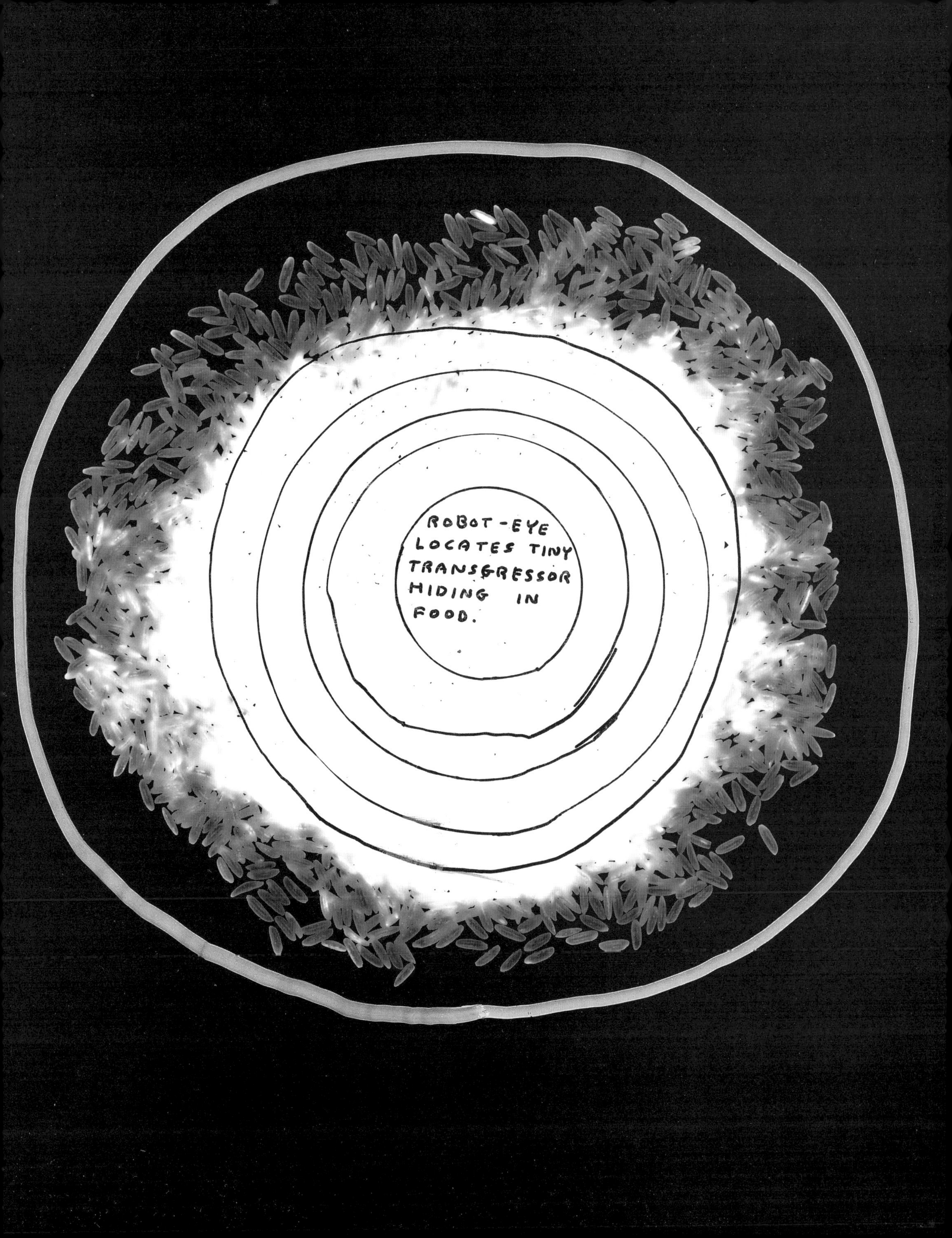
ROBOT-EYE
LOCATES TINY
TRANSGRESSOR
HIDING IN
FOOD.

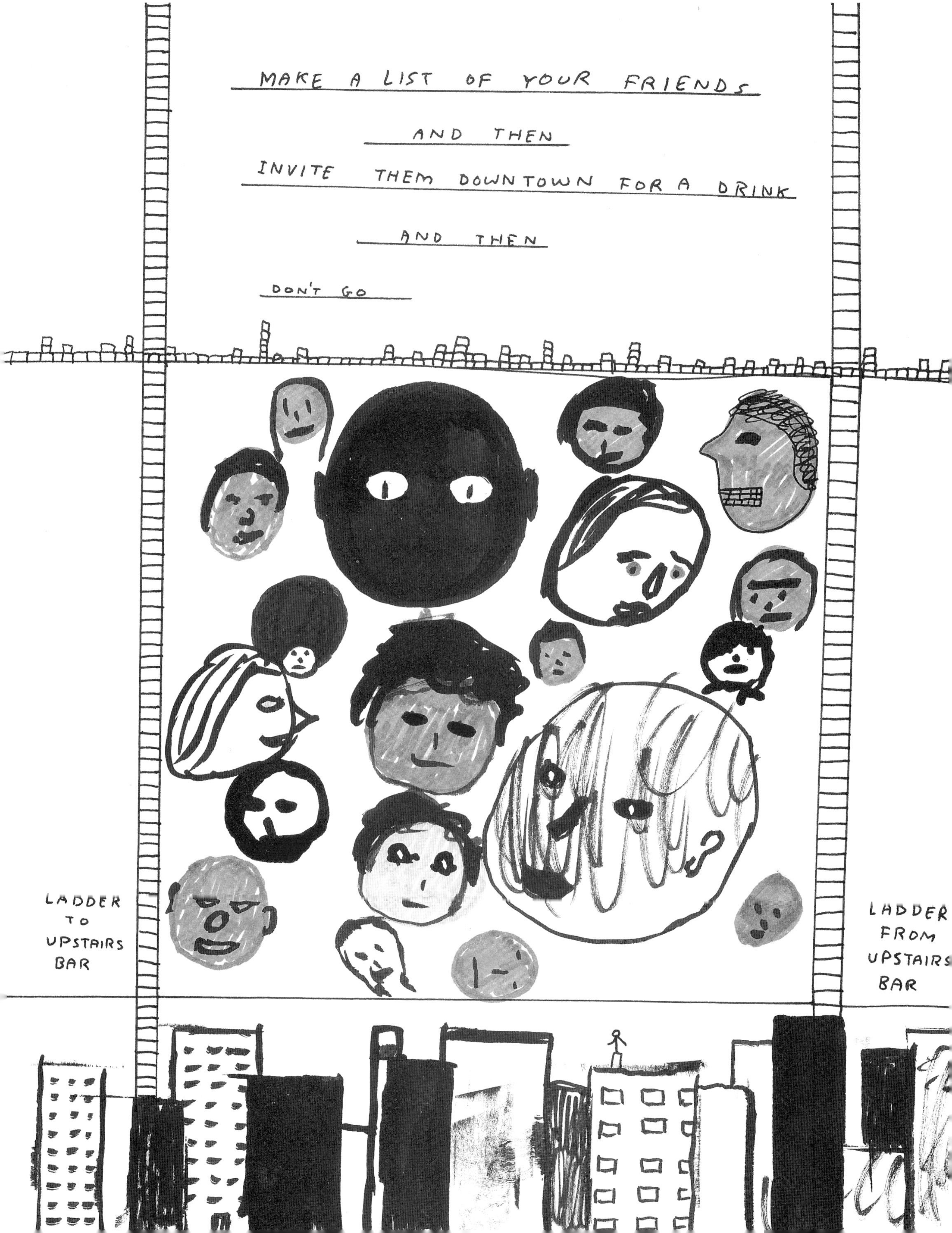
MAKE A LIST OF YOUR FRIENDS
AND THEN
INVITE THEM DOWNTOWN FOR A DRINK
AND THEN
DON'T GO
LADDER TO UPSTAIRS BAR
LADDER FROM UPSTAIRS BAR

PENCIL-BASED ACTIVITIES

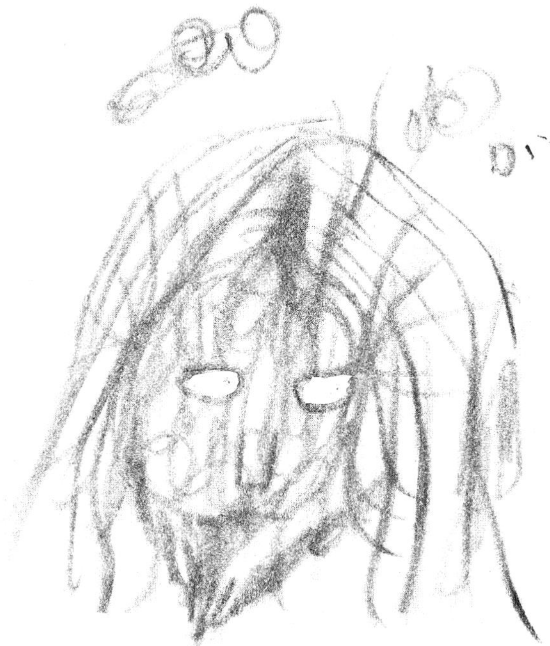

I DREW HIM
AND THEN I ERASED HIM
AND THEN I DREW HIM AGAIN
AND THEN I ERASED HIM AGAIN
AND THEN I SUMMARIZED
AND THEN I ERASED THE SUMMARY

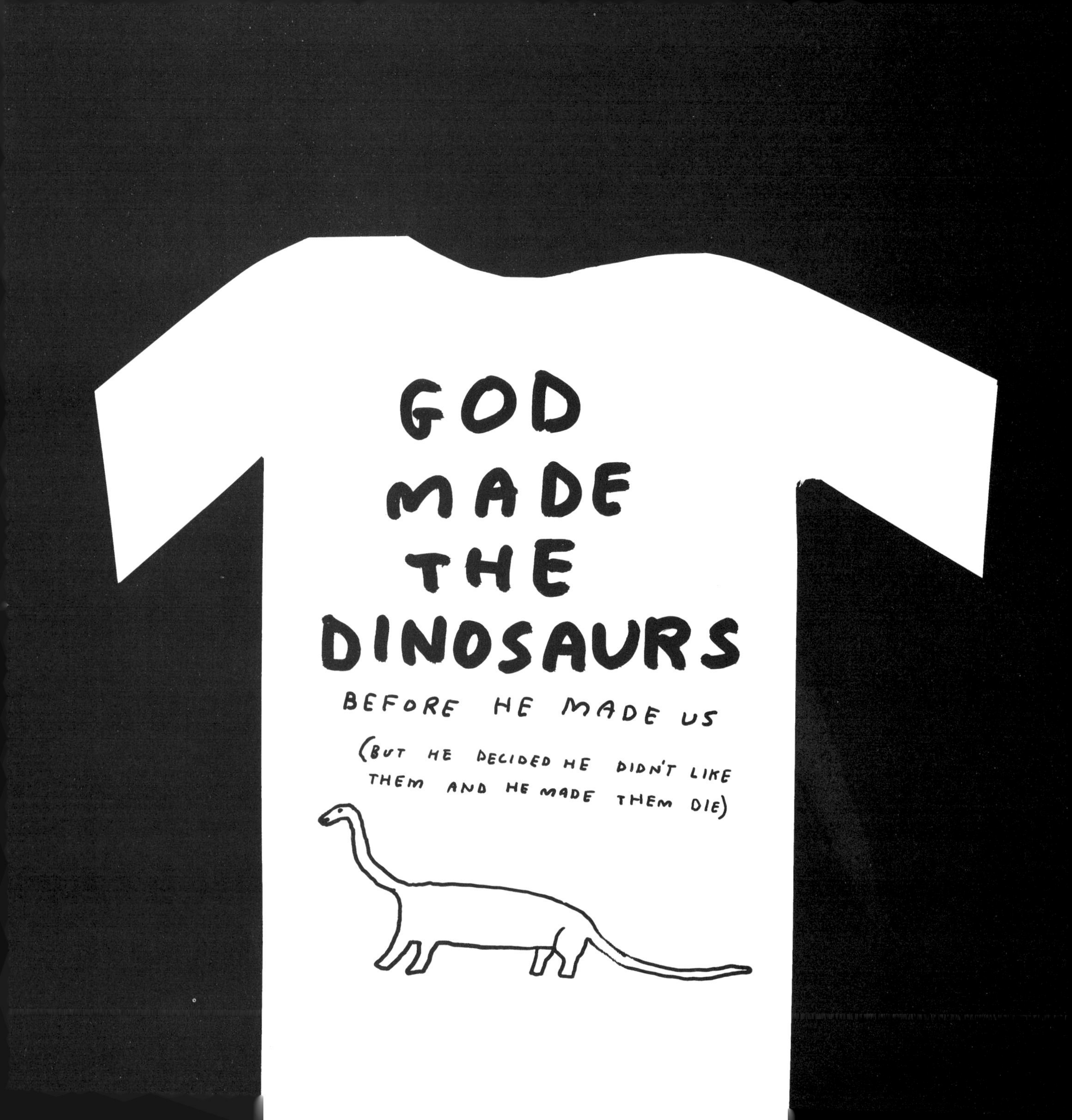
GOD
MADE
THE
DINOSAURS
BEFORE HE MADE US
(BUT HE DECIDED HE DIDN'T LIKE
THEM AND HE MADE THEM DIE)

THE NEWS

IS A

(ALLEGEDLY)

N.B.

HAS CENSORED THE NEWS BECAUSE HE DOESN'T WANT ANYONE TO KNOW HE IS A .

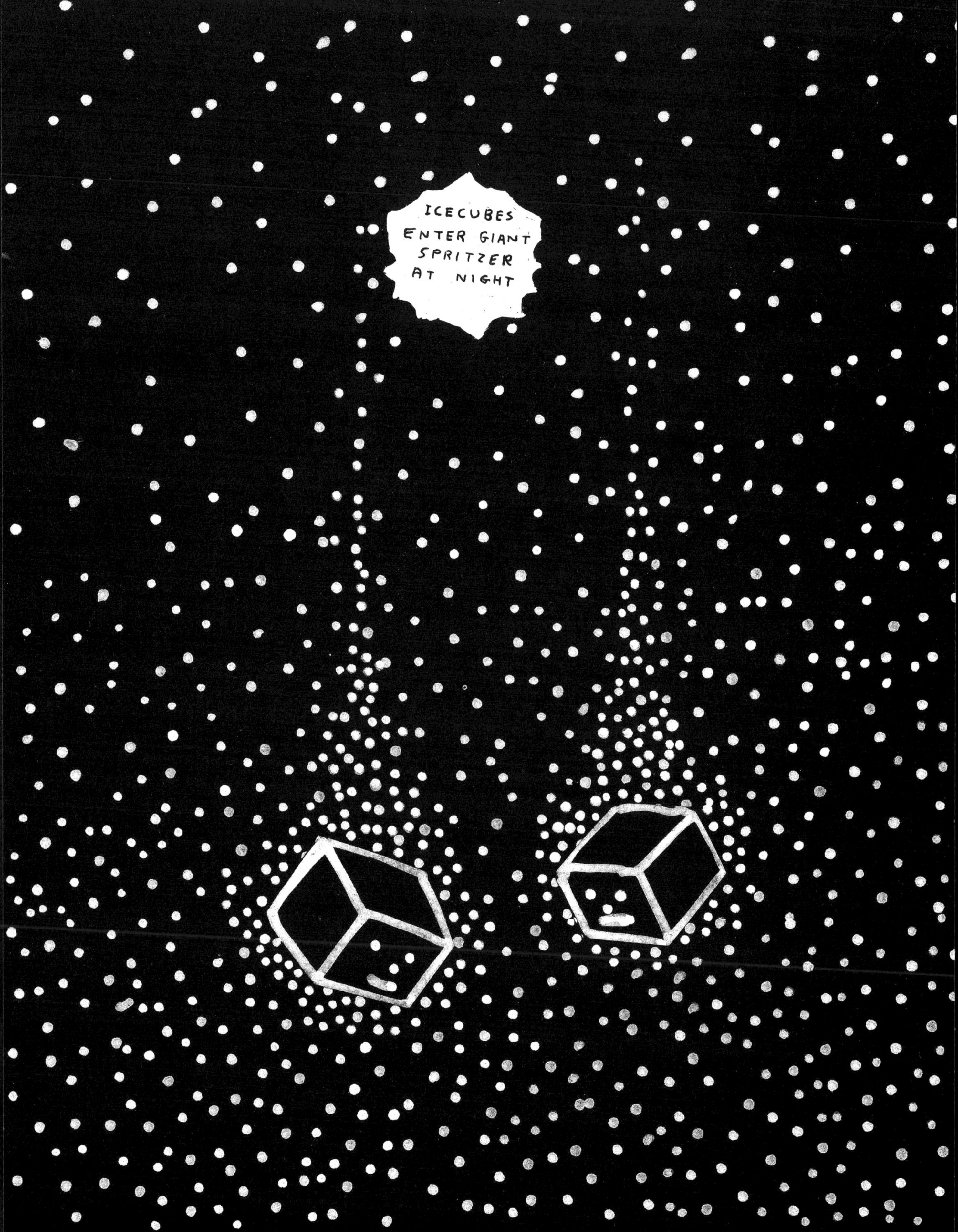
ICECUBES
ENTER GIANT
SPRITZER
AT NIGHT

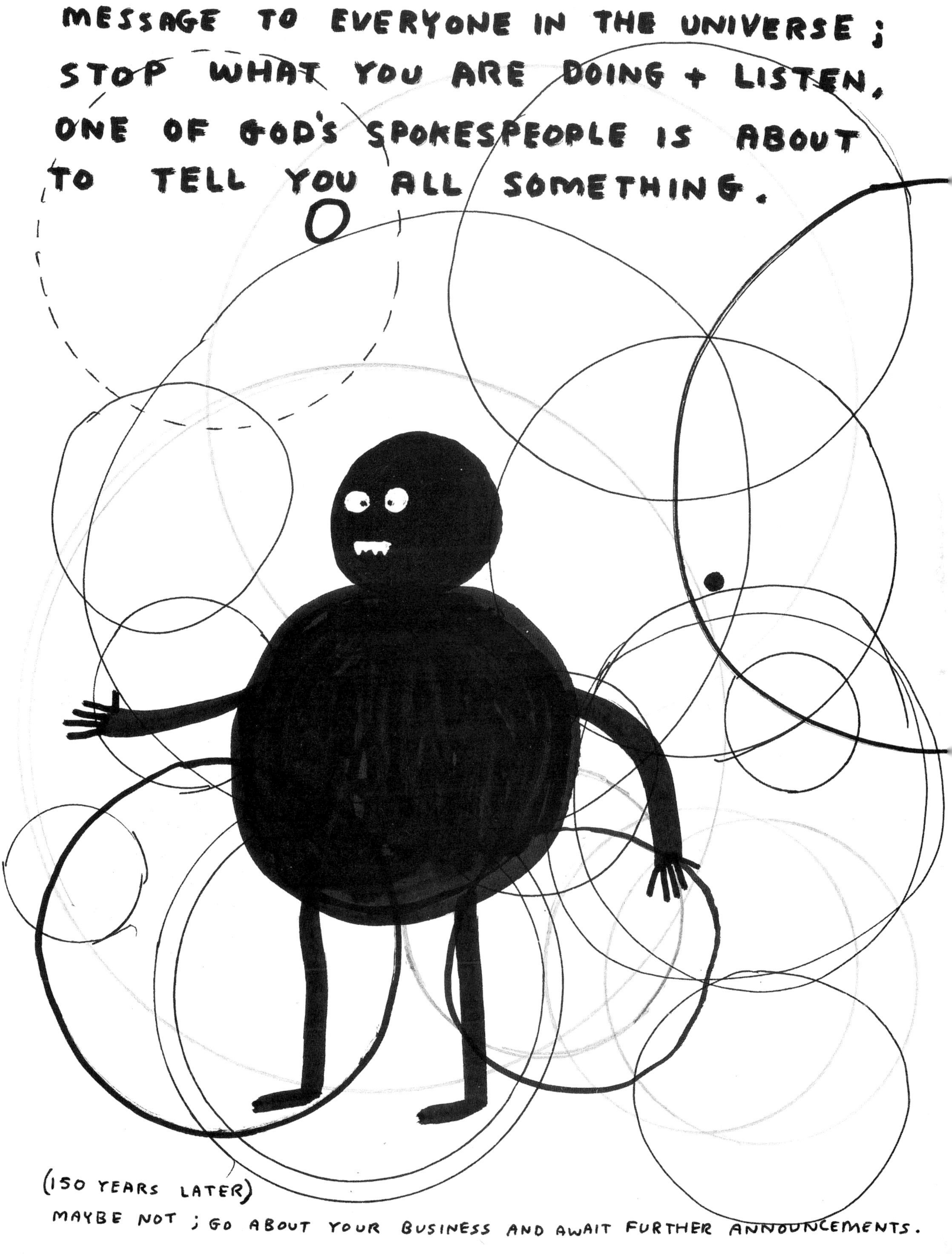
MESSAGE TO EVERYONE IN THE UNIVERSE ; STOP WHAT YOU ARE DOING + LISTEN, ONE OF GOD'S SPOKESPEOPLE IS ABOUT TO TELL YOU ALL SOMETHING.
(150 YEARS LATER)
MAYBE NOT ; GO ABOUT YOUR BUSINESS AND AWAIT FURTHER ANNOUNCEMENTS.

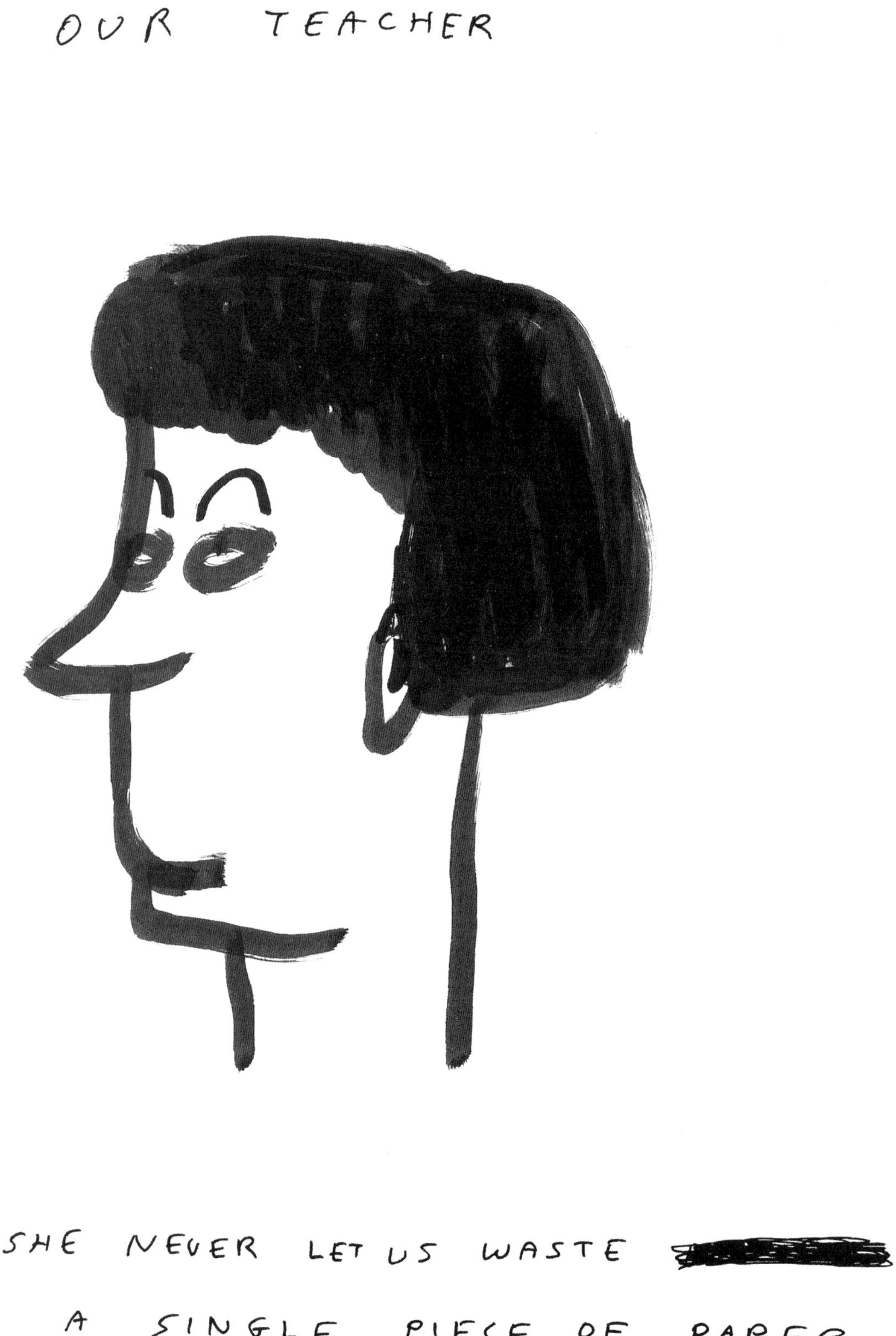

DAVID SHRIGLEY, INSERT FOR PARKETT, 1998.

«LES INFOS DE L'ENFER»

VALERIA LIEBERMANN

Blindgänger!

Wer kritisiert eigentlich die Kritik? Wird Weitsicht belohnt? Und am andern Ende: Werden die sich aufplusternden Verhinderer später je zur Rechenschaft gezogen?
Wie verantwortungslos eine aufs Angreifen und Kritisieren spezialisierte Kunstkritik sich zuweilen gebärdet, führte kürzlich der Artikel einer mit Scheuklappenblick bewehrten akademischen Wühlmaus vor. Wieder einmal geht's um Faschismusverdacht. Wir baten Valeria Liebermann auf den unsäglichen Anwurf einzugehen.

Bereits Tage nach der Eröffnung des Deutschen Pavillons auf der Biennale Venedig 1995 war die Arbeit MUSEUM, MODELL 1:10 (1995) von Katharina Fritsch heftig umstritten. Es hagelte Kritik an der angeblichen «Gigantomanie» und «Sterilität» der gezeigten Arbeit und an den Ansprüchen der Künstlerin; sie wurde aber auch als einer der Höhepunkte der Biennale hervorgehoben und auf der Titelseite des *Artforum* abgebildet. So unpopulär die Arbeit anscheinend war und ist, so sehr fordert sie noch heute eine hitzige, teilweise beleidigende, aber doch intensive Auseinandersetzung heraus. In einem jüngst veröffentlichten Artikel von Anselm Wagner[1)] zur Ästhetikvorstellung und künstlerischen Ideologie von Katharina Fritsch werden Argumente der 1995 geäusserten Kritik aufgegriffen und für eine voreingenommene Beweisführung ausgeschlachtet. Ausgangspunkt der Abhandlung ist ein von ihm postuliertes Unbehagen, das sich in der Berichterstattung zeigen würde und das vermutlich – so suggeriert er – durch in der Arbeit versteckte, unangenehme Wahrheiten ausgelöst worden wäre. Diese möchte er mit Hilfe einer kunsthistorisch anmutenden Analyse aufdecken und MUSEUM, MODELL 1:10 als Manifestation von Fritschs Ästhetik und Ideologie vorführen, die er als «extrem rückwärtsgewandt, irrational und pseudoreligiös» bezeichnet.

Anhand der wichtigsten Argumente, auf denen Wagner seine These stützt, will ich darlegen, wie er mit einer rein linear-historischen Argumentation und einer vermutlich bewussten Verdrehung von Quellen und Fakten das Werk Fritschs grundsätzlich missversteht. Aus formalen Entscheidungen zieht er unzulässige Rückschlüsse, die zu dem Vorwurf des faschistischen Denkens führen.

Zunächst fällt an seiner «Analyse» auf, dass er auf eine sorgfältige Beschreibung seines Untersuchungsgegenstandes – das MUSEUM, MODELL 1:10 – verzichtet und nur die Erläuterungen aus dem Biennale-Katalog übernimmt. Mit keinem Wort geht er auf die Wirkung der Skulptur im Raum, auf die seltsame Spannung zwischen Anziehung und Abweisung ein, die durch die Höhe und Grösse der Arbeit und die Beziehung der einzelnen Teile zueinander entsteht.

Ihn interessiert vorab – angeregt durch den Titel – die Frage, ob es sich nun um eine Skulptur oder ein Architekturmodell handelt. Anscheinend kann für ihn eine künstlerische Arbeit nur eines von beiden sein, denn das Argument, dass beides gleichberechtigt im Werk angelegt sei, lässt er nicht gelten, auch wenn in dem von ihm

VALERIA LIEBERMANN ist Kuratorin der Sammlung Ackermans in Xanten. Sie arbeitet an einer Dissertation über Katharina Fritsch.

öfters zitierten Interview mit Fritsch[2] diese Möglichkeit angesprochen wird. Die von ihm vorgenommene Trennung von Modell und Skulptur zeigt, wie sehr der Autor in den von Kunsthistorikern so gern aufrechterhaltenen Gattungsgrenzen denkt. Dies überrascht, da er selbst der Künstlerin im Laufe seines Textes vorwirft, sie würde die überholte Trennung in Skulptur und Malerei propagieren, weil sie für die Nutzung des Gebäudes vorschlägt «Skulpturen» im Erdgeschoss und «Malerei» im Obergeschoss auszustellen. Dass sie zwar mit diesen Begriffen arbeitet, sie aber nicht kanonisch versteht, beweist ein Blick auf ihr Œuvre. So kann eine Skulptur eine aus Polyester oder Gips gegossene Figur sein, sie kann aber auch aus Geräuschen,[3] aus mit Geräuschen kombinierten Farbräumen,[4] aus versprühtem Parfum[5] oder Lebewesen[6] bestehen. Darüber hinaus ist der «malerische» Einsatz von Farbe, die den Werken häufig ihre Plastizität nimmt, unerlässlich, da eine bestimmte Farbe unverzichtbarer Bestandteil des jeweiligen Bildes ist. Als Beispiel möchte ich die verschiedenen Versionen der MÜHLE nennen, die zunächst 1979 als kleines «Modell»[7] hergestellt, 1990 als sieben Meter grosses Gebäude in Saarbrücken ausgeführt, ebenfalls 1990 in Form einer Single von *Parkett* veröffentlicht und 1996 als GRAUER RAUM MIT MÜHLENGERÄUSCH während der Ausstellung in Basel gezeigt wurde. Für die Künstlerin sind alle Ausführungen gleich bedeutend und sollen dazu beitragen, das Bild einer Mühle von möglichst vielen Seiten her zu fokussieren. Aus diesem Grund ist die von Wagner versuchte Festlegung unzulässig, MUSEUM, MODELL 1:10 sei entweder Modell oder Skulptur, ebenso sein Argument, Fritsch würde mit klaren Gattungsgrenzen arbeiten.

Nach dem Versuch der genauen Definition des Werkes analysiert er dessen Inhalte. Dabei greift er zwei verschiedene, sich ergänzende, inhaltliche Argumentationsstränge auf. Zunächst konstatiert er einen utopisch-idealistischen Ansatz, der von einer Ideologie der Klarheit und Reinheit bestimmt sein soll. Zur genaueren Bestimmung dieser Ideologie bemüht er einerseits die ästhetischen Vorstellungen von Vertretern der Moderne wie Adolf Loos, andererseits die Visionen des Johannes aus der Offenbarung und deren mittelalterliche Auslegung. Beide Auffassungen seien von einem ähnlichen Wunsch beseelt alles Unreine – bei Loos das Ornament, bei Johannes die Sexualität – abzustreifen und zu vernichten. In diesem Zusammenhang behauptet er, «...dass Katharina Fritschs Menschen- und Tierfiguren immer geschlechtslos sind...»[8], und führt als Beispiel die einzige wirklich geschlechtslose Figur, das Kind bei KIND MIT PUDELN (1995/96), an. Dass aber alle anderen Menschen- oder Tierskulpturen ein zuweisbares, teilweise sogar offensichtliches Geschlecht besitzen, unterschlägt er völlig. So besitzt der ELEFANT (1987), entsprechend dem Naturvorbild (eine Elefantenkuh), Brüste und Vagina, während die Maus und die Ratten ihre Primärgeschlechtsmale unter dem Fell verborgen haben. Auch sind die lebenden Personen, die für Arbeiten wie SCHWARZER TISCH MIT EINEIIGEN ZWILLINGEN (1985) oder SPAZIERGÄNGER MIT HUND (1986) zur Verfügung standen, sicher nicht geschlechtslos gewesen. Seine These, Fritschs Werke würden eine asexuelle Grundvorstellung aufweisen, die konstitutiv für das faschistische Körperbewusstsein sei, lässt sich nicht nur ohne Probleme als aus der Luft gegriffen widerlegen, sondern wirft ein merkwürdiges Licht auf den Autor selber.

Der zweite Punkt für die Festlegung des Inhaltes betrifft das angebliche ideelle Vorbild. Er gibt an, die Künstlerin hätte Richard Wagners Bühnenweihfestspiel *Parsifal* als «geistigen Referenzpunkt»[9] genannt. Diese Verknüpfung stammt aber nicht aus den Aussagen der Künstlerin, sondern von Andeutungen von Hans-Joachim Müller,[10] Jean-Christophe Ammann[11] und Gary Garrels.[12] Aufgrund der falschen Behauptung, Fritsch hätte sich auf Ideen des Wagnerschen Librettos bezogen, analysiert Anselm Wagner ausführlich die Gedanken und Vorstellungen Richard Wagners, aber auch die Auslegung und Bedeutung dieser Oper im Dritten Reich, und zwingt anschliessend seine Erkenntnisse dem Werk Fritschs auf. Zwar relativiert er seine Aussagen etwas, indem er ihr zugesteht, sie würde sich wahrscheinlich eher auf die unpolitische, zeitlose Lesart der Oper beziehen, unterstellt ihr aber gleichzeitig, sie wolle die bei Wagner angelegte, elitäre Vorstellung der «Gralsritter» in die Kunst einführen, da sie anerkennt, ihr Museum sei nur für einen speziellen Künstlertyp geeignet. Gerade die Parsifal-Verbindung zeigt, wie wenig sich der Autor mit der Arbeit und den wirklichen Vorbildern und Anregungen auseinandergesetzt hat. Seit Beginn ihrer künstlerischen Tätigkeit hat Fritsch sich immer wieder Gedanken über Museen und Kunstvereine gemacht und vor allem über den Ausstellungsbetrieb, in dessen Räderwerk sie seit Anfang der 80er Jahre eingespannt ist. 1980/81 hatte sie mit einem befreundeten Künstler – Peter Josef Abels – ein «Kunstmotel» mit umliegendem Garten erdacht, in welchem die Gäste in einer von Künstlern gestalteten Umgebung übernachten und in Ruhe Kunst geniessen können. Diese Idee wurde nicht weitergeführt, war aber immer wieder Thema gemeinsamer Diskussionen. Zwischen 1989 und 1993 führte Fritsch anlässlich der Vorbereitungen ihrer Ausstellung im DIA Center for the Arts, New York, lange Gespräche mit Charles Wright, dem damaligen Direktor des DIA, über den idealen Ausstellungsort. Dabei kristallisierte sich immer klarer die Vorstellung eines Ausstellungsortes heraus, der all das in sich vereinigt, was sie sich als ideal vorstellte: klare Räume, die aber keine anonyme Neutralität besitzen, Räume der Ruhe und Konzentration, eine Offenheit gegenüber dem Künstler und seiner Tätigkeit, ein Ausstellungsturnus, der dem eingeladenen Künstler eine intensive Auseinandersetzung mit dem vorgegebenen Raum erlaubt, und vor allem ein Ausstellungsbetrieb ohne Terminzwang. Solche Räume könnten dem Betrachter eine Annäherung an die Kunstwerke ermöglichen, die dem entspricht, was der Künstler während der Realisierung eines Werkes erfährt. Ein weiterer Bezugspunkt für die Vorstellung von Orten der Ruhe, an denen man eine ähnliche Grenzerfahrung machen kann, sind die von der Künstlerin entworfenen Friedhöfe, die Anselm Wagner als Beispiel für die «totalitäre Ästhetik» anführt, deren Faszination Fritsch erlegen sein soll. Die Friedhöfe sind allerdings in keiner Weise totalitär gedacht, sondern nur für Leute vorgesehen, die sich nach dem Tod eine anonyme Ruhestätte wünschen. Katharina Fritsch greift mit dem MUSEUM, MODELL 1:10 Überlegungen zum Ort der Kunst auf, welche die gesellschaftliche Relevanz eines Ausstellungsraumes und die Verantwortlichkeit der Künstler für die darin gezeigten Werke einkreisen. Sie nimmt mit ihrer Arbeit eine klare Position als Künstlerin ein um eine Diskussion über die Funktion der Kunst innerhalb der Gesellschaft herauszufordern. Mit diesen Überlegungen steht sie mitten im aktuellen Diskurs um Kunst als Erlebnisort und Dienstleistung.

Hat Wagner mit seiner These der asexuellen Figur und der Parsifal-Assoziation das ideelle Vorbild für das MUSEUM, MODELL 1:10 als faschistoid und totalitär verunglimpft, so versucht er in einem nächsten Schritt auch die formale Gestaltung in eine ähnliche Richtung zu interpretieren. Die Herleitung der oktagonalen Form vom Felsendom in Jerusalem (691/92) über die Aachener Pfalzkapelle (790–805) und das Castel del Monte (um 1250) bis zum Tannenberg-Denkmal (1927) ist zwar lückenhaft, aber in sich schlüssig. Schwierig wird es genau in dem Moment, wo er behauptet, die Künstlerin habe sich bei ihrem Entwurf an diesen Gebäuden orientiert. Denn er ignoriert – wie viele Kunsthistoriker – die Tatsache, dass die Künstler weitgehend mit dem linearen, rein historisch ausgerichteten Kunstverständnis gebrochen haben und sich nur noch sehr selten mit ihren weit zurückliegenden Vorgängern oder der alten Kunstgeschichte auseinandersetzen. Interessanter und sicher aufschlussreicher als eine historische Herleitung der oktagonalen Form wäre eine Untersuchung darüber gewesen, inwieweit andere Künstler der 80er und 90er Jahre ähnliche Räume – sei es im Modell oder als Architektur – geschaffen haben und wozu diese dienen sollten. Ich denke da z.B. an OKTAGON FÜR MÜNSTER (1987) von Dan Graham, oder die ESCAPE VEHICLES (1996) von Andrea Zittel. Auch seine angedeutete Auffassung, die Übernahme einer Form entspräche gleichzeitig der Übernahme einer bestimmten Ideologie, ist äusserst problematisch. Selbst wenn die führenden Köpfe des Nationalsozialismus, wie er sicherlich richtig ausführt, die Aachener Pfalzkapelle oder das Castel del Monte rezipieren und ihre Architekturformen für ihre Zwecke missbrauchen, bedeutet das denn wirklich gleichzeitig, dass alle, die nach den Nationalsozialisten diese formalen Mittel für sich entdecken, sie entsprechend der nationalsozialistischen Vorstellung benutzen?

Als Fazit zieht Wagner aus seinen Überlegungen, die Künstlerin hätte wie eingangs erwähnt eine extrem rückwärtsgewandte, irrationale und pseudoreligiös verbrämte Ideologie, die permanent faschistisches Gedankengut anstreife. Betrachtet man ihre Arbeiten aber genauer und lässt sich auf sie ein, so sind sie eher der Beleg für ein Weltbild, das von grundlegenden Polaritäten bestimmt wird, als für ein faschistoides. Die Polaritäten sind zum Beispiel Kunst und Warenwelt, weiblich und männlich, religiös und säkular oder öffentlich und privat. Anstatt diese zu überwinden oder eine der Seiten als erstrebenswert herauszustellen, zeigt sie sie als gegeben, als Komponenten des Lebens, die vor jeder Moral oder jenseits von Gut und Böse vorhanden sind. Als die Erfahrungen, die vorsprachlich und vormoralisch sind. Sie bietet keinen Ausweg aus dem von ihr aufgezeigten Dualismus, sondern weist eher darauf hin, dass dieser im Leben selbst angelegt ist. «Im ganzen Leben ist nichts eindeutig. Alles hat die berühmten zwei Seiten. Je eher man das akzeptiert, umso klarer kann man denken.»[13] Anstatt den üblichen Weg zu gehen und damit der Tradition des Idealismus zu folgen, möchte sie den Dualismus mit Hilfe des rationalen Geistes nicht überwinden, sondern ihn mit Hilfe von intuitiven Bildern als akzeptable Möglichkeit anbieten. Genau darin liegt meiner Meinung nach, neben der technischen Perfektion und dem unverrückbaren Glauben an die Macht der Bilder, die grosse Qualität der Werke von Katharina Fritsch. Dass sie nicht auf die gängigen, den Alltag bestimmenden ethischen und moralischen Vorstellungen und Thesen spekuliert, sondern eine grösstmögliche Offenheit anbietet. Die einzige «Moral», die für sie neben gesellschaftlichen Konventionen denkbar ist, liegt im vorsprachlichen Staunen, aus dem «...sich erstaunlicherweise eine Moral ‹ergibt›, die dann sichtbar wird, wenn ich eine Skulptur realisiere».[14] Es ist eine Moral, die sich zeigt, wenn man sich auf die Dinge, mit denen man sich beschäftigt, einlässt, ihnen seine volle Aufmerksamkeit und Genauigkeit entgegenbringt und die ihnen inhärenten Regeln beachtet. Diese Regeln, die sich aus den Dingen selbst ergeben, könnten als Metapher für ein soziales Gebilde gedeutet werden.

Das grosse Missverständnis Wagners liegt darin, dass es für ihn anscheinend die wertfrei zu betrachtende Gleichzeitigkeit von Gut und Böse bzw. Richtig und Falsch nicht gibt. Aus diesem Grund kann er sie auch im Werk von Fritsch nicht entdecken und als eigene Qualität gelten lassen. Er ist von der rein oberflächlichen Erscheinung der Arbeit – einem gläsern-goldenen, achteckigen Pavillon, umgeben von einem dunklen, einen Stern aussparenden Wald und einem hohen Sockel – ausgegangen und hat dann nicht die Arbeit ihren internen Regeln gemäss interpretiert, sondern ihr von aussen eine bestimmte Vorstellung angetragen. Um diese Idee zu stützen, hat er die Quellen und Tatsachen, die sich auf Fritsch beziehen, verdreht oder falsch wiedergegeben. Seine Kenntnis der Architekturgeschichte und der Ideologie Richard Wagners und des Dritten Reichs mag sehr fundiert sein, dass man historische Erkenntnisse aber nicht bedenkenlos auf zeitgenössische Kunst projizieren darf, müsste ihm, gerade angesichts der Schwere des Vergleichs, bewusst sein. Wagners Text zeigt, dass er sich überhaupt nicht auf das Werk von Katharina Fritsch eingelassen hat, sondern nur sein philologisches Wissen für ein selbstgerechtes, verantwortungsloses und vermutlich bereits vor der Untersuchung formuliertes Urteil benutzt. Damit betreibt er keine wissenschaftliche Analyse, sondern infamen Rufmord an einer Künstlerin.

1) Anselm Wagner, «Heim ins Reich der reinen Form. Katharina Fritsch, Richard Wagner und der Gral», in: *Noëma*, Nr. 48, Juli/August 1998, S. 50–57.
2) Matthias Winzen im Gespräch mit Katharina Fritsch, in: *Katharina Fritsch*, Ausstellungskatalog, San Francisco Museum of Modern Art, Museum für Gegenwartskunst Basel, Basel 1996, S. 68–85.
3) So die Langspielplatte REGEN (1987), oder die Singles UNKEN (1982/90), MÜHLE, KRANKENWAGEN (beide 1990).
4) z.B. ROTER RAUM MIT KAMINGERÄUSCH (1991).
5) PARFUM IM HAUSFLUR (1984)
6) z.B. SPAZIERGÄNGER MIT HUND (1986)
7) Sie befindet sich auf dem WARENGESTELL (1979–84).
8) Wagner, a.a.O., S. 51.
9) Wagner, a.a.O., S. 52.
10) Hans-Joachim Müller, «Die Zeit, die Kunst, der Stachelbaum», in: *Die Zeit*, Nr. 25, 16.6.1995, S. 50–51.
11) Jean-Christophe Ammann, «Ich stecke gewiss in keiner autistisch-regressiven Phase purer Selbstbespiegelung», in: *Kunstforum International*, Bd. 131, August–Oktober 1995, S. 72–78.
12) Gary Garrels, «An Introduction», in: *Katharina Fritsch*, Ausstellungskatalog, San Francisco Museum of Modern Art, Museum für Gegenwartskunst Basel, 1996, S. 12–31.
13) Matthias Winzen im Gespräch mit Katharina Fritsch, a.a.o., S. 73.
14) Winzen, ebenda, S. 77.

KATHARINA FRITSCH, MUSEUM, MODELL 1:10, 1995, Holz, Aluminium, Plexiglas, Folie, Farbe, 3,3 x 10,4 x 10,4 m / MUSEUM, MODEL 1:10, wood, aluminum, Plexiglas, foil, paint, ca. 130 x 409½ x 409½".

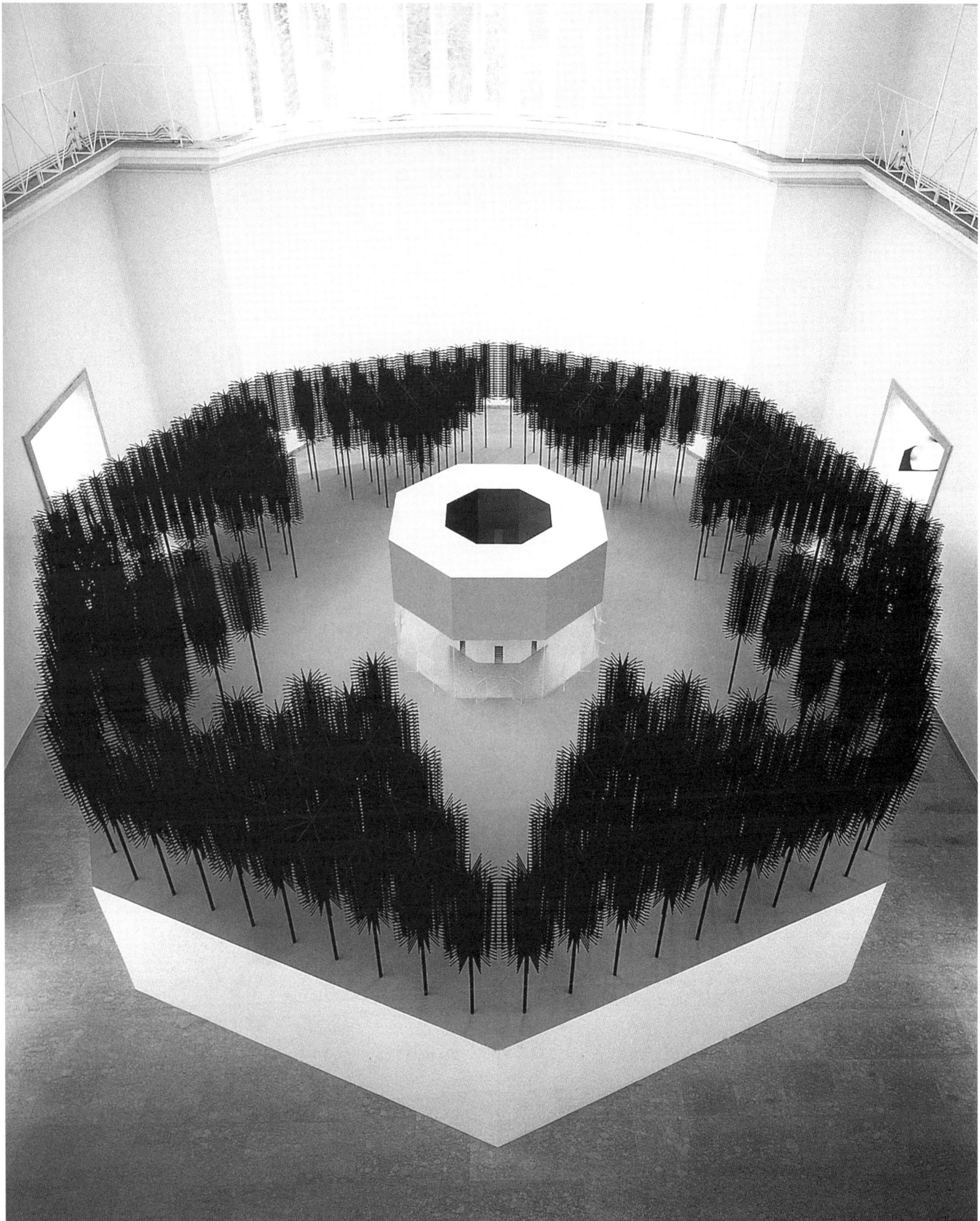

VALERIA LIEBERMANN

A DUD

Who actually criticizes the critics? Is vision rewarded? And at the other end of the scale: Are puffed-up obstructivists ever later called to account?
Just how irresponsible art criticism specializing in brickbats and attack can be was demonstrated recently in an article by a blinkered, academic vole. It's the old story: allegations of fascism. We asked Valeria Liebermann to examine these despicable accusations.

Within days of the opening of the German Pavilion at the Venice Biennale in 1995, Katharina Fritsch's MUSEUM, MODELL 1:10 (1995) was causing a major stir. Critics bombarded both the work and the artist's aspirations with accusations of "gigantomania" and "sterility"—yet, at the same time, it also stood out as one of the highpoints of the Biennale and made the cover of *Artforum.* As unpopular as the work apparently was, and is, today it still provokes heated debate—sometimes insulting, but always intense. In a recent article on Katharina Fritsch's aesthetics and artistic ideology, Anselm Wagner[1] takes up arguments put forward by critics in 1995 and picks their bones to support his own prejudiced outlook. The starting point for his essay is the alleged disquiet he claims was evident in contemporary reports on the work and which—he suggests—was presumably engendered by unpleasant truths concealed within it. These he then sets out to uncover, backed up by an art-historical-sounding analysis, in order to advance MUSEUM, MODELL 1:10 as a manifestation of what he describes as Fritsch's "extremely backward-looking, irrational, pseudo-religious" aesthetics and ideology.

Taking up the main points that Wagner uses to support his argument, it is my intention to show how his purely linear historical reasoning and his presumably conscious distortion of sources and facts leads to a fundamental misapprehension of Fritsch's work. He draws unsound conclusions from the very form of the piece and accuses the artist of nothing short of fascist attitudes.

The first striking aspect of his "analysis" is that he sidesteps any precise description of the subject of his investigation—MUSEUM, MODELL 1:10—and simply reiterates the account of the work in the Biennale catalogue. He makes no mention of the effect of the sculpture in the space, or of the strange tension in the combination of attraction and rejection that is generated by the height and size of the work and the interconnections between its constituent parts.

His initial concern—kindled by the title—is whether this work is in fact a sculpture or an architectural model. Apparently in his mind an artistic work has to be one or the other, for he will not countenance the idea that a work could be both to an equal degree, despite the fact that this very possibility is aired in the interview with Fritsch[2] that he frequently cites elsewhere. The separation that he makes between models and sculpture shows the extent to which he adheres to the divisions between different genres so beloved of art historians. This comes as rather a surprise since his essay accuses the artist of propagating a defunct division between sculpture and painting in that she proposes that the building should be used for "sculptures" on the lower floor and for "painting" on the upper floor. A glance at her own work will show that, while she does use this terminology, her understanding of it is certainly not canonic. Thus a sculpture can be a molded polyester or plaster

VALERIA LIEBERMANN is curator of the Sammlung Ackermans in Xanten, Germany. She is writing her dissertation on Katharina Fritsch.

figure, but it can equally well consist of sounds,[3] sounds plus color-spaces,[4] sprayed perfume,[5] or living creatures.[6] In addition her "painterly" use of color, which frequently reduces the plasticity of the objects, is indispensable to her work since a particular color can be a crucial element in the image concerned. To demonstrate this I should like to refer the reader to the different versions of MÜHLE (Mill), which first emerged in 1979 as a small "model".[7] In 1990 it was realized as a seven-meter-high building in Saarbrücken, and again in 1990 it was published as a single record by *Parkett.* In 1996 it was shown in the Basel exhibition as GRAUER RAUM MIT MÜHLENGERÄUSCH (Gray Room with Mill Noise). For the artist these different versions are all of equal importance and are intended to focus on the image of a mill from as many sides as possible. Thus Wagner's assertion that MUSEUM, MODELL 1:10 must either be a model or a sculpture, and his argument that Fritsch is working along clear demarcation lines when it comes to genre, are simply inadmissible.

Having attempted to establish a precise categorization of the work, he then analyzes its contents. In doing so he draws on two different, complementary arguments. Firstly he identifies an idealistic, utopian approach which is supposedly guided by an ideological pursuit of clarity and purity. In order to define this ideology all the more precisely, on the one hand he invokes the aesthetic principles of representatives of Modernity such as Adolf Loos, while on the other hand he quotes the visions of St. John in the Book of Revelations plus interpretations of the latter from the Middle Ages. Both sources are inspired by a similar desire, namely to strip away and destroy everything impure—for Loos this meant ornament and for St. John sexuality. In this connection Wagner claims "...that Katharina Fritsch's human and animal figures are always sexless..."[8] and backs this up with the one and only truly sexless figure in her work, the KIND MIT PUDELN (Child with Poodles, 1995/96), completely suppressing the fact that, by contrast, all her other human and animal sculptures are clearly of one sex or the other, in some cases even quite obviously so. Thus ELEFANT (1987)—like its counterpart in nature (a female elephant)—has teats and a vagina, while the mouse and the rats have primary sexual characteristics hidden under their fur. Equally the living humans behind works such as SCHWARZER TISCH MIT EINEIIGEN ZWILLINGEN (Black Table with Identical Twins, 1985) and SPAZIERGÄNGER MIT HUND (Man Out for a Walk with Dog, 1986) were no doubt not sexless. His proposition that Fritsch's works are in principle asexual, which in itself constitutes a fascist attitude to the body, is not only all too readily countered as utterly farfetched, but also throws an odd light on the author himself.

The second point in his analysis of the work's contents concerns its supposed inspiration. He maintains that the artist has cited Richard Wagner's *Parsifal* (his "Festival Play for the Consecration of the Theater") as a "point of spiritual reference"[9] for this work. The same connection has already been made on previous occasions by Hans-Joachim Müller,[10] Jean-Christophe Ammann,[11] and Gary Garrels,[12] but, as the artist herself has said, there is no truth in this. On the basis of the false claim that Fritsch had drawn on ideas from Wagner's libretto, Anselm Wagner then not only goes in detail into Richard Wagner's thinking and precepts, but also examines the interpretation and meaning of this opera during the Third Reich and finishes by foisting his conclusions onto Fritsch's work. Admittedly he somewhat relativizes his assertions by allowing that she would most likely be drawing on a nonpolitical, timeless reading of the opera, but at the same time alleges that she is trying to introduce into art the elite notion of the "Knights of the Holy Grail," as portrayed by Wagner, since she recognizes that her museum is only suited to a specific kind of artist. This insistence on *Parsifal* shows just how little attention the author has in fact paid to the real forerunners and inspiration for Fritsch's work. Since the outset of her career as an artist, Fritsch has repeatedly looked at the question of museums and public galleries, with particular regard to the exhibitions circuit whose machinery she has been caught up in since the early eighties. In 1980/81 together with a friend, the artist Peter Josef Abels, she devised an "artmotel" set in gardens, where guests could stay in surroundings designed by artists, and enjoy art in peace. Although the idea was never taken beyond this stage, Abels and Fritsch frequently returned to it in their discussions. Between 1989 and 1993, during the preparations for her exhibition in the DIA Center for the Arts in New York, Fritsch engaged in lengthy conversations about the ideal exhibition space with Charles Wright, the then Director of the DIA. As they talked, the idea emerged with increasing clarity of an exhibition space that combined everything that she felt would be ideal: clear spaces, albeit not anonymously neutral, spaces of peace and concentration, an openness towards the artist and his or her activities, a turnover of exhibitions that would allow the invited artist time to engage on a deep level with the given space, and above all an exhibitions program not fixated on dates. Thus the viewer's approach to the artwork could to a certain extent match the artist's experience during the realization of the work. A further point of reference for the idea of havens of peace, where one could experience a similarly marginal situation, are the cemeteries designed by the artist, which Anselm Wagner cites as an example of the "totalitarian aesthetics" whose fascination Fritsch has allegedly succumbed to. However, the cemeteries are not in the slightest totalitarian: On the contrary, they are only intended for people who specifically would like an anonymous last resting place. In MUSEUM, MODELL 1:10 Katharina Fritsch is addressing issues concerning art venues, focusing on the social relevance of an exhibition space and the responsibility of the artist for the works shown in that space. With this work she is taking up a clear artistic position, in order to stimulate discussion on the function of art in society, thereby moving into the very center of current debate on art as a place to be experienced or as a service provider.

Having expounded on asexuality and *Parsifal* and having thus, by implication, denigrated MUSEUM, MODELL 1:10 as fascistic and totalitarian, Wagner then proceeds to attempt to interpret its formal design along similar lines. His chronology of octagonal forms starting with the Dome of the Rock in Jerusalem (691/92), continuing with the Cathedral in Aachen (790–805) and the Castel del Monte (c. 1250), and ending with the Tannenberg Memorial (1927) has gaps but is otherwise reasonable. However, difficulties arise as soon as he claims that Fritsch has been guided by these structures in her own design. For—like many art historians—he ignores the fact that artists have as good as dispensed with a linear, purely historical understanding of art and nowadays only rarely engage with their distant forebears and the art history of old. It might have been rather more interesting and certainly more revealing if he had instead investigated the extent to which other artists in the eighties and the nineties have created similar spaces—either as models or as full-scale architectural projects—and what the intentions behind these might be. Here I have in mind Dan Graham's OKTAGON FÜR MÜNSTER (Octagon for Münster, 1987) or Andrea Zittel's ESCAPE VEHICLES (1996). Furthermore, his implied attitude that the adoption of a form also means the adoption of a particular ideology is problematic in the extreme. For even if leading National Socialists, as he no doubt quite rightly says, took note of the Cathedral in Aachen or the Castel del Monte and misused their architectural forms for their own purposes, does this really mean that from that moment onwards all those who discover this form for themselves then deploy it in the same vein as the National Socialists?

The conclusion Wagner draws from his musings is—as it was said at the outset—that Katharina Fritsch has an extremely backward-looking, irrational ideology, laced with pseudo-religion and constantly bordering on fascist thought. However, if one looks more closely at her works and enters freely into them, as it were, the worldview they present seems rather to encompass fundamental opposites than to be in any sense fascistic: opposites such as art and the world of commercial goods, female and male, religious and secular, public and private. Instead of resolving these or picking out one or the other as desirable, Fritsch presents them as given, as components of life, predating morality and beyond Good and Evil—experiences that are preverbal and premoral. She does not offer a way out of this dualism, but points instead to the fact that this is in itself part of life: "Nothing in the whole of life is unambiguous. There are the famous two sides to everything. The sooner you accept that, the more clearly you can think."[13)] She does not take the usual path, following the traditions of idealism, nor is she intent on overcoming this dualism with the aid of some rational spirit, but wants instead—with the aid of intuitive images—to present it as an acceptable possibility. In my opinion, this—plus technical perfection and her immutable belief in the power of the image—is what lends her work its outstanding quality. She does not speculate on the usual ethical and moral notions affecting our everyday lives but offers the greatest possible openness. For her the only conceivable "morality" besides social convention resides in the realm of preverbal amazement, out of which "...astonishingly enough a morality 'arises' which becomes visible when I realize a sculpture."[14)] It is a morality that emerges when one opens oneself up to the things one is dealing with, devotes one's full attention and care to them, and respects their own inherent rules. These rules, which arise from things per se, could be interpreted as a metaphor for a social structure.

It would seem that Wagner's major misapprehension derives from the fact that, as far as he is concerned, there is no such thing as a simultaneity of Good and Evil, Wrong and Right, which should neither be judged one way or the other. For this reason he is unable to perceive it and accept it as a quality in Fritsch's work. He has taken the outward appearance of the work as his starting point—an octagonal pavilion made from glass and gold, surrounded by a wood delineating the shape of a star, and a high plinth—and has not interpreted the work according to its own internal laws, but has imposed an idea on it formed by purely external notions. In order to support this idea he has taken sources and facts relevant to Fritsch's work and either distorted or misreported them. His knowledge of the history of architecture and of the ideology of Richard Wagner and the Third Reich may well go deep, but he must surely also be aware that one cannot heedlessly project historical facts onto contemporary art, particularly in view of the seriousness of the comparison. Wagner's essay shows that he has not engaged with Fritsch's work at all, but has simply used his philological knowledge to arrive at a self-righteous, irresponsible, presumably preformulated judgment. This is not academic analysis, this is character assassination.

(Translation: Fiona Elliott)

1) Anselm Wagner, "Heim ins Reich der reinen Form. Katharina Fritsch, Richard Wagner und der Gral," in: *Noëma* (no. 48, July/August 1998), pp. 50–57.
2) Matthias Winzen in conversation with Katharina Fritsch, in: *Katharina Fritsch,* ex. cat. (San Francisco Museum of Modern Art, Museum für Gegenwartskunst Basel, Basel, 1996), pp. 68–85.
3) See, for instance, the long-playing record REGEN (Rain, 1987), or the singles UNKEN (Toads; 1982/90), MÜHLE (Mill) and KRANKENWAGEN (Ambulance), both from 1990.
4) e.g. ROTER RAUM MIT KAMINGERÄUSCH (Red Room with Chimney Noise, 1991).
5) PARFUM IM HAUSFLUR (Perfume in the Hallway, 1984).
6) e.g. SPAZIERGANG MIT HUND (Man Out for a Walk with Dog, 1986).
7) This model has a place on the WARENGESTELL (Display Stand, 1979–84).
8) Wagner, op. cit., p. 51.
9) Wagner, op. cit., p. 52.
10) Hans-Joachim Müller, "Die Zeit, die Kunst, der Stachelbaum," in: *Die Zeit,* no. 25, 16.6.95, pp. 50–51.
11) Jean-Christophe Ammann, "Ich stecke gewiss in keiner autistisch-regressiven Phase purer Selbstbespiegelung," in: *Kunstforum International* 131, August–October 1995, pp. 72–78.
12) Gary Garrels, "An Introduction," in: *Katharina Fritsch,* ex. cat. (San Francisco Museum of Modern Art, Museum für Gegenwartskunst Basel, Basel, 1996), pp. 12–31.
13) Winzen, op. cit., p. 72.
14) Winzen, ibid., p. 78.

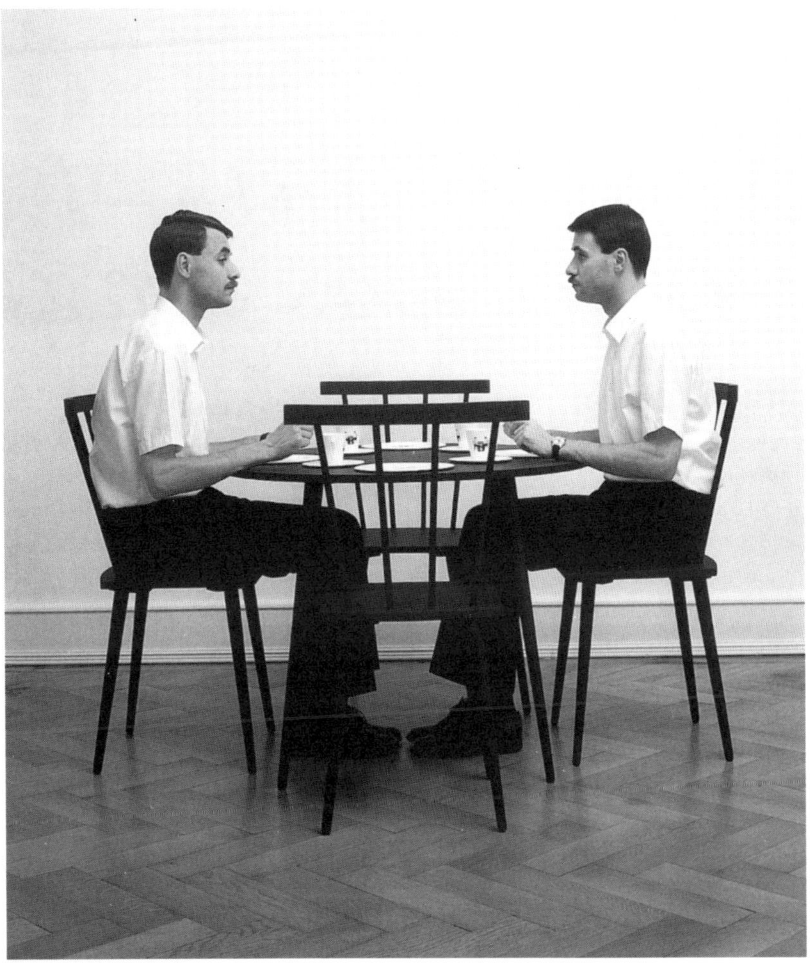

KATHARINA FRITSCH, SCHWARZER TISCH MIT EINEIIGEN ZWILLINGEN, 1985, Herr Wiegmann und Herr Wiegmann, Holz, Farbe, Kunststoff, Höhe und Durchmesser je 150 cm, Ausstellungsversion / BLACK TABLE WITH IDENTICAL TWINS, Herr Wiegmann and Herr Wiegmann, wood, paint, plastic, height and diameter ca. 59" each, exhibition version.

CUMULUS

From America

IN EVERY EDITION OF PARKETT, TWO CUMULUS CLOUDS, ONE FROM AMERICA, THE OTHER FROM EUROPE, FLOAT OUT TO AN INTERESTED PUBLIC. THEY CONVEY INDIVIDUAL OPINIONS, ASSESSMENTS, AND MEMORABLE ENCOUNTERS—AS ENTIRELY PERSONAL PRESENTATIONS OF PROFESSIONAL ISSUES.

OUR CONTRIBUTORS TO THIS ISSUE ARE JENNIFER BLESSING, WHO RECENTLY MOVED TO LOS ANGELES, A WRITER AND CURATOR OF "RROSE IS A RROSE IS A RROSE: GENDER PERFORMANCE IN PHOTOGRAPHY" (AT THE NEW YORK GUGGENHEIM MUSEUM LAST YEAR), AND YVES AUPETITALLOT, CURATOR OF THE CENTRE NATIONAL D'ART CONTEMPORAIN, LE MAGASIN, GRENOBLE, FRANCE.

Acting Out—Learning from Los Angeles

JENNIFER BLESSING

It is impossible to locate oneself in a city without a heart or any kind of centrality from which to fix points of orientation. Los Angeles, myriad suburbs in search of a city, has no identity, or too many to count. Seen by car, it unfolds in a series of contiguous microcommunities with competing languages of signs and architecture, like Disneyland or a studio back lot returned to scale. Red tile-roofed haciendas, faux English cottages, Tudor and French Normandy mansions, Hasidic *yeshivas*, urban tenements, Little Tokyo pagodas, Thai mini-malls, Armenian churches, corporate skyscrapers, industrial wastelands. Los Angeles's only claim to coherence is under the chameleon banner of Hollywood's dream factory, which is the same as saying nothing at all, since the industry is forged of temporary alliances dedicated to the replication of fantasy in the register of reality.

Trying to synthesize "Out of Actions: Between Performance and the Object, 1949–1979," organized by the Museum of Contemporary Art, is like trying to comprehend L.A. This gargantuan exhibition of almost one hundred and fifty artists and collectives from roughly twenty countries in North and South America, Europe, the Middle East, and Asia sprawled over thirty-six galleries with performances and symposia taking place around the city. The exhibition's heterogeneity and diffuseness resembles L.A., as does the sense that, in the cacophony of languages, cultures, and movements presented, it is, finally, an incredibly diverse collection of art that defies an overarching logic. Although its scale suggests a historical survey, "Out of Actions" was conceived more as a proposition, a set of experimental premises to be tested, rather than a definitive statement. It outlines an expanded field for the history of art during the first three de-

LYGIA CLARK, BABA ANTROPOFAGICA, 1973, from the series COLLECTIVE BODY / aus der Serie KOLLEKTIVER KÖRPER.

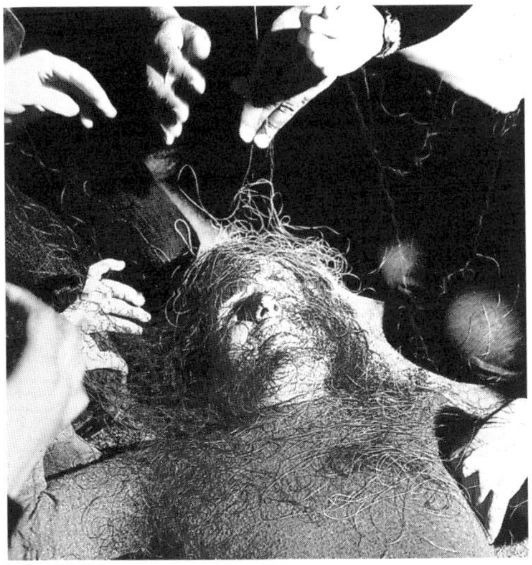

(PHOTO: ESTATE OF LYGIA CLARK)

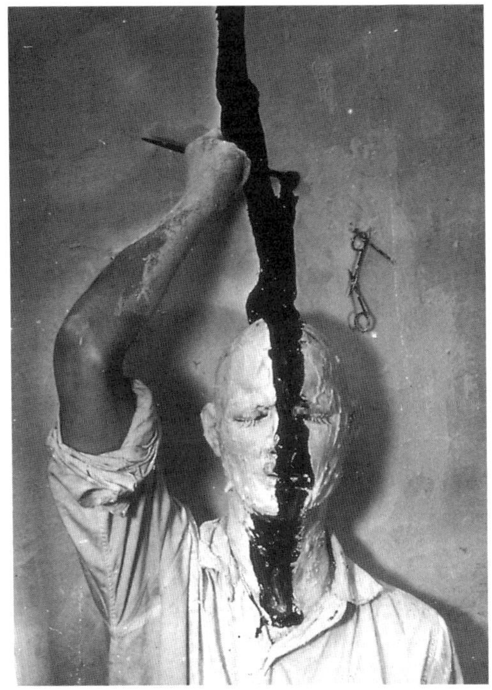

GÜNTER BRUS, AKTION NO.2 (SELBSTBEMALUNG), 1964, Photodocumentation of / Photodokumentation der Performance, Archiv Conz, Verona. (PHOTO: LUDWIG HOFFENREICH)

cades of the postwar period by displaying noted highlights of performance and performative work while introducing a large amount of relatively unknown material. This show is hard to envision in New York City, where museum exhibitions are required to present pat answers rather than to pose messy questions, probably because so much capital is at stake.

And the meditations evoked by "Out of Actions" certainly are messy. In many ways the exhibition is not about aesthetic experience. It isn't about the Stendhal effect, or the quiet revelations of the individual retrospective. Instead, it elicits tough and contentious questions about the nature of art, and the ethical and moral issues raised—wittingly and unwittingly—by the artists whose work is exhibited. To be sure, given the breadth of material, the themes of the show are multiple and varied, and certainly a number of different narrative threads are woven throughout; however, certain leitmotifs tend to predominate, and even overwhelm, others.

The exhibition's founding father is the Jackson Pollock of Namuth's famous films and photos, the man who used the canvas as "an arena in which to act."[1] This legacy is visually traced through the expressionist use of paint as a sensual and metaphorically visceral medium by which to act out. Thus a chronology unfolds that leads from the Gutai group's extravagant excursions in corporeally applied color; to the more scenario-oriented yet still Dionysian applications embodied in happenings; to the paint-as-blood transsubstantiations of the Viennese Aktionists; to Paul McCarthy's condiment pigment-surrogates. This particular route and its off roads tend to overpower the rest of the show, due to the sheer number of square feet dedicated to them and the frequently histrionic quality of the work.

The most significant alternate narrative, a kind of good twin opposed to the dark side of Pollock, is premised upon John Cage's example of incorporating chance, whimsy, and quiet koan-like reflection. Read as a stand-in for Marcel Duchamp, a trajectory can be tracked through Yves Klein's leap and Piero Manzoni's canned shit, to Fluxus, and Brazilian multi sensory experiments. Needless to say, Apollonian conceptualism seems to get clobbered by Pollockian expressionist machismo, especially at the show's end with its clot of sensational endurance performances. So the delightful absurdities and contemplative pleasures of pieces such as Alison Knowles's (with Philip Corner and Bill Fontana) GENTLE SUR-

PRISES FOR THE EAR (1975/97), Lygia Clark's sensory masks, Gordon Matta-Clark's fried photographs—and the fervent political poetics of artists like Jochen Gerz, Sherman Fleming, Peter Weibel, and Adrian Piper—are hard to conjure beyond the memory of the huge blowup of Stelarc hanging by meat hooks through the flesh of his backside.

"Out of Actions" presents paintings, sculptures, photos, and texts as indices of originary performative moments; thus the criteria for judging any work are not based upon the object-relic itself, but rather the gestures that produced it. Today this is hardly a radical strategy; however, it demands a level of commitment from viewers which may be unrealistic for a show of this scale. It is a daunting (and perhaps impossible) task to recreate events that occurred at specific junctures in time, for particular audiences. Video recordings of many performance excerpts are furnished on monitors set up throughout the museum, and facsimiles of original documentation are provided in the reading room, all forensically cross-referenced on wall labels for the conscientious visitor. Yet the principal interaction is with the objects, the residue of the acts, giving an unfair advantage to those artists who have been primarily engaged in object-making, who use performative activities as a means of generating art, over those whose chief occupation is the performance itself, and all products resulting are merely documentational. Some of the most fascinating and important work in the exhibition appears on the video-on-demand monitors; unfortunately these are as easy to pass by as exits on the freeway. And even with the leisure time to look at all the programs—many

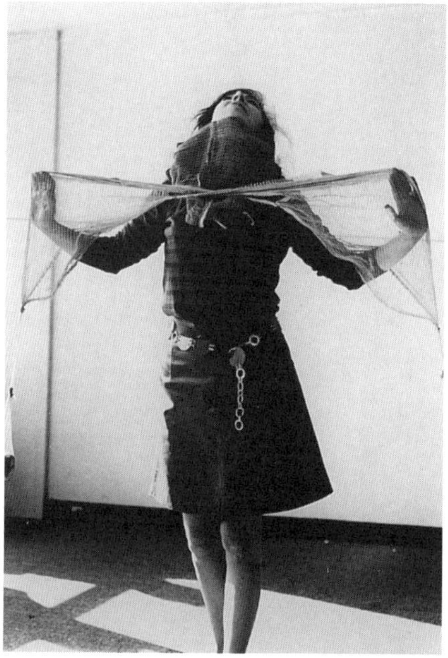

LYGIA CLARK, STRAIGHTJACKET, 1968 / ZWANGSJACKE.

PIERO MANZONI with cans of MERDA D'ARTISTA (ARTIST'S SHIT), 1961 / mit KÜNSTLERSCHEISSE in Dosen. (PHOTOS: COURTESY OF THE GEFFEN CONTEMPORARY, MOCA, LOS ANGELES)

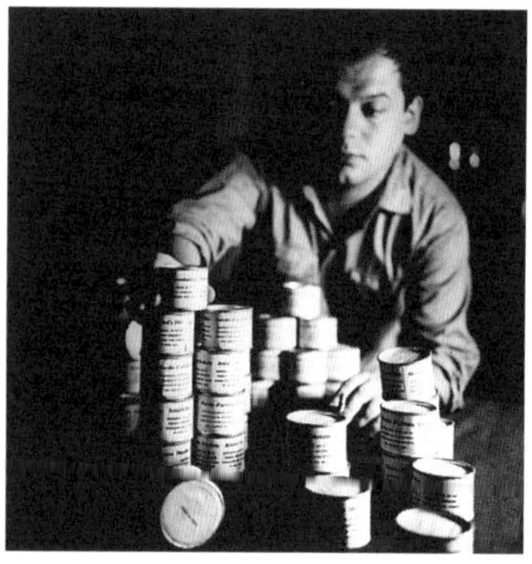

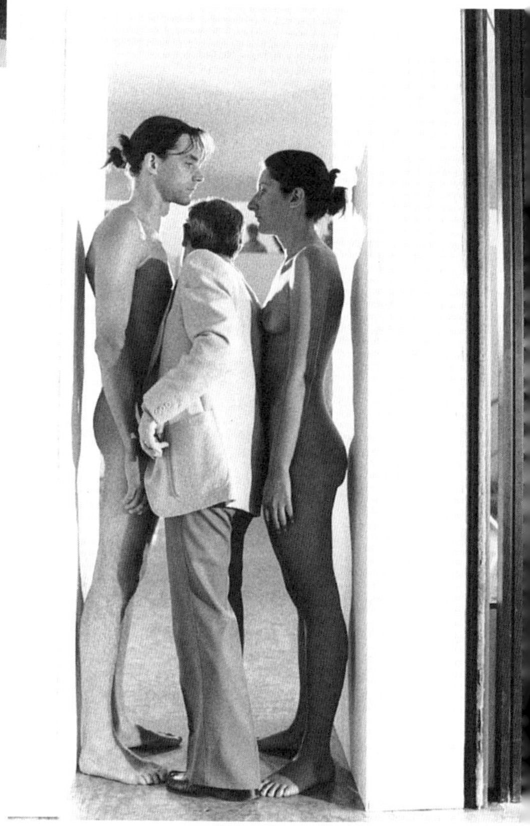

ULAY/ABRAMOVIC, IMPONDERABILIA, 1977, Galleria Comunale d'Arte Moderna, Bologna.

hours worth—they consist almost exclusively of truncated fragments of long performances; thus the experience of duration, while hinted at, is not truly demonstrated. Nevertheless, at least as an introduction, many marvels and much rare footage merit pitstops, such as Claes Oldenburg's NECROPOLIS (1962); Yoko Ono's CUT PIECE (1965); and Lygia Pape's EAT ME (1975). The audience's response is an integral part of works like Ono's and Ulay/Abramovic's IMPONDERABILIA (1977). In a historical exhibition, where restaging performances is impractical even if it were desirable, and with participatory objects frequently cordoned off due to the aura now surrounding their status, the only way to obtain an inkling of this response is through film or videotape. Then the viewer can also see the artist's demeanor throughout the piece, instead of being limited to the ideal presentation disseminated in the single still. Self-conscious smirks like Manzoni's belie the high seriousness of some individual photo documents while reiterating an artist's affinity with Duchamp. One subject significantly undeveloped in the show is the rise of pop celebrity during the period covered. Certainly the Pollock pictures, and subsequent art world coverage in magazines like *Life*, signaled a new arena in which artists could perform. Why isn't Andy Warhol's work included—not only because of his constructed persona, but as the auteur of the Factory films?

We're not in Kansas anymore, so exhibitions like "Out of Actions" are not about the old traditional formal problems. Instead we are told to consider the manner in which the distinctions between art and life have been transgressed. Much of the work in the show has been generated from intellectual premises, often with profound implications for political and social change. Other artist's motives are seated deep in the individual unconscious, yet the resulting expressions resonate with a wider public. Often the art has been made—consciously and unconsciously—in response to social ills (the annihilation of World War II, subsequent political repression, and the anxiety caused by the nuclear threat and postwar societal transformations). The primacy of these extra-formal concerns was foreshadowed in Futurist and Dada performance and their politically engaged art, as well as by Surrealism's immersion in the unconscious. In part because of the conceptual nature of postwar performance art, the object is often its least compelling aspect, which leaves latter-day viewers to focus on the ideology behind its construction. Thus they find themselves grappling with expressions of destruction and violence posited as means of catharsis—and exploring the theories of castration anxiety, sadism, and masochism (in "Out of Actions" it seemed rarely to be sadomasochism)—in order to understand the work. For me, one lesson of the show is that, in fact, art decidedly does not extinguish the art/life dichotomy. For example, the critical performances of Marina Abramovic, Vito Acconci, Chris Burden, McCarthy, and Gina Pane are not reducible to clinical masochism. However, there are pieces in the show in which the distinction from life is so imperceptible that they seem no longer to be art but rather public demonstrations of psychopathology.

Like its climate, the initial mastery of L.A.'s roads lulls you into a false sense of confidence in your ability to understand and then perhaps to overcome the shadowy foreboding of the non-place. But strange encounters niggle you back to the dark side of California's "sunshine and noir" dialectic.[2] During my first museum experience in L.A., on a trip to the Getty, I was stopped in the beachfront parking lot across the street by a man carrying a full plastic sack. "Was your father a righteous man?" he asked. As I contemplated my response he continued, "If I told you I found this bag in the dumpster of a funeral parlor, what would you think was in it?" I retreated to the new-Pompeiian villa. Fifteen years later, at the end of my last museum visit, to the Geffen Contemporary, I watched a video in which an artist was dousing caged rats with a combustible liquid and setting them on fire. Each time the flames died down, as the squealing rats futilely tried to escape their incineration, he doused them again. The label blurbette for the video, KIM JONES'S RAT PIECE (1976), read: "Excerpt from a performance involving rats and fire." I imagined an equivalent caption for a Vietnam-era journalistic photo: "Protest of monk involving fire." This time I sought refuge in the street.

1) Harold Rosenberg, "The American Action Painters," *Art News*, 51 (December 1952), p. 22; reprint in *Tradition of the New* (New York: Horizon Press, 1959), p. 25.
2) "Sunshine or Noir?" is the title of a chapter in Mike Davis's *City of Quartz: Excavating the Future in Los Angeles* (London: Verso, 1990; New York: Vintage Books, 1992), which inspired the currently touring exhibition, "Sunshine & Noir: Art in L.A. 1960–1997," organized by the Louisiana Museum of Modern Art in Humlebaek, Denmark.

Freies Ausagieren – was Los Angeles uns lehrt

JENNIFER BLESSING

Eine Stadt ohne Kern und eigentliches Zentrum, an dem man sich orientieren könnte, verunmöglicht jede Standortbestimmung. Los Angeles, eine Unzahl von Vorstädten auf der Suche nach ihrer Mitte, hat keine Identität oder zu viele zum Aufzählen. Fährt man im Auto, erscheint L.A. als eine Reihe von aneinander angrenzenden Mikrogemeinwesen mit konkurrierenden Strassenschilder- und Architektursprachen; wie Disneyland oder eine Hollywood-Kulissenlandschaft, nur auf den alltäglichen Massstab reduziert. Haziendas mit roten Ziegeldächern, Nachbildungen englischer Cottages, stattliche Häuser im Tudorstil oder im Stil der Herrenhäuser der Normandie, chassidische Jeschiwas, städtische Mietskasernen, *Little-Tokyo*-Pagoden, thailändische Minieinkaufszentren, armenische Kirchen, Bürohochhäuser, öde Industrielandschaften. Kohärenz kann L.A. für sich nur unter dem chamäleonhaften Banner der Traumfabrik Hollywood beanspruchen, was im Grunde gar nichts aussagt, da die Filmindustrie lediglich auf kurzfristigen Allianzen zur wirklichkeitsorientierten Reproduktion von Phantasien beruht.

Von der Ausstellung «Out of Actions. Between Performance and the Object, 1949–1979» im Museum of Contemporary Art ein einheitliches Bild gewinnen zu wollen ist so aussichtslos wie der Versuch L.A. zu verstehen. Diese Riesenschau, die fast 150 Künstler und Künstlerkollektive aus rund zwanzig Ländern in Nord- und Südamerika, Europa, dem Mittleren Osten und Asien umfasst, breitete sich über mehr als sechsunddreissig Galerien aus und schloss zudem ein Rahmenprogramm von über die ganze Stadt verteilten Performances und Symposien mit ein. Das Heterogene und Umfassende der Ausstellung erinnert ebenso an L.A. wie der Eindruck, dass es sich, in der Kakophonie der vorgestellten Ausdrucksformen, Kulturen und Richtungen, letztlich um eine unerhört vielfältige Anhäufung von Kunst handelt, die jeder übergreifenden Logik spottet. Obgleich der Umfang dem eines historischen Überblicks entspricht, wurde «Out of Actions» tatsächlich weniger als endgültiges Statement denn als Vorschlag, als eine Reihe provisorischer, zu prüfender Thesen konzipiert. Durch die Präsentation berühmter Höhepunkte der Performance- und performativen Kunst und die gleichzeitige Einbeziehung einer grossen Menge weniger bekannten Materials umreisst die Ausstellung, wie sich das Terrain der Kunstgeschichte während der ersten drei Jahrzehnte nach dem Krieg erweitert hat. Dieselbe Ausstellung in New York wäre nur schwer vorstellbar, weil dort von Museumsausstellungen weniger Fragen als vielmehr schnelle Antworten erwartet werden, vielleicht, weil so viel Kapital auf dem Spiel steht.

Die Reflexionen, die «Out of Actions» heraufbeschwört, sind wahrlich chaotisch. In vielerlei Hinsicht geht es dabei nicht um ästhetische Erfahrung. Es geht weder um den Stendhal-Effekt noch um die leisen Offenbarungen der individuellen Retrospektive. Stattdessen wirft die Ausstellung unangenehme und kontroverse Fragen über das Wesen der Kunst und über ethische und moralische Probleme auf, die von den ausgestellten Künstlern (wissentlich und unwissentlich) angesprochen werden. Wie angesichts der Breite des Materials zu erwarten, sind die Themen der Ausstellung vielfältig, zudem lassen sich mehrere rote Fäden ausmachen, auch wenn gewisse Leitmotive dominieren, ja sogar andere verdrängen.

Die Gründervaterfigur der Ausstellung ist der Jackson Pollock von Namuths berühmten Film- und Photoaufnahmen, der Mann, der die Leinwand als «Arena zum Agieren» einsetzte.[1] Dieses Vermächtnis wird nachgezeichnet an Hand von Bildern, in denen Farbe expressionistisch als sinnliches und aus dem Bauch kommendes Mittel zum

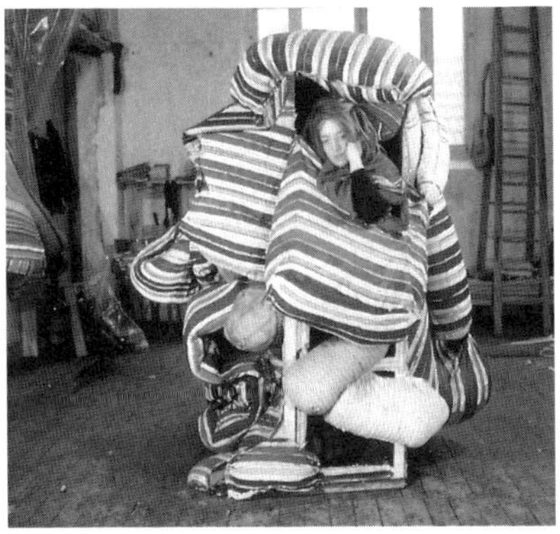

MARTA MINUJIN, MATTRESS-HOUSE, 1962–64 / MATRATZENHAUS. (PHOTO: COURTESY OF THE ARTIST)

GORDON MATTA-CLARK, PHOTO-FRY, 1969 / BRATPHOTOS. (COURTESY OF THE GEFFEN CONTEMPORARY, MOCA, LOS ANGELES)

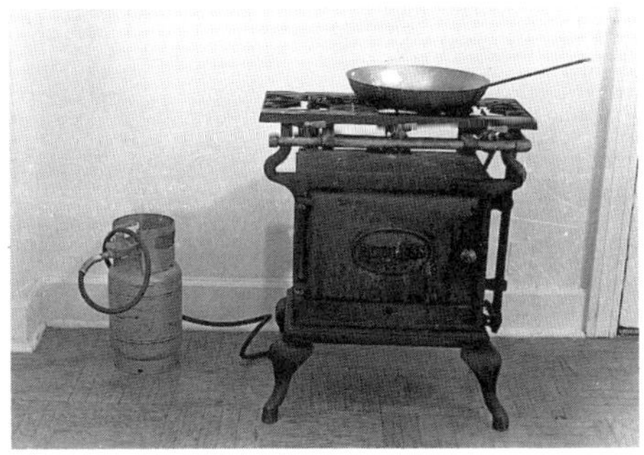

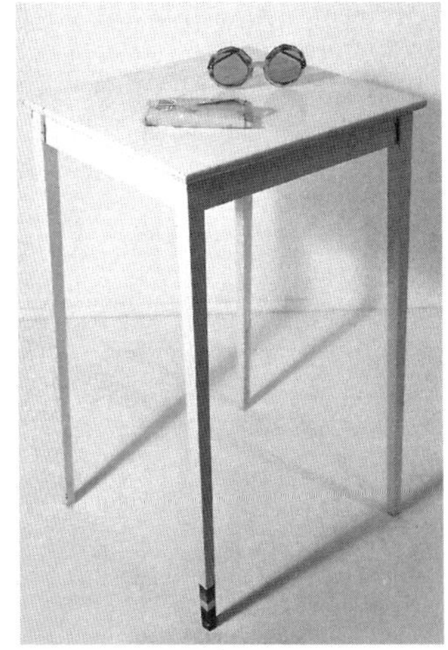

GEORGE BRECHT, TABLE WITH RAINBOWLEG, 1962-63 / TISCH MIT REGENBOGENBEIN. (PHOTO: ERIC POLLITZER)

Ausagieren eingesetzt wird. So entfaltet sich eine Chronologie, die von den ausgeflippten Ausflügen der Gutai-Gruppe in die körperlich ausagierte Malerei über die eher einem Handlungsablauf folgenden, aber immer noch dionysischen Realisierungen im Rahmen von Happenings und die Farbe-in-Blut-Verwandlungen der Wiener Aktionisten bis zu Paul McCarthys Saucen als Pigmentersatz führt. Dieser spezifische Zweig mit seinen Verästelungen tendiert dazu, den Rest der Schau zu dominieren, allein schon quadratmetermässig, aber auch aufgrund des oft theatralischen Charakters der Arbeiten.

Das wichtigste alternative Thema, eine Art lichter Zwilling zur dunklen Seite Pollocks, stützt sich auf John Cages Beispiel der Einbeziehung von Zufall, Laune und beschaulicher, meditativer Reflexion. Versteht man ihn als Stellvertreter Marcel Duchamps, so lässt sich von Cage eine Linie über Yves Kleins Sprung und Piero Manzonis in Büchsen abgefüllter Scheisse zum Fluxus und zu brasilianischen, multisensorischen Experimenten ziehen. Selbstverständlich wird jeder apollinische Konzeptualismus vom expressionistischen Machismo à la Pollock geradezu niedergeknüppelt, insbesondere im Schlussteil der Ausstellung mit seiner geballten Ladung spektakulärer Performances. So können die herrlichen Absurditäten und kontemplativen Freuden von Arbeiten wie Alison Knowles' GENTLE SURPRISES FOR THE EAR (Sanfte Überraschungen für das Ohr, 1975/97, mit Philip Corner und Bill Fontana), den sensorischen Masken Lygia Clarks, den gebratenen Photos von Gordon Matta-Clark und der passionierten politischen Poetik von Künstlern wie Jochen Gerz, Sherman Fleming, Peter Weibel und Adrian Piper, sich in der Erinnerung nur schwer halten neben der riesigen Photographie von Stelarc, der an einem in seinen Rücken gerammten Fleischhaken hängt.

«Out of Actions» präsentiert Gemälde, Skulpturen, Photos und Texte als Zeugnisse ursprünglich performativer Ereignisse; folglich sind diese Werke nicht anhand der entstandenen Objekte zu beurteilen, sondern anhand der Gesten, die sie hervorgebracht haben. Dies ist heute zwar keine besonders radikale Strategie mehr, aber sie fordert vom Betrachter eine Aufmerksamkeit für das einzelne Werk, die bei einer Ausstellung dieser Grössenordnung wohl unrealistisch ist. Es ist eine überaus anspruchsvolle (wenn nicht unmögliche) Aufgabe, Ereignisse, die zu einem früheren Zeitpunkt stattgefunden haben, für ein breites Ausstellungspublikum nachvollziehbar zu machen. Im ganzen Museum verteilt werden Ausschnitte aus zahlreichen Performances auf Video gezeigt, im Leseraum sind Faksimiles von Originaldokumenten einsehbar und auf Wandtafeln sind minutiös sämtliche Querverweise für den gewissenhaften Besucher vermerkt. Dennoch findet die hauptsächliche Interaktion rund um die Objekte statt, die von den Aktionen zurückgeblieben sind: Dadurch sind die Künstler, die vornehmlich Objekte herstellen und die Performance nur zu diesem Zweck einsetzen, im Vorteil gegenüber jenen, deren haupt-

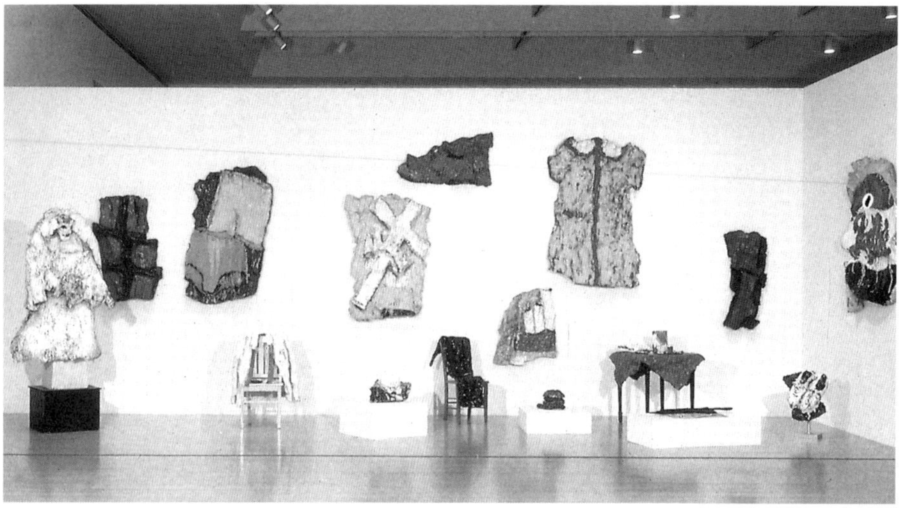

CLAES OLDENBURG, THE STORE, 1961-62,
installation view at MOCA, Los Angeles / DER LADEN.
(PHOTO: VALERIE WALKER)

sächliches Medium die Performance ist, wobei das daraus hervorgehende Produkt lediglich dokumentarischen Wert hat. Einige der faszinierendsten und wichtigsten Arbeiten in der Ausstellung sind auf den Bildschirmen als abrufbare Videos zu sehen, doch geht man an ihnen allzu leicht vorbei (wie auf der Autobahn an den Ausfahrten). Und selbst wenn man die Musse hätte, sich mehrere Stunden lang sämtliche Programme anzusehen, bekäme man fast nur Ausschnitte aus langen Performances zu sehen, so dass das Erlebnis der Zeit zwar angedeutet, aber nicht wirklich nachvollziehbar ist. Gleichwohl lassen zahlreiche wunderbare Sachen und viele Raritäten wie Claes Oldenburgs NECROPOLIS (1962), Yoko Onos CUT PIECE (1965) und Lygia Papes EAT ME (1975) einen «Boxenhalt» lohnend erscheinen.

In Arbeiten wie der erwähnten von Yoko Ono oder Ulay/Abramovic's IMPONDERABILIA (1977) ist die Reaktion des Publikums integraler Bestandteil. Aber in einer historisch orientierten Ausstellung – wo die Nachinszenierung von Performances, obwohl wünschenswert, nicht möglich ist und wo die Objekte, die dabei eine Rolle spielten, wegen der Aura, die sie nun haben, dem Besucher vielfach durch Sicherheitsvorkehrungen entrückt werden – sind Film oder Video die einzige Chance wenigstens eine leise Ahnung von dieser Reaktion zu bekommen. Sie ermöglichen es einem immerhin, Haltung und Gebaren der Künstler und Künstlerinnen bei ihrer Arbeit zu verfolgen, so dass man sich nicht mit dem Idealbild auf dem einzelnen Standphoto begnügen muss. Das selbstbewusste Grinsen, das sich zum Beispiel auf Manzonis Gesicht zeigt, straft das Ernsthafte mancher photographischer Dokumente Lügen und unterstreicht seine Nähe zu Duchamp. Ein Thema, das in der Ausstellung erheblich zu kurz kommt, ist der Aufstieg des Künstlers zum Popstar in genau dem Zeitraum, den die Ausstellung behandelt. Zweifellos signalisierten Pollocks Bilder und die darauf folgende Berichterstattung über die Kunstwelt in Illustrierten wie *Life* eine neue Arena, in der Künstler agieren konnten. Weshalb wurde das Werk Andy Warhols nicht berücksichtigt – nicht nur wegen seiner Selbstinszenierung, sondern auch in seiner Eigenschaft als Autor der Factory-Filme?

Wir sind nicht mehr in Kansas, also geht es bei Ausstellungen wie «Out of Actions» nicht mehr um die alten formalen Probleme. Stattdessen werden wir aufgefordert darüber nachzudenken, auf welche Art und Weise die Grenzen zwischen Kunst und Leben überschritten worden sind. Vielen Arbeiten der Ausstellung liegt eine intellektuelle Haltung zugrunde, die häufig einen tiefgreifenden politischen und gesellschaftlichen Wandel impliziert. Bei anderen wiederum liegen die Motive tief im individuellen Unbewussten und doch vermögen die gefundenen Ausdrucksformen ein breiteres Publikum zu berühren. Häufig entstand die Kunst – bewusst oder unbewusst – in Reaktion auf gesellschaftliche Miss-

YVES KLEIN, UNTITLED ANTHROPOMETRY, 1960, dry pigment on canvas, 78¾ x 196⅞" / ANTHROPOMETRIE OHNE TITEL, getrocknetes Farbpigment auf Leinwand, 200 x 500 cm.

(PHOTO: YVES KLEIN ARCHIVES)

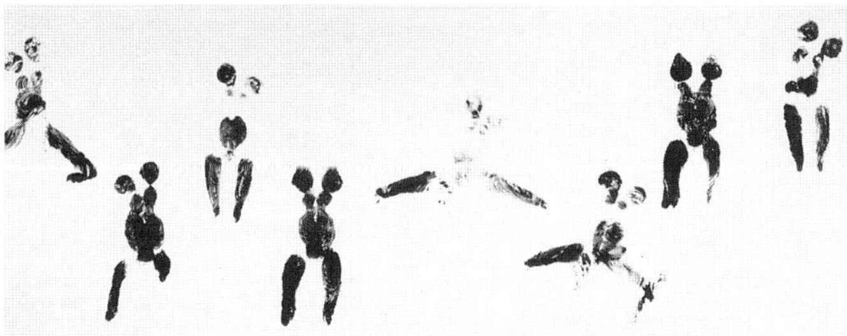

stände (die Zerstörungen des Zweiten Weltkrieges, die anschliessende politische Repression und die Angst, die durch die atomare Bedrohung und die gesellschaftlichen Umbrüche der Nachkriegszeit hervorgerufen wurde). Die überragende Bedeutung dieser jenseits formaler Fragen angesiedelten Anliegen kündigte sich in den öffentlichen Auftritten und der politisch engagierten Kunst der Futuristen und Dadaisten an, aber auch in der radikalen Hinwendung der Surrealisten zum Unbewussten. Zum Teil ist das konkrete Objekt in der Nachkriegs-Performancekunst, gerade wegen ihres konzeptuellen Charakters, der am wenigsten zwingende Aspekt; dem späteren Betrachter bleibt es anheim gestellt, sich die Ideologie hinter seiner Erschaffung genauer anzuschauen. So stellt er fest, dass er sich um das Werk zu verstehen mit Ausdrucksformen der Zerstörung und Gewalt als Mittel zur Katharsis auseinandersetzen muss und mit Theorien über Kastrationsangst, Sadismus und Masochismus (Sadomasochismus schien in «Out of Actions» kaum thematisiert). Was die Ausstellung mich lehrte, ist, dass Kunst die Opposition Kunst/Leben keineswegs aus dem Weg schafft. So lassen sich die kritischen Performances von Marina Abramovic, Vito Acconci, Chris Burden, McCarthy und Gina Pane keineswegs auf klinischen Masochismus reduzieren. Es gibt allerdings Arbeiten in der Ausstellung, bei denen die Grenze zum Leben so stark verwischt ist, dass sie nicht länger Kunst, sondern vielmehr öffentliche Vorführungen psychopathologischer Störungen zu sein scheinen.

Wie das Klima wiegt die aufkeimende Sicherheit beim Befahren der Strassen von L.A. einen im falschen Glauben an die eigene Fähigkeit diesen Nichtort verstehen und damit vielleicht das vage Gefühl des Irrealen, das er vermittelt, überwinden zu können. Doch seltsame Begegnungen holen einen auf die dunkle Seite der «Sunshine and noir»-Dialektik Kaliforniens zurück.[2] Bei meinem ersten Museumserlebnis in L.A., auf einem Ausflug zum Getty in Malibu, wurde ich auf dem strandseitigen Parkplatz von einem Mann mit voller Plastiktüte aufgehalten. «War Ihr Vater ein rechtschaffener Mensch?», fragte er. Während ich nach einer Antwort suchte, fuhr er fort: «Wenn ich Ihnen sagte, dass ich diese Tüte im Abfallcontainer eines Beerdigungsinstituts gefunden habe, was würden Sie dann glauben, was drin wäre?» Ich zog mich in die neo-pompejanische Villa zurück. Fünfzehn Jahre später betrachtete ich, zum Schluss meines letzten Museumsbesuchs im Geffen Contemporary, ein Video, in dem ein Künstler in einen Käfig eingesperrte Ratten mit brennbarer Flüssigkeit übergoss und anzündete. Während die quiekenden Ratten vergeblich versuchten ihrer Einäscherung zu entkommen, übergoss er sie jedesmal, wenn die Flammen zu erlöschen drohten, von neuem. Die Werkangaben zum Video – Kim Jones' RAT PIECE (1976) – lauteten: «Ausschnitt einer Performance mit Ratten, Feuer». Ich stellte mir eine ähnliche Bildunterschrift unter einem Zeitungsphoto aus dem Vietnamkrieg vor: «Protest eines Mönchs, Feuer». Diesmal suchte ich Zuflucht auf der Strasse.

(Übersetzung: Bram Opstelten)

1) Harold Rosenberg, «The American Action Painter», in: *Art News,* 51 (Dezember 1952), S. 22, wieder abgedruckt in *Tradition of the New,* New York 1959, S. 25.

2) «Sunshine or Noir?» ist die Überschrift eines Kapitels in Mike Davis' Studie *City of Quartz: Excavating the Future of Los Angeles* (London: Verso, 1990; New York: Vintage Books, 1992); sie hat den Titel der vom Louisiana Museum of Modern Art in Humlebaek, Dänemark, organisierten Wanderausstellung «Sunshine & Noir: Art in L.A. 1960–1997» angeregt.

CUMULUS

Aus Europa

IN JEDER AUSGABE VON PARKETT PEILT EINE CUMULUS-WOLKE AUS AMERIKA UND EINE AUS EUROPA DIE INTERESSIERTEN KUNSTFREUNDE AN. SIE TRÄGT PERSÖNLICHE RÜCKBLICKE, BEURTEILUNGEN UND DENKWÜRDIGE BEGEGNUNGEN MIT SICH – ALS JEWEILS GANZ EIGENE DARSTELLUNG EINER BERUFSMÄSSIGEN AUSEINANDERSETZUNG.

IN DIESEM HEFT ÄUSSERN SICH YVES AUPETITALLOT, KURATOR DES CENTRE NATIONALE D'ART CONTEMPORAIN, LE MAGASIN, GRENOBLE, UND JENNIFER BLESSING, EINE KÜRZLICH NACH LOS ANGELES UMGEZOGENE AUTORIN UND KURATORIN DER AUSSTELLUNG «RROSE IS A RROSE IS A RROSE: GENDER PERFORMANCE IN PHOTOGRAPHY», DIE LETZTES JAHR IM GUGGENHEIM MUSEUM IN NEW YORK ZU SEHEN WAR.

YVES AUPETITALLOT

In der glücklichen Lage, einen Beitrag für Parkett verfassen zu dürfen, suchte ich zunächst nach einer theoretisch strukturierenden, rein ästhetisch ausgerichteten Argumentation, frei von irgendwelchen zufälligen Äusserlichkeiten materieller, politischer oder wirtschaftlicher Natur, die die logische Stringenz allzu leicht in Mitleidenschaft ziehen. Mit anderen Worten, ich wollte die Aufgabe einer differenzierten Beurteilung der bewährten und hervorragenden Leistungen des Centre National d'Art Contemporain in Grenoble, genannt Le Magasin, und ihres anscheinend deutlich experimentellen Charakters von privilegierter Warte aus in Angriff nehmen.

Verschiedene miteinander zusammenhängende Tatsachen, namentlich einige Symptome, die sich seit kurzem bemerkbar machen und die Bedingungen des Kunstschaffens und der Kunstvermittlung empfindlich verändern dürften, liessen mich – vielleicht zu Unrecht – auf dieses ursprüngliche Vorhaben verzichten. So wird zum Beispiel der Einfluss der Wirtschaft, die den harten Gesetzen des Kapitals unterliegt, mittel- bis langfristig zu einer tiefgreifenden Veränderung im System des Kunsthandels führen. Die derzeit von den altehrwürdigen angelsächsischen Auktionshäusern verfolgte Politik kann uns, wenn wir die logischen Konsequenzen bedenken, nicht kalt lassen. Deren Interesse für die Kunst der letzten dreissig Jahre wird natürlich begünstigt durch einen zunehmenden Kampf um Marktanteile und die sukzessive Ausschaltung der Konkurrenz, die geschluckt oder in Konkurs getrieben wird, mit dem Ziel, den Markt zu beherrschen und schliesslich dank der Interessenzusammenlegung und einer Verminderung der Akteure quasi über ein Monopol zu verfügen. Diese Entwicklung ist weder besonders erstaunlich noch empörend, sondern schlicht besorgniserregend. Wir können nämlich mit gutem Grund annehmen, dass dies eine noch stärkere Verbreitung der bekannten Namen samt den damit verbundenen Begleiterscheinungen auf der Preisebene begünstigt. Beim kürzlich erfolgten Verkauf einer erstklassigen Sammlung wurden zwar für gewisse Künstler, etwa Richter, unerreichte Preise erzielt, gleichzeitig mussten jedoch die Werke anderer Künstler, so jene von Daniel Buren, eine Wertverminderung hinnehmen. Dieser Feststellung könnte man mit dem Argument einer «Wahrheit des Marktes» entgegentreten, die den unwiderlegbaren, gleichsam wissenschaftlichen Nachweis einer dem Zeitgeschmack unterworfenen, selektiven Rezeption von Kunst erbringe. Man könnte auch behaupten, dass die künstlerische Legitimation durch Institutionen und Kritik auf einer ganz anderen Ebene stattfinde und nicht vom Kunsthandel tangiert werde. Doch hüten wir uns vor Naivität, sei sie nun echt oder vorgetäuscht! Die ganz offen angestrebte Kollaboration mit Exponenten von Kunstinstituten und der damit verbundene Druck, der sich unweigerlich auf die bereits erwähnten Legitimationsebenen auswirken wird, hat nichts mit einer obskuren Verschwörung zu tun, sondern ist bewährte Praxis. Diese Auktionshäuser sind viel zu altehrwürdig, seriös und erfahren, um sich mit der passiven Registrierung der Arbeit von extern und selbständig Agierenden zufrieden zu geben.

Denken wir etwa an die Polemik gegen die Konservatoren des Louvre, die in einer (einem Antikkunsthändler gehörenden) Zeitschrift entfacht wurde. Es ging dabei um die Echtheit eines Gemäldes, das in zwei Versionen existiert: Welches ist das Original? Jenes im Louvre oder das des Kunsthändlers? Angesichts der marktbeherrschenden Stellung der Auktionshäuser ist über kurz oder lang eine Verknappung des Angebots und das völlige Verschwinden einiger Künstler aus dem Kunsthandel zu befürchten. Die erste Grundregel jeder Produktion und Vermarktung verbietet die Verbreitung von gleichartigen Produkten; durch Selektion wird das unterlegene Produkt abgewertet und auf einen Nebenmarkt abgeschoben. Die Internationalität und der hohe Strukturierungsgrad dieser Auktionshäuser führen zu einer weiteren Verminderung der Anzahl Künstler, die auf dem Markt bestehen können. Selbst das traditionelle Galeriensystem ist vor Krisen nicht gefeit und hat sich die Notwendigkeit einer aktiven Einflussnahme auf die Handelsmechanismen bereits zu eigen gemacht. Doch seine Aktivitäten erfolgten bisher meist in einem kleingewerblichen Rahmen, wobei die Vielzahl der Akteure eine echte Vielfalt garantierte, in manchen Fällen wurde sogar hervorragende Begleitarbeit geleistet bei der Lancierung neuer Künstler und der damit verbundenen ästhetischen Problemstellungen. Es wäre gewagt zu meinen, dass diese durch die Restrukturierung des Marktes entstehenden Kräfte ohne Einfluss auf das künstlerische Schaffen, seine institutionelle Vermittlung und die Kritik blieben. Der Übergang vom Salon

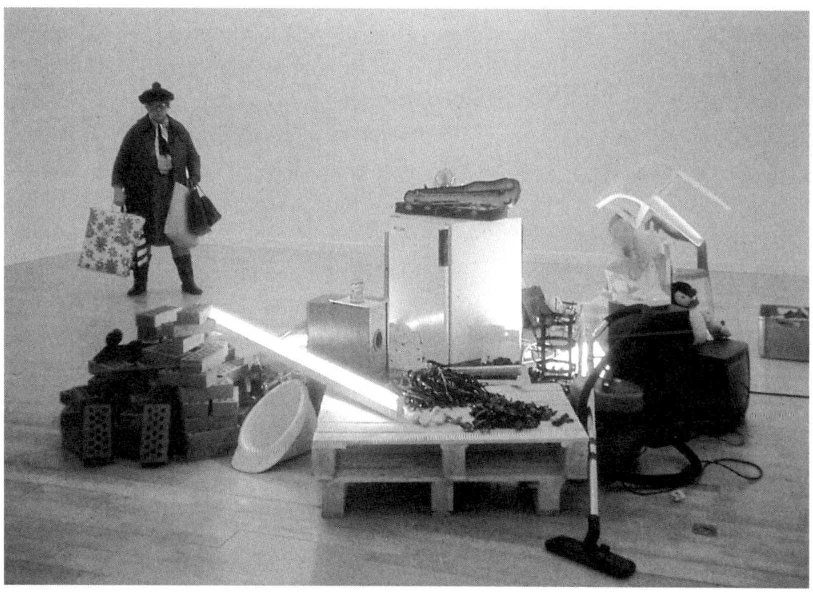

JOHN ARMLEDER & DUANE HANSON, Installation in der Ausstellung «Dramatically Different», Le Magasin Grenoble, 26. Oktober 1997–1. Februar 1998 / installation view.

zur Galerie und die Weiterentwicklung der Galerie, insbesondere seit 1966/67, haben durch wechselseitige Einflüsse Veränderungen in der Kunst selbst bewirkt. Sollten wir etwa glücklich die Eröffnung des Museums von Bilbao beklatschen? Der Bau ist unbestreitbar gelungen, doch was steht dahinter? Wo wäre ein Ansatz zu erkennen, der die künstlerische Kreativität oder irgendein theoretisches Engagement ins Spiel brächte? Es ist ein offenes Geheimnis, dass es sich dabei in erster Linie um den forcierten Einsatz kultureller Mittel im Dienste eines internationalen Kommunikationsprojekts handelt (der Niederschlag in der Presse ist entsprechend «kolossal»); es soll einen wirtschaftlichen und politischen Zweck erfüllen. Das Gebäude bildet gleichsam die Spitze einer Halbinsel, die zur europäischen Hochburg der umweltverträglichen Spitzentechnologie und -industrie ausersehen ist. (Nach wie vor sitzt den Europäern das kalifornische Vorbild im Nacken.) Für die möglichst wirkungsvolle Verfolgung dieses Ziels bürgt der internationale Ruhm des Kulturvermittlers wie des Architekten. Der Name des Ausstellungsmachers wird dabei wie bei einem ganz gewöhnlichen Franchisingvertrag gehandelt. Ist Jeff Koons' monumentaler Hund, der die Besucher vor dem Museum empfängt, vielleicht ein Symptom dafür? Sammlungen werden lediglich gemietet, was dem Museum ermöglicht, die Kosten der Lagerverwaltung niedrig zu halten. Die Zusammensetzung des Gezeigten ist dabei äusserst aufschlussreich. Sie deckt grob gesagt drei Bereiche ab: die europäische Moderne der ersten Jahrhunderthälfte, die amerikanische Kunst der zweiten Jahrhunderthälfte sowie die baskische Kunst (in sehr bescheidenem Ausmass) und die spanische Kunst (Madrider Schule). Die ersten beiden Bereiche entsprechen einem heute engen und starren Schema der Kritik, das von einem «leichten Gefühl der Dominanz» zeugt. Europa werden die schüchternen Anfänge der Moderne zugewiesen und den Vereinigten Staaten deren volle Entfaltung und Hochblüte; davon legt das Museumsprogramm ganz unmissverständlich Zeugnis ab. Die Werke der Künstler des zweiten Bereichs, oft nur von zweitrangiger Bedeutung, beanspruchen der Grosszügigkeit des Museumsgebäudes entsprechend viel Raum. Angesichts des brisanten lokalen Umfelds wäre es undenkbar gewesen, keine baskischen Künstler einzubeziehen, die zudem noch von einem bedeutenden Artikel in *Art in America* profitierten. Ebenso war es im nationalen Kontext, der durch eine starke regionale Organisation geprägt ist, im Hinblick auf das regionalpolitische Gleichgewicht wünschenswert, auch die Schule von Madrid, dem Machtzentrum und glücklosen Rivalen Bilbaos beim Wettbewerb um den Museumsstandort, zu berücksichtigen, und sei es auch nur in bescheidenem Rahmen.

Die vorhersehbaren Entwicklungen im Kunsthandel wie im Museum von Bilbao gehen Hand in Hand mit einer auf wirtschaftlichen und politischen Erfordernissen beruhenden Normierung des Geschmacks auf internationaler Ebene. Darin liegt die echte Gefahr einer zahlenmässigen und qualitativen Verarmung der Kunst, in bisher nicht gekanntem Ausmass noch verschärft durch territoriale Rangordnungen und die Höhe der eingesetzten Mittel. Diesem pessimistischen Fazit könnte man entgegenhalten, dass das Museum von Bilbao den Keim zur Belebung einer offenen zeitgenössischen Kunstszene in sich birgt. In Wirklichkeit konzentriert sich die *Sala Rekalde*, die früher Pistoletto, Tony Oursler und Sol Lewitt zeigte, heute allein auf die baskische Kunst und hat kürzlich im Baskenland eine lokale Ausstellung zum Thema «Malerei und Fussball» organisiert. Kommentar überflüssig. Sind zudem Institutionen und Kritik, das «professionelle Lager» also, in der Lage, ihre Prinzipien auch nur zum Teil neu zu formulieren? Im Sommer 1997 musste man angesichts der internationalen Ausstellungen von Venedig, Kassel und Münster allgemein eine schmerzliche Rezession zur Kenntnis nehmen (erfreulich war noch der leider wenig erfolgreiche Versuch Catherine Davids, eine Bestandesaufnahme der bedeutenderen theoretischen und institutionellen Standpunkte zu machen – Opposition gegen den Markt, gegen die Presse, Versachlichung von Text und Theorie?). Auch die «Manifesta» hat offensichtlich nicht die «sanfte, frische Brise einer echten Verjüngung» gebracht. Die Verantwortlichen haben sich in grosszügigen, aber selbstgefälligen paneuropäischen und nationalistischen Ansätzen verloren. Weil ich zweien von ihnen in Freundschaft und Sympathie verbunden bin, werde ich die den nationalen Verhältnissen gewidmete, um Sinn und Ziel ringende Textreihe nicht kommentieren.

Vergessen wir nicht die französische Krise, die ständige Polemik, die ein Teil der Intellektuellen gegen die zeitgenössische Kunst führt, und die Verankerung der faschistischen extremen Rechten im politischen, sozialen und kulturellen Leben des Landes. Das Fehlen einer nennenswerten Spitze, entsprechend der Definition von Jean Laude, prägt die allgemeine Situation, es herrscht Flaute; als Symbol dafür mag John Armleders Werk DON'T DO IT! (NR. 2) dienen, das in einem ungeordneten Haufen einige materielle Grundbestandteile der Duchampschen Moderne zusammenfasst. Dieses Werk, das wir im Rahmen der mit Eric Troncy organisierten Ausstellung «Dramatically Different» (Magasin, Grenoble, 26. Oktober 1997 bis 1. Februar 1998) gezeigt haben, ist beispielhaft für das *display*, die besondere Art, visuelle und physische Zeichen von Werken untereinander und in ihrer gemeinsamen Beziehung zum Ausstellungsraum und zum Betrachter anzuordnen und zu verteilen. Es ging darum, mit glücklicher Hand den kontrolliert zufälligen Autonomieverlust des Werkes zu steuern, seine dekorative Funktion zu beleuchten, ohne ihm dadurch die ästhetischen Komponenten zu entziehen (auch Sylvie Fleurys Raketen haben die Skulptur als solche zum Thema). Ausserdem ging es gemäss Eric Troncys eigenen Worten darum, den «nicht zu verachtenden Status als Konsumgut» nicht zu leugnen. Im Raum, wo Werke von Jeff Koons, Angela Bulloch, Haim Steinbach, Larry Mantello und Katharina Fritsch versammelt waren, wurden teilweise das industriell gefertigte Produkt und die besondere Ästhetik der Verkaufsauslagen von Warenhäusern besonders hervorgehoben. Dennoch haben wir nicht versucht, aus dem sakralen und ernsten Charakter der Kunst, die wir ausstellten, Profit zu schlagen, um den Marktwert unseres Namens zu steigern. Hatten wir nun Recht oder sind wir Dummköpfe?

(Übersetzung: Irene Aeberli)

YVES AUPETITALLOT

Having been asked to contribute to Parkett, I initially explored theoretically structured arguments of a purely aesthetic nature, independent of external, material, political or economic concerns, which detract from logical stringency. In short, I wanted to take advantage of a "raised perch" to address the demanding task of appraising the time-tested and excellent achievements of the Centre National d'Art Contemporain in Grenoble, aka Le Magasin, and—as it has turned out—its obviously experimental nature.

I decided, perhaps wrongly, to jettison my original plan due to a combination of circumstances and symptoms which have recently come to light and are likely to effect appreciable changes in the very conditions that govern artistic practice and mediation. Amongst these are the economic pressures imposed by the harsh laws of capital, which will sooner or later bring about profound changes in the art trade. We cannot afford to ignore the logical consequences of the current policy pursued by the prestigious Anglo-Saxon auction houses. Their interest in the art of the last thirty years is of course served by a progressive strategy to gain shares of the market. Competition is gradually eliminated either by absorbing it or by driving it out of business, leading in the end to a dominant market position acquired by merging interest groups and reducing the number of parties involved. This process is neither surprising nor scandalous; it is plain alarming.

For we may reasonably assume that it will be of even greater benefit to the major names and the attendant financial side-effects of the situation. The recent sale of a prestigious collection resulted in unprecedented figures for certain artists—Richter, for example—but it also aggravated a fall in value for other artists, like Daniel Buren. This observation might be countered with the argument that "the market" provides incontrovertible, quasi-scientific proof of a selective reception of art subject to current tastes. Conversely, one might argue that institutional recognition and criticism takes place on an entirely different plane, unpolluted by commerce. But we must guard against naïveté, be it genuine or feigned. The large-scale recruitment of institutional sponsors and the weight undoubtedly brought to bear by various authorities do not come from some obscure conspiracy theory; they are standard working practices. These establishments are too old, too venerable, and too experienced to settle for the passive role of recording work done further down the line by independent players.

Think, for instance, of the controversy unleashed between a dealer in historical art and the curators of the

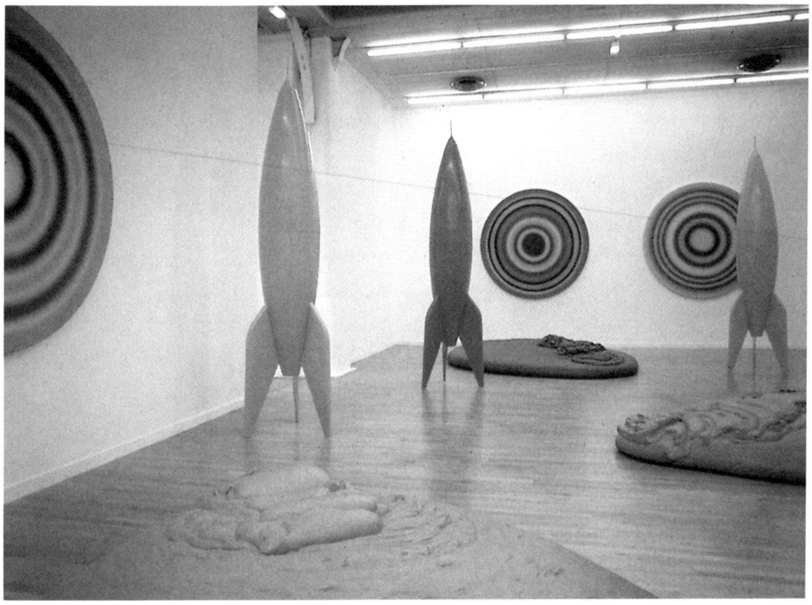

SYLVIE FLEURY, UGO RONDINONE & CESAR,
Blick in die Ausstellung «Dramatically Different», Le Magasin,
Grenoble, 26. Oktober 1997–1. Februar 1998 / exhibition view.

Louvre over the authenticity of a painting which was known in two versions. Which was the original? The one in the Louvre or the one in the hands of the dealer? Given the market domination of the auction houses, it may well be that art will soon be in short supply, and that some artists will disappear from the commercial circuit altogether. A basic principle of production and marketing prohibits the proliferation of similar products; selection automatically comes into play by downgrading the weaker product and forcing it into the second-rate market. The extremely structured and international nature of these establishments necessarily reduces the number of artists the market can bear. The traditional art gallery system is not immune to such pressures and has already acted on the need to maintain an active presence within all the prescriptive bodies. Although galleries operate for the most part within an artisanal framework, their multiplicity has ensured genuine diversity plus, in some cases, pioneering championship of new artists with a genuinely innovative approach to aesthetic problems. From our point of view, it is mistaken to assume that these early attempts at reorganizing the market will have no effect on artistic creation itself, its institutional expression, and its criticism. The transition from the salon to the gallery and the development of the gallery, notably from 1966–67 onwards, have generated changes in art itself, through mutual influence.

Should we cheerfully applaud the new museum in Bilbao? The building itself is an indisputable success. But what lies behind it? How does it advance artistic creativity or a theoretical commitment? It is well known that such projects are motivated first and foremost by the desire to exploit culture as a tool in international communications, designed to serve economic and political ends (think of the press coverage it garnered). The building occupies the "prow" of a peninsula which is set to become a European center of excellence for top non-polluting industries and technologies (Europe is still haunted by the Californian model). To pursue these objectives as effectively as possible, a cultural director of global renown comparable to that of the architect was appointed. The name of the curator is traded as if it were an ordinary commercial franchise. Is the monumental dog by Jeff Koons, which greets the visitor, a symptom of this? The collections are hired, which also enables the museum to cut down on the costs of storage. There is much to be learned from their content. Broadly speaking, they represent three divisions: modern European work from the first half of this century, American art from the second half of the century, and collections of Basque (very modest) and Spanish (Madrid school) art. The first two divisions echo today's very narrow critical structure, testifying to a "slight feeling of domination." Europe is credited with the diffident beginnings of modernism and the United States with its blossoming and coming of the age, as clearly demonstrated by the museum program. The often second-string work by artists in the latter group is generously hung in the expansive acreage of the building. The highly sensitive issue of identity made it inconceivable to ignore Basque artists (who were in fact recently the subject of an important article in *Art in America*). Similarly, in a national context characterized by a strong regional administration, it was desirable for the sake of local political balance to include, however discreetly, the Madrid school, being the country's power base and the city that lost out to Bilbao in its bid to host the establishment.

The foreseeable developments in the art market and the Bilbao museum visibly demonstrate the standardization of tastes at an international level in the face of economic and political demands. They embody a genuine risk of impoverishment in terms of the number and quality of artists, paradoxically aggravated by unprecedented geographical scope and the substantial resources involved. We could counter this pessimistic appraisal by saying that the Bilbao museum is sowing seeds that will stimulate a more open contemporary scene. In reality, the *Sala Rekalde*, which used to show the likes of Pistoletto, Tony Oursler and Sol Lewitt, now deals only in Basque art and has just staged an exhibition devoted to "painting and football." Enough said.

While all this is going on, is the institutional and critical establishment, the "professional scene," in a position even partially to reformulate its basic principles? The summer of 1997 saw the bitter realization that the international exhibitions in Venice, Kassel, and Münster had been collectively hit by recession, although we must congratulate Catherine David on her attempt to articulate some of the more important current theoretical and institutional positions (opposition to the market and the press, or the implementation of word and theory?), which unfortunately met with little success. Nor does the "Manifesta" seem to have managed, more recently, to come up with "the light, refreshing breeze of youth." When the commissioners met, they became bogged down in admittedly expansive but all too complacent pan-European and nationalist intentions. Out of friendship for two of them, I will refrain from commenting on the array of documents produced in the attempt to invest national circumstance with purpose and meaning.

Nor do we need to be reminded of the French crisis, the recurring outcries against contemporary art, raised by some of the country's intellectuals, and the way the extreme right has taken root in the country's political, social, and cultural life. In general, we lack a significant peak, as defined by Jean Laude; we are living in a flat period, perhaps symbolized by the piece by John Armleder entitled DON'T DO IT! (No. 2), which groups together in an untidy heap some of the elements that make up the Duchampian modern world. This piece, presented as part of the "Dramatically Different" exhibition (Magasin, Grenoble, 26 October 1997 – 1 February 1998), which we organized with Eric Troncy, illustrates the meaning of "display" as a particular method of arranging and presenting the visual and physical signs of works in relation to each other, to the exhibition space, and to the spectator. The objective was to exercise a felicitous control over a work's random loss of autonomy by emphasizing its decorative function without robbing it of its aesthetic elements (Sylvie Fleury's rockets also speak of sculpture per se). At the same time, in Eric Troncy's own words, it was important to acknowledge "their not inconsiderable status as consumer goods." The room that brought together Jeff Koons, Angela Bulloch, Haim Steinbach, Larry Mantello, and Katharina Fritsch underlined in particular the manufactured industrial product and the particular aesthetic quality of shopping display. For all that, we did not attempt to take advantage of the sacred and serious nature of the art we had chosen to inflate the museum's reputation. Were we right, or are we the idiots?

(Translation from the French by Clarissa Schnebli/ugz)

BALKON

ROTH ON

● Die Anekdote ist den Charakteren der beteiligten Protagonisten entsprechend absurd. In jener Nummer der Schweizer Monatszeitschrift für Kultur *du* (Nr. 6/93), die Dieter Roth gewidmet ist und die Paul McCarthy in Kalifornien kursieren liess, bekam der junge Westcoast-Künstler Jason Rhoades zum ersten Mal etwas von Dieter Roth zu Gesicht. Stante pede realisierte er: Rhoades ist Roth artverwandt. Denn wie der Heilige Cafard das Chaos mit Händen ordnete und den Kosmos vom Tisch wischte, so versteht es der US-Entrepreneur, uns Mitropäern die verquere Welt anhand ausufernder Auslegeunordnungen vorzusetzen. Wie Roth häuft er Technik (Rasenmäher, Tonschrott, Spielzeugeisenbahnen) an, unterwandert das Plausible, simuliert und zieht biophysikalische und psychische Vorgänge herbei um den Wahnsinn wieder auszuspucken. Die Nachricht von Roths Tod hat Rhoades als einen der ersten via Mobiltelefon am 6. Juni, auf der Jungfernfahrt seines mobilen Museums INTERNATIONAL MUSEUM PROJECT ABOUT LEAVING AND ARRIVING, einem Chevrolet Impala, auf dem Freeway zwischen Zürich und Basel erreicht: «Shit ... oh, Shit.» Im Kofferraum führte er eine Hommage an Roth mit, ein Remake des Edamerkäse-Pieces, das die Schweizer Rüffelnase vor langer Zeit in Kalifornien realisiert hatte und dort im Haus von Walter Hopps, das Jason heute bewohnt, rigoros vergammeln liess. Als Babybel-Replik hat es der Neuweltler seinem älter Ego anlässlich der Zürcher Kunsthaus-Vernissage von «Freie Sicht aufs Mittelmeer» am 4. Juni dieses Jahres mitgebracht. Im Festgetümmel haben sich die beiden Korpulenzien getroffen und mit Gin Tonic auf die vielen kleinen roten Roth-Käslein in Rhoades' rollendem «Museum des Zwischenraums» angestossen.

Roth ist tot. Plötzlich wird das Limousinen-Katapult zwischen Zeit und Raum mit Klimaanlage und Lederinterieur zum Leichenwagen. Durch die Köpfe und Därme der Insassen jagen Rothsche Interferenzen zwischen Crash und Injection. Tod und Leben löschen sich nicht aus, sie verstärken sich gegenseitig.

Dieter habe ihm Mut zur Aggression gemacht, sagt Rhoades bei 170 km/h: «Ich bin erstaunt, wie gut die Schweiz mit solch abgefuckter Kunst umgeht, wie die Museumsleute bei Roth lernten, dass sie Kunst und Künstler nicht einfach nur ausstellen, sondern auch unterhalten sollen.» Roth der Schimmelpilz infizierte nicht nur Lebensmittel. Ähnlich verderbliche Prozesse liess der Objekt- und Wortkaskadeur über visuelle und verbale Verunreinigung seinem humanen Umfeld angedeihen.

Wer kümmert sich nun um den FLACHEN ABFALL, den Flux und all die anderen fliessenden Projekte des begnadeten Schiffers? In der Schokoladenremise des Basler Museums für Gegenwartskunst, wo die Käfer den Kakao des LÖWENTURMS zernagen und die Luftfeuchtigkeit am Zucker des SELBSTTURMS lutscht, stand am Morgen nach Roths Tod eine halbleere Bierflasche, die er erst vor kurzem in der «Küche» zurückgelassen haben musste. Wir werden sehen, was Jason mit der Wandertrophäe anfängt. ●

Die Reisetasche mit den Roth-Käslein auf dem Heck von Jasons Chevrolet Impala / Bag full of little red Roth cheeselets on the trunk of Jason's Chevrolet Impala. (PHOTO: BEATE WESTDICKENBERG)

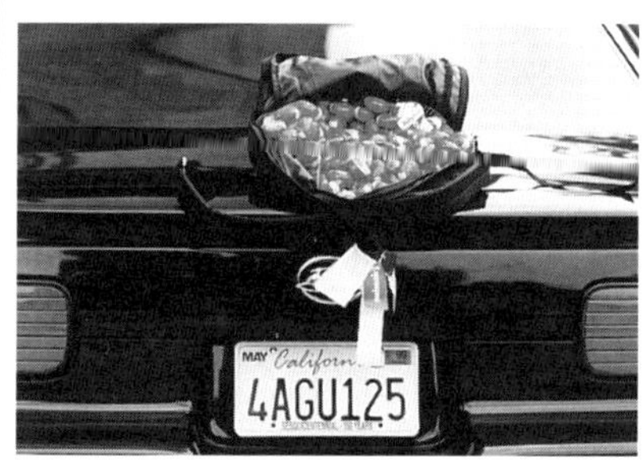

JURI STEINER ist Kunstkritiker und Ausstellungsmacher und lebt in Zürich. *GUIDO MAGNAGUAGNO* ist Vizedirektor des Kunsthaus Zürich.

JURI STEINER & GUIDO MAGNAGUAGNO

THE RHOADES

● This anecdote is absurd considering the character of the protagonists involved. Thanks to Paul McCarthy, who circulated an issue of Switzerland's *du*, a monthly magazine on culture, featuring Dieter Roth (No. 6/93), young West Coast artist Jason Rhoades first encountered the artist. It came to him like a flash: He and Roth are kindred spirits. For just as St. Cantankerous cleaned up chaos and swept the crummy cosmos off the table, so does the U.S. entrepreneur blast us middle Europeans with his bizarre universe of rampantly serendipitous display. Like Roth, he hoards things mechanical (lawn mowers, sound-making detritus, toy trains), undermines plausibility, assimilates and simulates biophysical and psychical processes—and then spews all the madness out all over again.

Rhoades was one of the first to hear of Roth's death via cellular phone (June 6th, 1998) during the virgin journey of his mobile museum, INTERNATIONAL MUSEUM PROJECT ABOUT LEAVING AND ARRIVING, a Chevrolet Impala, on the freeway between Zurich and Basel. "Shit,... oh, shit," he said. The trunk of the car was transporting his homage to Roth, a remake of the Edam cheese piece that the Swiss snuffler had made long ago and abandoned to the ravages of time in Walter Hopps's house in California, where Jason now resides. Roth's New World compatriot brought it back to his older ego as a Babybel replica at the opening of "Freie Sicht aufs Mittelmeer" (Make Way for the Mediterranean) at the Kunsthaus Zurich on June 4th last. In the midst of the turmoil, the two beefy guys met and downed a gin-and-tonic toast to the little red Roth cheeselets in Rhoades's rolling "Museum of the In-Between."

Roth is dead. Suddenly the limousine slingshot between time and space with air conditioning and leather interior has become a hearse. Rothian interferences between crash and injection go racing through craniums and intestines. Death and life do not obliterate each other; they mutually reinforce.

Dieter gave him the courage to be aggressive, says Jason, barreling along at 110 mph: "I'm surprised how well the Swiss take to such fucked-up art and that museum people have learned from Roth not just to show art but to maintain and entertain it." Edibles are not the only things infected by Roth, the mold(er). This human cascade of objects and words instigated similarly rotting processes in his environment via his lush visual and verbal impurities.

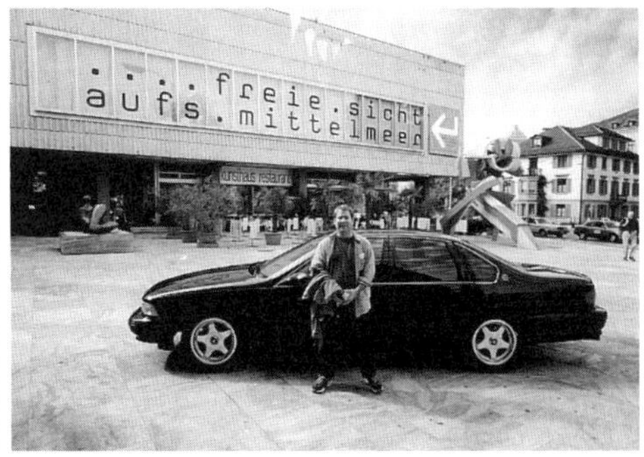

Jason Rhoades und sein «Museum des Zwischenraums» vor dem Kunsthaus Zürich am 4. Juni 1998 / Jason Rhoades and his "Museum of the In-Between" in front of the Kunsthaus Zurich. *(PHOTO: MANCIA/BODMER)*

Who's going to look after the superb navigator's FLAT GARBAGE, the flux, and all the other flowing projects? On the morning of Roth's death, a half empty bottle of beer was found in the "chocolate chamber" at the Basel Museum für Gegenwartskunst, where the bugs nibble away at the LION TOWER of cocoa and the humidity laps at the sugar of the SELF-TOWER. Roth must just have left it behind in the "kitchen." We shall see what Jason does with this wandering trophy. ●

(Translation: Catherine Schelbert)

JURI STEINER is a critic and curator who lives in Zurich. *GUIDO MAGNAGUAGNO* is assistant director at the Kunsthaus Zurich.

COMPLETE YOUR PARKETT LIBRARY
VERVOLLSTÄNDIGEN SIE IHRE PARKETT-BIBLIOTHEK

OUT OF PRINT / VERGRIFFEN: **NO. 1** ENZO CUCCHI, **2** SIGMAR POLKE, **3** MARTIN DISLER, **4** MERET OPPENHEIM, **5** ERIC FISCHL, **6** JANNIS KOUNELLIS, **7** BRICE MARDEN, **8** MARKUS RAETZ, **9** FRANCESCO CLEMENTE, **10** BRUCE NAUMAN, **12** ANDY WARHOL, **13** REBECCA HORN, **16** ROBERT WILSON, **17** FISCHLI/WEISS, **19** JEFF KOONS, MARTIN KIPPENBERGER, **22** CHRISTIAN BOLTANSKI, JEFF WALL, **25** KATHARINA FRITSCH, JAMES TURRELL, **27** LOUISE BOURGEOIS, ROBERT GOBER, **29** CINDY SHERMAN, JOHN BALDESSARI, **30** SIGMAR POLKE, **31** DAVID HAMMONS, MIKE KELLEY, **35** GERHARD RICHTER

For out-of-print issues you can register your name and address with Parkett and you will be notified, if your issue(s) become(s) available on the secondary market / Für vergriffene Bände nimmt der Verlag gerne Ihren Suchauftrag entgegen und macht Ihnen bei allfälliger Verfügbarkeit im Handel ein Angebot.

COLLABORATIONS

RONI HORN
MARIKO MORI
BEAT STREULI

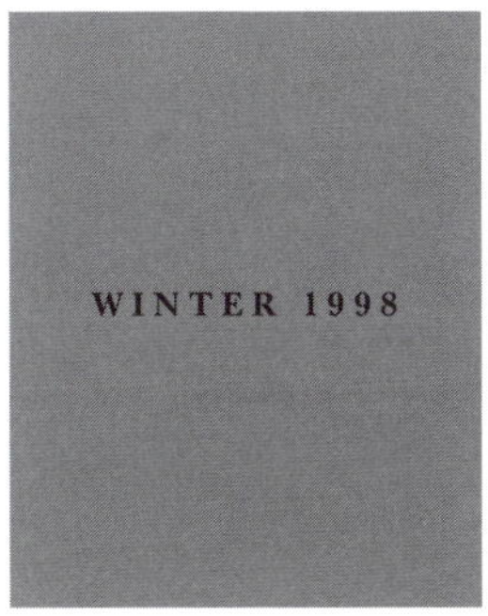

No. 54 - ISBN 3-907582-04-7

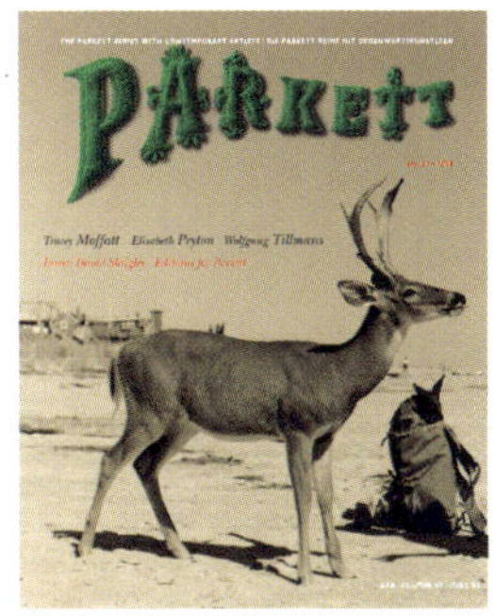

53 - ISBN 3-907582-03-9

TRACEY MOFFATT
ELIZABETH PEYTON
WOLFGANG TILLMANS
MARTIN, LAJER-BURCHARTH, RIMANELLI
PILGRIM, URSPRUNG, LIEBMANN, MATSUI
WAKEFIELD, BUDNEY, NESBITT, ZIEGLER
INSERT: **DAVID SHRIGLEY**
CATHERINE BERNARD: **JOHAN GRIMONPREZ**
BERNARD MARCADE: **ROBERT GOBER**
LES INFOS DE L'ENFER: VALERIA LIEBERMANN
CUMULUS: BLESSING, AUPETITALLOT
BALKON: STEINER/MAGNAGUAGNO

KAREN KILIMNIK
MALCOLM MORLEY
UGO RONDINONE
SCHORR, BÜRGI, JUNCOSA, MORLEY,
BENSZTEJN, BONAMI, VERWOERT, HOPTMAN,
INSERT: **THOMAS BAYRLE**
ED WHITE: **JEAN MICHEL OTHONIEL**
NEVILLE WAKEFIELD: **RICHARD SERRA**
GILDA WILLIAMS: **GILLIAN WEARING**
ROBERT GRESKOVIC: **MERCE CUNNINGHAM**
CUMULUS: WALKER, KURZMEYER
BALKON: CECILIA VICUÑA

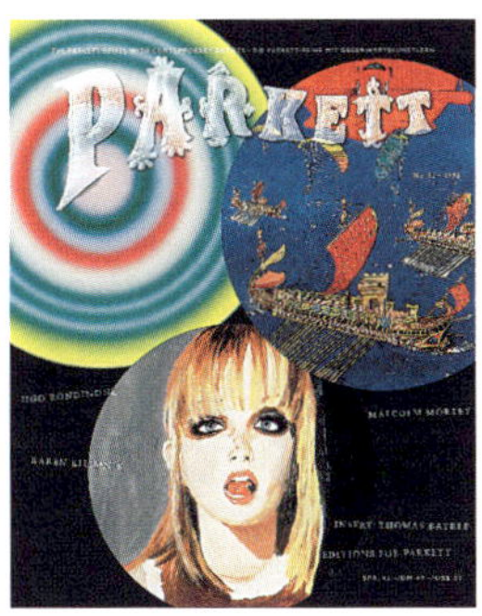

No. 52 - ISBN 3-907582-02-0

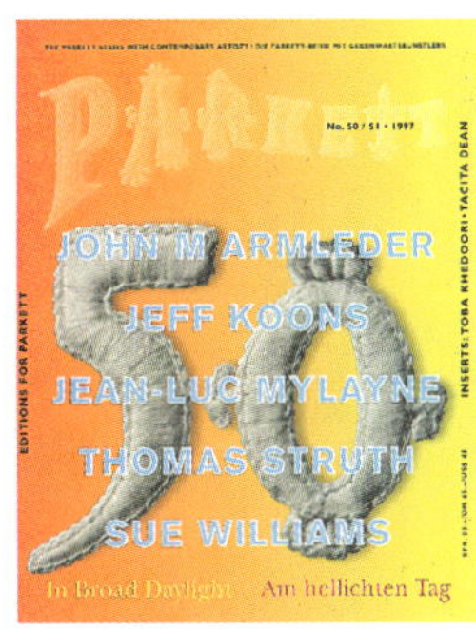

50/51 - ISBN 3-907582-00-4

JOHN M ARMLEDER, JEFF KOONS
JEAN-LUC MYLAYNE
THOMAS STRUTH, SUE WILLIAMS
DI PIETRANTONIO, BOVIER, MUNIZ,
SEWARD, LOERS, NICHOLS GOODEVE,
COOKE, DION, ARNAUDET, MYLAYNE,
CURIGER, LINGWOOD, OKUTSU, BRYSON,
SCHJELDAHL, NESBIT, DANNATT, CAMHI
INSERTS: **TOBA KHEDOORI, TACITA DEAN**
ONFRAY: **HYACINTHE RIGAUD,** NICOL: **SAM SAMORE**
MURPHY, VAN DER WALLE, STEINER,
KURT W. FORSTER: **FRANK GEHRY**
CUMULUS: COLEMAN, BIRNBAUM

LAURIE ANDERSON
DOUGLAS GORDON
JEFF WALL
FLOOD, BEZZOLA, FERGUSON
GILLICK/GORDON, BRYSON, PONTBRIAND
SCHORR, ANDERSON, BURCKHARDT, BUDNEY
INSERT: **SILVIA BÄCHLI**
COLIN DE LAND: **JOHN WATERS**
ROBERT STORR: **SEYDOU KEITA**
DANIELA SALVIONI: **CLEGG & GUTTMANN**
CUMULUS: KITTELMANN, MEYER

No. 49 - ISBN 3-907509-99-4

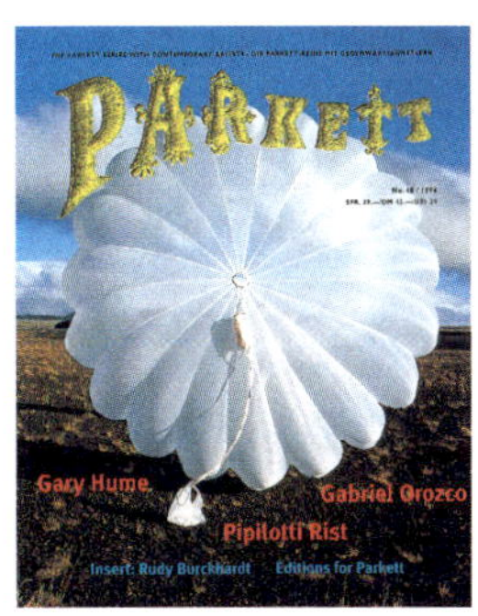

No. 48 - ISBN 3-907509-98-6

GARY HUME
GABRIEL OROZCO
PIPILOTTI RIST
BOVIER, MUIR, FOGLE, BONAMI
DE ZEGHER, SPECTOR, URSPRUNG
BABIAS, COLOMBO, ANDERSON
INSERT: **RUDY BURCKHARDT**
VINCENT KATZ: **RUDY BURCKHARDT**
VAN DER WALLE: **CHARLES LONG**
& STEREOLAB
FAYE HIRSCH: **BRUCE CONNER**
CHRISTOPH DOSWALD: **IAN ANÜLL**
CUMULUS: LEGGAT, SCHNEIDER

TONY OURSLER
RAYMOND PETTIBON
THOMAS SCHÜTTE
COOKE, RICHARD, NERI,
LEWIS, GROYS, ALS, RUGOFF,
GOODEVE, SEARLE, MARI, REUST,
WAKEFIELD, LOOCK, JANUS
INSERT: **ZOE LEONARD & CHERYL DUNYE**
JURI STEINER: **EMMA KUNZ**
MAX WECHSLER: **CHRISTOPH RÜTIMANN**
SUSAN MORGAN: **DIANE ARBUS**
CUMULUS: PRINCENTHAL, BOVIER/CHERIX

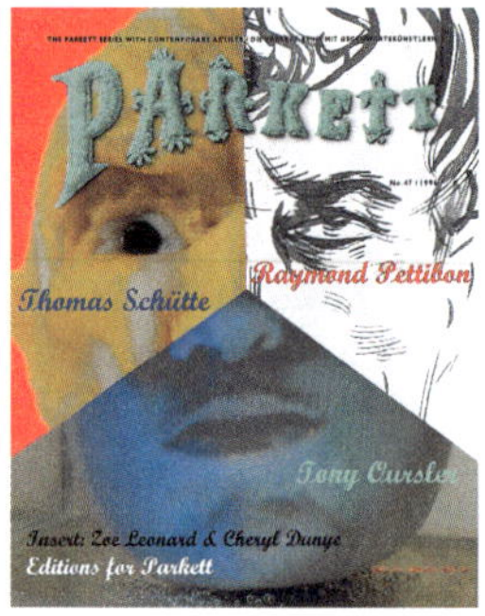

No. 47 - ISBN 3-907509-97-8

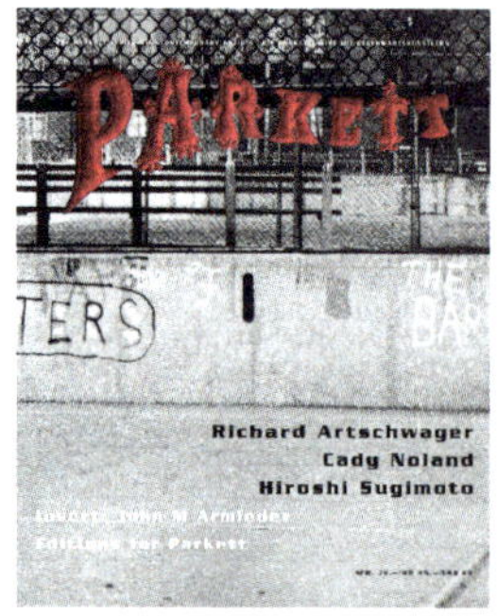

No. 46 - ISBN 3-907509-96-X

RICHARD ARTSCHWAGER
CADY NOLAND
HIROSHI SUGIMOTO
DEITCHER, SCHAFFNER, FORSTER, MUNIZ
ARMSTRONG, RELYEA, BOGDAN, GOODEVE
NICKAS, BRYSON, RUGOFF, DENSON
INSERT: **JOHN M ARMLEDER**
ROLAND WÄSPE: **ERWIN WURM**
DANIEL BIRNBAUM: **ÖYVIND FAHLSTRÖM**
LES INFOS DU PARADIS: ROBERT FLECK
CUMULUS: MILLER, VETTESE
BALKON: MARTIN HELLER

MATTHEW BARNEY
SARAH LUCAS
ROMAN SIGNER
BRYSON, ONFRAY, SEWARD, GOODEVE,
SALTZ, VAN ADRICHEM, SCHORR, FREEDMAN,
JOUANNAIS, BITTERLI, DOSWALD,
VIEWING, WECHSLER, DELAND
INSERT: **ELLIOTT PUCKETTE**
HEIDI GILPIN: **WILLIAM FORSYTHE**
ROBYN McKENZIE: **GEOFF LOWE**
MICHAEL TARANTINO: **CHANTAL AKERMAN**
CUMULUS: McEVILLEY, WAKEFIELD

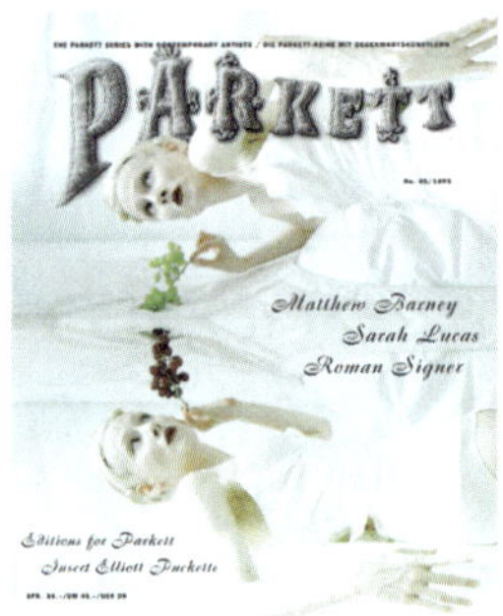

No. 45 - ISBN 3-907509-95-1

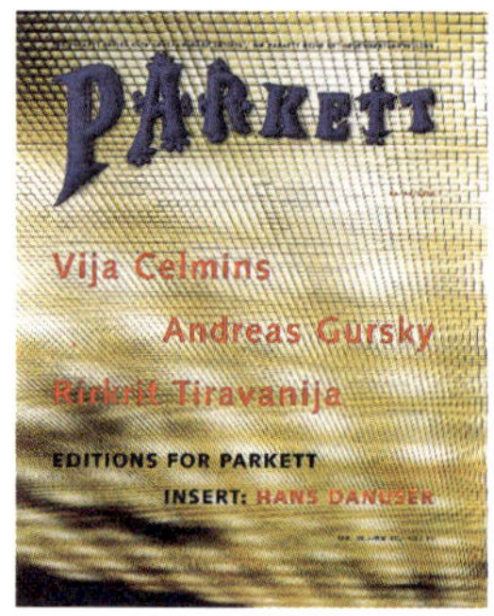

No. 44 - ISBN 3-907509-94-3

VIJA CELMINS
ANDREAS GURSKY
RIRKRIT TIRAVANIJA
PRINCENTHAL, LEWIS, SILVERTHORNE
SHIFF, CRIQUI, BURCKHARDT, WAKEFIELD
SCHORR, MELO, GILLICK, FLOOD, STEINER
INSERT: **HANS DANUSER**
LES INFOS: LIAM GILLICK & DOUGLAS GORDON
LYNNE COOKE, DAVID DEITCHER
DANIEL KURJAKOVIC: **MARIE JOSÉ BURKI**
NAN GOLDIN: **PETER HUJAR**
NOEMI SMOLIK: **ANDREAS SLOMINSKI**
JASON SIMON: **MARK DION**
LUK LAMBRECHT: **MARK LUYTEN**

JUAN MUÑOZ
SUSAN ROTHENBERG
LYNNE COOKE, ALEXANDRE MELO
JAMES LINGWOOD, GAVIN BRYARS
ROBERT CREELEY, INGRID SCHAFFNER
JEAN-CHRISTOPHE AMMANN
MARK STEVENS, JOAN SIMON
INSERT: **ROBERT SMITHSON**
NEVILLE WAKEFIELD
MICHELLE NICOL: **CARSTEN HÖLLER**
HANS-ULRICH OBRIST: **FABRICE HYBERT**

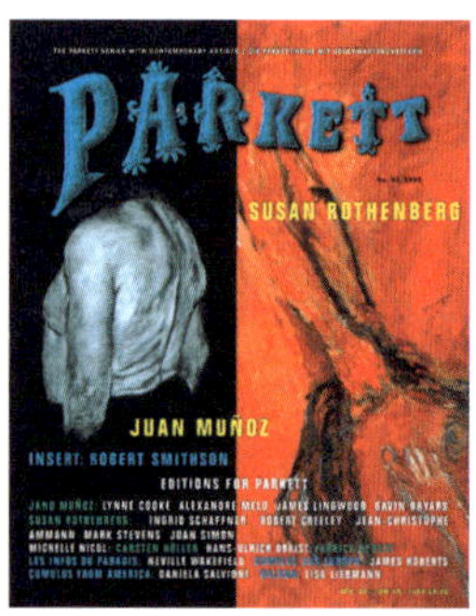

No. 43 - ISBN 3-907509-93-5

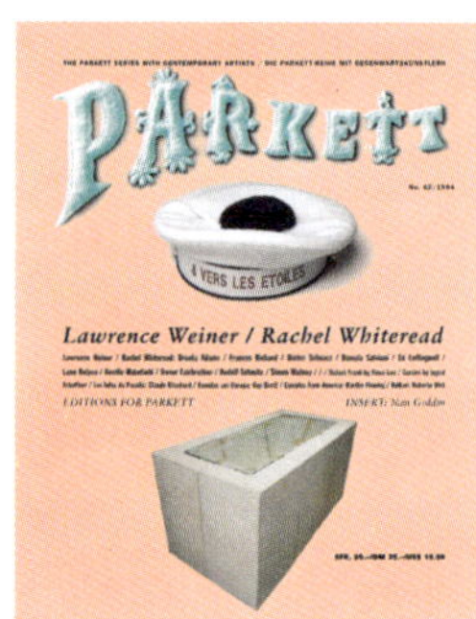

No. 42 - ISBN 3-907509-92-7

LAWRENCE WEINER
RACHEL WHITEREAD
BROOKS ADAMS, FRANCES RICHARD
DIETER SCHWARZ, DANIELA SALVIONI
ED LEFFINGWELL, LANE RELYEA
NEVILLE WAKEFIELD, RUDOLF SCHMITZ
TREVOR FAIRBROTHER, SIMON WATNEY
INSERT: **NAN GOLDIN**
VINCE LEO: **ROBERT FRANK**
CLAUDE RITSCHARD: **MARKUS RAETZ**

FRANCESCO CLEMENTE
GÜNTHER FÖRG
PETER FISCHLI/DAVID WEISS
DAMIEN HIRST
JENNY HOLZER
REBECCA HORN
SIGMAR POLKE
HOLLAND COTTER, BORIS GROYS
MAX WECHSLER, DAVID RIMANELLI
JOAN SIMON, GORDON BURN
GILBERT LASCAULT, WERNER SPIES
BICE CURIGER, JEFF PERRONE
G. ROGER DENSON, VIK MUNIZ
DAVE HICKEY

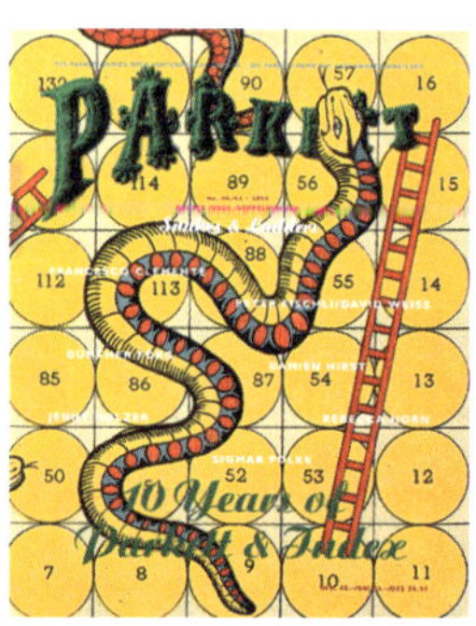

40/41 - ISBN 3-907509-90-0

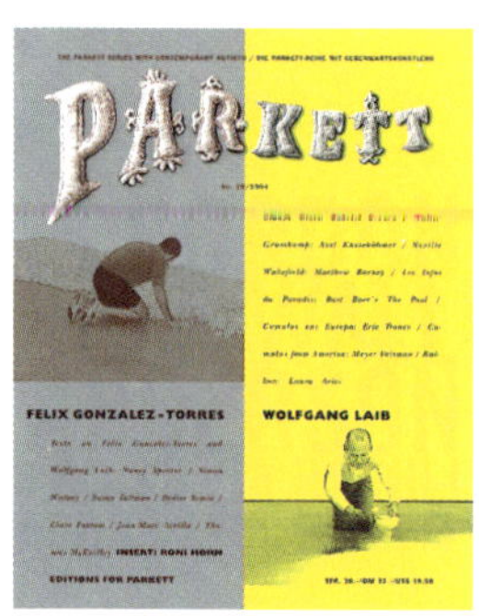

No. 39 - ISBN 3-907509-89-7

FELIX GONZALEZ-TORRES
WOLFGANG LAIB
NANCY SPECTOR, SIMON WATNEY,
SUSAN TALLMAN, DIDIER SEMIN,
CLARE FARROW, JEAN-MARC AVRILLA,
THOMAS McEVILLEY
CLAUDE GINTZ: **GABRIEL OROZCO**
WALTER GRASSKAMP: **AXEL KASSEBÖHMER**
NEVILLE WAKEFIELD: **MATTHEW BARNEY**
INSERT: **RONI HORN**
LES INFOS DU PARADIS: **BURT BARR**
CUMULUS: **MEYER VAISMAN**

ROSS BLECKNER
MARLENE DUMAS
EDMUND WHITE, SIMON WATNEY
JOSE LUIS BREA, MARINA WARNER
ANNA TILROE, INGRID SCHAFFNER
ULRICH LOOCK
INSERT: **RUDI MOLACEK**
HARTMUT BÖHME
MAX WECHSLER: **ADRIAN SCHIESS**
DORIS VON DRATHEN:
RACHEL WHITEREAD

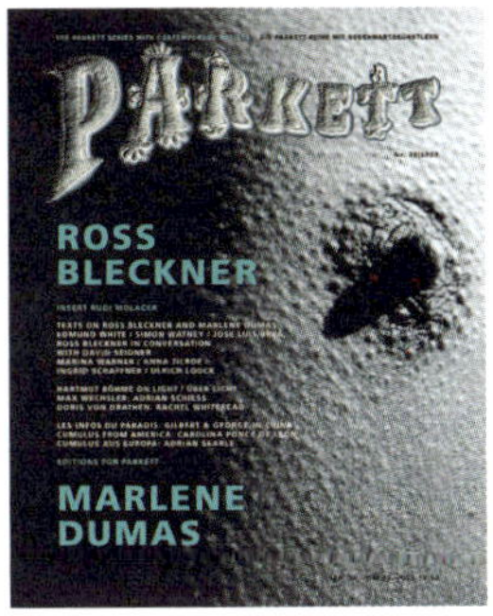

No. 38 - ISBN 3-907509-88-9

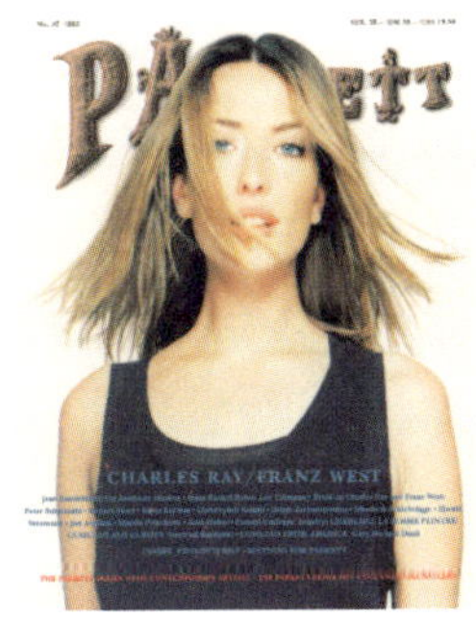

No. 37 - ISBN 3-907509-87-0

CHARLES RAY
FRANZ WEST
KLAUS KERTESS, CHRISTOPHER KNIGHT
PETER SCHJELDAHL, ROBERT STORR
JAN AVGIKOS, AXEL HUBER
MARTIN PRINZHORN, ELISABETH
SCHLEBRÜGGE, HARALD SZEEMANN,
DENYS ZACHAROPOULOS
INSERT: **PIPILOTTI RIST**
JEAN BAUDRILLARD
HANS RUDOLF REUST: **LUC TUYMANS**
PARKETT INQUIRY:
CHERCHEZ LA FEMME PEINTRE!

STEPHAN BALKENHOL
SOPHIE CALLE
NEAL BENEZRA, VIK MUNIZ, MAX KATZ
JEAN-CHRISTOPHE AMMANN
LUC SANTE, JOSEPH GRIGELY
PATRICK FREY, ROBERT BECK
INSERT: **RICHMOND BURTON**
URSULA PANHANS-BÜHLER: **EVA HESSE**
DOUGLAS BLAU: **JON KESSLER**
KIRBY GOOKIN: **LIZ LARNER**
LÁSZLÓ FÖLDÉNYI:
RUDOLF SCHWARZKOGLER

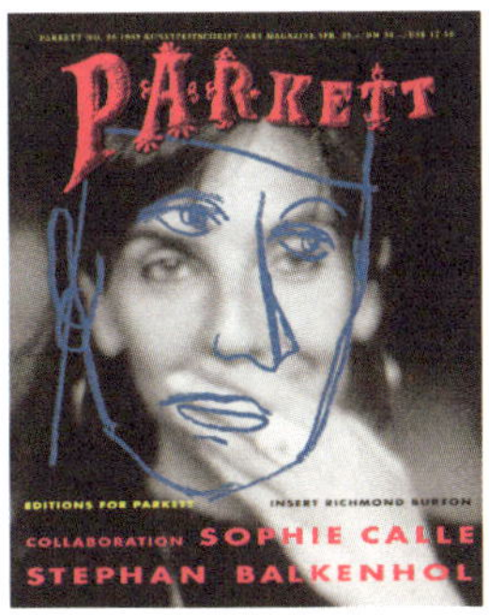

No. 36 - ISBN 3-907509-86-2

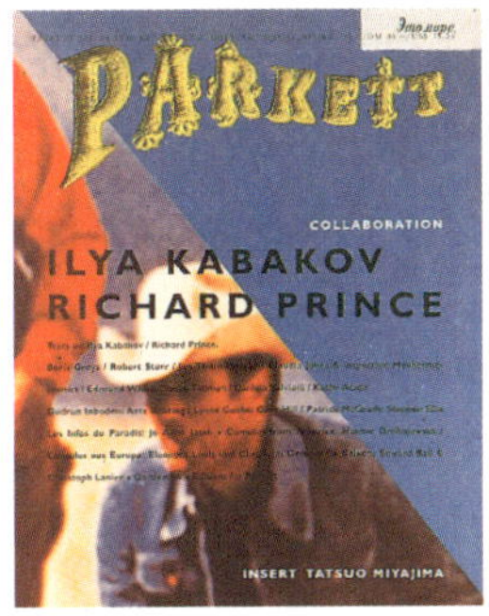

No. 34 - ISBN 3-907509-84-6

ILYA KABAKOV
RICHARD PRINCE
BORIS GROYS, ROBERT STORR
JAN THORN-PRIKKER
CLAUDIA JOLLES, EDMUND WHITE
SUSAN TALLMAN, DANIELA
SALVIONI, KATHY ACKER
INSERT: **TATSUO MIYAJIMA**
GUDRUN INBODEN: **ASTA GRÖTING**
LYNNE COOKE: **GARY HILL**
PATRICK McGRATH: **STEPHEN ELLIS**

ROSEMARIE TROCKEL
CHRISTOPHER WOOL
VERONIQUE BACCHETTA,
BARRETT WATTEN,
ANNE WAGNER, JIM LEWIS,
GREIL MARCUS, JEFF PERRONE,
DIEDRICH DIEDERICHSEN
INSERT: **ADRIAN SCHIESS**
MARINA WARNER: **PENIS PLENTY**
G. ROGER DENSON:
DENNIS OPPENHEIM
CAMIEL VAN WINKEL

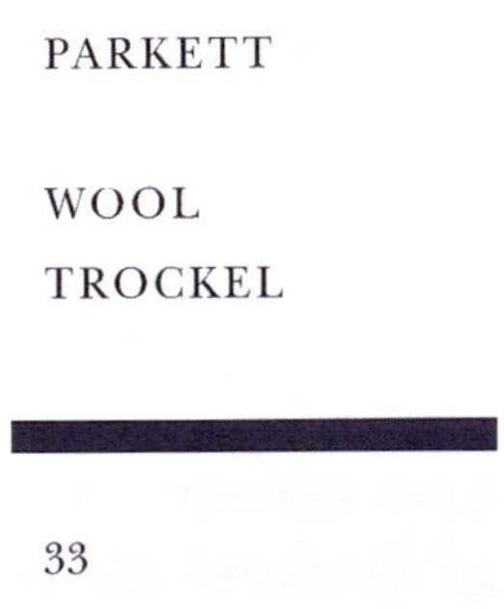

No. 33 - ISBN 3-907509-83-3

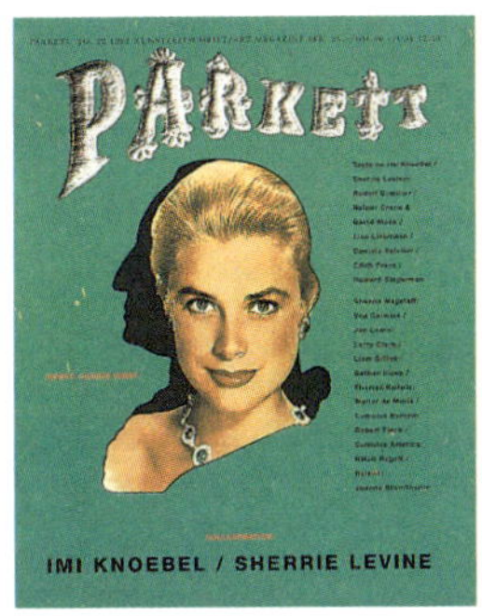

No. 32 - ISBN 3-907509-82-X

IMI KNOEBEL
SHERRIE LEVINE
RUDOLF BUMILLER
RAINER CRONE/DAVID MOOS
LISA LIEBMANN, DANIELA SALVIONI
ERICH FRANZ, HOWARD SINGERMANN
INSERT: **DAMIEN HIRST**
SHEENA WAGSTAFF: **VIJA CELMINS**
JIM LEWIS: **LARRY CLARK**
LIAM GILLICK: **BETHAN HUWS**
THOMAS KELLEIN: **WALTER DE MARIA**

FRANZ GERTSCH
THOMAS RUFF
HELMUT FRIEDEL, ULRICH LOOCK
I. MICHAEL DANOFF, AMEI WALLACH
RAINER MICHAEL MASON
MARC FREIDUS, JÖRG JOHNEN
TREVOR FAIRBROTHER/NORMAN BRYSON
INSERT: **LIZ LARNER**
JAMES LEWIS: **RICHARD PRINCE**
DAVID HICKEY:
THE INVISIBLE DRAGON/
DER UNSICHTBARE DRACHEN
PAUL TAYLOR: **JAMES ROSENQUIST**

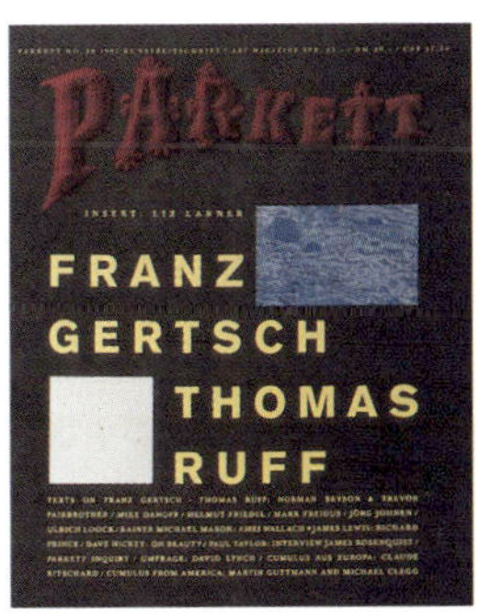

No. 28 - ISBN 3-907509-78-1

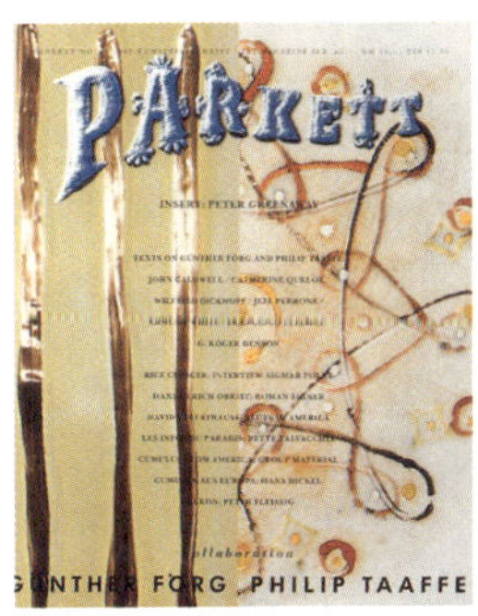

No. 26 - ISBN 3-907509-76-5

GÜNTHER FÖRG
PHILIP TAAFFE
JOHN CALDWELL, CATHERINE QUELOZ
WILFRIED DICKHOFF
JEFF PERRONE, EDMUND WHITE
FRANCESCO PELLIZZI
G. ROGER DENSON
INSERT: **PETER GREENAWAY**
BICE CURIGER: **SIGMAR POLKE**
HANS-ULRICH OBRIST:
ROMAN SIGNER
DAVID LEVI STRAUSS:
JOSEPH BEUYS

ALIGHIERO E BOETTI
JEAN-CHRISTOPHE AMMANN
GIOVAN BATTISTA SALERNO
RAINER CRONE & DAVID MOOS
FRIEDEMANN MALSCH
JEAN-PIERRE BORDAZ
ALAIN CUEFF
INSERT: **CINDY SHERMAN**
SHEENA WAGSTAFF:
SOPHIE CALLE
HERBERT LACHMEYER/
BRIGITTE FELDERER: **FRANZ WEST**
JUTTA KOETHER: **MIKE KELLEY**

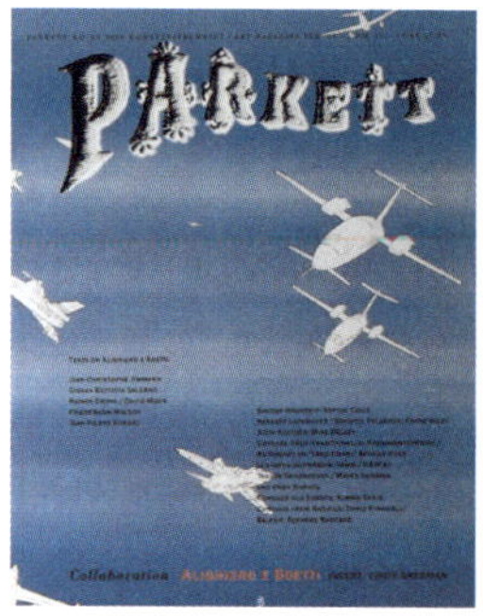

No. 24 - ISBN 3-907509-74-9

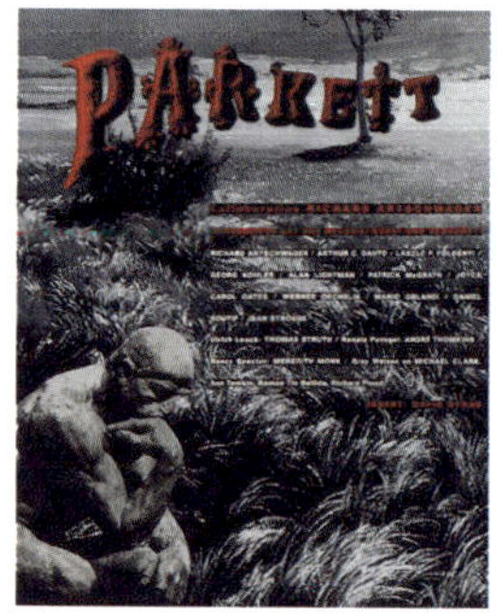

No. 23 - ISBN 3-907509-73-0

RICHARD ARTSCHWAGER
ARTHUR C. DANTO, GEORG KOHLER,
MARIO A. ORLANDO, JOYCE
CAROL OATES, WERNER OECHSLIN,
ALAN LIGHTMAN, PATRICK
McGRATH, DANIEL SOUTIF,
LASZLO F. FÖLDENYI, JEAN STROUSE
INSERT: **DAVID BYRNE**
RENATE PUVOGEL: **ANDRÉ THOMKINS**
ULRICH LOOCK: **THOMAS STRUTH**
NANCY SPECTOR: **MEREDITH MONK**

ALEX KATZ
JOHN RUSSELL, BROOKS ADAMS,
DAVID RIMANELLI, FRANCESCO
CLEMENTE, MICHAEL KRÜGER,
RICHARD FLOOD, PATRICK FREY,
CARL STIGLIANO, BICE CURIGER,
GLENN O'BRIEN
INSERT: **WILLIAM WEGMAN**
LISA LIEBMAN: **ROBERT GOBER**
JACQUELINE BURCKHARDT:
GIULIO ROMANO

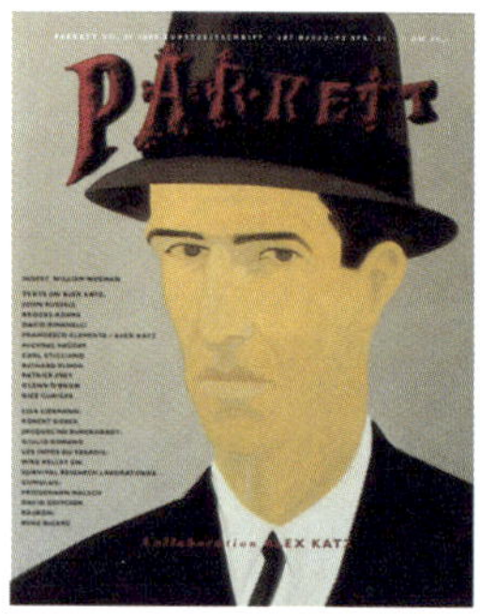

No. 21 - ISBN 3-907509-71-4

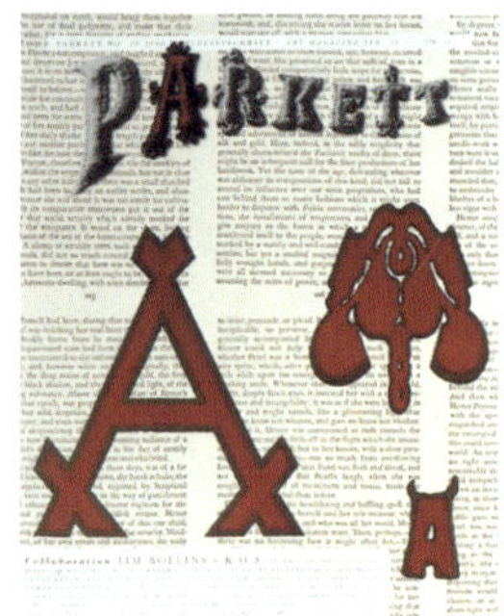

No. 20 - ISBN 3-907509-70-6

TIM ROLLINS + K.O.S.
MARSHALL BERMAN
TREVOR FAIRBROTHER
STATEMENTS, DIALOGUE 5
INSERT: **ANDREAS GURSKY**
MICHAEL NASH: **BILL VIOLA**
STEPHEN ELLIS: **ROSS BLECKNER**
KLAUS KERTESS: **TRISHA BROWN**

EDWARD RUSCHA
DAVE HICKEY, DENNIS HOPPER
ALAIN CUEFF, JOHN MILLER
CHRISTOPHER KNIGHT
INSERT: **BOYD WEBB**
JAN THORN-PRIKKER: **WOLS**
LYNNE COOKE: **TONY CRAGG**
BROOKE ADAMS: **JULIAN SCHNABEL**
DER KÜNSTLER ALS EXEM-
PLARISCH LEIDENDER?
EINE UMFRAGE / THE ARTIST AS A
MODEL SUFFERER? AN INQUIRY

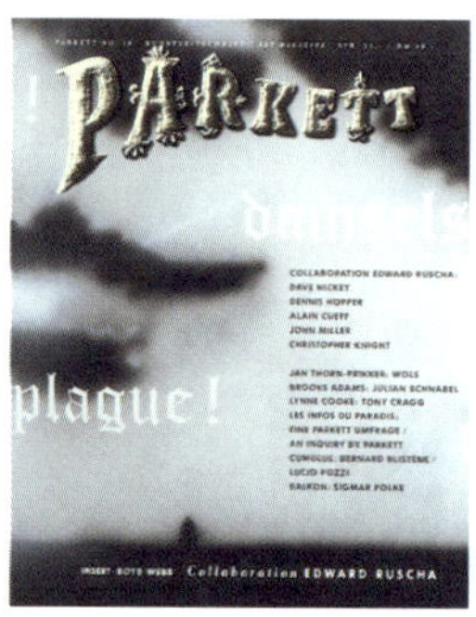

No. 18 - ISBN 3-907509-68-4

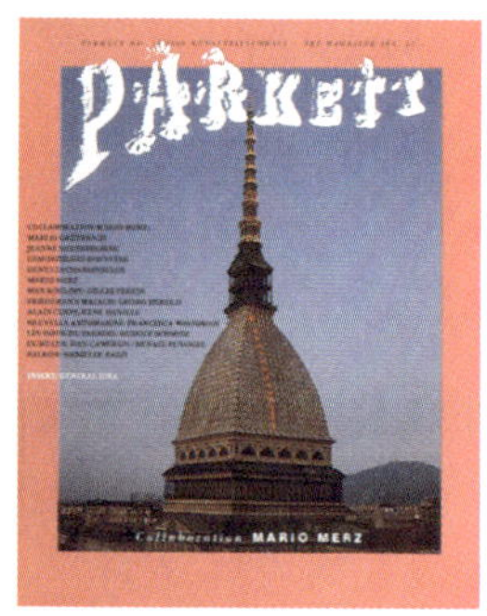

No. 15 - ISBN 3-907509-65-X

MARIO MERZ
MARLIS GRÜTERICH, JEANNE
SILVERTHORNE, DEMOSTHENES
DAVVETAS, HARALD SZEEMANN,
DENYS ZACHAROPOULOS
INSERT: **GENERAL IDEA**
MAX KOZLOFF: **GILLES PERESS**
FRIEDEMANN MALSCH:
GEORG HEROLD
BRUNELLA ANTOMARINI:
FRANCESCA WOODMAN

GILBERT & GEORGE
DUNCAN FALLOWELL, MARIO
CODOGNATO, JEREMY COOPER,
DEMOSTHENES DAVVETAS,
WOLF JAHN
INSERT: **ROSEMARIE TROCKEL**
ROBERT STORR: **NANCY SPERO**
HAIM STEINBACH: **MANIFESTO**
JÖRG ZUTTER: **THOMAS HUBER**

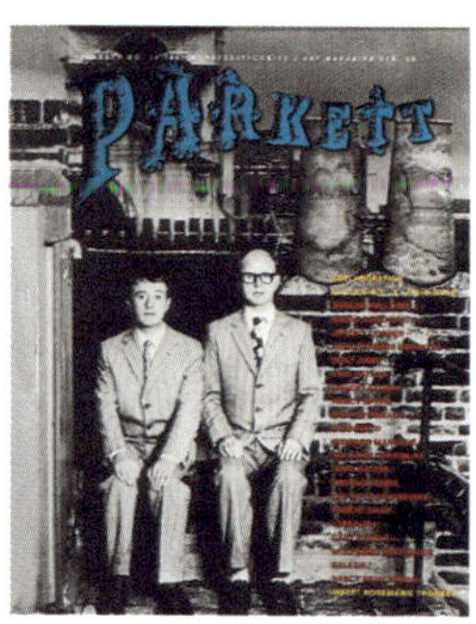

No. 14 - ISBN 3-907509-64-1

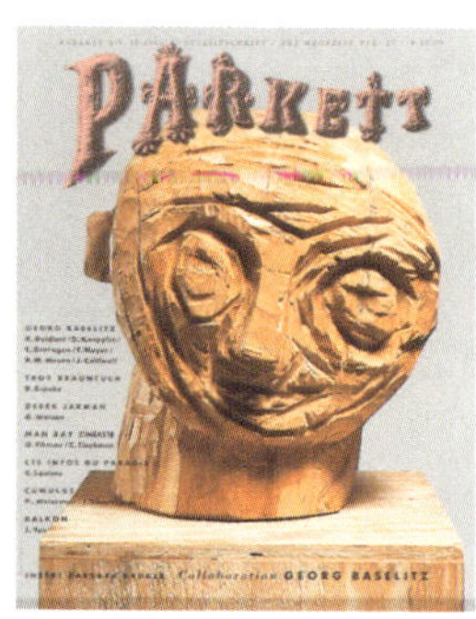

No. 11 - ISBN 3-907509-61-7

GEORG BASELITZ
REMO GUIDIERI, DIETER
KOEPPLIN, ERIC DARRAGON,
RAINER MICHAEL MASON, FRANZ
MEYER, JOHN CALDWELL
INSERT: **BARBARA KRUGER**
GRAY WATSON: **DEREK JARMAN**
CAROL SQUIERS:
PHOTO OPPORTUNITY
ROSETTA BROOKS:
TROY BRAUNTUCH

PARKETT

ARTISTS' MONOGRAPHS & EDITIONS / KÜNSTLERMONOGRAPHIEN & EDITIONEN,

Laurie Anderson, vol. 49	m	e
John Armleder, vol. 50/51	m	e
Richard Artschwager, vol. 23, vol. 46	m	
John Baldessari, vol. 29		
Stephan Balkenhol, vol. 36	m	e
Matthew Barney, vol. 45	m	
Georg Baselitz, vol. 11	m	
Ross Bleckner, vol. 38	m	
Alighiero e Boetti, vol. 24	m	e
Christian Boltanski, vol. 22	m	
Louise Bourgeois, vol. 27		
Sophie Calle, vol. 36	m	e
Vija Celmins, vol. 44	m	
Francesco Clemente, vol. 9 & 40/41	m	e
Enzo Cucchi, vol. 1		
Martin Disler, vol. 3		
Marlene Dumas, vol. 38	m	
Eric Fischl, vol. 5		
Peter Fischli/David Weiss, vol.17, 40/41	m	
Günther Förg, vol. 26 & 40/41	m	
Katharina Fritsch, vol. 25	m	e
Franz Gertsch, vol. 28	m	e
Gilbert & George, vol. 14	m	
Robert Gober, vol. 27		
Felix Gonzalez-Torres, vol. 39	m	
Douglas Gordon, vol. 49	m	e
Andreas Gursky, vol. 44	m	
David Hammons, vol. 31		e
Damien Hirst, vol. 40/41	m	
Jenny Holzer, vol. 40/41	m	
Rebecca Horn, vol. 13 & 40/41	m	
Gary Hume, vol. 48	m	e
Ilya Kabakov, vol. 34	m	
Alex Katz, vol. 21	m	e
Mike Kelley, vol. 31		
Karen Kilimnik, vol 52	m	e
Martin Kippenberger, vol. 19		
Imi Knoebel, vol. 32	m	
Jeff Koons, vol. 19, vol. 50/51	m	e
Jannis Kounellis, vol. 6		
Wolfgang Laib, vol. 39	m	e
Sherrie Levine, vol. 32	m	
Sarah Lucas, vol. 45	m	e

Brice Marden, vol. 7		
Mario Merz, vol. 15	m	
Tracey Moffatt, vol. 53	m	e
Malcolm Morley, vol. 52	m	e
Juan Muñoz, vol. 43	m	
Jean-Luc Mylayne, vol. 50/51	m	e
Cady Noland, vol. 46	m	e
Bruce Nauman, vol. 10		
Meret Oppenheim, vol. 4		
Gabriel Orozco, vol. 48	m	
Tony Oursler, vol. 47	m	
Raymond Pettibon, vol. 47	m	e
Elizabeth Peyton, vol. 53	m	e
Sigmar Polke, vol. 2, 30 & 40/41	m	e
Richard Prince, vol. 34	m	e
Markus Raetz, vol. 8		
Charles Ray, vol. 37	m	
Gerhard Richter, vol. 35		
Pipilotti Rist, vol. 48	m	
Tim Rollins & K.O.S., vol. 20	m	
Ugo Rondinone, vol. 52	m	e
Susan Rothenberg, vol. 43	m	e
Thomas Ruff, vol. 28	m	e
Ed Ruscha, vol. 18	m	
Thomas Schütte, vol. 47	m	e
Cindy Sherman, vol. 29		e
Roman Signer, vol. 45	m	e
Thomas Struth, vol. 50/51	m	
Hiroshi Sugimoto, vol. 46	m	
Philip Taaffe, vol. 26	m	
Wolfgang Tillmans, vol. 53	m	e
Rirkrit Tiravanija, vol. 44	m	e
Rosemarie Trockel, vol. 33	m	e
James Turrell, vol. 25	m	e
Jeff Wall, vol. 22 & 49	m	
Andy Warhol, vol. 12		
Lawrence Weiner, vol. 42	m	e
Franz West, vol. 37	m	e
Rachel Whiteread, vol. 42	m	
Sue Williams, vol 50/51	m	e
Robert Wilson, vol. 16		e
Christopher Wool, vol. 33	m	

m = available monograph
e = available edition
Delivery subject to availability at time of order

m = erhältliche Monographie
e = erhältliche Edition
Lieferung solange Vorrat

vol.	Collaboration		
53	Tracey Moffatt		
	Elizabeth Peyton		
	Wolfgang Tillmans		
52	Karen Kilimnik	m	e
	Malcolm Morley	m	e
	Ugo Rondinone	m	e
50/51	John Armleder	m	e
	Jeff Koons	m	e
	Jean-Luc Mylayne	m	e
	Thomas Struth	m	
	Sue Williams	m	e
49	Laurie Anderson	m	e
	Douglas Gordon	m	e
	Jeff Wall	m	
48	Gary Hume	m	e
	Gabriel Orozco	m	
	Pipilotti Rist	m	
47	Tony Oursler	m	
	Raymond Pettibon	m	e
	Thomas Schütte	m	e
46	Richard Artschwager	m	
	Cady Noland	m	e
	Hiroshi Sugimoto	m	
45	Matthew Barney	m	
	Sarah Lucas	m	e
	Roman Signer	m	e
44	Vija Celmins	m	
	Andreas Gursky	m	
	Rirkrit Tiravanija	m	e
43	Juan Muñoz	m	e
	Susan Rothenberg	m	e
42	Lawrence Weiner	m	e
	Rachel Whiteread	m	
40/41	Francesco Clemente	m	e
	Peter Fischli/David Weiss	m	
	Günther Förg	m	
	Damien Hirst	m	
	Jenny Holzer	m	
	Rebecca Horn	m	
	Sigmar Polke	m	e
39	Felix Gonzalez-Torres	m	
	Wolfgang Laib	m	e
38	Ross Bleckner	m	
	Marlene Dumas	m	
37	Charles Ray	m	
	Franz West	m	e
36	Stephan Balkenhol	m	e

m = available monograph
e = available edition
Delivery subject to availability at time of order

vol.	Collaboration		
36	Sophie Calle	m	e
35	Gerhard Richter		
34	Ilya Kabakov	m	
	Richard Prince	m	e
33	Rosemarie Trockel	m	e
	Christopher Wool	m	
32	Imi Knoebel		
	Sherrie Levine		
31	David Hammons		e
	Mike Kelley		
30	Sigmar Polke		
29	John Baldessari		
	Cindy Sherman		e
28	Franz Gertsch	m	e
	Thomas Ruff	m	e
27	Louise Bourgeois		
	Robert Gober		
26	Günther Förg	m	
	Philip Taaffe	m	
25	Katharina Fritsch	m	e
	James Turrell	m	e
24	Alighiero e Boetti	m	e
23	Richard Artschwager	m	
22	Christian Boltanski	m	
	Jeff Wall	m	
21	Alex Katz	m	e
20	Tim Rollins + K.O.S.	m	
19	Martin Kippenberger		
	Jeff Koons		
18	Ed Ruscha	m	
17	Peter Fischli/David Weiss		
16	Robert Wilson		
15	Mario Merz	m	
14	Gilbert & George	m	
13	Rebecca Horn		
12	Andy Warhol		
11	Georg Baselitz	m	
10	Bruce Nauman		
9	Francesco Clemente		
8	Markus Raetz		
7	Brice Marden		
6	Jannis Kounellis		
5	Eric Fischl		
4	Meret Oppenheim		
3	Martin Disler		
2	Sigmar Polke		
1	Enzo Cucchi		

m = erhältliche Monographie
e = erhältliche Edition
Lieferung solange Vorrat

ARTISTS' EDITIONS FOR PARKETT SUBSCRIBERS

The PARKETT Series is created in collaboration with artists, who contribute an original work available exclusively to the subscribers in the form of a signed limited SPECIAL EDITION. The available works are also reproduced in each PARKETT issue.

Each SPECIAL EDITION is available by order from any one of our offices in New York or Zurich. Just fill in the details below and send this card to the office nearest you. Once your order has been processed, you will be issued with an invoice and your personal edition number. Upon receipt of payment, you will receive the SPECIAL EDITION. (Please note that supply is subject to availability. PARKETT does not assume responsibility for any delays in production of SPECIAL EDITIONS. Postage is not included.)

■ As a subscriber to PARKETT, I would like to order the following Special Edition(s), signed and numbered by the artist.

PARKETT No.	ARTIST	NAME:
PARKETT No.	ARTIST	ADDRESS:
PARKETT No.	ARTIST	CITY:
PARKETT No.	ARTIST	STATE/ZIP:
PARKETT No.	ARTIST	COUNTRY:
PARKETT No.	ARTIST	PHONE:

■ I have indicated my way of payment on the reverse side of this form.

Send this form to the PARKETT office nearest you:

PARKETT PUBLISHERS 155 AV. OF THE AMERICAS NEW YORK, NY 10013 PHONE (212) 673-2660 FAX (212) 271-0704

PARKETT VERLAG QUELLENSTRASSE 27 CH-8005 ZÜRICH TELEFON +41-1-271 81 40 FAX +41-1-272 43 01

PARKETT VERLAG TANNENWALDALLEE 17 D-61348 BAD HOMBURG FAX 06172-937 444

KÜNSTLEREDITIONEN FÜR PARKETT-ABONNENTEN

53

Die PARKETT-Buchreihe entsteht in Zusammenarbeit mit Künstlern, die eigens für die Abonnenten einen Originalbeitrag in Form einer limitierten und signierten EDITION gestalten. Diese Editionen sind auch in der Zeitschrift abgebildet und können mit dieser Bestellkarte in jedem unserer Büros in Zürich, Frankfurt oder New York bestellt werden. Sie erhalten dann Ihre persönliche Editionsnummer und eine Rechnung. Sobald wir Ihre Zahlung erhalten haben, schicken wir Ihnen Ihre Edition(en). (Lieferung nur solange vorrätig. PARKETT übernimmt keine Verantwortung für allfällige Verzögerungen bei der Herstellung der Vorzugsausgaben. Versandkosten zuzüglich.)

■ Ich bin PARKETT-Abonnent(in) und bestelle folgende EDITION(EN), numeriert und vom Künstler signiert:

PARKETT Nr.	KÜNSTLER/IN	NAME:
PARKETT Nr.	KÜNSTLER/IN	STRASSE:
PARKETT Nr.	KÜNSTLER/IN	PLZ/STADT:
PARKETT Nr.	KÜNSTLER/IN	LAND:
PARKETT Nr.	KÜNSTLER/IN	TEL.:

■ Meine Zahlungsweise habe ich auf der Rückseite angegeben.

Senden Sie die Bestellkarte an das PARKETT-Büro in Ihrer Nähe:

PARKETT VERLAG QUELLENSTRASSE 27 CH-8005 ZÜRICH TELEFON +41-1-271 81 40 FAX +41-1-272 43 01

PARKETT VERLAG TANNENWALDALLEE 17 D-61348 BAD HOMBURG FAX 06172-937 444

PARKETT PUBLISHERS 155 AV. OF THE AMERICAS NEW YORK, NY 10013 PHONE (212) 673-2660 FAX (212) 271-0704

PARKETT

SUBSCRIBE, COMPLETE OR SEND A GIFT SUBSCRIPTION TO THE BEST BOOK SERIES ON CONTEMPORARY ARTISTS

53

- I subscribe to the PARKETT series
  - for 1 year (3 issues) at US$ 80 (USA/Canada), SFr. 118.– (Europe), SFr. 140.– (Rest of the world).
  - for 2 years (6 issues) at US$ 145 (USA/Canada), SFr. 215.– (Europe), SFr. 265.– (Rest of the world).
  - for 1 year (3 issues) at a 20% student discount (US$ 65 for USA/ Canada, SFr. 95.– for Europe). A copy of my student ID is enclosed.
- Send a gift subscription in my name
  - for 1 year (3 issues) at US$ 80 (USA/Canada), SFr. 118.– (Europe), SFr. 140.– (Rest of the world).
  - for 2 years (6 issues) at US$ 145 (USA/Canada), SFr. 215.– (Europe), SFr. 265.– (Rest of the world).

    A gift card in my name will be sent to the recipient.

Postage included. All prices subject to change.

- I wish to complete my PARKETT collection and order the following issue no(s): ____________

  at SFr. 43.– each (up to no 43: SFr. 30.–; no. 44–48: SFr. 39.–), postage not included. Within the USA & Canada $ 32 (up to no. 43: $ 19.50; no. 44–48: $ 29), add postage: $ 5 (USA), $ 10 (Canada). (Sold out: No. 1–10, 13, 16, 19, 27, 29–31, 35)
- I wish to order the catalog raisonné of all PARKETT Artists' Editions from 1984–95 (SILENT & VIOLENT, 183 pages of which 144 in color, text by Susan Tallman, short artists' biographies) for Sfr. 49.– (USA: $ 39), excl. postage.
- I wish to order ________ copies of the set of 36 postcards featuring PARKETT Artists' Editions for Sfr. 19.– (USA: $ 16) per set, excl. postage.

NAME:

ADDRESS:

CITY:

STATE/ZIP:

COUNTRY:

TEL.: FAX:

GIFT RECIPIENT:

ADDRESS:

CITY:

STATE/ZIP:

COUNTRY:

- Charge my Visa Card
- Mastercard
- AMEX

Card No. Expiration date

- Payment enclosed (US check or money order)

DATE

SIGNATURE

Send this form to the PARKETT office nearest you:

PARKETT PUBLISHERS 155 AV. OF THE AMERICAS NEW YORK, NY 10013 PHONE (212) 673-2660 FAX (212) 271-0704

PARKETT VERLAG QUELLENSTRASSE 27 CH-8005 ZÜRICH TELEFON +41-1-271 81 40 FAX +41-1-272 43 01

PARKETT VERLAG TANNENWALDALLEE 17 D-61348 BAD HOMBURG FAX 06172-937 444

PARKETT

ABONNIEREN, VERVOLLSTÄNDIGEN ODER VERSCHENKEN SIE DIE UMFASSENDSTE BUCHREIHE ÜBER GEGENWARTSKÜNSTLER

53

- Ich abonniere die PARKETT-Reihe
  - für 1 Jahr (3 Ausgaben) zu: DM 130.– (BRD), SFr. 108.– (Schweiz), SFr. 118.– (übriges Europa).
  - für 2 Jahre (6 Ausgaben) zu: DM 238.– (BRD), SFr. 190.– (Schweiz), SFr. 215.– (übriges Europa).
  - für 1 Jahr (3 Ausgaben) mit 20% Studentenermässigung (BRD: DM 104.–/Schweiz: SFr. 87.–/Europa: SFr. 95.–). Eine Kopie meines Studentenausweises lege ich bei.
- Ich verschenke ein PARKETT-Abonnement
  - für 1 Jahr (3 Ausgaben) zu: DM 130.– (BRD), SFr. 108.– (Schweiz), SFr. 118.– (übriges Europa).
  - für 2 Jahre (6 Ausgaben) zu: DM 238.– (BRD), SFr. 190.– (Schweiz), SFr. 215.– (übriges Europa).

    Das Geschenk-Abo mit einer Geschenkkarte wird in meinem Namen versandt.

Preise einschliesslich Versandkosten. Preisänderungen vorbehalten.

- Ich möchte meine PARKETT-Sammlung vervollständigen und bestelle die folgende(n) noch erhältliche(n) Ausgabe(n) Nr. ____________

  zu je DM 49.–/SFr. 43.– (bis Nr. 43: DM 35.–/SFr. 30.–; Nr. 44–48: DM 45.–/ SFr. 39.–, zzgl. Versandkosten (vergriffen: Nr. 1–10, 13, 16, 19, 27, 29–31, 35)
- Ich bestelle das Werkverzeichnis der PARKETT-Künstlereditionen von 1984–95 (SILENT & VIOLENT, 183 S., davon 144 farbig, Text von Susan Tallman, Kurzbiographien der Künstler) für DM 60.–/SFr. 49.– zzgl. Versandkosten.
- Ich bestelle ________ Ex. des Postkarten-Sets mit 36 PARKETT-Künstlereditionen zum Preis von DM 23.–/SFr. 19.– pro Set, zzgl. Versandkosten.

NAME:

STRASSE:

PLZ/STADT:

LAND:

TEL.: FAX:

BESCHENKTE(R):

STRASSE:

PLZ/STADT:

LAND:

- Ich zahle mit Visa
- Eurocard/Mastercard
- Amex

Karten Nr. Gültig bis

- Mein Scheck über SFr./DM ____________ liegt bei.

DATUM

UNTERSCHRIFT

Senden Sie die Bestellkarte an das PARKETT-Büro in Ihrer Nähe:

PARKETT VERLAG QUELLENSTRASSE 27 CH-8005 ZÜRICH TELEFON +41-1-271 81 40 FAX +41-1-272 43 01

PARKETT VERLAG TANNENWALDALLEE 17 D-61348 BAD HOMBURG FAX 06172-937 444

PARKETT PUBLISHERS 155 AV. OF THE AMERICAS NEW YORK, NY 10013 PHONE (212) 673-2660 FAX (212) 271-0704

Each volume of PARKETT is created in collaboration with artists, who contribute an original work specially made for the readers of PARKETT. The works are available in a signed and numbered Special Edition. Prices are subject to change. Postage is not included.

EDITIONS FOR PARKETT

Jeder PARKETT-Band entsteht in Collaboration mit Künstlern, die eigens für die Leser von PARKETT Originalbeiträge gestalten. Diese Vorzugsausgaben sind als nummerierte und signierte Editionen erhältlich. Preisänderungen vorbehalten. Versandkosten und MwSt. (Schweiz) nicht inbegriffen.

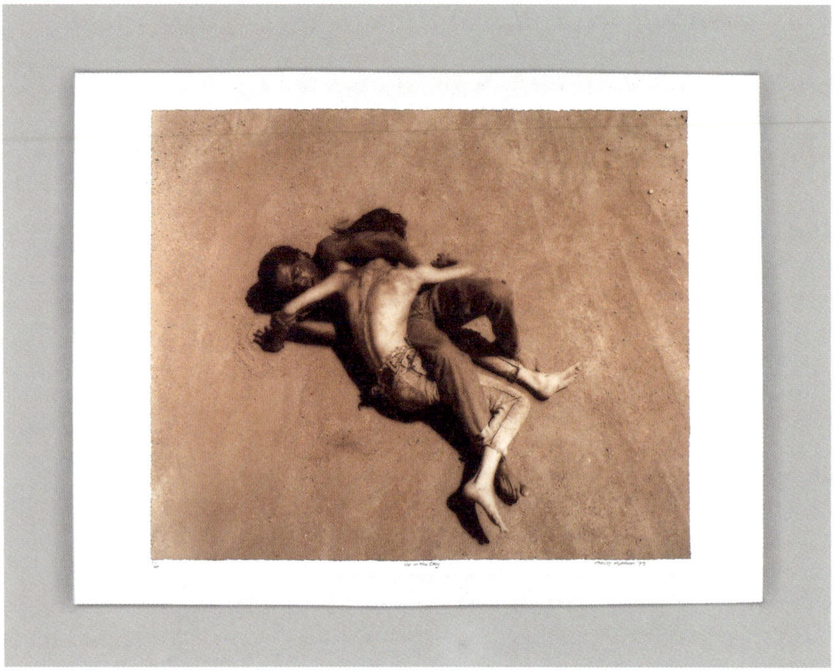

A blazing void. The distilled force of a moment wrest out o time and context.

Kampf der Leere. Die stille Gewalt des Augenblicks.

PARKETT 53

TRACEY MOFFATT

FROM THE "UP IN THE SKY" PHOTO SERIES, 1997

Four-color offset lithograph, 17⅛ x 21",
on archival book design paper, 20 x 27".
Printed by Link Printing, Sydney, Australia.
Edition of 60, signed and numbered, **$ 660**

AUS DER PHOTOSERIE «UP IN THE SKY», 1997

Vierfarbige Offsetlithographie, 43,5 x 53,5 cm,
auf lichtbeständigem Papier, 50,9 x 68,5 cm.
Auflage: 60, signiert und nummeriert, **sFr. 950.–**

"...druggy, lush and androgynous, yet somehow removed from human touch."

«...süchtig, sinnlich, androgyn und irgendwie nicht ganz von dieser Welt.»

PARKETT 53

ELIZABETH PEYTON

OSCAR AND BOSIE, 1998

Two-color lithograph on hand-tinted Somerset Satin,
lightly finished with pearlescent dust,
ca. 24⅜ x 22¾". Printed by Maurice Sanchez and
James Miller, Derrière l'Etoile Studio, New York.
Edition of 60, signed and numbered, **$ 600**

OSCAR UND BOSIE, 1998

Zweifarbige Lithographie auf handgetöntem
Somerset-Satinpapier mit leichtem Perlmuttfinish,
62 x 57,8 cm. Gedruckt bei Maurice Sanchez
und James Miller, Derrière l'Etoile Studio, New York.
Auflage: 60, signiert und nummeriert, **sFr. 850.–**

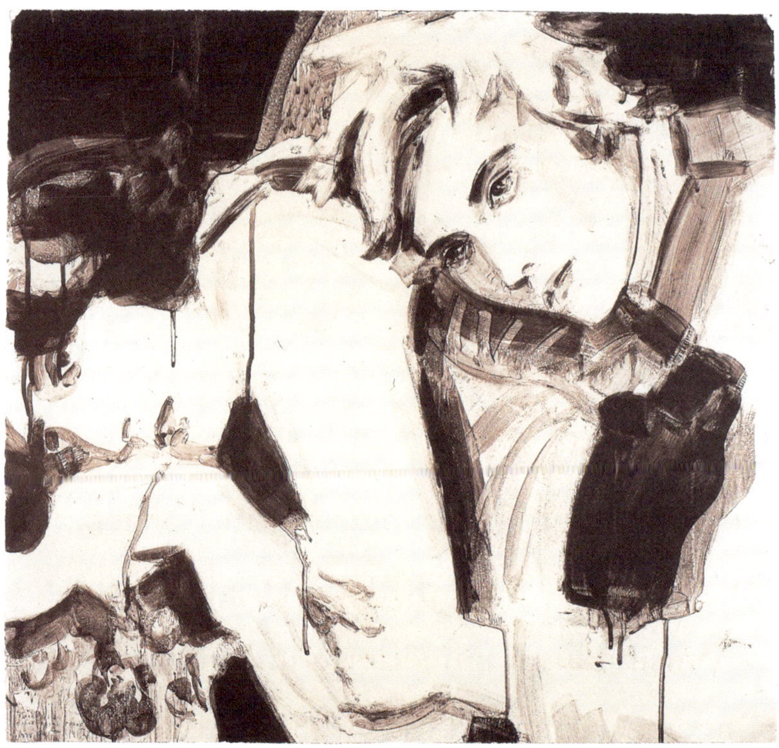

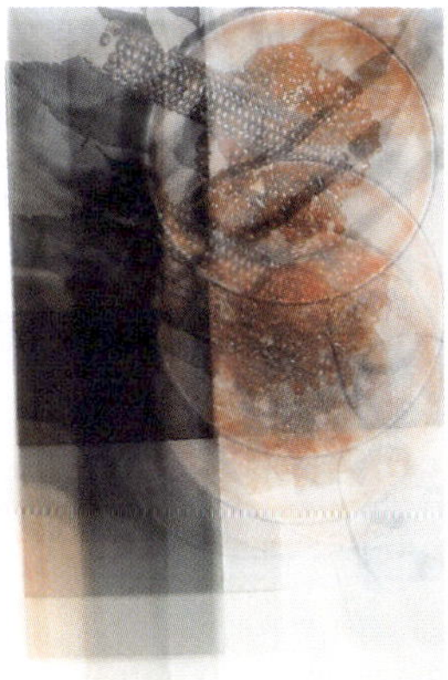

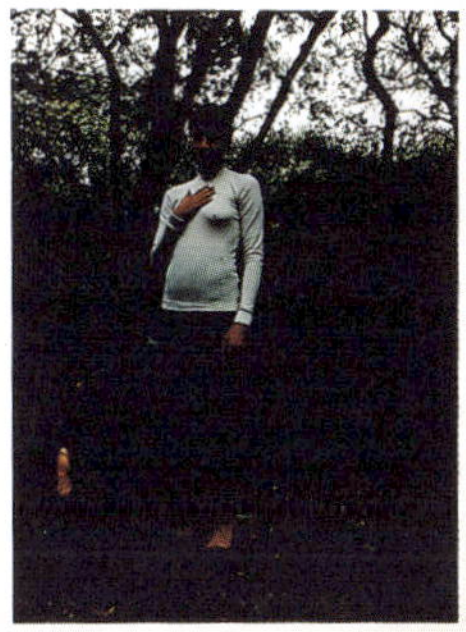

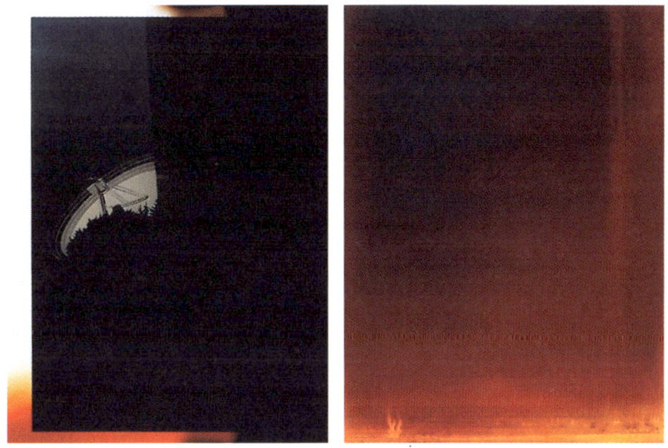

Ans Licht gebracht. Das unvermittelt Momenthafte von Photographie und Photoprozess – die Edition als Unikat.

De-subjectivized signals: From classical contemplation of an object to universal structures.

PARKETT 53

WOLFGANG TILLMANS

PARKETTEDITION, 1992–98

60 Unikate auf Farbnegativ-Photopapier, ca. 40,5 x 30,5 cm, signiert und nummeriert, **sFr. 1100.–**

PARKETT EDITION, 1992–98

60 unique works on color-negative photographic paper, ca. 16 x 12", signed and numbered, **$ 770**

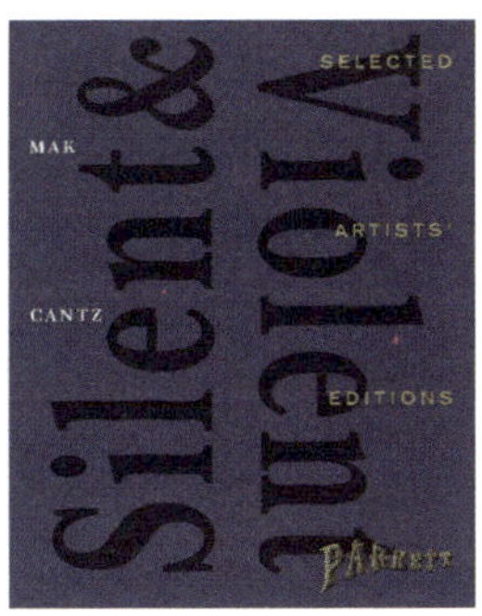

SILENT & VIOLENT

CATALOG RAISONNÉ OF ALL PARKETT ARTISTS' EDITIONS
from No. 1–44, 183 pages, 144 in color
text by Susan Tallmann, short biographies of all artists

WERKVERZEICHNIS ALLER PARKETT-KÜNSTLER-EDITIONEN
von Nr. 1–44, 183 Seiten, davon 144 in Farbe
Text von Susan Tallmann, Kurzbiographien der Künstler

sFr. 49.– / $ 39

ISBN 3-89322-796-3 (engl.), ISBN 3-89322-787-3 (dt.)

PARKETT-POSTCARD SET
featuring 36 artists' editions made for Parkett

PARKETT POSTKARTEN-SET
mit 36 Editionen, die von Künstlern für Parkett geschaffen wurden.

sFr. 19.– / $ 16

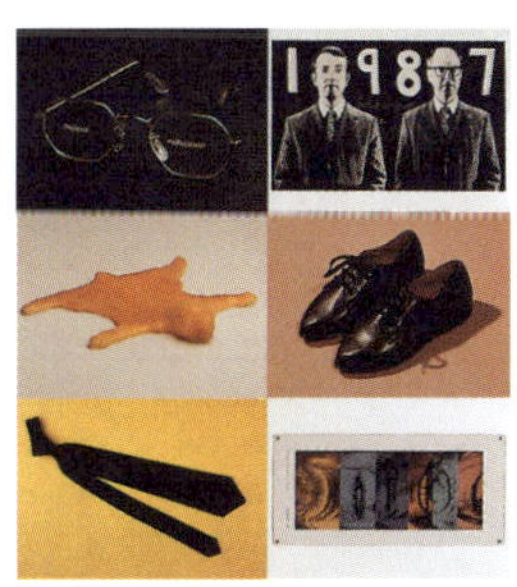

PARKETT IN BUCHHANDLUNGEN / *BOOKSHOPS*

AUSKUNFT UND ABONNEMENTS / *INFORMATION AND SUBSCRIPTIONS:*

PARKETT VERLAG AG, QUELLENSTRASSE 27, CH-8005 ZÜRICH, TEL. 01/271 81 40, FAX 272 43 01; TANNENWALDALLEE 17, D-61348 BAD HOMBURG, FAX 06172/937 444

PARKETT, *155 AVENUE OF THE AMERICAS, 2ND FLOOR, NEW YORK, N.Y. 10013, PHONE (212) 673-2660, FAX 271-0704*

SCHWEIZ

VERTRIEB
B + I BUCH UND INFORMATION AG
OBFELDERSTR. 35
8910 AFFOLTERN A. A.

BASEL
BUCHHANDLUNG STAMPA, SPALENBERG 2
BÜCHERSTAND STAMPA, KUNSTHALLE BASEL
W. JAEGGI AG, FREIESTR. 32

BERN
HANS HUBER AG, MARKTGASSE 59
BUCHHANDLUNG SCHERZ, MARKTGASSE 25
BUCHHANDLUNG STAUFFACHER, NEUENGASSE 25
BUCHHANDLUNG STAUFFACHER
IM KUNSTMUSEUM BERN, HODLERSTR.12

GENÈVE
LIBRAIRIE DESCOMBES, 6, RUE DU VIEUX-COLLÈGE
LIBRAIRIE PAYOT, 5, RUE DE CHANTEPOULET
LIBRAIRIE WEBER, 13, RUE DE MONTHOUX

LAUSANNE
LIBRAIRE BERNARD LETU,
MUSÉE D'ART CONTEMPORAIN
LIBRAIRIE PAYOT, 1, RUE DE BOURG

SCHAFFHAUSEN
BÜCHER-FASS, WEBERGASSE 13

ST. GALLEN
BUCHHANDLUNG COMEDIA, KATHARINENGASSE 20

ZÜRICH
BUCHHANDLUNG ZUM ELSÄSSER, LIMMATQUAI 18
BUCHHANDLUNG CALLIGRAMME, HÄRINGSTR. 4
SCALO BOOKS & LOOKS, WEINBERGSTRASSE 22 A
HEINIMANN & CO, KIRCHGASSE 17
BUCHHANDLUNG HOWEG, WAFFENPLATZSTR. 1
BUCHHANDLUNG KRAUTHAMMER, OBERE ZÄUNE 24
KUNSTKIOSK, LIMMATQUAI 31/HELMHAUS
ORELL FÜSSLI, FÜSSLISTR. 4
SEC 52, JOSEFSTR. 52

DEUTSCHLAND

VERTRIEB
VERSANDSERVICE RAINER PAPP
ANNA-VANDENHOECK-RING 36
37081 GÖTTINGEN

BERLIN
BÜCHERBOGEN, AM SAVIGNYPLATZ
GALERIE 2000, KNESEBECKSTR. 56–58
WASMUTH GmbH & CO., HORDENBERGSTR. 9A
WERNER GmbH, EHRENBERGSTR. 29

BONN
CARL KAYSER, POSTSTR. 16
GALERIE PUDELKO, HEINRICH-VON-KLEIST-STR.

BREMEN
ANTIQUARIAT, BEIM STEINERNEN KREUZ 1
JOHS. STORM, LANGENSTR. 10
KUNSTBUCH, SPITZENKIEL 16/17
B. SIEBRECHT, PANORAMA, VOR DEM STEINTOR 136
KUNST UND BUCH,
AM NEUEN MUSEUM, WESERBURG, TEERHOF 20

BREMERHAVEN
KABINETT FÜR AKTUELLE KUNST, KARLSBURG 4

DÜSSELDORF
M. + R. FRICKE, POSTSTR. 3
WALTHER KÖNIG, HEINRICH-HEINE-ALLEE 15
MÜLLER & TILLMANNS, NEUSTR. 38

FRANKFURT
HUGENDUBEL, STEINWEG 12
KARL MARX BUCHHANDLUNG, JORDANSTR. 11
PETER NAACHER, SCHWEIZERSTR. 57
SCHUMANN & COBET, BÖRSENSTR. 2–4
WALTHER KÖNIG, DOMSTR. 6

HAMBURG
H. VON DER HÖH, GROSSE BLEICHEN 21
SAUTTER UND LACKMANN
ADMIRALITÄTSSTRASSE 71/72
PPS, FELDSTR./ HOCHHAUS

HANNOVER
BUCHHANDLUNG IM SPRENGELMUSEUM
KURT-SCHWITTERS-PLATZ

HEIDELBERG
KUNSTHANDLUNG W. WELKER, HAUPTSTR. 106

KARLSRUHE
KUNSTBUCHHANDLUNG JUST, WALDSTR. 85

KIEL
GALERIE + EDITION KOCH, HOLSTENTÖRNPASSAGE

KÖLN
WALTHER KÖNIG, EHRENSTR. 4

MÜNCHEN
ILKA KÖNIG, AM KOSTTOR 1
H. GOLZ, TÜRKENSTR. 54
L. WERNER, RESIDENZSTR. 18
INT. BAHNHOFSBUCHHANDLUNG, BAHNHOFSPLATZ 2
MAX SUSSMANN GmbH, ARNULFSTR. 1/II
BASIS ANTIQUARIAT, ADALBERTSTR. 43

MÜNSTER
HEINRICH POERTGEN
HERDERSCHE BUCHHANDLUNG, HÖLTENWEG 51

NÜRNBERG
HEINRICH HUGENDUBEL, LUDWIGSPLATZ 1

OSNABRÜCK
H. TH. WENNER GmbH, GROSSE-STR. 69

REUTLINGEN
FETZER BUCH, WEINGÄRTNERSTR. 7

SAARBRÜCKEN
BOCK & SEIP, FUTTERSTR. 2

STUTTGART
WENDELIN NIEDLICH, SCHMALESTR. 9
GALERIE VALENTIEN, KÖNIGSBAU

TÜBINGEN
HUGO FRICK, NAUKLERSTR. 7

ULM
BUCHHANDLUNG UND GALERIE HOLM
HAFENBAD 11

ÖSTERREICH

GRAZ
BUCHHANDLUNG GALERIE
VERLAG DROSCHL, BISCHOFPLATZ 1

INNSBRUCK
PARNASS, SPECKBACHERSTR. 21
WAGNERSCHE UNIVERSITÄTSBUCHHANDLUNG
MUSEUMSTR. 4

LINZ
ALEX STELZER, HAUPTPLATZ 17

WIEN
JUDITH ORTNER, SONNENFELSGASSE 8
SHAKESPEARE & COMPANY
BOOKSELLERS, STEINGASSE 2

HOLLAND

DISTRIBUTION
IDEA BOOKS, NIEUWE HERENGRACHT 11
1011 RK AMSTERDAM

AMSTERDAM
ART BOOK, PRINSENGRACHT 645
ATHENAEUM NIEUWSCENTRUM, SPUI 14–16
MENEER KEES, PC HOOFSTRAAT 64-66
NIJHOF & LEE, STAALSTRAAT 13 A
PREMSELA, VAN BAERLESTRAAT 78
VERBEELDING, UTRECHTSESTRAAT 40

ARNHEM
HIJMAN, GROTE OORD 15
ARNHEMS GEMEENTEMUSEUM, UTRECHTSEWEG 87

BREDA
VAN KEMENADE & HOLLAERS, GINNEKENWEG 330

DORDRECHT
BENGEL, VOORSTRAAT 283

EINDHOVEN
MOTTA BERGSTRAAT 35
VAN ABBEMUSEUM, BILDERDIJKLAAN 10

ENSCHEDE
BROEKHUIS, MARKTSTRAAT 12

GRONINGEN
SCHOLTENS/WRISTERS, GULDENSTRAAT 20

HENGELO
BROEKHUIS, ENSCHEDESTRAAT 19

LEIDEN
GINSBERG, BREESTRAAT 127

MAASTRICHT
TRIBUNE, KAPOENSTRAAT 8
VELDEKE, KLEINE STAAT 14

ROTTERDAM
DONNER, LIJNBAAN 150
VAN GENNEP, OUDE BINNENWEG 131B

THE HAGUE
ULYSSES, DENNEWEG 108

TILBURG
DE PONT STICHTING, WILHELMINAPARK 1

UTRECHT
CENTRAAL MUSEUM, AGNIETENSTRAAT 1

BELGIQUE

ANTWERPEN
BRAMANTE, KOEPORTBRUG 4
F.N.A.C. GROENPLAATS
LANDSCHAP, WIJNGAARDSTRAAT 12
STANDAARD, HUIDEVETTERSTRAAT 57

BRUXELLES
PEINTURE FRAÎCHE, 10 RUE DU TABELLION
POST-SCRIPTUM, 37 RUE DES ÉPERONNIERS
TROPISMES, GALERIE DES PRINCES 11

GENT
COPYRIGHT JAKOBIJNENSTRAAT 8
INTELLECT, KALANDESTRAAT 1
KORTRIJK
THEORIA, ONZE LIEVE VROUWESTRAAT 22

LUXEMBOURG
LUXEMBOURG
CASINO LUXEMBOURG A.S.B.L.
FORUM D'ART CONTEMPORAIN
41, RUE DE NOTRE-DAME

ESPAÑA
BARCELONA
1+1 ART BOOKS, CENTRE CULTURAL DE LA
FUNDACIÒ CAIXA, PASSEIG DE SANT JOAN 108
LAIE LLIBRERIA
PAU CLARIS 85
MADRID
CENTRO REINA SOFIA, STA. ISABEL 52

FRANCE
AIX-EN-PROVENCE
LIBRAIRIE VENTS DU SUD, 7, RUE MARÉCHAL FOCH
BORDEAUX
LIBRAIRIE DU MUSÉE CAPC, ENTREPÔT LAINÉ
LIBRAIRIE MOLLAT, 9–15, VITAL CARLES
LYON
LIBRAIRIE LE RÉVERBÈRE, 4, RUE NEUVE
PARIS
LA HUNE, 170 BLVD ST-GERMAIN
«FLAMMARION 4», CENTRE GEORGES POMPIDOU
PLATEAU BEAUBOURG
LIBRAIRIE DU MUSEE D'ART MODERNE
9, RUE FERRIÈRE
GALERIE NATIONALE DU JEU DE PAUME
PLACE DE LA CONCORDE
TOULOUSE
LIBRAIRIE OMBRES BLANCHES, 50, RUE GAMBETTA

ISRAEL
TEL AVIV
BOOKWORM, 30 BASEL ST.

ITALIA
MILANO
A&M BOOKSTORE, VIA PLINIO 15
MILANO LIBRI, VIA G. VERDI 2
MODENA
LOGOS IMPEX
VIA CURTATONA, 5/F, 41010 SAN DAMASO/MODENA
ROMA
FELTRINELLI, VIA DEL BABUINO 41
GALLERIA PRIMO PIANO, VIA PANISPERNA 203

PORTUGAL
LISBOA
COMICOS ESPAÇO INTER-MEDIA
RUA TENENTE RAUL CASCAIS 1B

SVERIGE
STOCKHOLM
BOK & BILD, KULTURHUSET, SERGELSTORG 3
NORDENFLYCHTSVÄGEN 70

GREAT BRITAIN
DISTRIBUTOR
CENTRAL BOOKS, 99, WALLIS RD. LONDON E9 5LN
LONDON
HAYWARD GALLERY BOOKSHOP, SOUTH BANK
ICA BOOKSHOP, NASH HOUSE
12, CARLTON HOUSE TERRACE
LIBERTY, BOOK DEPT., 210 REGENT STREET

USA
DISTRIBUTOR
D. A. P. (DISTRIBUTED ART PUBLISHERS)
155 AVENUE OF THE AMERICAS, 2ND FLOOR,
NEW YORK, NY 10013
ANN ARBOR, MI
MAIN STREET NEWS, 220 S. MAIN
AUSTIN, TX
BOOK PEOPLE, 603 N. LAMAR
BERKELEY, CA
CODY'S BOOKS, 2454 TELEGRAPH AVENUE
UNIVERSITY ART MUSEUM, 2625 DURANT AVENUE
BOSTON, MA
MIT PRESS BOOKSTORE, 292 MAIN STREET,
CAMBRIDGE, MA 02142
TRIDENT BOOKSELLERS, 338 NEWBURY STREET
BUFFALO, NY
TALKING LEAVES, 3158 MAIN STREET
CHICAGO, IL
THE ART INSTITUTE OF CHICAGO,
104 EAST CHICAGO AVENUE
MUSEUM OF CONTEMPORARY ART
220 EAST CHICAGO AVENUE
COLUMBUS, OH
WEXNER CENTER, 30 W. 15TH AVENUE
DALLAS, TX
MCKINNEY AVENUE CONTEMPORY
3120 MCKINNEY AVENUE
HOUSTON, TX
BRAZOS BOOK STORE, 2421 BISSONNET
CONTEMPORARY ARTS MUSEUM SHOP
5216 MONTROSE AVENUE
MENIL COLLECTION BOOKSTORE, 1520 SUL ROSS
KANSAS CITY, MO
WHISTLER'S BOOKS, 427 WESTPORT ROAD
LOS ANGELES
BOOKSOUP, 8818 SUNSET BOULEVARD
MUSEUM OF CONTEMPORARY ART, 250 S. GRAND
UCLA/ARMAND HAMMER MUSEUM OF ART
10899 WILSHIRE BOULEVARD
MIAMI, FL
BOOKS & BOOKS, 296 ARAGON AVENUE,
CORAL GABLES, FL 33134
MOCA MUSEUM SHOP, 770 N.E. 125TH STREET
NORTH MIAMI, FL 33161
MINNEAPOLIS
WALKER ART CENTER, VINELAND PLACE
NEW YORK
BOOKS AND COMPANY, 939 MADISON AVENUE
GUGGENHEIM MUSEUM, 575 BROADWAY
RIZZOLI BOOKSTORES, 300 PARK AVENUE SOUTH
SAINT MARKS BOOKSHOP, 31 THIRD AVENUE
OAKLAND, CA
DIESEL, A BOOKSTORE, 5433 COLLEGE AVENUE
OMAHA, NE
JOSELYN ART MUSEUM, 2200 DODGE STREET
PHILADELPHIA, PA
WATERSTONE'S BOOKSELLERS, 2191 HORNIG ROAD
PITTSBURGH, PA
CARNEGIE INSTITUTE, 4400 FORBES AVENUE

PORTLAND, OR
POWELL'S BOOKS, 7 NW 9TH STREET
PROVIDENCE, NY
ACCIDENT OR DESIGN, 128 N. MAIN STREET
RHODE ISLAND SCHOOL OF DESIGN
30 N. MAIN STREET
SAN FRANCISCO, CA
CITY LIGHTS BOOKSHOP, 261 COLUMBUS AVENUE
JACK HANLEY GALLERY, 41 GRANT AVENUE
MUSEUMBOOKS SFMOMA, 151 3RD ST., 1ST FLOOR
ST. LOUIS, MO
LEFT BANK BOOKS, 399 NORTH EUCLID
SANTA MONICA, CA
ARCANA, 1229 3RD ST. PROMENADE
MIDNIGHT SPECIAL BOOKSTORE
1318 3RD ST. PROMENADE
SEATTLE, WA
UNIVERSITY BOOK STORE
4326 UNIVERSITY AVENUE
WASHINGTON, D.C.
FRANZ BADER BOOKSTORE, 1911 "I" STREET, NW
NATIONAL GALLERY OF ART
6TH & CONSTITUTION AVENUE, NW

CANADA
CALGARY
TREPANIER BAER GALLERY, 999 8TH STREET
MONTREAL
ARTEXTE, 3575 ST. LAURENT
TORONTO
ART METROPOLE, 788 KING STREET WEST
ART GALLERY OF ONTARIO, BOOKSTORE
317 DUNDAS ST. WEST
EDWARDS BOOKS & ART, 356 QUEEN ST. WEST
DAVID MIRVISH BOOKS ON ART, 596 MARKHAM ST.
VANCOUVER
ART GALLERY STORE, 750 HORNBY ST.

AUSTRALIA
DISTRIBUTORS
MANIC EX-POSEUR, WORLD TRADE CENTER
MELBOURNE 3005
THE ARTS BOOKSHOP, 1067 HIGH STREET
ARMADALE, VICTORIA 3143
VICTORIA
HARTWIGS BOOKSHOP
245 BRUNSWICK STR., VICTORIA 3182

NEW ZEALAND
DISTRIBUTOR
PROPAGANDA, 44 COLLEGE HILL, AUCKLAND

HONG KONG
PUBLISHERS MARKETING LTD.
TUNG ON BUILDING, 171, PRINCE EDWARD ROAD
KOWLOON
TAI YIP ART BOOK CENTRE
HONG KONG MUSEUM OF ART
TSIM SHA TSUI, KOWLOON

JAPAN
TOKIO
EUROPA ART GmbH, KAMIOGI 4-16-4, SUGINAMI-KU
ON SUNDAYS, 3-7-6 JUNGUMAE, SHIBUYA-KU
AOYAMA BOOKCENTER, ROPPONGI STORE
MINATO-KU
HAKUO TRADING COMPANY
KOJIMACHI SHINE BLD., 8F, CHIYODA-KU
SANSEIDO BOOKSTORE, 7-11-8 KOHAKU, ADACHI-KU
MY BOOK SERVICE, AOI BLD. 5-8, SARUGAKU-CHO

E X H I B I T I O N S

ZÜRICH

ACP	Austrasse 38	OTTMAR HÖRL "TRIADE",	
VIVIANE EHRLI	8045 Zürich	YUKO SHIRAISHI "RAUM-MALEREI"	**10.9.–31.10.98**
	Tel. 01 463 63 53	ART COLOGNE	**8.11.–15.11.98**
THOMAS AMMANN	Restelbergstrasse 97	IMPRESSIONISTS & 20TH CENTURY MASTERS	
FINE ART	P.O. Box 922	PHILIP TAAFFE – NEW WORKS	**BIS 30.9.98**
	8044 Zürich	ACCROCHAGE	**AB 1.10.98**
	Tel. 01 360 51 60		
ARS FUTURA	Bleicherweg 45	JOKO, KARIN JOST / REGLA J. KOPP	**21.8.–26.9.98**
	8002 Zürich	ART FORUM BERLIN	**1.10.–4.10.98**
	Tel. 01 201 88 10	DOUGLAS KOLK	**16.10.–14.11.98**
		KUNST 98 ZÜRICH	**23.10.–26.10.98**
		ART COLOGNE	**8.11.–15.11.98**
		NEDKO SOLAKOV	**20.11.–24.12.98**
BOB VAN ORSOUW	Limmatstrasse 270	SIOBHAN LIDDELL	**22.8.–10.10.98**
	8005 Zürich	PAUL GRAHAM	**24.10.–JAN.99**
	Tel. 01 273 11 00		
MAI 36 GALERIE	Rämistrasse 37	JÖRG SASSE	**22.8.–10.10.98**
	8001 Zürich	STEPHAN BALKENHOL	**16.10.–22.11.98**
	Tel. 01 261 68 80	ART FORUM BERLIN	**1.10.–4.10.98**
		ART COLOGNE	**8.11.–15.11.98**
MARK MÜLLER	Gessnerallee 36	MONIKA BRANDMEIER – UNTERTAGE	
	8001 Zürich	PETER WÜTHRICH – LET'S TALK ABOUT RED	**5.9.–24.10.98**
	Tel. 01 211 81 55	MICHEL VERJUX – APOLOGIE DE L'ÉCLAIRAGE	
		BANDAU, CAGE, GRITSCH, MARBACHER, SUGIMOTO,	
		ZALOUDEK – LOB DES SCHATTENS	**31.10.–19.12.98**

E X H I B I T I O N S

SEMINA RERUM	Cäcilienstrasse 3	SIMONE KAPPELER	**29.8.–11.10.98**
IRÈNE PREISWERK	8032 Zürich	NIVES WIDAUER	**17.10.–28.11.98**
	Tel. 01 251 26 39	GÉRALD MINKOFF / MURIEL OLESEN	**5.12.98.–23.1.99**
ANNEMARIE VERNA	Neptunstrasse 42	RICHARD TUTTLE –	
	8032 Zürich	SMALL SCULPTURES OF THE 70S	**BIS 3.10.98**
	Tel. 01 262 38 20	RICHARD FRANCISCO	**6.10.–14.11.98**
JAMILEH WEBER	Waldmannstrasse 6	ALOIS LICHTSTEINER	**5.9.–24.10.98**
	8001 Zürich	JAHANGUIR	**31.10.–31.12.98**
	Tel. 01 252 10 66		
GALERIE	Gen. Guisan-Quai 32	MARIO AIRÒ	**30.8.–4.10.98**
WEISSES SCHLOSS	8002 Zürich	PAVEL PEPPERSTEIN	**11.10.–15.11.98**
	Tel. 01 202 00 46		

BERN

GALERIE	Lorrainestrasse 19	ANSELM STALDER	
ERIKA + OTTO	Postfach 323	3 UND IHRE LÖCHER	**11.9.–17.10.98**
FRIEDRICH	3013 Bern	ROSEMARIE TROCKEL	**23.10.–5.12.98**
	Tel. 031 331 33 30		

GENÈVE

DANIEL VARENNE	8, rue Toepffer	PAINTINGS AND DRAWINGS	
	1206 Genève	19TH AND 20TH CENTURY	
	Tel. 022 789 16 75		

ST. GALLEN

WILMA LOCK	Schmidgasse 15	ERWIN WURM	
	9000 St. Gallen	ONE MINUTE SCULPTURES	**BIS 31.10.98**
	Tel. 071 222 62 52	GROUPSHOW	**NOV./DEZ. 98**
		BERNARD FRIZE, NEUE BILDER	**AB 30.1.99**

Andrea Rosen Gallery

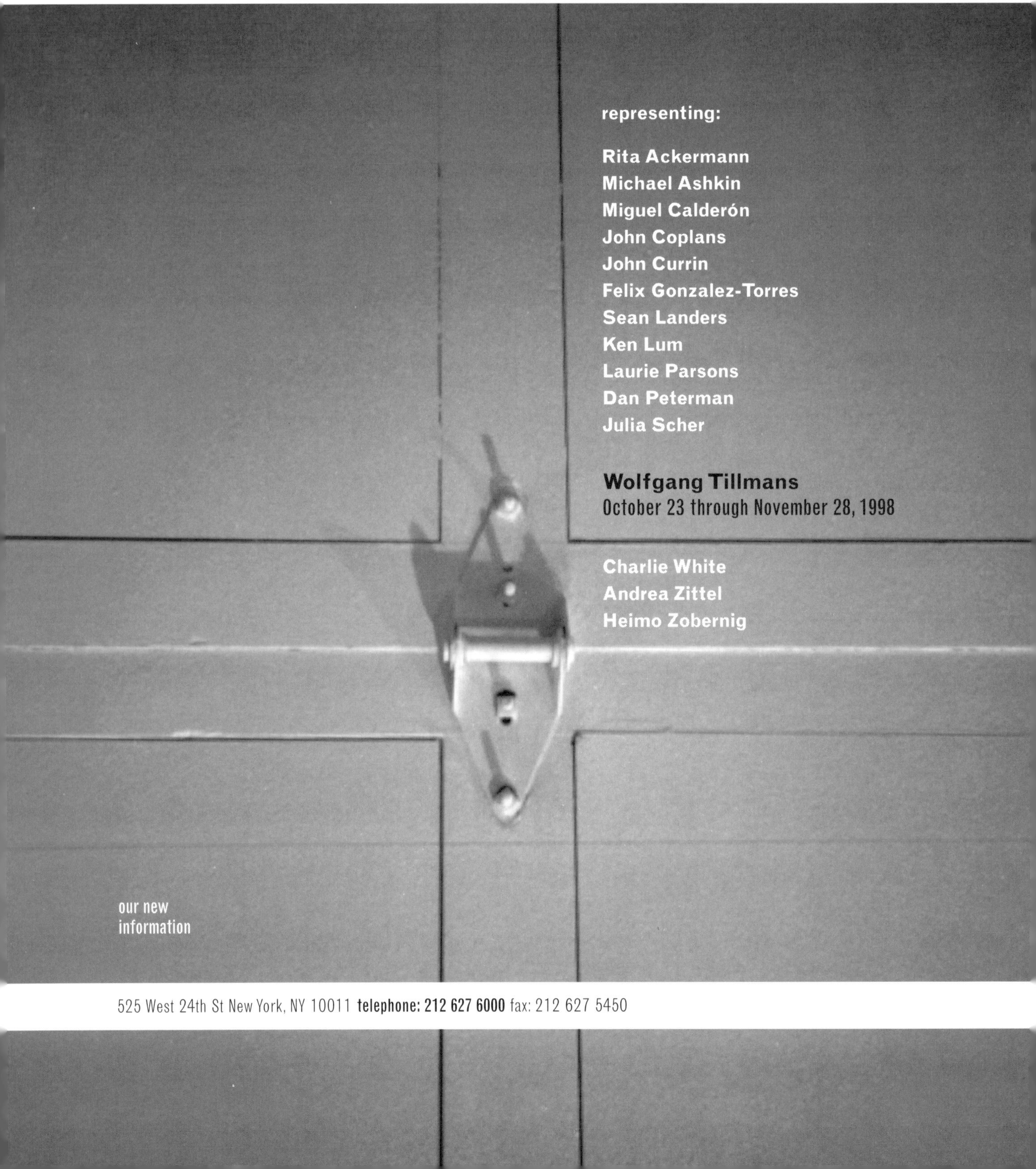

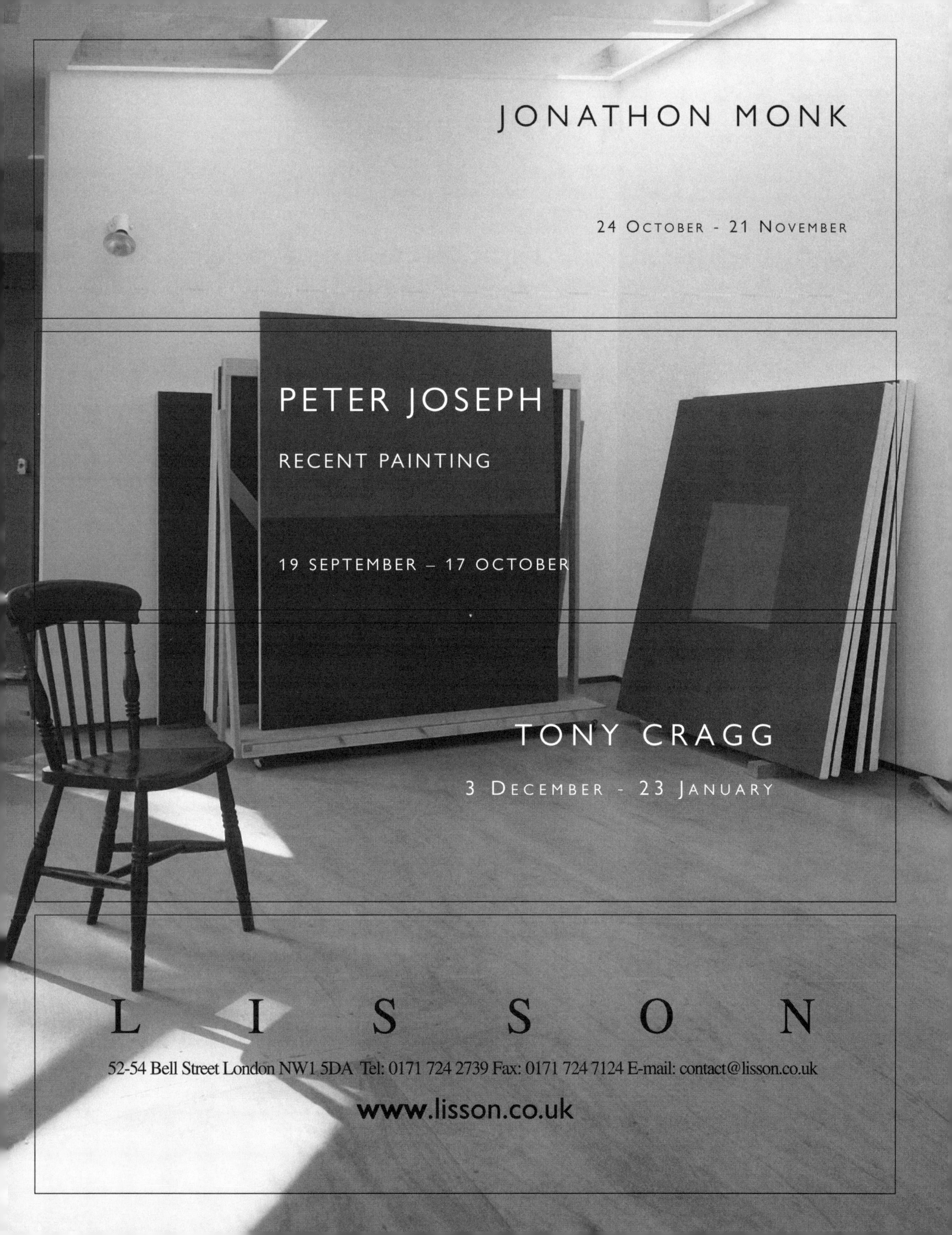
JONATHON MONK
24 October - 21 November
PETER JOSEPH
RECENT PAINTING
19 SEPTEMBER – 17 OCTOBER
TONY CRAGG
3 December - 23 January
L I S S O N
52-54 Bell Street London NW1 5DA Tel: 0171 724 2739 Fax: 0171 724 7124 E-mail: contact@lisson.co.uk
www.lisson.co.uk

Robert Mapplethorpe

Works from 1971-1989

10 SEPTEMBER – 24 OCTOBER 1998

Roni Horn

29 OCTOBER – 12 DECEMBER 1998

Allan McCollum

Visible Markers (Drawings)

17 DECEMBER 1998 – 17 JANUARY 1999

ART FAIRS

Artissimo (Torino)

24 SEPTEMBER – 27 SEPTEMBER 1998

FIAC (Paris)

7 OCTOBER – 12 OCTOBER 1998

Art Cologne (Cologne)

8 NOVEMBER – 15 NOVEMBER 1998

Xavier Hufkens

Sint-Jorisstraat 6–8 rue Saint-Georges

Brussel 1050 Bruxelles

TEL. 32 (0)2 646 63 30 – FAX 32 (0)2 646 93 42

Open Tuesday to Saturday, noon to 6 pm

22 August to 17 October 1998

2nd floor

PETER FISCHLI / DAVID WEISS

GALERIE HAUSER & WIRTH

Limmatstrasse 270 CH-8005 Zürich Tel +41 1 446 80 50 Fax +41 1 446 80 55 e-mail: info@ghw.ch

Gallery Hours: Tue-Fri 12-6pm Sat 11am-4pm

22 August to 17 October 1998

1st floor

Beat Streuli

Galerie Hauser & Wirth 2

Director: Eva Presenhuber

Limmatstrasse 270, CH-8005 Zürich, T: +41-1-446 80 60, F: +41-1-446 80 65, e-mail: ghwzurich2@access.ch

Gallery Hours: Tue-Fri 12am-6pm, Sat 11am-4pm

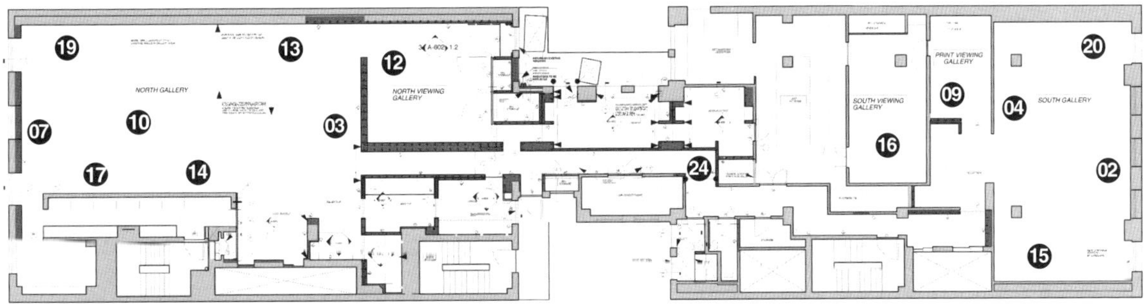

(A) BREAKING GROUND

OPENING LATE SEPTEMBER, 1998

ARTISTS

01 GIOVANNI ANSELMO
02 JOHN BALDESSARI
03 JOSEPH BARTSCHERER
04 LOTHAR BAUMGARTEN
05 CHRISTIAN BOLTANSKI
06 TONY CRAGG
07 RICHARD DEACON
08 TACITA DEAN
09 DAN GRAHAM
10 REBECCA HORN
11 PIERRE HUYGHE
12 WILLIAM KENTRIDGE
13 JANNIS KOUNELLIS
14 JUAN MUÑOZ
15 MARIA NORDMAN
16 GABRIEL OROZCO
17 GIULIO PAOLINI
18 GIUSEPPE PENONE
19 GERHARD RICHTER
20 THOMAS SCHÜTTE
21 THOMAS STRUTH
22 NIELE TORONI
23 JEFF WALL
24 LAWRENCE WEINER

GRAPHIC LEGEND

- DEMOLITION
- NEW GWB PARTITION
- EXISTING CONSTRUCTION
- NOT IN CONTRACT
- NEW HVAC DUCTS
- 21 DOOR AND WINDOW SCHEDULE MARKER
- LIGHT FIXTURE SCHEDULE MARKER
- 2 WALL TYPE (SEE SCHEDULE)
- EXIT LIGHTED EXIT SIGN
- QUAD OUTLET
- TELEPHONE JACK
- DATA PORT
- CCTV CLOSED CIRCUIT T.V.
- CTV CABLE T.V.
- S SWITCH
- S_3 THREE WAY SWITCH
- CAMERA

WALL TYPES

Description	Dimension	Type
5/8" GYPSUM BOARD WITH LEVEL 5 SKIM COAT LAMINATED TO EXISTING STRUCTURE	5/8" - 1"	1
5/8" GWB WITH LEVEL 5 3/4" PLYWOOD BLOCKING 3 5/8" METAL STUD EXISTING STRUCTURE	5"	2
5/8" GWB WITH LEVEL 5 3/4" PLYWOOD BLOCKING 3 5/8" METAL STUD 5/8" GYPSUM BOARD AT POCKET (BOTH SIDES) - 3 1/4" POCKET	1'-2 1/2"	3
5/8" GWB WITH LEVEL 5 2 1/2" METAL STUD 5/8" GYPSUM BOARD AT POCKET (BOTH SIDES) a = 2 1/4" POCKET b = 3 1/4" POCKET	9 1/2"	4
5/8" GWB WITH LEVEL 5 3/4" PLYWOOD (BOTH SIDES) 3 5/8" METAL STUD	6 3/8"	5
5/8" GWB WITH LEVEL 5 3/4" PLYWOOD 3 5/8" METAL STUD 5/8" GWB WITH LEVEL 5	5 5/8"	6
5/8" GWB WITH LEVEL 5 1/4" BLOCKING 3/4" PLYWOOD [illegible] GUAGE METAL STUD 5/8" GWB WITH LEVEL 5	5 7/8"	7
5/8" GWB WITH LEVEL 5 BOTH SIDES 3 5/8" METAL STUD	4 7/8"	8

MARIAN GOODMAN GALLERY
24 WEST 57TH STREET, NEW YORK, NY 10019

A-101
FLOOR PLAN

N

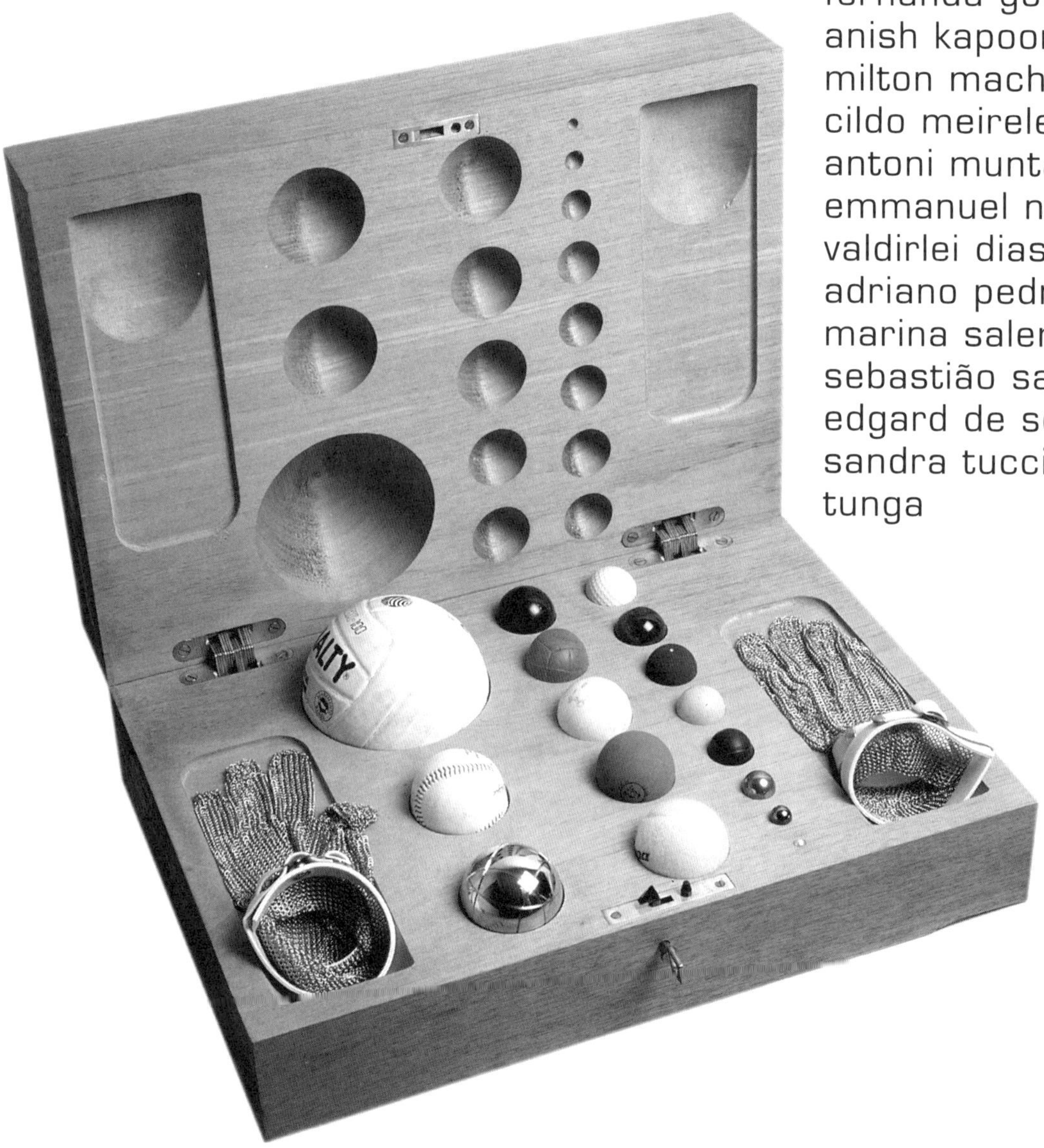

gallery bob van orsouw limmatstrasse 270 8005 zurich
phone +41-1-273 11 00 fax +41-1-273 11 02

august 22 until october 10, 1998 **siobhan liddell**

october 24 until january 1999 **paul graham**

MUSEUM MODERNER KUNST STIFTUNG LUDWIG WIEN

MMK
S L
W

Sarajevo 2000

27. 10. 1998 – Jänner 1999

Palais Liechtenstein
Fürstengasse 1 · 1090 Wien

Mehr Informationen über dieseAusstellungen finden Sie im Internet!

Felix Gonzalez-Torres

12. 9. – 1. 11. 1998

20er Haus
Arsenalstraße 1 · 1030 Wien

Internet: http://www.MMKSLW.or.at/MMKSLW/
E-mail: museum@MMKSLW.or.at

Rirkrit Tiravanija

Das soziale Kapital

22. August – 25. Oktober 1998

«migros museum»

Museum für Gegenwartskunst Zürich

Limmatstrasse 270 CH-8005 Zürich Di–Fr 12–18 h / Sa, So 11–17 h

Sylvie Fleury

7. November 1998 – 10. Januar 1999

MIGROS
Kulturprozent

INAUGURAL EXHIBITION

26.9.1998 – 21.2.1999

CARL AUGUST LINER 1871 – 1946
AND CARL WALTER LINER 1914 – 1997

MUSEUM LINER APPENZELL

Unterrainstrasse 5 / CH 9050 Appenzell / Tel +41 [0]71 788 18 00 / Fax +41 [0]71 788 18 01 / www.museumliner.ch
mailbox@museumliner.ch / Opening hours: Thursday and Friday 2–5 p.m. / Saturday and Sunday 11 a.m. – 5 p.m.

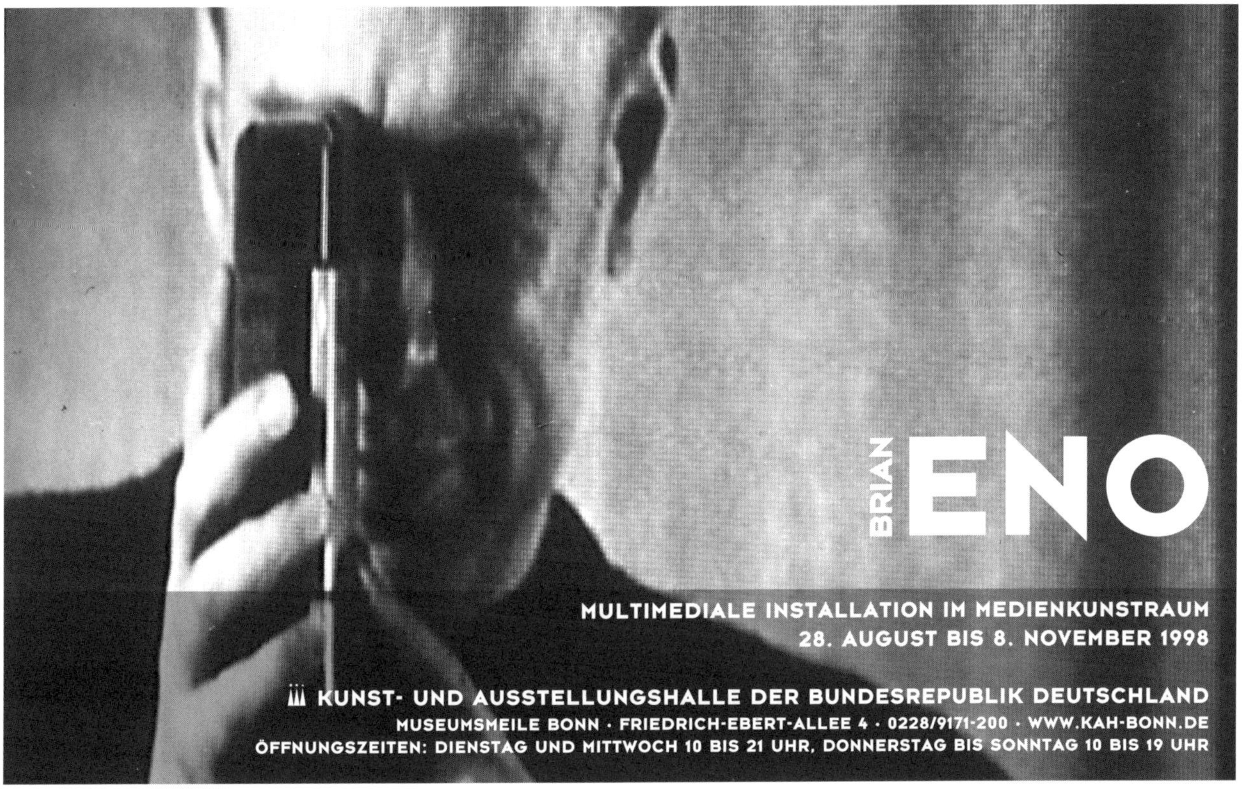
BRIAN ENO
MULTIMEDIALE INSTALLATION IM MEDIENKUNSTRAUM
28. AUGUST BIS 8. NOVEMBER 1998
KUNST- UND AUSSTELLUNGSHALLE DER BUNDESREPUBLIK DEUTSCHLAND
MUSEUMSMEILE BONN · FRIEDRICH-EBERT-ALLEE 4 · 0228/9171-200 · WWW.KAH-BONN.DE
ÖFFNUNGSZEITEN: DIENSTAG UND MITTWOCH 10 BIS 21 UHR, DONNERSTAG BIS SONNTAG 10 BIS 19 UHR

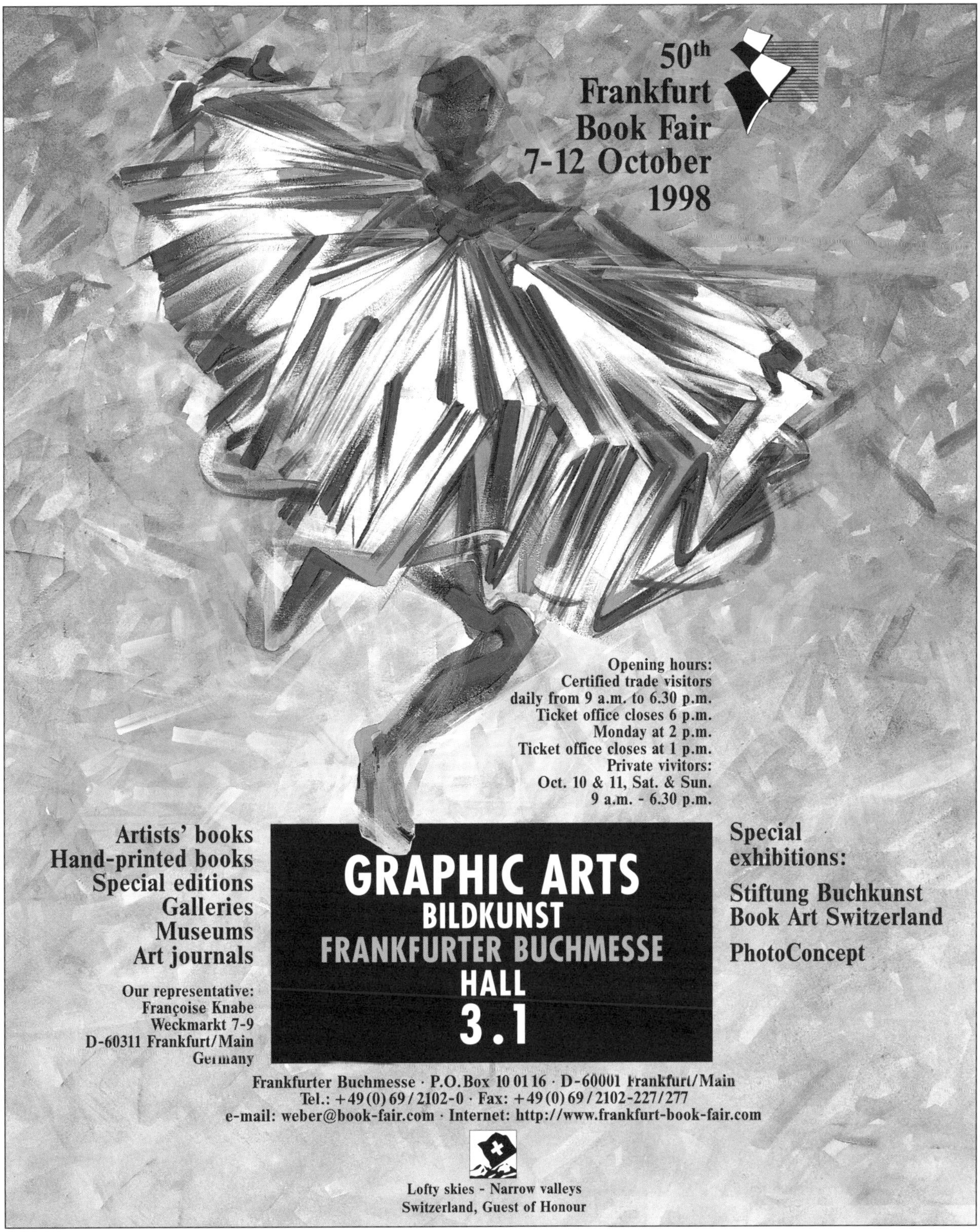

50th
Frankfurt
Book Fair
7-12 October
1998
Opening hours:
Certified trade visitors
daily from 9 a.m. to 6.30 p.m.
Ticket office closes 6 p.m.
Monday at 2 p.m.
Ticket office closes at 1 p.m.
Private vivitors:
Oct. 10 & 11, Sat. & Sun.
9 a.m. - 6.30 p.m.
Artists' books
Hand-printed books
Special editions
Galleries
Museums
Art journals
GRAPHIC ARTS
BILDKUNST
FRANKFURTER BUCHMESSE
HALL
3.1
Special
exhibitions:
Stiftung Buchkunst
Book Art Switzerland
PhotoConcept
Our representative:
Françoise Knabe
Weckmarkt 7-9
D-60311 Frankfurt/Main
Germany
Frankfurter Buchmesse · P.O.Box 10 01 16 · D-60001 Frankfurt/Main
Tel.: +49(0)69/2102-0 · Fax: +49(0)69/2102-227/277
e-mail: weber@book-fair.com · Internet: http://www.frankfurt-book-fair.com
Lofty skies - Narrow valleys
Switzerland, Guest of Honour

Artists' Publications and Editions Fair

(November 5 – 8, 1998)

Artists' Books '98	**Editions '98**
Printed Matter, Inc. 77 Wooster Street New York City	Brooke Alexander Editions 59 Wooster Street New York City

Archives Librairie, Paris

Benjamins-Luiggi BV Rare Periodicals, Amsterdam

Bound & Unbound, New York

Virginia L. Green Rare Books, Inc., New York

J.N. Herlin, Inc., New York

Michael Lowe Gallery, Cincinnati

Printed Matter, Inc., New York

Denis Ozanne, Paris

Willow Books and Arts, New York

Brooke Alexander Editions, New York

Brain Multiples, Santa Monica

Johan Deumens Editions, Heerlen

Gemini G.E.L. at Joni Moisant Weyl, New York

I.C. Editions, New York

Matthew Marks, New York

Muse X Editions, Los Angeles

Paragon Press, London

Parkett Editions, Zurich / New York

Edition Schellmann, Munich / New York

Opening reception to Benefit

Printed Matter, Inc.

November 5, 1998
6 – 9 pm

For information and Benefit tickets, please contact:

David Platzker
Printed Matter, Inc.
212.925.0325

Susan Inglett
I.C. Editions
212.343.0573

Carolina Nitsch
Brooke Alexander Editions
212.925.4338

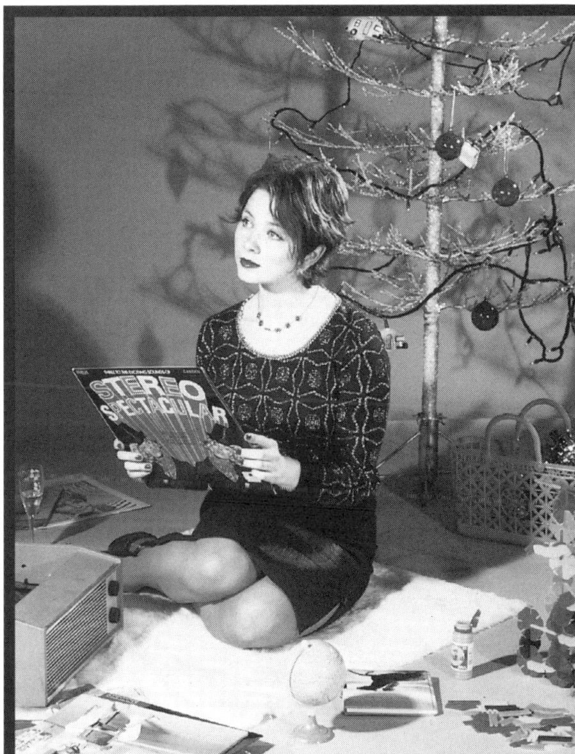
STEREO SPECTACULAR

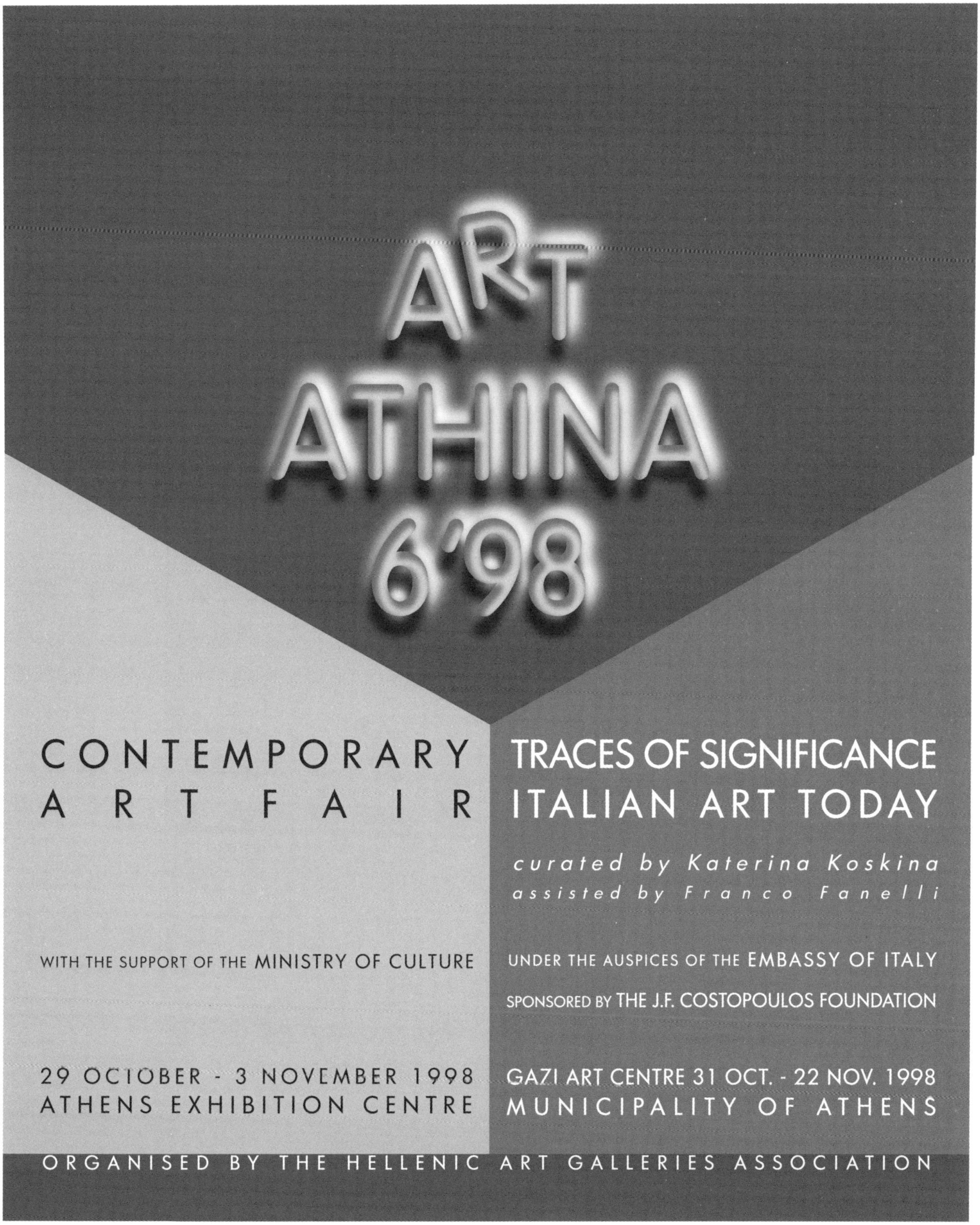
ART
ATHINA
6'98
CONTEMPORARY ART FAIR
TRACES OF SIGNIFICANCE
ITALIAN ART TODAY
curated by Katerina Koskina
assisted by Franco Fanelli
WITH THE SUPPORT OF THE MINISTRY OF CULTURE
UNDER THE AUSPICES OF THE EMBASSY OF ITALY
SPONSORED BY THE J.F. COSTOPOULOS FOUNDATION
29 OCTOBER - 3 NOVEMBER 1998
ATHENS EXHIBITION CENTRE
GAZI ART CENTRE 31 OCT. - 22 NOV. 1998
MUNICIPALITY OF ATHENS
ORGANISED BY THE HELLENIC ART GALLERIES ASSOCIATION

Verbrauch

Was können wir tun? Im Frühjahr 1970 plant der amerikanische Künstler Robert Smithson, den Inselfelsen Miami Islet vor Vancouver mit Glas zu überschütten. Hundert Tonnen Glas sollen von einem Hubschrauber abgeworfen werden. Die Arbeit scheitert am Widerstand der damals gegründeten Organisation Greenpeace. Es handelt sich um eine der ersten Aktionen der Umweltschützer. Am 18. Oktober 1998 wird im Kunstmuseum des Kantons Thurgau eine Ausstellung von Jochen Gerz eröffnet mit einer Arbeit, die sich als Hommage auf Robert Smithsons nicht realisiertes Werk versteht und Miami Islet heisst.

Überfluss

Was ist heute ich? Sie bringen eine leere Flasche ins Kunstmuseum. Dort ist eine leere Wand. Wände sind vertikale Inseln. Bringen Sie die leere Flasche ins Museum wie ein ungemaltes Bild. Was können wir tun? zerstören? spielen? erschaffen? Was ist heute ich? ethisch? schamlos? umsonst? schön und zu spät? Wenn Sie das getan haben, wenn die leere Flasche an der Wand des Museums zerschellt ist und die Scherben auf den Glasberg fallen, dann fragen Sie nicht die Kunst, warum.

Wahnsinn

Jochen Gerz, Miami Islet, 19. Oktober 1998 bis 20. April 1999. Kunstmuseum des Kantons Thurgau. Kartause Ittingen. CH 8532 Warth. Fon ++41 52 748 41 20. Fax ++41 52 740 01 10. e-mail kunstmuseum.thurgau@bluewin.ch. Internet www.kunstmuseum.ch.

Kunst

Montag bis Freitag von 14 bis 17 Uhr. Samstag und Sonntag von 11 bis 17 Uhr.

Kunsthalle
Basel

Donald Baechler
29. August - 8. November 1998

Martin Kippenberger
12. September - 15. November 1998

Kunsthalle Basel, Steinenberg 7, CH-4051 Basel, Telefon 061/272 48 33, Fax 061/272 48 26
Öffnungszeiten: Dienstag – Sonntag 11 – 17 Uhr, Mittwoch 11 – 20.30 Uhr, Montag geschlossen. Führungen: Sonntag 11 Uhr

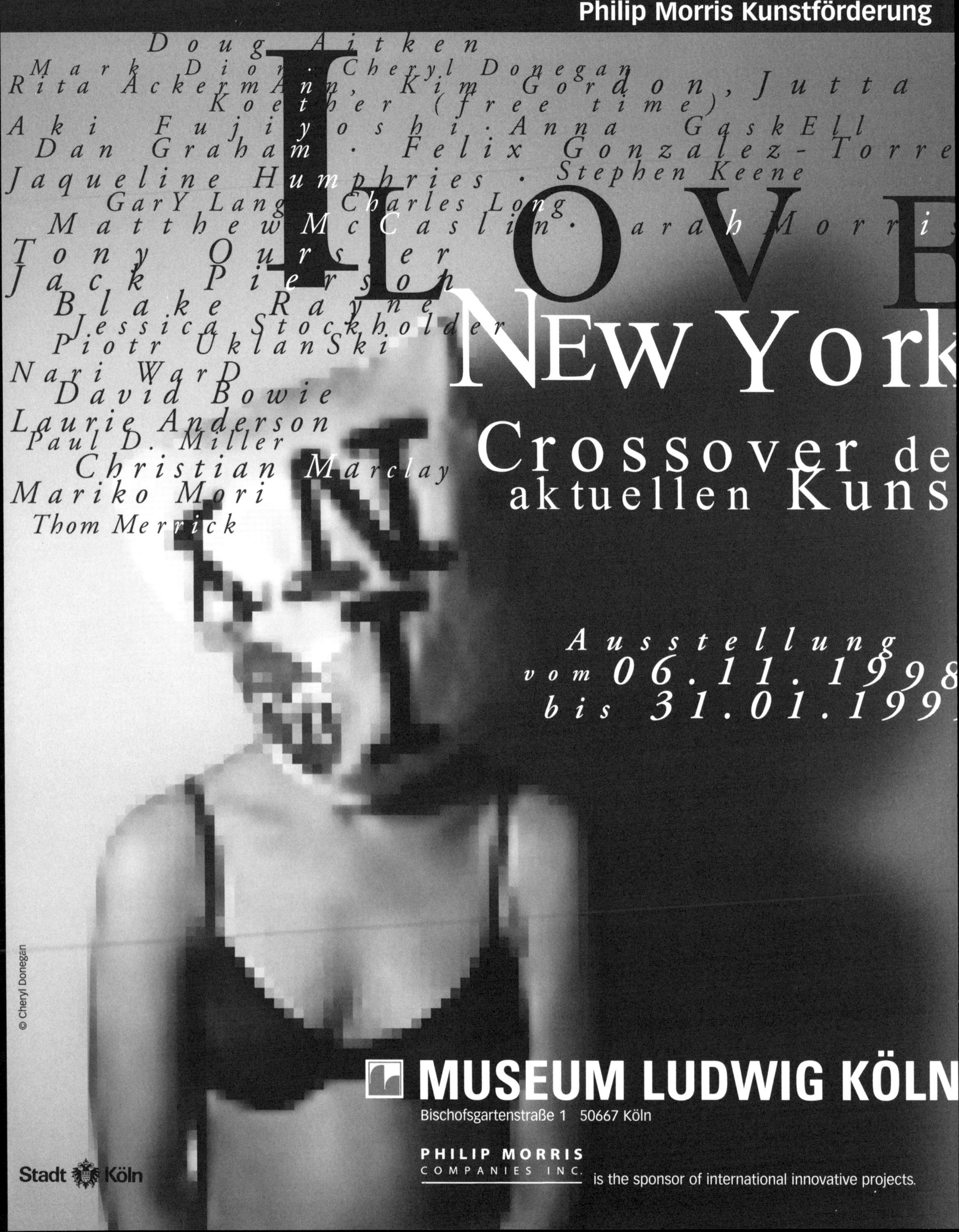

Philip Morris Kunstförderung
Doug Aitken
Mark Dion · Cheryl Donegan
Rita Ackermann, Kim Gordon, Jutta
Koether (free time)
Aki Fujiyoshi · Anna Gaskell
Dan Graham · Felix Gonzalez-Torre
Jaqueline Humphries · Stephen Keene
GarY Lang · Charles Long
Matthew McCaslin · arah Morri
Tony Oursler
Jack Pierson
Blake Rayne
Jessica Stockholder
Piotr UklanSki
Nari WarD
David Bowie
Laurie Anderson
Paul D. Miller
Christian Marclay
Mariko Mori
Thom Merrick
I LOVE
NEW York
Crossover de
aktuellen Kuns
Ausstellung
vom 06.11.1998
bis 31.01.199
© Cheryl Donegan
MUSEUM LUDWIG KÖLN
Bischofsgartenstraße 1 50667 Köln
PHILIP MORRIS
COMPANIES INC.
is the sponsor of international innovative projects.
Stadt Köln

Richard Serra

The Museum of Contemporary Art
Los Angeles
September 20–January 3

Gagosian Gallery
NEW YORK LOS ANGELES

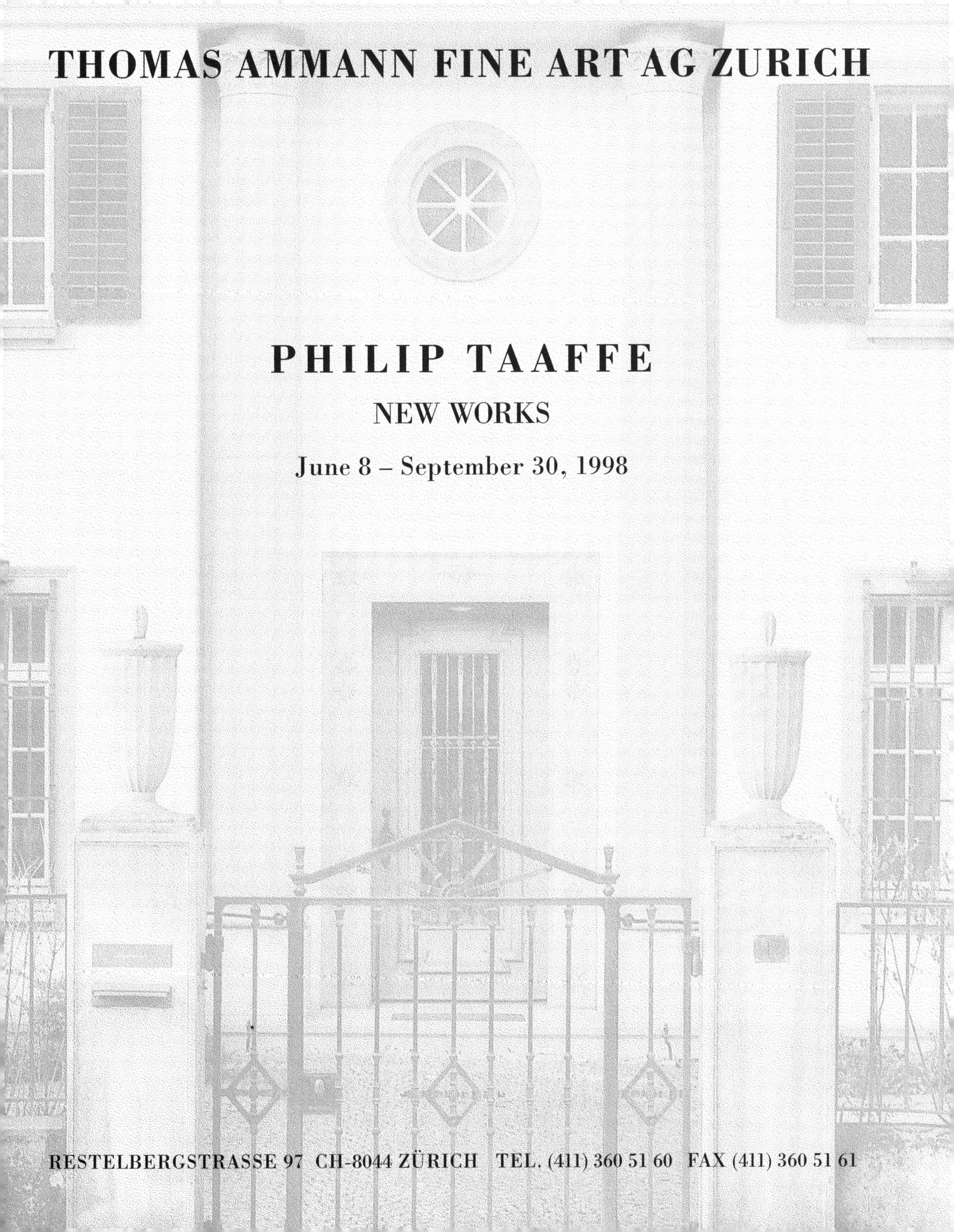

THOMAS AMMANN FINE ART AG ZURICH

PHILIP TAAFFE

NEW WORKS

June 8 – September 30, 1998

RESTELBERGSTRASSE 97 CH-8044 ZÜRICH TEL. (411) 360 51 60 FAX (411) 360 51 61

alois lichtsteiner

september 5 – october 24, 1998

jahanguir

october 31 – december 31, 1998

galerie jamileh weber

waldmannstrasse 6

ch-8001 zürich

telefon 01 252 10 66

telefax 01 252 11 32